Heinz Ohff

ARTUS

Biographie einer Legende

Piper
München Zürich

Alle Aufnahmen in diesem Buch
wurden von Christiane Hartmann
angefertigt.

ISBN 3-492-03433-0
© R. Piper GmbH & Co. KG, München 1993
Gesetzt aus der Garamond-Antiqua
Satz und Druck: Jos. C. Huber KG, Dießen
Bindung: R. Oldenbourg, München
Printed in Germany

Inhalt

».... und die Sage hat immer recht, selbst dann noch, wenn sie unrecht hätte.«

Theodor Fontane
»Aus England und Schottland«

Dies ist die Biographie eines Mannes, der wahrscheinlich nie gelebt hat. Wenn aber doch, dann sicher nicht so, wie sie es darstellt. Artus ist eine Gestalt, die uns aus dem Nebel der Zeiten und Sagen gegenübertritt, um sich gleich darauf wieder darin zu verlieren.

Nun ist Nebel ein Naturphänomen, dem wir uns von Zeit zu Zeit nicht ungern aussetzen. Nebel dämpft, mildert die visuellen und emotionalen Eindrücke auf ein menschliches Maß herab, nämlich auf uns selbst. Der Maler William Turner liebte nichts mehr als Nebel, und so geht es vielen Menschen.

Im Bereich der Geschichte und des Biographischen ist Nebel jedoch eher hinderlich. Was sich nicht exakt umreißen läßt, erscheint entweder größer oder kleiner, als es der Wirklichkeit entspricht. Im Fall des Königs Artus ersteres. Daß dieser die Ausmaße eines Riesen angenommen hat, läßt sich zweifellos auf jene Konturenlosigkeit zurückführen, mit der er in die Überlieferung eingegangen ist. Der Nebel, der ihn umwabert, ist seine Stärke. Er macht ihn vielseitig, uneingrenzbar, ambivalent. In Artus läßt sich so gut wie alles hineininterpretieren – was man im Laufe der 15 Jahrhunderte, die ihn von uns trennen, dann auch mit Inbrunst getan hat. Das ist seine Schwäche.

Historisch greifbar ist Artus kaum. Sprachforscher und Archäologen haben vor allem in den letzten Jahrzehnten bewundernswert vieles über seine Zeit herausgefunden und ans Licht gebracht. Dennoch wissen wir immer noch nicht, ob es ihn jemals gegeben hat. Von ihm gibt es kein zeitgenössisches Porträt, kein Pergament mit seiner Unterschrift oder seinem Siegel ist überliefert, keine Rüstung, kein Schwert, kein Szepter, keine Krone, kaum auch nur die Erwähnung durch einen ernsthaften Geschichtsschreiber. In Zweifel ziehen lassen sich schon der Name, den er getragen, und der Rang, den er eingenommen haben soll. Und so unbekannt die Stätte seines Grabes, so überdies die seines Lebens und seines – angeblichen – Reiches.

Trotzdem – und hier beginnen die Positiva – füllen die Schriften über ihn ganze Bibliotheken. Seine Zeitgenossen muß er fasziniert haben wie kein anderer tatsächlicher oder fiktiver Herrscher – würde die Kraft solcher Faszination sonst über eineinhalb Jahrtausende reichen? Sie hat eher zu- als abgenommen. Im späten Mittelalter rechnete man ihn zu den neun »Worthies«, den verdienstvollsten Persönlichkeiten der abendländischen Geschichte. Die anderen waren Josua, David, Judas Makkabäus (drei Juden), Hektor, Alexander, Cäsar (drei Heiden) sowie Karl der Große und Gottfried von Bouillon (zwei Christen). Wobei Artus die Aufzählung der Christen noch vor Charlemagne anführte, und für viele blieb Artus bis heute der größte von allen.

Ihn haben Hunderte von Chronisten, Dichtern, Sängern, Historikern, Interpreten in gälischer, englischer, französischer, deutscher, italienischer, lateinischer, spanischer, dänischer Sprache zu fassen versucht, wahrscheinlich in allen Sprachen, die es in Europa jemals gab oder gibt. Ein Phänomen: noch 700 Jahre nach seinem Tode umrankt man ihn mit allen nur denkbaren Geschichten religiöser, abenteuerlicher und sogar erotischer Art, mit Sagen, Märchen, Folklore aller möglichen Völker und Überlieferungen.

Bezeichnenderweise ist die vage Gestalt unter der Masse aufgestapelten Erzählguts eines ganzen Kontinents nicht verschwunden, sondern hat erst durch sie feste Kontur angenommen. Artus verkörpert seither ein Wunschbild des Abendlands, das sich eben erst zu formieren beginnt. Kaum geschaffen, droht es schon wieder unterzugehen – und so stellt man sich in der Figur des Artus den einzigen vor, der es retten kann.

Eine Traumfigur aus Historie, Sage und Wunschvorstellung. Aber sie ist trotzdem oder eben deshalb realer und greifbarer geblieben als die meisten historisch gesicherten Gestalten. Eingesponnen in ein folkloristisches Konglomerat gesamteuropäischer Herkunft, ist Artus zum Gleichnis geworden. Mag es – wie alle Gleichnisse – von Nebel umgeben sein, verrät es doch vieles über unser Herkommen, unsere Geschichte, die Realitäten und Träume, von denen sie geprägt ist, ihre Licht- und Schattenseiten. Um Artus herum begibt sich eine weitgespannte menschliche Komödie oder Tragikomödie, die, in Jahrhunderten entstanden, Jahrhunderte überdauert hat. Artus verkörpert, wie kein anderer neben ihm, Europa.

Schwer vorstellbar, daß seine Gestalt nur aus Phantasie und Afterwirklichkeit bestehen sollte. Durchstaken wir den Nebel, der sie umgibt, auf der Suche nach Fakten.

Begeben wir uns zunächst an seine Geburtsstätte, nach Cornwall.

1.

Tintagel oder
Wenn die Toten erwachen

Gezeugt und geboren ist Artus auf Tintagel. So uneins sich die diversen Chronisten sein mögen, darüber besteht weitgehend Konsens. Es hätte sich auch keiner einen romantischeren Geburtsort ausdenken können.

Die Nordküste Cornwalls, 160 Kilometer lang, ist rauh und schön. Sie scheint seit den Tagen der Schöpfung unverändert dazuliegen: hochaufragend, abweisend, spitzkantig, unbezwingbar selbst vom wütenden Meer. Seit Menschen die Nordmeere befahren, sind Tausende von Schiffen an den Klippen zwischen Land's End und Morwenstow zerschellt, die Schiffbrüchigen von den messerscharfen Kanten des Felsufers grausam zerrissen und zerschnitten worden.

Hier liegt Tintagel – ein mächtiger Granitblock im Meer, heute zu erreichen über eine wenig vertrauenerweckende Holzbrücke. Es ist nicht jedermanns Sache, einer verfallenen Kloster- und einer Burgruine sowie – bei klarer Sicht – eines umwerfenden Ausblicks wegen mehr als zweihundert steile, schlüpfrige Stufen zu erklimmen. Tintagel Head ist 300 Fuß, also 100 Meter hoch.

Wer hinaufklettert, gerät rasch außer Atem. Und begibt sich, ob er will oder nicht, aus der behaglichen Realität in eine andere, unwirkliche, diffuse Welt zwischen Traum und Phantasie. Hier soll König Artus geboren worden sein – oder vielmehr in jener Burg, die einst auf diesem Vorgebirge gestanden haben soll. Für Einheimische gibt es jedoch einen weiteren Grund, Tintagel nicht zu betreten, auch wenn sie ihn nur zögernd verraten. Verrufene Orte betritt man nicht gern in einem Land voll abgründiger Geschichten. Auf der Halbinsel Lizard im Süden Cornwalls sowie auf Tintagel Head im Norden muß man, wie es heißt, auf sonderbare Begegnungen gefaßt sein. Eine solche sei hier, mit allen Vorbehalten, geschildert, um die Atmosphäre zu verdeutlichen, die heute noch die Geburtsstätte des Artus umgibt. Die Geschichte ist offenbar des öfteren passiert, denn sie wird in ähnlicher Form schon aus dem vorigen Jahrhundert berichtet. Ich kann sie nur so erzählen, wie ich sie selbst auf Tintagel erlebt habe. Bei meiner ersten Verschnaufpause blieb ein jüngerer Mann neben mir stehen und stellte mir eine Frage, die seltsamste, die mir je gestellt worden ist. Er fragte, allen Ernstes, ob ich ein Lebewesen sei (»Are you alive?«) oder nicht.

Auf meine verblüffte Antwort, mir sei nichts Gegenteiliges bekannt (»So far as I know«) entschuldigte er sich wortreich, nicht ohne flüchtig und wie aus Versehen – sicher ist sicher! – meinen Ellenbogen berührt zu haben.

Seine Frage komme nicht von ungefähr. Vor etlichen Jahren sei er schon einmal in »Dundagil« gewesen – er benutzte den alten keltischen Namen – und etwa hier, an der gleichen Stelle, habe sich ihm ein Begleiter angeschlossen, der, wie er sich ausdrückte »plötzlich da gewesen« sei. »Nichts Ungewöhnliches war an ihm, außer vielleicht sein merkwürdiger Anzug. Aber damals trugen viele hierzulande die robusten Kleider ihrer Väter und Großväter auf. Die Cornen sind nun einmal keltischer Herkunft und geizig wie die Schotten.«

Ich lachte pflichtschuldig, und mein Begleiter fuhr beim gemeinsamen Aufstieg mit seiner Erzählung fort. »Wir blieben auch oben noch eine Weile zusammen, verstanden uns prächtig, sprachen über dies und das, wobei mich vor allem die langatmig-altmodischen Redefloskeln meines neuen Freundes faszinierten. Das dauerte eine gute Stunde, während der wir die schönsten Aussichtspunkte besuchten – es ist ja herrlich da oben! Als ich mich ein wenig ins Gras legte und kurz die Augen schloß, war er plötzlich verschwunden.«

»Kein Wunder«, unterbrach ich ihn und wies – es war Hochsommer – auf die Menschenmassen, die den steilen Felsen hinauf- und wieder herunterströmten.

»Nein, gewiß nicht. Ich hätte die Begegnung auch längst

vergessen, wäre mir nicht bei einem Antiquar in Truro ein Buch in die Hände gefallen. Es enthielt alte Fotos und Daguerreotypien von Schiffbrüchen, die an dieser Küste stattgefunden haben. Das älteste Foto stammte aus dem Jahre 1845. Ich erschrak, als ich es aufschlug. Da stand, unverkennbar, mein Begleiter von Tintagel im Vordergrund. Ich erkannte ihn sofort an den Kleidern, die mich so erstaunt hatten, und an seiner ebenfalls auffälligen Barttracht. Da war kein Zweifel möglich. Ihn hatte ich auf Dundagil getroffen. Aber der Mann mußte seit hundert Jahren tot sein.«

Solche Geschichten hört man in Cornwall – und man begegnet ihnen als aufgeklärter Mitteleuropäer natürlich mit Skepsis. Die Cornen sind, wie die meisten Kelten, großartige Geschichtenerfinder und -erzähler. Aber zu mehr als einer wohligen Gänsehaut sollte man es bei keltischer Gruselfolklore nicht kommen lassen. Obwohl zuzugeben ist, daß derartige Vorkommnisse in Cornwall und vor allem Tintagel, vorsichtig gesagt, einen höheren Wahrscheinlichkeitsgrad besitzen als in jeder anderen Landschaft, nicht einmal Schottland ausgenommen. In Cornwall ist, wie auch bei Artus, alles möglich.

»Aber glauben Sie wirklich an so etwas?« fragte ich, zum Selbstschutz etwas unhöflich, meinen Begleiter.

Seine Antwort werde ich nie vergessen, weil sie mir typisch scheint für das Gros aller Menschen. Sie lautete, etwas kleinlaut: »Manchmal ja, manchmal nein. Meistens nein.«

Ich kann mich da selbst nicht ausschließen. Beim Durchblättern solcher Bilderbücher mit Schiffswracks aus dem vorigen Jahrhundert ertappe ich mich immer, wie ich meinerseits in den braunstichigen Aufnahmen nach meinem Begleiter auf Tintagel suche; es könnte ja sein, daß auch er... Und ich bin sehr erleichtert, daß ich ihn nicht finde. Um so mehr, als ich mich nicht daran erinnern kann, wo (und ob) wir uns damals verabschiedet haben.

Hat sich, frage ich mich dann, eigentlich Artus jemals verabschiedet?

Auch er, Sohn Tintagels und derartiger Wenn-wir-Toten-erwachen-Geschichten, ist für eine unvermutete Begegnung immer wieder gut. Mag er mit dem Banal-Spuk eines simplen cornischen Wiedergängers nichts zu tun haben, so spukt er doch auf höherer Ebene seit 1500 Jahren in der abendländischen Kulturgeschichte herum. Eine eigene und, wie es scheint, einmalige Gespenster-Karriere, die auch von Gestalten wie Karl dem Großen und Kaiser Rotbart in seinem Kyffhäuser nicht übertroffen wird. An die Seite stellen läßt sich ihm allenfalls jener Sagenheld Odysseus aus der Antike, der letztlich auch Artus noch entstammt.

Das Keltische, Überweltliche, Surrealistische, eben Nebelhafte, das die Esoteriker an Artus schätzen und so über Gebühr in den Vordergrund schieben, ist nur die eine Seite seiner Sagenwirklichkeit. Sein latinisierter Name deutet die andere Seite an, seine römische Wurzel. Wir sollten sie nicht übersehen, nicht immer nur gebannt auf die druidische Zauberei starren, auch wenn sie im Sagenkreis um Artus zweifellos eine gewichtige Rolle spielt.

Innerhalb seiner eddischen Welt verkörpert Artus nämlich auch so etwas wie lateinische Klarheit. Wie die keltischen Briten ihre Herkunft auf Troja zurückführten, so Artus die seine auf jene Römer, die seit 47 nach Chr. den keltischen Teil der britischen Inseln vier Jahrhunderte lang ihrem Weltreich einverleibt und gegen alle Feinde verteidigt haben, gegen die Pikten und Scoten im Norden, die Iren, Angeln, Sachsen und Wikinger, die über See einzudringen versuchten.

Britannien war keinesfalls die ungeliebteste Provinz des Römischen Weltreichs. Kaiser Hadrian, der den Wall baute gegen die wilden Völker im Norden, suchte zweimal in seinem Leben die Heilquellen von Bath auf. Die Briten besaßen am Ende volle römische Staatsbürgerschaft, und auch wenn es Aufstände gab gegen die Fremdherrschaft, genossen sie doch Schild und Schutz der Pax Romana: Römer bauten im heutigen England die ersten Straßen, Kastelle, Burgen, Dörfer, Städte. Und dunkle Zeiten, die »Dark Ages«, brachen an, als sie sich, um 410, aus Britannien zurückzogen. Dem Chaos, das daraufhin ausbrach, ist Artus entstiegen.

Es muß, Ende des 5., Anfang des 6. Jahrhunderts, einen Mann gegeben haben, der dem bedrängten Land noch einmal für ein knappes Menschenalter Frieden und Gerechtigkeit, Sicherheit und Ordnung zu verschaffen wußte. Wahrscheinlich war er Krieger, so etwas wie ein Heerführer, der es verstand, den Königen – so nannten sich plötzlich alle Dorftyrannen – Trotz zu bieten. Er muß sie – wie auch die aus Deutschland hereindrängenden Angeln und Sachsen – in zehn oder mehr Schlachten entscheidend geschlagen haben, als Feldmarschall alliierter Könige oder, wie andere Forscher argumentieren, »Comes Britannorium«, als letzter Statthalter Roms in Britannien, womöglich ein selbsternannter.

Wir sind da auf Vermutungen angewiesen, die aber von Fachleuten durch Rückschlüsse aus archäologischen Funden zum guten Teil erhärtet worden sind. So auch die Sagenüberlieferung, daß der Ur-Artus oder der »Comes Britannorium« seine Überlegenheit etwa bei seinem größten Sieg am Mount Badon über die Sachsen aus dem geschickten Einsatz berittener Truppen gewonnen haben muß. Seine Feinde, die Iren, Pikten, Scoten, Angeln, Sachsen und aufständischen Briten – eine ganze Menge! – kämpften zu Fuß.

Das Ziel war eindeutig: die Aufrechterhaltung eines Staatswesens nach römischem Vorbild, Verteidigung nach außen und nach innen, Fortführung jener Zivilisation, die die Römer mit ihren Straßen, Villen, Bädern, Häfen, Handelszentren und Wasserleitungen ins Land gebracht hatten.

Der Zaubergestalt der Sage geht also ein ausgesprochener Realist voraus, dem Sagenkönig ein Realpolitiker, dem Mystiker ein Aufklärer. Überlassen wir Artus also nicht ganz den Spökenkiekern und Leuten mit dem zweiten Gesicht, wie wir ihn auch nicht ganz den professoralen Faktensammlern und Schmetterlingsforschern überlassen sollten.

Der Sagen-Artus trägt ein Janusgesicht. Man kann, wenn man will, das eine als heidnisch, das andere als christlich bezeichnen. Der Mann aus Tintagel vertritt nicht nur ein keltisches Nebelheim (das allerdings auch), sondern ebenfalls den antikischen Geist des Mittelmeers.

Als man in Glastonbury seine angebliche Grabstätte fand, las man eingemeißelt über ihrem Eingang: »Hic jacet Arturus, rex quondam, rexque futurus« – »Hier liegt Arturus, der einstige und künftige König.«

Aber kehren wir nach Tintagel zurück.

Als den Geburtsort des einstigen und kommenden Königs hat als erster ein Dichter, Geoffrey of Monmouth, den Felsblock im Meer bezeichnet. Ihm hat keiner zu widersprechen gewagt, jedenfalls nicht mit nachhaltigem Erfolg. Dabei hat nichts, was wir heute auf Tintagel sehen – vielleicht mit Ausnahme von »Merlin's Cove« am Fuße des Vorgebirges – auch nur das Geringste mit Artus zu tun. Die Burg, deren Ruinen erhalten blieben, wurde von den Earls of Cornwall im 12. Jahrhundert, gute 700 Jahre nach den Lebzeiten des Königs, erbaut. Im 14. Jahrhundert gehörte sie einem Heerführer, Edward Prince of Wales, dem »Schwarzen Prinzen«, dessen pechrabenschwarze Ritterrüstung man in der Kathedrale von Canterbury noch bewundern kann. Und auch die so sorgsam archäologisch aufbereiteten Klosterruinen stammen aus späterer Zeit.

Aber an einen doppelten Boden muß sich, wer sich mit Artus befaßt, gewöhnen. Wo immer er auftaucht, pflegt er auch gleich wieder zu verschwinden. Die Kelten glaubten an eine »Anderwelt«, die einen halben Fuß hoch magisch in die Wirklichkeit eingeschoben liegt. Mit einem ähnlichen Phänomen haben wir es bei Artus zu tun. Unsere Gelehrten meinen, daß sich zu Artus' Zeiten auf Tintagel nur eine Erdbefestigung befunden habe. Unsere Dichter dagegen, die alten (wie Geoffrey of Monmouth), aber auch die modernen (wie T.S. Eliot), belehren uns eines besseren. Sie haben in unser Bewußtsein, schätzungsweise ebenfalls einen halben Fuß hoch, ihre Anderwelt (bei T.S. Eliot: »Das wüste Land«) als zweite Realität eingeschoben. Artus ist nicht zuletzt eine Sache der Dichter.

So bleibt Tintagel seine Stammburg, in der er, manchen Dichterzungen zufolge, sogar Zeit seines Lebens residiert haben soll, wo auf jeden Fall eine der schönsten und traurigsten Geschichten spielt, die sich um Artus rankt, diejenige von Tristan und Isolde. Nach Tintagel hat man sogar Camelot verlegt, den Haupt-Hofstaat des Sagenkönigs. Dann muß sich rundum, so weit man sehen kann, Logres ausbreiten, sein Königreich.

Doch bleiben alle Grenzen in diesen Bereichen unscharf. Ob man im Mittelalter, aus dem die meisten Quellen stammen, unter Logres ganz England einschließlich Wales verstanden hat oder nur einen Teil davon, wissen wir nicht. Geographisch läßt sich bei Artus kaum etwas fest umreißen – gehört doch selbst ein Teil der keltischen Anderwelt zu seinem Bereich.

Auch Camelot ist sehr unterschiedlich identifiziert worden, als Caerleon in Wales, Camelford in Cornwall, Winchester, Carlisle, Cadbury, Castle in Somerset und sogar London. Es steckt vielleicht von allen diesen Städten etwas darin, immer jedoch auch von Tintagel und seiner grandiosen Szenerie.

Besuchen sollte man sie nicht im Sommer zur Hauptreisezeit. Tintagel, das Dorf – man spricht es »Tintätschl« aus mit Betonung auf dem ä – besteht zwar nur aus einer einzigen Straße, diese jedoch aus lauter Souvenirläden, als die sich selbst angebliche Museen wie »The Hall of Chivalry« entpuppen. Hier wird Artus nach Kräften vermarktet. Kein Kind ohne Ritterschwert, Excalibur aus Plaste, keine Imbißbude ohne Hinweis auf Artus oder Merlin. Früher gab es sogar »King Arthur's Filling Station«, die Tankstelle des König Artus, aber die ist – wohl ein Akt erfreulicher, wenngleich seltener Selbstzensur – verschwunden. Wer Cornwalls unberührte Küsten umwandert, wird auf mehr König-Artus-Romantik stoßen als im Dorf Tintagel zur Touristenzeit.

Der Mann, der sich mir einst auf dem Felsen anschloß, sah das liberaler.

»Sie urteilen viel zu streng«, höre ich ihn mit seiner eigentümlich hohen Stimme sagen. »Was haben Sie gegen Comic-Hefte mit Artus-Sagen, lächerliche Filme wie … (er nannte ein paar Titel), neblige Avalon-Romane und Turnierschwerter für Kinder? Hätten Sie nicht früher auch gern eines gehabt? Auch so etwas gehört, zugegeben: auf den niedrigsten Nenner gebracht, zur Folklore. Artus würden ganz gewiß die Massen freuen, die ihm immer noch zuströmen. Haben Sie ›Erec und Enide‹ von Chrétien de Troyes gelesen?«

Ich nickte (etwas pikiert darüber, daß er annehmen könnte, ich hätte es nicht gelesen).

»Ein wunderbarer und frecher Erzähler, typisch französisch,

mein Liebling unter den Artus-Autoren. Chrétien berichtet – vielleicht erinnern Sie die Stelle, ziemlich am Schluß der Handlung – der König habe nur 500 Leute um sich gehabt, worüber er unendlich betrübt gewesen sei. Nur 500 Leute! Er war dann sehr erleichtert, als Erec samt Hofstaat seines kleinen Freundes Guivret zu ihm stieß. König Artus liebte das Bad in der Menge. Darum auch die Tafelrunde mit ihren bis zu 1600 Sitzen!«

Soweit der Mann, der mich gefragt hat, ob ich aus Fleisch und Blut sei. Wenden wir uns nun Geoffrey of Monmouth zu. Schlagen wir seine »Historia Regum Britanniae« auf, die »Geschichte der Könige von Britannien«.

Bedivere wirft Excalibur in den See zurück
Artus-Illustration von Aubrey Beardsley (1872–1898)

2.

Geoffreys Artus

Der Titel täuscht. Es handelt sich um kein Geschichtswerk. Wir würden es heute eher unter »fiction« einordnen, Belletristik. Aber ob Historie oder romanhafte Legendensammlung – mit diesem Buch findet so etwas wie eine zweite Geburt des König Artus statt. Zwischen dem historischen Artus, falls es ihn gegeben hat, und dem des Geoffrey of Monmouth liegen runde 600 Jahre, denn Artus, der historische, aber auch der längst sagenhaft gewordene einstige Retter des Vaterlands, muß um 515 (oder 537) gestorben sein. Geoffrey hat sein Werk etwa 1136 abgeschlossen, wie wir sehen werden, eines der folgenreichsten der Weltliteratur.

Die zwölf Bände, aus denen es besteht, sind hundert-, wenn nicht tausendfach von fleißigen Mönchshänden kopiert worden. Geoffrey gehörte zu den meistgelesenen Autoren seiner Zeit, die ihre Bücher, in säuberlicher Handschrift abgeschrieben und illustriert, aus den Klöstern bezog. Seine »Historia« war so etwas wie ein mittelalterlicher Bestseller. Die – wie man meinte – exakte Darstellung seines Lebens und seiner Taten in – wie man gleichfalls annahm – exakt geschilderten historischen Zusammenhängen war eine literarische Sensation.

Mochte Artus seit sechs Jahrhunderten tot sein. Vergessen war er nicht. Im Gegenteil: als guter, seinen Untertanen gegenüber menschlicher, gerechter König und Feind von deren Feinden hat er in allen wechselhaften Zeitläufen nicht nur seinem Land als Idealfigur gedient. Held unzähliger Märchen, Legenden, Balladen und Lieder, war sein Andenken erhalten geblieben, von Spielleuten, Moritatensängern und -erzählern in Britannien und auf dem Kontinent noch dem letzten Analphabeten nahegebracht, freilich zerstückelt, bruchstückhaft und widersprüchlich.

Jetzt, mit der »Geschichte der Könige von Britannien« des Geoffrey, erscheint Artus zum erstenmal, vom Anekdoten- und Märchengestrüpp befreit, in voller Größe. Zur bis dahin weitgehend mündlichen Überlieferung tritt mit Geoffrey of Monmouth die schriftliche.

Geschöpft hat Geoffrey aus allen Quellen, deren er habhaft werden konnte. Die relativ verläßlichste mag noch jene »Historia Brittonum«, »Geschichte der Briten«, gewesen sein, die der walisische Mönch Nennius aus Bangor schon dreihundert Jahre vor ihm zusammengestellt – oder zusammengeschustert hatte.

Denn Nennius besaß, wie er selbst bekannt hat, keinerlei literarischen oder wissenschaftlichen Ehrgeiz. Er nennt seine Arbeit in sympathischer Bescheidung »kunstlos«. Beim Kramen in alten Dokumenten seiner Abtei habe er nur »alles, was zu finden war, auf einen Haufen gekehrt«. Verdienstvoll genug, denn die meisten der von ihm verwendeten Dokumente sind später verloren gegangen. Ob sich jedoch nach dieser Methode ein verläßliches Quellenwerk zusammentragen oder -fegen läßt, steht dahin.

In Nennius' Werk wird Artus als Schlachtenführer (dux bellorum) geschildert, der zwölf Siege über die Sachsen zu verzeichnen hat, darunter den entscheidenden am Mount Badon. In dieser besonders blutigen Schlacht soll Artus, Nennius zufolge, eigenhändig 960 Feinde erschlagen haben.

Mag man über die Methode des bescheidenen Nennius die Nase rümpfen, der Bestseller-Autor Geoffrey verwendet keine andere. Auch er kehrt zusammen, was immer ihm vor die Augen kommt. Und was er nicht in keltischer Folklore, französischer Dichtung, frühenglischer Banal-Literatur oder sonstwo findet, erfindet er, flott und ohne jeden Skrupel. Im Gegensatz zu seinem Vorgänger Nennius ist Geoffrey jedoch ein kunstvoller, versierter, ja genialer Kompilator.

Sein Hauptverdienst: er verleiht dem Britenkönig, der längst seinen Platz in der Sagenwelt besitzt, eine volle Biographie, an der es bislang gefehlt hat. Und er setzt diese Lebensbeschreibung kühn mitten hinein in eine ebenfalls angeblich reale Geschichte Britanniens. Was sie nicht ist, sondern eine Mischung aus viel Dichtung und ein wenig Wahrheit. Akzeptiert und geglaubt wurde sie umso bereitwilliger – Geschichte und Geschichten lagen damals noch eng beieinander; die Geschichtsschreiber verstanden sich als Dichter und umgekehrt. Es scheint, als hätten die mittelalterlichen Autoren auf Geoffreys Artus-Biographie nur gewartet. Jetzt konnten sie darangehen, der voll konturierten Sagenfigur weitere Heldentaten, Wunschträume, Heilslehren und ganze Sagenkränze an- oder umzuhängen.

Dies ist Geoffreys alleiniges Verdienst. Er hat den König Artus zwar nicht erfunden, aber etwas ähnliches getan, ihn nämlich aus Hunderten von verstreuten Einzelteilen als Mosaik neu zusammengesetzt, wie es sich für eine legendäre Gestalt gehört: aus Poesie und Phantasie mit einem Kern aus – vielleicht – historischer Wahrheit.

Eine Lawine gerät ins Rollen. Die »Historia« wird eifrig abgeschrieben, bei jeder Abschrift ein bißchen verändert, in zumindest zwei Sprachen übersetzt, ins Normannisch-Französische und ins Angelsächsische, darin weiter abgeschrieben und verändert, woran sich sogar der ursprüngliche Autor beteiligt. Vier Jahre nach dem ersten Erscheinen legt er eine erweiterte und revidierte Fassung vor. Für damalige Zeiten ein Riesenerfolg.

Der beruht nicht zuletzt auf einem weiteren Kunstkniff. Geoffrey läßt die Artusgeschichte zwar im 6. Jahrhundert spielen, erzählt sie jedoch, als trüge sie sich in seiner Gegenwart, dem 12. Jahrhundert, zu. Bis heute ist das so geblieben, denn die meisten Artus-Romane und -Dramen, mit denen wir überflutet werden, schildern nach wie vor ein 6. Jahrhundert mit dem äußeren Antlitz eines vagen 12. Jahrhunderts, voller Turniere, Ritterkämpfe und Minnesang.

Das setzt schon zu Geoffreys Lebzeiten ein. Kaum zwanzig Jahre nach ihrem Erscheinen überträgt der auf der Insel Jersey geborene Dichter Robert Wace die Artusgeschichte aus der lateinischen Prosa in 1500 achtfüßige französische Verse, wobei er dem Ganzen höchst eigenmächtig die Tafelrunde hinzufügt. Sie gehört seitdem fest zum König Artus, obwohl sie wahrscheinlich aus einem ganz anderen Sagenkreis bretonischer Herkunft stammt.

Und am Ende des Jahrhunderts vermehrt Chrétien de Troyes, einer der Großen mittelalterlicher französischer Literatur, den Hofstaat des Königs um weitere Helden, die im Gedächtnis der Zeit herumirren, wie Lancelot und Iwein. Er tut ein übriges, indem er den Gesamtkomplex der Gralsgeschichte, ein weiteres Feld für sich, ebenfalls dem Artus-Mythos einverleibt. Artus wird, 600 Jahre nach seinem Tod, zur Identifikationsfigur. Er verkörpert seither alles das, was sich Menschen von ihren Herrschern an Eigenschaften wünschten: absolute Gerechtigkeit, menschliche Güte bei zugleich kluger und energischer Politik, Fairneß Freund und Feind gegenüber sowie fromme Verbindung zu jenen Dingen zwischen Himmel und Erde, von denen sich unsere Schulweisheit nichts träumen läßt.

Geoffreys Anliegen war von vornherein weniger literarischer oder historischer Natur. Er wollte, ein Moralist, seiner eigenen Zeit einen Spiegel vorhalten, indem er auf Vergangenes hinwies, das besser erschien als die eigene Gegenwart. Das 12. Jahrhundert, in dem Geoffrey lebte, hätte die ordnende Hand dieses Artus nicht weniger nötig gehabt als das 6. Jahrhundert.

Wieder einmal oder immer noch versinkt Britannien in Anarchie. Sie beruht auf den Nachwehen der normannischen Eroberung vor einem oder zwei Menschenaltern, aber auch schon auf den Vorwehen des augenscheinlich unaufhaltsamen Aufstiegs der Plantagenets. Am Beginn der nahezu 300jährigen Herrschaft dieses rabiaten Königsgeschlechts stehen pausenlos Rivalenkämpfe, Revolten, Morde, Feldzüge, Kirchenkämpfe. Allein in Geoffreys Lebzeiten, kaum mehr als fünfzig Jahre, fallen zwei Kriege gegen Frankreich, zwei Feldzüge gegen die Waliser, eine Invasion der Schotten von Norden und eine der Normannen aus dem Süden, nicht gerechnet die erbitterten Aufstände des Landadels gegen die Obrigkeit in London. Unter Henry I., mehr noch seinem Nachfolger König Stephen, muß einem Zeitgenossen der starke und brave König Artus von vor 600 Jahren geradezu als Inkarnation des idealen Herrschers erschienen sein.

Dabei ist Geoffreys Artus noch keineswegs der, den wir kennen oder zu kennen glauben. Zwar steht ihm schon der Zauberer Merlin zur Seite, den Geoffrey bei Nennius gefunden und den dieser der walisischen Folklore (»Myrddin«) entnommen hat. Mit Hilfe Merlins gelangt Artus bereits als Jüngling, gegen den Widerstand des Hochadels, auf den väterlichen Thron, aber nach seinen Siegen über die Sachsen entwickelt er sich bei Geoffrey zu einem Eroberer Europas von beinahe napoleonischem Format.

Er unterwirft Norwegen und Dänemark, entreißt den Römern Gallien und wendet sich, als diese protestieren, sogar direkt gegen Rom. Burgund befindet sich schon in seiner Hand, als ihn Verrat zurück nach Britannien treibt, wo er in seiner letzten Schlacht bei (oder am) Camlann fällt. Der Ort liegt, wie Geoffrey andeutet, nicht weit von Tintagel, nämlich am Fluß Camel nahe Camelford in Cornwall. Dort gibt es heute noch die »Slaughter Bridge«, »Gemetzelbrücke«. An ihr hat tatsächlich eine Schlacht stattgefunden, aber verwirrenderweise – man darf an Geoffrey und anderen Artus-Chronisten nicht allzu sehr kratzen – eine der Cornen gegen die Sachsen.

Der Ur-Artus Geoffreys hat Ähnlichkeit mit Karl dem Großen, eine würdige Gestalt, mit der allerdings nicht immer gut Kirschen essen gewesen sein dürfte. Ein rücksichtsloser Eroberer nicht ohne zuweilen brutale Züge, führt er jedoch in Friedenszeiten auf Camelot einen mustergültigen Hof von großer Pracht und mit vorzüglichen Sitten. Beide Übersetzungen der »Historia« schmücken das bereits weidlich aus und bereiten so den endgültigen Einbezug der Tafelrunde durch Chrétien vor.

Alles in allem hat sich das roh zusammengezimmerte Gerüst einer Biographie glänzend bewährt. Es ließ sich vortrefflich dazu benutzen, um aus einem nebelhaften Sagenkönig den Mittelpunkt eines Gebildes zu machen, das seinesgleichen in der Literaturgeschichte sucht. Man hat es oft mit einem unendlich verästelten Baum verglichen. Er ist aus einem relativ dürren Steckling gewachsen, den Geoffrey of Monmouth in die fruchtbarste Erde gesetzt hat.

Vom Autor wissen wir wenig. Wir wissen überhaupt von den meisten mittelalterlichen Artus-Chronisten nur das, was sie über sich selbst in ihren Büchern verraten haben. Das kleine Marktstädtchen Monmouth, in dem Geoffrey um 1100 geboren sein soll, liegt im Südosten von Wales. In Idealkonkurrenz um den Rang des größten Sohns der Stadt tritt er mit zwei später Geborenen, König Henry V. aus dem Hause Lancaster (1387) und Charles Stewart Rolls (1877), dem Rolls von Rolls Royce.

Zu sehen ist dort nichts von ihm. Man zeigt zwar »Geoffrey's Window«, sein Fenster, aber das betreffende Gebäude kann erst 350 Jahre nach seinem Tode erbaut worden sein. Womöglich stammt auch nur seine Familie aus Monmouth; sein Vorname deutet auf bretonische Herkunft, was auch die bevorzugte Behandlung der Bretagne in seinen Büchern erklären würde.

Urkundlich erwähnt wird er zwischen 1129 und 1151 als Lehrer in Oxford, nicht an der Universität, die erst später gegründet wurde, sondern an einer geistlichen Schule. Später taucht er in London auf, wo man ihn zum Bischof von Sankt Asaph in Wales weiht. Ob er das Amt in diesen unruhigen Zeiten hat antreten können, bleibt zweifelhaft. Er ist schon 1154 oder 55 gestorben, nicht viel älter als 54 oder 55 Jahre.

Drei Bücher sind von ihm bekannt. Sein erstes umfaßt eine Sammlung der »Prophetiae Merlini«, der Weissagungen des Merlin. Sie muß während seiner Arbeit an der »Historia Regum Britanniae« entstanden sein. Sein drittes Werk, die »Vita Merlini«, das »Leben Merlins«, ein Gedicht in Hexametern, hat er erst kurz vor seinem Tod vollendet. Noch Spenser und Shakespeare verdanken ihm viel. Vor allem jedoch jener Artus, den er miterschuf, und dessen Geburt er nach Tintagel verlegte, wohin wir jetzt zurückkehren.

3.
Der Bär von Cornwall –
Zeugung und Geburt

Die Zeugung des ritterlichen Königs beruht auf einer wenig feinen und unritterlichen erotischen Intrige. Sie begibt sich auf Tintagel, der gewaltigen, uneinnehmbaren Burg des Herzogs von Cornwall. Wir erzählen sie weitgehend in der von Geoffrey of Monmouth gewählten Fassung.

Diese will zwar nicht ganz zum späteren, idealisierten Sagenkönig passen, ist aber fast von allen Autoren übernommen worden, auch von denen, die Geoffrey schriftstellerisch weit in den Schatten stellen. Die Übernahmen dürften ganz bewußt geschehen sein: Ein psychologischer Bruch, der sich durch das gesamte Leben des Artus zieht, wirft auf diese Weise seine Schatten lange – und literarisch höchst wirkungsvoll – voraus.

Vergessen wir aber nicht, daß sich diese Umstände zunächst auf den Artus des Geoffrey beziehen, den ungestümen Recken, der auszieht, die halbe bekannte Welt zu erobern, den »wilden Eber von Cornwall«, in anderen Handschriften auch »Bär von Cornwall« genannt. Zu diesem Ur-Artus paßt der Hinterhalt, in den die Gattin des Herzogs von Tintagel mit zauberischen Mitteln gelockt wird, wie maßgeschneidert. Weniger zur späteren Artus-Sage, in der die arglistige Täuschung allerdings eine andere, fast schon tiefenpsychologische Bedeutung gewinnt.

Man schreibt das Jahr 475 nach Christi Geburt. König der Briten ist Uther, mit dem Beinamen Pendragon. In der Bretagne, im Exil geboren, hat er den Thron erst in langen Kämpfen vom Thronräuber Vortigern und dessen Söhnen zurückerobern müssen. Er hat es ursprünglich für seinen älteren Bruder Aurelius

Ambrosius getan, der jedoch bald darauf von einem heimtückischen, den Feinden verpflichteten Arzt vergiftet worden ist.

Aurelius Ambrosius, vom verläßlichen Gildas als »Kriegsherr«, vom unverläßlichen Nennius als »König« definiert, spielt
in der Sage die Rolle des überlegenen Taktikers. Erfochten hat den
Sieg sein Bruder, Uther, Vater des Artus, ein Mann der unmittelbaren Tat, dabei von jener Unbeherrschtheit, die so oft mit
äußerster Willenskraft konform geht.

Der Ruf, den Uther sich bei den Kämpfen gegen Vortigern und
die Sachsen an der Seite seines Bruders erworben hat, kommt in
seinen beiden Namen zum Ausdruck. »Uthr« heißt, walisisch,
»schrecklich« und »furchterregend«, »Pendragon« entweder
»Drachenhaupt« oder »Oberdrachen.« Mit ihm ist nicht zu
spaßen.

Uther hat schon schier Unmögliches vollbracht. Da gab es in
Irland einen heidnischen und heiligen Steinzeitzirkel von monu-
mentalen Ausmaßen, den »Giant's Ring«, den Ring der Riesen.
Er sollte auf Wunsch des Aurelius nach England überführt werden – ein würdiges Monument für die Noblen, die im Kampf
gegen Hengist, den inzwischen hingerichteten grausamen Sach-
senführer, gefallen sind.

Diese beinahe unlösbar erscheinende Aufgabe erledigte Uther
sozusagen im Fluge, freilich nur mit Hilfe eines undurchsichtigen
Gesellen, der ihm zur Seite steht – wie später auch noch lange
seinem Sohn. Merlin breitet seinen druidischen Zaubermantel
aus; die ungeheuren Felsbrocken schweben, leicht wie Taubenfe-
dern, über die Irische See und lassen sich, ein tonnenschwerer
Vogelschwarm, auf der Ebene von Salisbury nieder. Stonehenge.
Noch heute muß es alljährlich zur Sommersonnenwende von
starken Polizeikräften gegen die druidischen Nachfahren Merlins
abgeschirmt werden oder diejenigen, die sich dafür halten.

Der erste, der in der Mitte des steinernen Zirkels beigesetzt
wird, ist traurigerweise der ermordete Aurelius Ambrosius.
Uther Pendagron, dessen Namen manche auch zusammenschrei-
ben, Utherpendragon, wird jetzt König von Britannien.

Seine Krönung, die in London erfolgen soll, läßt er sorgfältig
vorbereiten. Alle Vasallen, Unterkönige, Herzöge, Edelleute,

deren Schritte er argwöhnisch überwacht, werden von ihm nach London befohlen. Ehe sie nicht aus Anlaß der Krönung den üblichen Treueeid geleistet haben, kann Uther ihrer nicht sicher sein. Umsichtig geht er daran, seine Herrschaft zu sichern.

Bis kurz vor dem festgesetzten Datum als einer der letzten Gäste der »Dux Cornubiae« erscheint, Herzog Gorlois von Cornwall. Da verschiebt sich Uthers Interessenlage auf einen Schlag, denn Herzog Gorlois wird von seiner Frau Ygerna begleitet, einer weitgepriesenen Schönheit.

Kaum hat Uther Ygerna erblickt, hat er nur noch Augen für sie, die durch solche Liebe auf den ersten Blick zu einer Art Helena-Figur der Artus-Sage wird. Der finstere Oberdrachen ist, was wenig später auch die Helden der Tafelrunde so oft sein werden, liebeskrank, mehr als das: liebestoll. Gewohnt, sich zu nehmen, was er haben will, »verlangt er«, wie es ein späterer Chronist, Sir Thomas Malory ausdrückt, »alsbald bei ihr zu liegen«.

Etwas derartiges muß er sogar zum Ausdruck gebracht haben, denn bereits einen Tag später bittet Ygerna ihren Gatten um die sofortige Abreise. Sie fühlt sich durch das Ansinnen des Königs entehrt. Herzog Gorlois verläßt auch augenblicklich mitsamt Troß und Gemahlin die Krönungsfestlichkeiten und begibt sich zurück nach Cornwall. Ein Eklat.

Denn für den neugekrönten König bedeutet der jähe Abschied, zudem ohne Treuegelöbnis, eine ernsthafte Kränkung und Grund genug zur Fehde. Innerhalb eines Jahres rüstet er ein mächtiges Heer, mit dem er ins Land des Herzogs einfällt.

Der ist gleichfalls nicht müßig gewesen. Da sein cornisches Ritter- und Bauernheer keinen Vergleich mit dem britischen standhält, wendet Gorlois eine andere, entgegengesetzte Taktik an. Er läßt ein altes Erdwerk, Dimilioc, wieder herrichten und verschanzt sich in ihm. Reste davon finden sich noch heute bei Pendogget, einem winzigen Dorf südwestlich von Tintagel. Auf Tintagel ist Ygerna im sicheren Schutz der Feste zurückgeblieben.

Der Plan des Herzogs geht auf. Dimilioc wird, wie zu erwarten, bald umzingelt. Die Befestigungsanlage erweist sich jedoch als derart umfangreich, daß ihre Belagerung die gesamte Streitmacht erfordert, die König Uther zur Verfügung steht. Was eine

Art von Patt-Situation zur Folge hat. Uthers Truppen sind gebunden. Dimilioc ist so gut wie uneinnehmbar, und Tintagel, wo Ygerna sitzt, ebenfalls; es kann am schmalen Damm der Felsenbrücke mühelos von drei entschlossenen Kriegern verteidigt werden.

König Uther Pendragon versinkt, ein kläglicher Anblick, in tiefste Melancholie. Halb irre vor Liebe, oder, besser gesagt: Verlangen, glaubt er sterben zu müssen, wenn er Ygerna nicht besitzen kann.

Da erscheint wiederum Merlin als Deus ex machina. Von ihm heißt es, er sei ein Sohn Luzifers, des gefallenen Engels, und er wird eine Zeitlang immer dann auftauchen, wenn diese Geschichte eine Wendung nimmt, sei es eine gute, sei es eine böse. Zwischen Himmel und Hölle gelagert wie sein Erzeuger, scheint Merlin aus beiden Bereichen Kräfte zu beziehen. Er wendet sie, wie es seinen Charakteranlagen entspricht, mitunter hilfreich, mitunter unheilvoll an, oft genug auch beides. Er entstammt der keltischen Anderwelt, ist Zauberer, Höllensohn und Prophet.

Merlin, der für Uther ja auch schon Stonehenge von Irland nach Wiltshire versetzt hat, kennt die Zukunft. Eine Gabe, die ihm sein Vater in die Wiege gelegt hat. So weiß er auch, welchen Ausgang die verhängnisvolle Leidenschaft König Uthers nehmen wird. Uther und Ygerna ist es bestimmt, Artus zu zeugen, einen Mann, den die kommende Zeit dringend benötigt. Merlin hilft Uther in seiner Liebesnot, weniger aus alter Vertrautheit, als aus Notwendigkeit. Gegenwart, lehrt die Artus-Sage, muß sich immer der Zukunft unterordnen. Ihr gegenüber befindet sich die Gegenwart stets auf der Verliererseite.

Geoffrey faßt es freilich unverblümter: »Da Merlin den Kummer bemerkte, den der König ihretwegen litt«, lesen wir, »wurde er von dessen heftiger Leidenschaft betroffen und sprach: ›Damit Du erreichst, was Du begehrst, mußt Du Methoden anwenden, die neu und in Deiner Zeit unerhört sind...‹«

Das dürfte noch weit untertrieben sein, denn unerhört sind sie in jedem Wortsinn. Durch Zauberkraft verleiht Merlin Uther das Aussehen des Herzog Gorlois, auch dessen Stimme, Gestik und Gehabe. Den Kanzler des Königs, Sir Ulfius, verwandelt er in

Jordan, den Schloßvogt von Tintagel, und er selbst nimmt die Gestalt eines Dieners an. So ziehen die drei hoch zu Roß in der letzten Abendsonne über die Heide, Tintagel entgegen. Sie werden – warum sollte es Herzog Gorlois nicht gelungen sein, der Umklammerung heimlich zu entkommen? – von den Vorposten freudig begrüßt und von den Wächtern ohne weiteres in die Burg gelassen. Das für den Herrn dieser Burg überflüssige Losungswort ruft ihnen Merlin eher scherz- als ernsthaft zu; er hat es auf nur ihm mögliche Weise von zwei Seeraben erfahren, die sowohl auf Dimilioc als auch Tintagel herumflattern.

In der Nacht läßt sogar die Herzogin sich täuschen, und Uther gelangt an das begehrte Ziel. »So verbrachte der König diese Nacht mit Ygerna«, heißt es in der deutschen Geoffrey-Übersetzung von Karl Langosch, »und er erquickte sich an dem ersehnten Beilager.«

Auf diese Weise, durch heidnischen Zauber, Lug und Betrug, wird Artus gezeugt. Der Schatten soll ihn, den Inbegriff von Redlichkeit und Fairneß, sein Leben lang begleiten.

Diese Nacht ist überdies von den Heerführern des Königs auf ihre Weise genutzt worden. Sie sind auf Kriegsruhm aus; so haben sie ohne Befehl und auf eigenes Risiko einen Sturm auf die Schanze unternommen. Obwohl übereilt und ohne festen Plan durchgeführt, gelingt er. Die Belagerten von Dimilioc, unter ihnen Herzog Gorlois, werden hingemetzelt. Als Uther in der Gestalt des Gorlois der Ygerna beiwohnt, ist Gorlois, wie sich herausstellt, schon tot.

Ihm wird schnöde mitgespielt. Aber alle Autoren der Artus-Sage hüten sich vor moralischen Beurteilungen ihrer Helden. Diese sollen allein durch ihre Taten Gefallen oder Mißfallen bei den Lesern auslösen; wie strenge Chronisten bleiben sie immer neutral. So läßt sich weder bei Geoffrey noch späteren Autoren irgendeine Sympathie oder Antipathie gegenüber Gorlois feststellen. Mitleid als auch Schadenfreude bleiben dem Gehörnten und Erschlagenen erspart. Aber es fällt auch kein Wort des Abscheus über die Hinterlist Uthers und Merlins. Die für eine tief christliche Sage erstaunliche Moral fast aller Artus-Geschichten ist die, daß Moral in dieser besten aller Welten nur eine Nebenbedeutung zukommt. Sie bleibt ambivalent. Aus Unmoral (Uthers Betrug) kann Moral wachsen (Artus). Das heidnische Fundament, auf dem das Ganze ruht, wird deutlich sichtbar.

Ygernas Reaktion auf die Geschehnisse gibt uns dagegen Rätsel auf. Die Nachricht vom Tode ihres Mannes empfängt sie durch Boten in ihrem Ehebett, den angeblichen Gemahl neben sich. Die Boten, erzählt Geoffrey, seien »rot und verwirrt« geworden darüber, daß derselbe Mann, den sie bei der Belagerung getötet verlassen hatten, so unversehrt hier vor ihnen angekommen war; sie wußten ja nichts von den durch Merlin zubereiteten Zaubermitteln. Der König lachte über derartiges Gerede und umarmte die Herzogin mit den folgenden Worten: ›Ich bin nicht getötet, sondern lebe, wie du siehst. Jedoch betrübt mich die Zerstörung meiner Feste und das Blutbad unter meinen Gefährten. Daher müssen wir fürchten, daß der König hierher kommt und uns in dieser Burg gefangennimmt. Ich will ihm deshalb entgegengehen und mit ihm Frieden schließen, damit uns kein Unheil widerfährt.‹«

So weit, so gut. Unterwegs legt Uther die Gestalt des Gorlois ab und wird wieder Uther Pendragon. Nach Inaugenscheinnahme des Schlachtfelds kehrt er, nun als König, mit seinen Truppen sofort nach Tintagel zurück, »nimmt die Burg ein«, wie Geoffrey mitteilt, »bringt Ygerna in seinen Besitz« und lebt hinfort mit ihr, »durch große Liebe zueinander vereint«.

Ein etwas rascher Umschwung für eine junge Witwe. Aber auch Wace, mit dessen Versübersetzung (»Le roman de Brut«, um 1155) die Artus-Sage ihren Einzug in Frankreich hält, läßt die neuerliche Heirat der eben verwitweten Ingerne, wie sie hier heißt, »ohne Aufschub« stattfinden. Ist es zu weit hergeholt, wenn manche Kommentatoren daraus geschlossen haben, Gorlois sei womöglich impotent gewesen und die rauschende Liebesnacht auf Tintagel für sie – wie für Uther – eine lang vermißte, freudige Überraschung?

Frauen sind in der Artus-Sage überhaupt, was Liebe und Treue angeht, weit weniger penibel als die Männer. Den Klavierbegleitern in den Stummfilm-Kinos soll bei Artus-Filmen Verdis »Oh, wie so trügerisch sind Weiberherzen« als eines ihrer Leitmotive gedient haben.

Nach der erschlichenen Liebesnacht scheint die beglückte Ygerna jedenfalls nur noch Feuer und Flamme für ihren neuen Ehegatten; Gorlois ist so gut wie vergessen. Nach neun Monaten wird Artus geboren und bald darauf, redlicher, nämlich im Ehebett gezeugt, seine Schwester Anna. Anna heiratet später – da heißt sie plötzlich Morgause – den König Lot von Orkney (Norwegen). Ihre fünf Söhne, vor allem jedoch Gawain und Mordred, werden dermaleinst am Hof ihres Onkels in Camelot eine gewichtige Rolle spielen.

Daß Uther, manchen Quellen zufolge, auch anderweitig Kinder gezeugt hat, ist ihm, nach allem, was wir von ihm gehört haben, durchaus zuzutrauen. Im Laufe der Ereignisse tauchen immer wieder, mehr oder weniger überraschend, Halbbrüder oder -schwestern des Artus auf. So die verhängnisvolle Morgana mit dem Beinamen »die Fee«, was darauf schließen läßt, daß König Uther selbst Damen aus dem Feenreich als Liebhaberinnen keineswegs verschmäht hat.

Viel Glück ist ihm nicht mehr beschieden. Die letzten Jahre seiner Herrschaft kränkelt er. Sein Freund Merlin treibt ihn fast mit Gewalt noch einmal in den Krieg. Bei St. Albans im Südosten Englands leitet er von der Krankentrage aus eine weitere blutige Feldschlacht – und gewinnt sie. Das Sachsenheer, von dem das halbe Inselreich verwüstet worden ist, wird so gut wie vernichtet.

Die geschlagenen Feinde wissen sich allerdings zu rächen. Sie schicken als Bettler verkleidete Späher nach St. Albans, wo Uther krank darniederliegt, und vergiften den Brunnen an seinem Quartier. Mit ihm sterben mehr als hundert seiner Leute unter entsetzlichen Qualen, »bis man endlich die Schurkerei aufdeckte und einen Haufen Erde daraufschüttete«.

Beigesetzt wird Uther Pendragon an der Seite seines Bruders und Vorgängers Aurelius im keltischen Steinkreis Stonehenge, den er selbst auf die Hochebene von Salisbury verpflanzt hat. »Wer diesen Ort besucht«, so ein Reiseführer aus dem Jahr 1832, »sollte für ihn ein stilles Gebet sprechen.«

Zur Wahl eines neuen Königs treten die britischen Fürsten in

Silchester zusammen, südlich von Reading in Hampshire. Von dieser römischen Gründung ist – außer im Museum von Reading – so gut wie nichts mehr vorhanden. Nur eine Mauer, die es einst beschützte, zeugt noch davon, daß das »englische Pompeji« zu seiner Zeit eine wichtige Handelsmetropole und zeitweilig sogar Königsstadt war.

Hier trennen sich die Wege.

Der Ur-Artus des Geoffrey of Monmouth schlägt einen anderen ein als derjenige, der sich mit Hilfe der nun vorhandenen angeblichen Biographie im Laufe der weiteren Jahrhunderte verändert, gewandelt, durch Weiterspinnen des Fadens eine neue Gestalt gefunden hat.

Bei Geoffrey wird der erst 15jährige Artus in Silchester trotz seiner Jugend und Unerfahrenheit zum Nachfolger Uthers gewählt, weil die Zeit drängt. Die eben erst geschlagenen Sachsen haben sich unter ihrem neuen Anführer Colgrin wieder gesammelt und, verstärkt durch neue Truppenlandungen aus Germanien, schon fast ganz Schottland besetzt. Viele murren, aber der kaum dem Knabenalter entwachsene Jüngling ist »von unerhörter Tapferkeit und Hochherzigkeit, (...) daß fast alles Volk ihn liebte«. Rasch setzt ihm Erzbischof Dubricius die Krone auf, und schon prescht er, bereits ganz der wilde Eber aus Cornwall, gen Norden. Bald sehen wir ihn, »zornesrot«, wie Geoffrey ihn schildert, an der Spitze seines Heeres, im kostbaren, weithin schimmernden Panzer. In seinen goldenen Helm ist das Bild eines Drachens eingraviert, sein Schild Pridwen, das er über die Schulter geworfen hat, trägt ein Porträt der Muttergottes. Seine Lanze namens Rod, »hart, breit und bereit zum Töten«, hält er mit der Rechten gepackt, aber die gefährlichste aller Waffen befindet sich an seinem festen Gürtel: Caliburn, das eigens für ihn auf der keltischen Zauberinsel Avalon geschmiedete Zauberschwert. Ein grimmer, furchterregender Anblick, nicht nur für seine Feinde, setzt er an, auf den Spuren Alexanders Europa zu unterwerfen.

Dies, wird sich herausstellen, ist jedoch nur die erste Rohskizze einer Sagengestalt, die noch der Ergänzung und Veränderung bedarf – ein Mythos in statu nascendi.

4.

Das Schwert im Stein

Die sozusagen vorläufig endgültige Fassung stammt von einem späteren Erzähler, bedeutender als Geoffrey. Sir Thomas Malory lebt rund 300 Jahre nach dem geistlichen Geschichtsschreiber – wieder verstreichen Jahrhunderte, die an Artus herumfabulieren, ehe sich ein Autor findet, dem es gelingt, erneut alles auf einen Haufen zu kehren. Die Methode bleibt nämlich die gleiche. Ihre Ausführung wird allerdings immer raffinierter gehandhabt.

Bei Sir Thomas Malory stellt Merlin, ehe er König Uther die Nacht auf Tintagel ermöglicht, eine Bedingung. Sie und ihre Folgen geben der Artus-Sage eine andere, legendenhaftere Wendung. Aus dem Historienbild, das Geoffrey beabsichtigte, wächst ein Mysterium.

Merlin verlangt für die Liebesnacht, die er Uther mit Ygerna ermöglicht und in der ein Kind gezeugt werden wird, nur eine einzige Belohnung: das Kind. Uther, blind vor Verlangen und ganz sicher weniger auf möglichen Nachwuchs als auf den Beischlaf fixiert, verspricht es dem Zauberer auch, ohne nachzudenken. Sobald das Kind geboren ist, soll es Merlin übergeben werden.

Den Grund dafür deutet dieser nur an. Dem Knaben sei Großes vorausbestimmt, worauf er gebührend vorbereitet und erzogen werden müsse. Zu Recht, wie die Zukunft erweisen wird, wenn auch die Haltung der Eltern schwer begreiflich bleibt, handelt es sich doch um ihren Erstgeborenen. Aber als Merlin auf das beschworene Versprechen pocht, antwortet der königliche Vater nur: »As thou wilt, be it« – Wie Ihr wollt, so sei es! Und Ygerna, schon von Geoffrey her als nicht eben langtrauernde Witwe bekannt, gerät bei Malory zusätzlich in den Ruf einer rechten Rabenmutter. Sie hat erst nach der Geburt erfahren, daß keineswegs ihr erster Mann der Vater ihres Kindes ist, sondern ihr jetziger. »Darüber geriet die Königin in große Freude« – dies, Malory zufolge, ihre einzige Reaktion.

Einen Mönch und Zeichner muß das schon im Mittelalter gestört haben. Auf einer Illustration sehen wir eine schmerzerfüllte Ygerna, die ihre Hände ringt, indes drei Hoffräulein den Säugling weinend über die Schwelle einer engen Gartentür tragen. Es ist Abend, am Himmel stehen die ersten Sterne. Der Säugling, eingeschnürt in goldfarbene Windeln, gibt keinen Laut von sich. Die drei Jungfrauen haben den Auftrag, das Bündel den Burgberg hinab zu tragen und es »dem ersten armen Mann zu übergeben, der ihnen außerhalb des Burgtors begegnet«. Auf der Zeichnung wartet dort schon ein Bettler in zerfetzter Kleidung und mit einem Krückstock.

Die Zeichnung täuscht. Nichts von lauter Klage Ygernas findet sich bei Malory, und es sind auch nicht drei mitleidige Jungfrauen, die das Kind im Steckkissen einem unbekannten Schicksal entgegentragen, sondern »zwei kommandierte Ritter und zwei Ehrendamen«. Der Bettler, der es in Empfang nimmt, ist kein anderer als Merlin; er kann jede Gestalt annehmen und wählt mit Vorliebe die eines Ärmsten der Armen.

Nicht weit von Tintagel lebt ein Ritter namens Sir Ector auf seiner Burg. Ihm ist ebenfalls kürzlich ein Sohn geboren worden, der jetzt zu einer Amme auf ein anderes Schloß gebracht wird; Sir Ector gehören in England und Wales mehrere Herrensitze. Und seine Frau – sie bleibt namenlos – wird statt ihres eigenen Sohnes das Königskind säugen, das selbstredend Vortritt hat. Ein eilig herbeigerufener »heiliger Mann«, wahrscheinlich ein Eremit, tauft es auf den Namen Artus.

Die Burg der Zieheltern, in der Artus aufwächst, vermuten manche Kommentatoren in der keltischen Anderwelt. Nüchternere Forscher wollen sie bei Celliwic nahe Padstow in Cornwall, nicht weit von Tintagel, oder bei Dunster in Somerset gefunden haben. Bei Padstow gab es jedoch nur ein Kloster – Padstow war der Hauptanlaufhafen irischer Missionare auf dem Weg zum Kontinent, den sie bekehren wollten. Die eindrucksvolle Burg, die noch heute Dunster überragt, stammt jedoch aus dem 11. Jahrhundert; Prinz Cawdy, dem sie gehörte, könnte durchaus das historische Vorbild für Sir Ector gewesen sein.

Artus wird jedenfalls, wo auch immer, von Ector und Merlin zu einem Ritter erzogen, »mit allen Eigenschaften, die zu einem solchen gehören«, wie es Wace ausdrückt. Zusammen mit ihm wächst Kay auf, der gleichaltrige Sohn seines Ziehvaters, Jugendfreund, Spiel- und später Kampfgefährte bei den ersten ritterlichen Übungen: Reiten, Lanzenstechen, Jagen, Fechten. An Kay hängt Artus sein Leben lang wie an einem echten Bruder.

Die Lehrzeit ist streng. Beide Jungen schlafen auf Heu und Stroh bei ihren Pferden, die sie selbst versorgen. Der Tag vergeht nicht nur mit Waffengängen und dem Erlernen aller Tricks und Finten, mit denen man bei Turnieren glänzen und im Feld sich gegen jeden Gegner, auch den stärksten, behaupten kann. Auch höfische Sitten, ritterliche Regeln und Umgangsformen müssen erlernt werden, und es sind die besten Lehrer, die Ector und Merlin heranziehen. Was ihnen Ector nicht beibringen kann und Merlin nicht beibringen will, ist die Magie. Sie bleibt ihm selbst und seinesgleichen vorbehalten und wird beiden, Kay wie Artus, noch manchen unvermuteten Kummer bereiten.

Als Uther in St. Albans stirbt, ändert sich ihr Leben abrupt. Auf die Kunde vom Tod des Königs ist Merlin aktiv geworden. Dem Zweithöchsten im Lande, dem Erzbischof von Canterbury, dient er offenbar ebenso als Berater wie dem Höchsten, dem König selbst. Er empfiehlt dem Erzbischof, zum Weihnachtsfest alle Fürsten und Noblen Britanniens nach London, in die Hauptstadt, zu laden »bei Strafe ewiger Verdammnis für Nichterscheinen«, denn »Jesus, der in jener Nacht geboren ward,« sei »durch ein göttliches Wunder König aller Könige geworden« und wolle nun seinerseits »durch ein Wunder offenbaren, wer in Zukunft König dieser Lande« sei.

Erzbischof und Teufelssohn ziehen, wie in der gesamten Artus-Sage, an einem Strang, wahrscheinlich sogar bei der Vorbereitung des Wunders in der »größten Kirche Londons«. Ob es sich um die

Paulskirche gehandelt hat, gibt Sir Thomas Malory vor, nicht zu wissen, da der Name in jenem französischen Buch, das er angeblich übersetzt, nicht genannt sei.

Wieder strömen aus allen Himmelsrichtungen die Mächtigen des Reichs zusammen und mit ihnen viel neugieriges Volk. Zur Sensation wird das plötzliche Erscheinen eines riesigen Marmorblocks im Kirchhof. Fest verankert im Stein findet sich ein ebenso riesiger Amboß, in dem ein wiederum gigantisches Schwert steckt, »blank und ohne seine Scheide«. Auf dem Stein kann man in goldenen Lettern eine Art Gebrauchsanweisung für die seltsame, vom Himmel gefallene Assemblage lesen: »Wer dieses Schwert aus diesem Stein und diesem Amboß zieht, ist rechtmäßig geborener König ganz Englands.«

Nach dem Hochamt versuchen sämtliche Anwesende, das Schwert herauszuziehen, aber vergeblich. Es bleibt unverrückt im Amboß und dieser im Marmorblock stecken. Der Erzbischof verkündet daraufhin eine Karenzzeit, wie sie in solchen Fällen üblich ist. Den erneuten Versuch, ein Gottesurteil sprechen zu lassen, setzt er auf den Neujahrstag fest. Dem Vorgang soll, zur Feier des Tages, ein großes Turnier mit allem Drum und Dran vorausgehen.

Die ritterlichen Kämpfe finden nach dem Gottesdienst auf einem Feld vor den Toren Londons statt, wohin sich am Neujahrstag alle versammelten Barone und Ritter, schon wohlgerüstet und mit Banner, Fanfaren, Knappen und Fußvolk, begeben. Unter ihnen in der Menge reiten Sir Ector und sein Sohn Sir Kay, der eben an Allerheiligen zum Ritter geschlagen worden ist und nun sein erstes Turnier bestehen wird. Auch sein Milchbruder Artus ist dabei, wenn auch noch ohne Sir und ungerüstet.

Man hat den Turnierplatz schon fast erreicht, als Sir Kay feststellt, daß er in der Aufregung das Wichtigste im Quartier des Vaters vergessen hat – sein Schwert.

Ohne Schwert kein Turnier – eine peinliche Situation, die erste, aber nicht die letzte, in der sich Sir Kay befinden wird. Sofort erbietet sich Artus, zurückzureiten. Er prescht im Galopp durch das Stadttor und überquert den Kirchhof, als er in der Mitte des Platzes jenes merkwürdige Gebilde erblickt, von dem er nicht ahnt, was es darstellt. Aber dort steckt ein, wie es scheint, durchaus brauchbares Schwert. Er springt aus dem Sattel. Und als er das Zelt der Wächter leer findet – sie sind mit allen anderen zum Turnierplatz gezogen –, erklettert er Stein und Amboß, aus denen er mühelos das Schwert herauszieht und unverzüglich seinem Bruder bringt.

Sir Kay, werden wir sehen, ist zwar eine liebenswert-schusslige, aber keineswegs die edelste Gestalt der Artus-Sage. Er erkennt sofort, um welches Schwert es sich handelt. Freudestrahlend eilt er zu seinem Vater und ruft, Sir Thomas Malory zufolge: »Sir, lo! Here is the sword of the stone, wherefore I must be King of this land« –»Seht her, Sir! Hier ist das Schwert aus dem Stein, weshalb ich König dieses Landes sein muß.«

Sir Ector läßt sich jedoch nicht übertölpeln. Er zieht eine Bibel – Sir Thomas verrät nicht woraus, mag sein, aus der Satteltasche – und befragt seinen Sohn unter heiligem Eid, woher er das Schwert bekommen habe. »Von meinem Bruder«, gesteht Sir Kay, »der hat es mir gebracht!«

Als Sir Ector daraufhin den wahren Hergang erfährt, wendet er sich Artus zu und erklärt ihm, daß fraglos er der König dieses Landes sei.

Artus' Reaktion verrät jene gewisse Begriffsstutzigkeit, die sich im Alter noch verstärken soll. Einer der Schnellsten ist er nicht und wird es auch nie werden, eher einer, der genau überlegt. »Warum ausgerechnet ich«, fragt er, »und wodurch?«

Die Antwort gibt ihm Sir Ector kniend: »Weil Gott es so will.« Der Stiefvater läßt sich, weiterhin auf den Knien, versichern, daß Artus ihm stets ein gnädiger Herr sein werde – damals mehr als eine Phrase – und nimmt ihm gleich ein weiteres Versprechen ab: »Ich bitte um nichts anderes, als daß Ihr Euren Milchbruder Kay zum Seneschall Eures Reiches macht.« Auf diese Weise gelangt der künftige Hof von Camelot zu jenem Oberhofbeamten, dessen Nörgelei und Unbeherrschtheit einer Heerschar von Helden auf die Nerven gehen und zugleich ihren Spott erregen wird. Sir Kay, das sei vorweggenommen, hat jedoch durchaus seine guten Seiten. Er wird der einzige am Hof des König Artus sein, der unverblümt und frei von der Leber weg seine Meinung sagt.

Der Herr Jesus muß allerdings mehrere Wunder vollbringen, ehe er die kleingläubigen Menschen überzeugt. Zwar reißt der junge Artus noch am Neujahrstag das in den Amboß zurückgesteckte Schwert als einziger erneut heraus, aber die Lords bleiben skeptisch; einem bartlosen Jüngling ohne Rang und Namen wollen sie sich nicht unterwerfen.

So wiederholt sich das gleiche Schauspiel am Dreikönigstag, zu Lichtmeß und, als auch da der junge Mann keinen ebenbürtigen Rivalen findet, zu Pfingsten.

Zu Pfingsten tritt der junge Artus allerdings schon selbstbewußter auf. Oder ist es Merlin, dem der Geduldsfaden gerissen ist? Er wird hinter den Kulissen tätig, konferiert mit dem Erzbischof von Canterbury und gibt zur Vorsicht seinem Schützling eine ständige Schutzwache bei, zu der alle jene Getreuen gehören, denen schon Uther Pendragon sein Vertrauen schenkte: Sir Ector und Sir Kay, Sir Ulfius, Sir Baldwin, Sir Brastias. Sie sind Tag und Nacht um ihn und geleiten ihn auch, grimmig anzusehen, am Pfingsttag zur nun schon beinahe gewohnten Zeremonie.

Diesmal hat sich – wohl ebenfalls von Merlin vorgeplant – aus allen Teilen des Landes besonders viel Volk versammelt. Es läßt deutlich seinen Unwillen über die Verzögerungstaktik der Lords spüren. Als von den Baronen einer nach dem anderen vergeblich versucht, das Schwert aus dem Amboß zu ziehen, gibt es höhnische Zwischenrufe und Gelächter. Artus, durch die lange Wartezeit eher gereift als zermürbt, begibt sich auf das Gerüst, mit einem raschen Handgriff gelingt ihm wiederum, was keinem sonst gelingen will. Er hält das Schwert in der Hand, schwingt es drohend seinen Widersachern entgegen. Da auch die Leibwache bereits die Hand am Knauf hat, sieht es für einen Moment so aus, als würde es zum Kampf kommen.

Die Entscheidung fällt durch das Volk. Es verlangt unmißverständlich die Anerkennung des Gottesurteils und die Krönung des jungen Königs. Wie Sir Thomas Malory berichtet, drohen »the commons« – in deutschen Ausgaben meist mißverständlich als »die Gemeinen« übersetzt – sogar, jeden, der dagegen sein sollte, zu erschlagen. Sie knien nieder und bitten Artus um Vergebung der unrechtmäßigen Verzögerung. Solch früher »Wir sind das Volk«-Attitüde beugen sich am Ende auch grollend die Noblen. Artus vergibt ihnen, wird alsbald vom Erzbischof gekrönt und leistet den Treueeid. Ihn müssen auch die Lords ablegen, dann geht er daran, die Willkürakte zu beseitigen, die seit Uthers Tod im Land überhand genommen haben. Wem immer, Lord oder Common, etwas geraubt worden ist, erhält seine Güter zurück. Mit einer Art von Kabinett zur Seite bereitet Artus eine gerechtere Herrschaft und die Wiedereroberung der vom Feind besetzten Teile Nordenglands, Schottlands und Wales' vor. Sein Enthusiasmus reißt auch viele seiner ehemaligen Gegner mit.

Wie versprochen, wird Sir Kay Seneschall, so etwas wie ein Kanzler, Sir Baldwin von Britannien Marschall, also Kriegsherr, Sir Ulfius Hofmeister und Sir Brastias Gouverneur der noch besetzten Landesteile.

Das wichtigste Mitglied des geheimen Kabinetts wird nicht erwähnt. Ohne Merlin im Hintergrund wäre dem jungen König nicht gelungen, was ihm im ersten Anlauf, wenn auch nicht ohne Mühe gelingt: die Einigung des Landes und die Abwehr der äußeren Feinde. Sein druidischer Berater ohne Amt und ohne Würden ist es, der ihm in Not und Gefahr den richtigen Ratschlag ins Ohr flüstern und ihm einmal sogar durch Zauberei das nackte Leben retten wird.

Das Volk hat Artus zum König erkoren, der höchste christliche Würdenträger hat ihn gekrönt. Aber keltische Magie verhilft ihm zum Sieg. Auf diesen drei Ebenen bildet sich der Artus-Mythos.

5.

Inzest und Excalibur

Der Zauberer ungewissen Alters – manche halten Merlin für über tausend Jahre alt – wird dem Jüngling auf dem Königsthron unentbehrlich. Denn der Widerstand gegen ihn, »dem noch kein Bart wächst«, ist durch die Krönung nicht überwunden.

Artus bekommt es vor allem mit sechs mächtigen Herren aus dem Norden zu tun, die sich selbst als Könige bezeichnen, obwohl sie dem englischen König lehnspflichtig sind. Da sich später noch vier weitere Könige und ein Herzog hinzufinden, ist diese blutige Auseinandersetzung als »Kampf gegen die 11 Könige« in die Sagengeschichte eingegangen. Ohne Merlins Hilfe hätte Artus ihn nicht überstanden.

Er beginnt, als der Junggekrönte das erste Pfingstfest nach dem Londoner Gottesurteil feierlich in Wales begehen will. Pfingsten bleibt sein Lieblingsfest; es wird an seinem Hof Jahr für Jahr im Gedenken an die Sache mit dem Schwert im Stein begangen. Fast alle großen Ereignisse der Artus-Sage fallen auf dieses Datum.

Nach Caerleon (Karli-en oder Körrli-en ausgesprochen, mit Betonung auf dem i) lädt Artus seine nordischen Lehensleute, darunter den König Lot von Lothian und Orkney, den jungen König von Schottland, und jenen König mit den hundert Rittern, der immer wieder nomadisch durch die keltische Sagenwelt zieht.

Sie kommen auch alle, wohlgerüstet, hoch zu Pferd und von ihren Heerscharen begleitet. Am Fest wollen sie jedoch nicht teilnehmen. Den Boten, die ihnen Geschenke bringen, erklären sie, von einem Mann niederer Herkunft wie Artus keine Gaben annehmen zu wollen. Sie seien vielmehr gekommen, um diesem

»Gaben mit scharfen Schwertern zwischen Nacken und Schultern zu verabreichen«, wie sie sich ausdrücken. Artus bleibt nichts anderes übrig, als sich vor der Übermacht in die Burg Caerleon zurückzuziehen. Sie wird alsbald belagert. Auftritt Merlin. Er erscheint stets wie ein Luftgeist, wo es notwendig wird.

Den sechs keltischen Nordkönigen ist er altvertraut und, obwohl einige ihn als Hexenmeister beschimpfen, eine angesehene Persönlichkeit. Sie wollen von ihm wissen, warum er einem Knaben niederer Herkunft dazu verholfen habe, ihr Oberherr zu werden.

Merlin verrät es ihnen: »Weil er ein Sohn König Uther Pendragons ist, mit Ygerna, der Frau des Herzogs von Tintagel, gezeugt.«

Dann sei er der Bastard eines Ehebruchs, erwidern die Unterkönige, und erst recht nicht zum Herrscher über Britannien geeignet.

Aber auch das weiß Merlin besser. »Nein«, entgegnet er, »Artus wurde erst nach dem Tode des Herzogs gezeugt, mehr als drei Stunden danach, und dreizehn Tage darauf heiratete König Uther Ygerna«, um Sir Thomas Malory wörtlich zu zitieren.

Trotzdem scheitert Merlins durchaus redlicher Vermittlungsversuch. Er weissagt den sechs Königen, daß sie hier nicht siegen könnten, selbst wenn sie zehnmal so viele wären. Und erst als sie trotzdem nicht abziehen, rät er Artus, einen überraschenden Ausfall zu machen und das Nordheer im eigenen Lager zu überfallen.

Der Coup gelingt, obwohl Artus um ein Haar von König Lot getötet worden wäre. Er ist selbst in der Jugend kein großer Einzelkämpfer, eher ein begabter Stratege. Sir Kay, Sir Baldwin, Sir Brastias und Sir Ector hauen ihn zu seinem Glück heraus.

Im übrigen kommt ihm zuhilfe, daß dreihundert der besten Leute aus dem Lager seiner Feinde überlaufen und – ganz wie vor einem Jahr in London – die Bevölkerung eingreift. Als das Nordheer zu wanken beginnt, wird es von Männern aus Caerleon mit Keulen und Knüppeln angefallen. Wo immer das Volk in der Artus-Sage auftritt, befindet es sich auf seiner Seite. Es erkennt, wie es scheint, in ihm von Anfang an den Friedensbringer, vertraut ihm – und hilft ihm, wenn man es läßt. In diesem Fall wird so mancher edle Ritter in seiner Rüstung von Bauern und Bürgern erschlagen – »und die Könige sammelten ihre Gefolgsleute um sich, die noch am Leben waren, und flohen in die Wälder«.

Der junge Artus entpuppt sich als vorzüglicher Heerführer, der seine Siege durch wohlgeplante taktische Entscheidungen gewinnt. Doch möglich werden sie nur durch den Strategen hinter dem Strategen. Es ist recht eigentlich wiederum Merlin, der den nun folgenden Bürgerkrieg führt. Dies übrigens wiederum mit weitgehender Fairneß gegenüber seinen keltischen Landsleuten aus dem Norden, die, wie er weiß, auf Rache für die Schmach von Caerleon sinnen.

Merlin weiß auch, daß es drei Jahre dauern wird, ehe sie, inzwischen elf Könige, ein neues schlagkräftiges Heer zusammenstellen können. Und da Artus mitsamt Marschall Sir Baldwin und den übrigen tapferen Recken diese Zeit ungenügend nutzen, erscheint er zum nächsten Kriegsrat auf seinem schwarzen Pferd und gibt Ratschläge oder vielmehr verdeckte Befehle für die noch relativ Unerfahrenen.

Drüben, im Land jenseits des Ärmelkanals, befinden sich zwei Könige, übrigens Brüder, in gewissen Schwierigkeiten. König Bors von Gallien und König Ban von Benwick werden von einem feindlichen König namens Claudas bedrängt. Beide Reiche muß man sich im Norden Frankreichs an der Kanal- oder Atlantikküste vorstellen. Dasjenige des Claudas könnte an der Nordsee, im heutigen Belgien, gelegen haben.

Ulfius und Brastias schlagen sich als Sonderbotschafter durch die von Claudas ausgeschickten Späher. Sie fragen ausgerechnet einen Trupp nach dem Weg zu Ban und Bors, der zu Claudas' Leuten gehört und die beiden Artus-Ritter angreift – aber das tut keiner ungestraft. Die Überlebenden fliehen, zerschlagen und verwundet, bis man sie nicht mehr verfolgt. Ban und Bors zeigen sich sehr beeindruckt, als die beiden Abgesandten aus Britannien bei ihnen erscheinen.

Zwischen Artus und den beiden französischen Königen ergibt

sich so etwas wie eine Heilige Allianz. Mehr als das: sie werden enge Freunde – der Sohn des Ban wird dermaleinst die strahlendste Erscheinung an König Artus' Tafelrunde sein und ihm dennoch großen Kummer bereiten. Sein Name: Lancelot.

Ban und Bors eilen mit ihren Heeren nun dem Artus zu Hilfe, den die elf Könige erneut bedrohen. Das heißt: die französischen Ritter setzen über den Ärmelkanal und messen sich bei Canterbury zunächst einmal mit denen des Artus im Turnier, das übrigens Sir Kay, der Seneschall, gewinnt. Für das Fußvolk fehlen die Transportmöglichkeiten übers Wasser; es wird auf andere, verschwiegene Weise transportiert, nämlich wie die Steine von Stonehenge durch Merlin mit Zauberkraft, ob unterirdisch, ob durch die Lüfte, kein Chronist hat das je überliefert.

Sie sind kaum gelandet, als die elf Nordland-Könige auch schon mit ihrem neuen Heer – fünfzigtausend Krieger zu Pferd und eintausend zu Fuß – sengend und mordend in den Süden einfallen, fest entschlossen, den Jüngling, sei er nun Uther Pendragons Sohn oder nicht, zu beseitigen und einen der ihren auf den Thron zu setzen. Nur mit Hilfe der Könige Ban und Bors übersteht Artus diese gefährlichste Bedrohung seiner Anfangsjahre.

Doch Ban und Bors in Ehren, zu schweigen von den Tapferen in den eigenen Reihen wie Ector und Kay, Ulfius und Brastias – ohne den listenreichen Druiden im Hintergrund hätte Artus nicht die geringste Chance.

Merlin gehorcht da einem vorherbestimmten Schicksalsspruch, der ihn in einen tiefen Zwiespalt gestürzt haben muß, denn er ist beiden Parteien zugehörig, sogar durch Blutsbande. Entscheidungen beeinflussen kann er jedoch nicht. Die Zukunft ist ihm bekannt; er lebt in einer Welt prophetischer Vorherbestimmtheit wie in einem Käfig.

Sie gehört, wie er weiß, keinem anderen als Artus. Den elf Königen, so mächtig sie im Augenblick sein mögen, ist dagegen der Untergang bestimmt. So läßt er Artus seine Hilfe angedeihen, wobei er aber nie eine gewisse Loyalität zur Gegenpartei außer acht läßt. Die Gestalt des Merlin bekommt tragische Züge. Er scheint oft sogar verwirrt und gestört.

Das illustriert wenig später eine merkwürdige Szene. Artus

durchreitet auf der Jagd eine einsame Gegend, als er plötzlich seinen druidischen Freund von drei Kerlen bedroht sieht, die ihn mit Knüppeln erschlagen wollen. Der Magier, der sich, wenn er will, unsichtbar machen und in seinem Zaubermantel davonfliegen kann, hält sich, blutüberströmt und hart getroffen, nur noch taumelnd aufrecht, als Artus auf seinem Roß heransprengt und die Unholde vertreibt. Ein ambivalentes, schwer erklärbares Gleichnis, von denen es in der Artus-Sage einige gibt.

Als die beiden Heere bei Bedegraine aufeinanderprallen, geschieht es nicht ohne Merlins Zutun. Er rät Artus, das Lager der Nordleute um Mitternacht zu überfallen und verursacht dadurch ein furchtbares Blutbad. Als der Morgen graut, sind schon zehntausend Krieger gefallen. Das Nordheer leistet dem Überraschungsangriff tapferen Widerstand; eine Weile sieht es so aus, als würde es die Überhand gewinnen. Zwei Tage geht das Gemetzel weiter: »Artus war derart mit Blut verkrustet, daß man ihn nicht einmal an seinem Schild zu erkennen vermochte, und sein Schwert troff vom Blut und Hirn seiner Feinde.«

Am Ende sind von den Kriegern des Nordheers nur noch fünfzehntausend am Leben und beide Seiten zu Tode erschöpft. Da erscheint wiederum Merlin. Er spricht die Vernünftigsten auf beiden Seiten an, König Lot und König Artus. Die Vernunft, so sagt er, gebiete es, mit dem sinnlosen gegenseitigen Abschlachten aufzuhören. Es stünden sich hier deutlich sichtbar die besten Recken der Welt gegenüber – »das ist wahr, antworteten die Könige Ban und Bors«. So trennt man sich gleichsam unentschieden.

Den zweifelnden Artus tröstet Merlin mit seinem Vorwissen. Auf die elf Könige, versicherte er, warte nichts Gutes. In ihr Land sind übers Meer Sarazenen, islamische Seeräuber, eingefallen und haben es verwüstet. Er prophezeit im übrigen, daß alle elf am gleichen Tag in einem späteren Kampf, sogar gegen Artus' Truppen, den Tod finden werden.

Die große Schlacht bei Bedegraine hat den Nordleuten nichts eingebracht außer blutigen Verlusten. Artus geht aus ihr, wenn nicht als Gewinner, so doch als etablierter König des Landes hervor. Er hat trotz seiner Jugend bewiesen, daß er versteht, seine

Rechte zu verteidigen, Bundesgenossen zu finden und Schlachten zu schlagen. Auf ihm ruhen in Zukunft alle Hoffnungen. Der Jüngling, den wir eben noch blutverschmiert auf dem Schlachtfeld erlebt haben, tritt nun in seine »Halbstarkenphase«. Er erschlägt zwei Riesen und zeugt zwei uneheliche Kinder.

Was die Riesen betrifft, so gehören sie in die Biographie eines jeden mittelalterlichen Helden, sind selbstverständliche Attribute eines Königs wie Szepter und Krone. Riesen, fast immer menschenfressende, sind so etwas wie Symbole des Bösen schlechthin – fast alle Artus-Ritter bekommen es mit ihnen zu tun.

Der eine Riese, den Artus im Zweikampf tötet, lebt auf dem Michaelsberg. Ob auf dem Mont Saint-Michel in der Normandie oder dem St. Michael's Mount in Cornwall vor Marazion, ist ungewiß. Beide Orte besitzen sowohl einen diesbezüglichen Legendenschatz als auch eine gewisse Wahrscheinlichkeit. Im übrigen handelt es sich bei beiden um Klöster, das eine (in Cornwall) die Gründung des anderen, französischen.

Der zweite Riese treibt sein Unwesen auf dem Snowdon, der höchsten Erhebung von Wales. Er hat sich in den Kopf gesetzt, einen Mantel gegen die Kälte der Gebirgsregion aus einem ungewöhnlichen Material herzustellen, nämlich den Bärten britischer, schottischer und walisischer Könige, von denen er bereits einige besitzt. Artus läßt er wissen, er wünsche auch dessen Bart.

Den bekommt er nicht, abgesehen von der Tatsache, daß dieser seinem Träger erst spärlich wächst. Statt dessen begibt Artus sich selbst zum Snowdon, wo er dem Riesen nach erbittertem Kampf den Kopf abschlägt. Es ehrt den König, daß der schwachsinnige Fleischkoloß ihn zu Tränen rührt, als er, weinend um Gnade grunzend, vor ihm auf die Knie fällt. Dem Land zuliebe enthauptet Artus das Ungeheuer trotzdem.

Eine nachhaltigere Wirkung auf sein künftiges Leben haben Artus Liebesabenteuer. Sie mögen einem jungen Mann durchaus anstehen, aber was Frauen betrifft, entwickelt er schon früh eine unglückliche Hand.

Unkompliziert verläuft eine Affäre mit Lyoness oder Lionors, der schönen Tochter des Grafen Sanam. Sie kommt kurz nach der großen Schlacht zu ihm, um ihm zu huldigen, »wie es viele

Herren bereits getan hatten«. Weil es sich hier aber nicht um einen Herrn, sondern um ein bildhübsches Edelfräulein handelt, verlieben sich die jungen Leute ineinander, und da, wie Sir Thomas Malory sich ausdrückt, «der König mit ihr einig wurde«, zeugen sie ein Kind, das sie Borre nennen. Borre wird später ein wackerer Ritter und eine Zierde der Tafelrunde seines Vaters werden.

Ähnliches widerfährt Morgause, der Frau des Königs Lot von Lothian und Orkney, einem seiner Hauptgegner in der großen Schlacht. Sie erscheint auf der Burg Caerleon, in die sich Artus eine Weile zurückgezogen hat, angeblich um ihm eine Botschaft ihres Gatten zu überbringen, in Wirklichkeit aber wohl, um in dessen Auftrag Artus auszuspionieren. Begleitet wird sie von einem stattlichen Hofstaat und ihren vier Söhnen Gawain, Gaheris, Agrawein und Gareth; auch sie werden wir später als Mitglieder der Tafelrunde wiedersehen.

Morgause (bei Geoffrey: Anna) ist, obwohl nicht mehr die Allerjüngste, immer noch schön und reizvoll, und alsbald »entbrannte der König in großer Liebe zu ihr und wollte gern das Lager mit ihr teilen, und sie kamen zusammen, und er zeugte Mordred mit ihr«. Eine verhängnisvolle Nacht. Morgause, eine Tochter Ygernas, ist, was Artus nicht weiß und nicht wissen kann, seine Schwester. Er hat bis jetzt Sir Ector und keinen anderen für seinen richtigen Vater gehalten.

Schon bald nach der Abreise Morgauses quälen ihn finstere Träume. Er kämpft vergeblich gegen Schlangen und Greife, auch scheint die wirkliche Welt plötzlich seltsam verworren. Auf der Jagd verirrt er sich, begegnet einem Ungetüm, das »wie dreißig Hunde bellt« und von einem Ritter verfolgt wird, der versucht, ihm das zweite Pferd, das er mit sich führt, abzuschwatzen. Als Artus es nicht hergeben will, springt der Fremde einfach in den Sattel und reitet davon, dem Ungetüm hinterher. Solche Träume bedeuten nichts Gutes.

Aber es soll außerhalb aller Träume im wirklichen Leben noch ungewöhnlicher kommen. Als befinde Artus sich in der Anderwelt, taucht neben ihm im Wald ein Knabe auf, kaum vierzehn Jahre alt, und spricht ihn an. Der König fragt, wo er herkommt und wer er ist, erhält aber nur die wenig ehrerbietige Antwort, er, Artus, wisse ja nicht einmal selbst, wer er sei. »Weißt du es etwa?« fragt Artus, schon in der Jugend etwas begriffsstutzig und schlagfertig nur mit dem Schwert. »Ich kenne Dich besser als Du Dich selbst«, antwortet der Knabe. »Du bist der Sohn Uther Pendragons und Ygernas«, womit er es nicht bewenden läßt, sondern dem erst verdutzten, dann empörten König die ganzen Umstände seiner Zeugung auseinandersetzt. Als Artus, nun wütend, dem vorlauten Jungen barsch das Wort abschneidet und erklärt, er sei viel zu jung, um so etwas wissen zu können, ist dieser verschwunden, als habe er sich in Luft aufgelöst.

Dafür erscheint auf der nächsten Waldlichtung ein Greis neben ihm, »der zur Freude des Königs recht weise aussah«, weshalb er mit ihm sofort ins Gespräch kommt. Aber der Achtzigjährige verkündet nichts anderes als der Vierzehnjährige. Er stürzt Artus sogar in noch größere Verwirrung, denn er erklärt, er, Artus habe Gott durch einen unverzeihlichen Frevel erzürnt: »Ohne es zu wissen, habt Ihr bei Eurer Schwester gelegen und ein Kind gezeugt, das Euch und alle Ritter Eures Reichs vernichten wird.«

Mit diesen Worten nimmt der Alte eine andere Gestalt an, die Artus sofort erkennt. Es ist Merlin, der ihm so das Geheimnis seiner Geburt und seiner angestammten Königswürde endlich verrät.

In Caerleon bestätigen jedoch Sir Ector wie auch Ulfius die Geschichte, so daß Artus bald darauf nach seiner Mutter schickt, die er zum erstenmal in seinem Leben sieht. Er schließt sie in seine Arme, »küßte sie und sie weinten lange zusammen«.

Dazu besteht einiger Anlaß. Merlins Offenbarungen haben Artus in seiner Königswürde bestätigt, aber zugleich hat er sich durch den Inzest schuldlos schuldig gemacht. Er begeht überdies einen zweiten Fehler, mehr als das, diesmal ein bewußtes Verbrechen, das ihn nun sogar dem König Herodes an die Seite stellt. Sein Befehl, alle am gleichen Tag wie Mordred geborenen Kinder den Eltern wegzunehmen, erregt Entsetzen im Land, um so mehr als Artus sie auf ein Schiff bringen läßt, das mit unbekanntem Bestimmungsort den Hafen verläßt. Wohin die Kleinkinder verbracht werden sollen, steht dahin. Das Schiff zerschellt bezeichnenderweise am Felsen von Tintagel; es versinkt mit Mann und Maus. Von – ausgerechnet – Mordreds wunderbarer Rettung wird Artus und werden wir erst später, genauer gesagt: in vierzehn Jahren, erfahren.

Es geht überhaupt in der Anfangszeit vieles schief, was Artus betrifft. Das mag unter anderem erzählerische Gründe haben und macht seine frühe Reife plausibel, denn in die Herrscherwürde eines vielgeliebten, aber auch vielgefürchteten Königs wächst der junge Mann erstaunlich rasch hinein. Dem Menschen Artus ist dagegen schon das meiste durch seine Geburt in die Wiege gelegt worden. Es läßt ihn mitunter nicht weniger vieldeutig erscheinen als seinen Zauberfreund Merlin.

Da ist mit der Mutter ein weiteres, ihm bis dahin unbekanntes Familienmitglied auf Caerleon erschienen, eine Schwester: Morgana Le Fay. Ob sie aus Ygernas erster Ehe stammt oder, nach ihm geboren, aus derjenigen mit Uther Pendragon, scheint selbst Artus – wie natürlich allen Chronisten – unklar. Manche halten sie für den Sproß einer Liebschaft des Drachenkönigs mit einem Wesen der Anderwelt. Zum Feenreich besitzt Morgana auf jeden Fall enge Beziehungen, gehört sie doch zu den neun Schwestern, druidischen Nonnen, die Avalon, das keltische Zauberreich, wahrscheinlich eine Insel im Atlantik (oder in Somerset), behüten und verwalten. Sie besitzt aber auch Burgen und Ländereien in der realen Welt und verfügt über geheime Heilkräfte gegen alle möglichen Krankheiten und Verwundungen.

Artus, dem sie scheinbar liebenswürdig entgegentritt, bleibt die Schwester oder Halbschwester unheimlich. Ihre Heilkräfte kann sie auch negativ einsetzen, mit ihren Giften töten: eine undurchsichtige Frau, zudem launisch und unberechenbar. Sie selbst scheint dem Bruder in einer Art von Haßliebe auf den ersten Blick verfallen. Der König ist froh, als sie Caerleon mit der Mutter wieder verläßt.

Gepeinigt wird Artus ferner von jenem Pellinore, der ihm vor kurzem das Pferd gestohlen hat. Er fordert den König zum Zweikampf auf; als der blutjunge Sir Griflet für seinen Herrn einspringt, wird er schwer verwundet und nur am Leben gelassen, weil Pellinore der erst kürzlich zum Ritter geschlagene Jüngling dauert.

Häufiger denn je sucht Artus die Einsamkeit der Wälder, die damals noch ganz Britannien bedecken. Ein Eichhörnchen, heißt es, habe den Weg vom Norden Schottlands bis herunter nach Devon und Cornwall von Ast zu Ast springend zurücklegen können, ohne jemals die Baumkronen verlassen zu müssen. Die Engländer, Nachfahren der Angeln und Sachsen, sind keine Waldfanatiker wie die Deutschen. Sie geben ihrem Land lieber Park- und Gartencharakter. Artus aber, keltischer Herkunft, liebt jenes Raunen, das angeblich nur in Wäldern zu vernehmen ist; dort findet er, durch die Ereignisse verstört, zu sich selbst. In fast allen Sagen durchstreift Artus in friedlichen Zeiten jagend Wald und Flur, ein königlicher Jäger, der die Einsamkeit sucht.

Man kann seinen Ärger verstehen, als er bei einem derartigen Jagdausflug ausgerechnet auf Pellinore stößt und dieser ihm in den Weg tritt. Beide sind voll gerüstet in die Waldeinsamkeit gezogen, also kommt es zum Tjost, dem ritterlichen Zweikampf mit scharfen Waffen.

Beim ritterlichen Tjosten gelten feste Regeln. Zunächst reiten die Gegner aufeinander zu und versuchen, den anderen mit der Lanze aus dem Sattel zu heben. Meist zerbrechen die hölzernen Lanzen dabei; diesmal allerdings nur die des König Artus, der prompt vom Pferd fällt.

Jetzt hätte Pellinore das Recht, weiterhin vom Sattel aus zu kämpfen, aber der verzichtet, ganz Ritter, auf diesen Vorteil. Der Kampf zu Fuß wird mit Schwert und Schild geführt – und mit größter Erbitterung. Beide Helden bringen sich wutentbrannt tiefe Wunden bei; das Klirren ihrer wuchtigen Hiebe auf Helm und Schild tönt weithin durch den Wald.

Artus unterliegt am Ende, geschwächt vom Blutverlust. Pellinore setzt ihm das Schwert an die Kehle und gibt ihm, Erzregel beim Tjosten, eine letzte Chance. Wenn er sich jetzt unterwirft, jede Bedingung des Gegners anerkennt und kleinlaut beigibt, muß ihm der ritterliche Sieger das Leben schenken. Wer sich weigert, hat es verwirkt.

Wie nicht anders zu erwarten, weigert Artus sich. Er würde in diesem Augenblick eher sterben als um Gnade flehen. Gerettet wird er von Merlin, der plötzlich da ist auf seinem schwarzen Roß. Pellinore erstarrt und sinkt augenblicklich durch Zauberkraft in tiefen Schlaf. Den halb ohnmächtigen Artus hebt Merlin auf sein Pferd, dem er die Sporen gibt.

Die Wunden des Königs heilt ein Einsiedler mit wirksamen Salben; die Kur dauert nur drei Tage. Als Artus mit Merlin nach Caerleon zurückreitet, begegnet ihnen unterwegs wiederum der unvermeidliche Pellinore, dem eine derartige Behandlung versagt geblieben ist. Er sieht schlecht aus, hat inzwischen dennoch einem weiteren Ritter, wie gewohnt, den Weg versperrt und ihn im Kampf in die Flucht geschlagen. Jetzt kann er sich kaum noch im Sattel halten.

Artus möchte nichts lieber, als sich an dem müden Krieger rächen. Aber Merlin winkt ab. Seine vielgepriesenen ritterlichen Tugenden erlernt der junge König nicht zuletzt durch den keltischen Hexenmeister: marode Feinde verschont man, um der eigenen Ehre willen. Pellinore reitet, zum Greifen nahe, an ihnen vorbei, ohne den Blick zu wenden, denn Merlin hat sich und Artus unsichtbar gemacht.

Ritter Pellinore, verrät er seinem Schützling, werde König werden und ihm noch große Dienste leisten. Auch wirft, wie so oft in Artus' jungen Jahren, die Tafelrunde ihren Schatten weit voraus, denn dessen beiden Söhnen, so Merlin, sei an ihr ein Ehrenplatz vorausbestimmt. Er nennt sogar die Namen: Parzival und Lamorak.

Haben sich König und Zauberer bisher in Wales, bei Caerleon, herumgetrieben, befinden sie sich wenig später – durch Zauberkraft oder Ungenauigkeit des Chronisten Malory – in Cornwall, anderen Autoren zufolge sogar in Schottland. Sie durchreiten einen von Dickicht durchwucherten Wald, der nach Drachen oder Riesen aussieht, als Artus feststellt, daß er kein Schwert mehr hat.

Eben deshalb seien sie hier, sagt Merlin.

Der Wald lichtet sich. Vor ihnen liegt ein von uralten und wahrscheinlich heiligen Bäumen umstandener idyllischer See, ob Dozmary Pool oder Loe Pool, bleibe dahingestellt. Aus der Mitte des Sees ragt, ungewöhnliches Phänomen, ein riesenhafter Arm heraus , der ein blitzendes Schwert in der Hand hält.

Es erscheint auch die Besitzerin des Schwerts, die als würdevolle Dame, bisweilen auch als junges Mädchen unter verschiedenen Namen in der Sage ihr Wesen und zugleich Unwesen treibt: Lady of the Lake, Dame du Lac, Viviane, Eviéne, Nivienne. Obwohl Besitzerin eines Palastes unter Wasser im See, scheint sie von Fleisch und Blut.

Das Schwert sei Artus zum Geschenk bestimmt, sagt sie. In Avalon geschmiedet, durchdringt es, selbst unzerbrechlich, den stärksten Stahl – ein Zauberschwert. Das Gegengeschenk wird Viviane, wie wir sie nennen wollen, sich bei Gelegenheit erbitten. Es soll den armen Artus etwas später noch in einige Verlegenheit versetzen.

Ein Boot, oder, da es sich um eine Sage handelt, besser: eine Barke gleitet heran. Artus besteigt sie, indes die Lady vom See mit Merlin am Ufer zurückbleibt. Furchtlos entnimmt er der unheimlichen Riesenhand das kostbare Geschenk: Excalibur. Mit diesem Schwert ist jeder so gut wie unbesiegbar. Der Arm verschwindet in den Fluten.

Wieder hoch zu Roß, fragt Merlin: was ihm besser gefalle, das Schwert oder die Scheide, in der es steckt.

Artus gefällt das Schwert besser, muß sich jedoch von Merlin belehren lassen, daß die Scheide zehn Schwerter dieses Kalibers wert ist. Er möge sie immer, Tag und Nacht, bei Hof oder im Felde, mit sich tragen. Denn wer sie bei sich trägt, ist nicht nur unbesiegbar, sondern auch unverwundbar; er kann nicht einen Tropfen Blut verlieren.

Excalibur in Händen wird aus dem Jüngling Artus ein Mann. Er tritt nicht unbeschadet ins Erwachsenenalter. Seine Geburt beruht auf elterlicher Sünde. Er selbst hat sich versündigt, wie sich jeder versündigt, der Macht erringt. Er hat Kinder in den Tod geschickt und einen Inzest begangen. Auch Beschämungen hat er erlebt, ist er doch Pellinore und den elf Nord-Königen nur durch Zauberkraft entronnen. Das hat seine Spuren hinterlassen, auch heilsame. Es ist ein milderer Mann, der von der Dame am See das magische Schwert erhält.

Am Zaubersee in Cornwall beginnt der eigentliche Weg in die Unsterblichkeit.

Zu Artus gehören – seltener Fall bei einer Biographie – die Biographien seiner Biographen. Sie werden hier eingeschaltet, weil sie die Gestalt geschaffen oder mitgeschaffen haben. Auch von ihnen muß daher von Zeit zu Zeit die Rede sein.

Wer jedoch lieber den weiteren Weg des Sagenhelden verfolgen möchte, lasse das nun folgende Kapitel über Sir Thomas Malory, von dem schon ein paar Mal die Rede war, sowie das über den Drucker Caxton ganz einfach aus und lese beim 8. Kapitel weiter. Die Lektüre läßt sich ja später nachholen.

Wie sehr Geschichten von Artus schon früh fasziniert haben, geht aus einer Erzählung des Caesarius von Heisterbach hervor. Caesarius ist um 1180 in Köln geboren und gilt als einer der frühesten Chronisten seiner Heimatstadt. Er hat aber auch Geschichten und Anekdoten jeglicher Art gesammelt und sie als »Dialogus Miraculorum« zusammengefaßt.

Dort liest man in einer Übersetzung von J. Strange aus dem Jahr 1851: »Als einst etliche Mönche und Brüder bei der geistlichen Unterweisung eingeschlafen seien und einige von ihnen sogar angefangen hätten zu schnarchen, habe der Abt Gevard seine Ansprache mit den Worten unterbrochen: ›Es war einmal ein König, der hieß Artus...‹, worauf alle hellwach geworden seien und die Ohren gespitzt hätten.«

Das muß um 1220 gewesen sein.

Wenn im nächsten Kapitel die abenteuerliche Gestalt des Sir Thomas Malory auftaucht, kann ich jedoch, im Gegensatz zu Abt Gevard, versprechen, daß es auf alles andere als eine geistliche Unterweisung herauslaufen wird.

6.

Sir Thomas Malory oder
Der Raubritter als Autor

Dreihundert Jahre nach Geoffrey gibt Sir Thomas Malory der Artus-Figur den letzten Schliff. Sir Thomas ist von anderem Kaliber als der gelehrte Mönch aus Monmouth. Ein Mann von Adel, aber kein Geistlicher, kein Intellektueller, sondern ein Raubritter mit einem eindrucksvollen Strafregister.

Die Liste seiner Delikte ist lang. Sie reicht von Brandstiftung, Raub, Erpressung, Plünderung, Viehdiebstahl bis hin zu Vergewaltigung und Mordversuch – alles sehr ungewöhnlich für einen Erzähler und Dichter.

Obwohl diese Aufzählung von der Gegenpartei, der Klägerseite stammt, ist kaum vorstellbar, daß irgend jemand sich dies alles aus den Fingern gesogen haben sollte. Acht Jahre hat Sir Thomas hinter Gittern zugebracht – hundertprozentig wissen wir das aber alles nicht.

Halten wir uns zunächst an das, was wir mit Bestimmtheit wissen. Wieder einmal stammt es vom Betroffenen selbst. Den Lesern seines Buches »Le Morte Darthur« stellt er sich unter seinem Namen vor, Thomas Malory, und fügt hinzu, er habe sein Manuskript »als Ritter und Gefangener« beendet, und zwar »im 9. Jahr der Regierung König Edwards IV«. Wenn wir es ganz genau nehmen: zwischen dem 4. März 1459 und dem 3. März 1460.

Da ist seit gut fünf Jahren der »Krieg der Rosen« im Gange. Dreißig Jahre lang wird er zwischen den Häusern Lancaster und York toben und das unglückliche Land verwüsten. Der Bürger- und Bruderkrieg um die englische Thronfolge, die sich zwei

Familien mit je einer andersfarbigen Rose im Wappen streitig machen, wird trotz seines romantischen Namens grausam und erbittert geführt, obwohl es sich im Grunde um eine Angelegenheit ausschließlich des Hochadels handelt, die dem Volk und dem niederen Landadel fremd und oft sogar unverständlich bleibt. Söldner und Ritter wechseln je nach Höchstgebot und Kriegsglück die Seiten, schließen sich abwechselnd dem Haus Lancaster (rote Rose) oder den Yorkisten (weiße Rose) an. Freunde von gestern sind Feinde von heute und umgekehrt, unter dem Deckmantel politischer Parteinahme verfolgen die meisten egoistische Ziele – wie von Robert Louis Stevenson so eindrucksvoll in seinem Roman »Der schwarze Pfeil« beschrieben, eine chaotische Zeit marodierender Heerscharen, die die Bevölkerung terrorisieren. Eine Zeit auch, so recht geschaffen, um die Sehnsucht nach dem guten König Artus und seinem goldenen Zeitalter zu wekken.

Im übrigen prangert der Autor des »Morte Darthur« in seinem Buch mehrfach und voller Überzeugung die Undankbarkeit der Engländer gegenüber ihrem König an. Man darf daraus schließen, daß er kein Gefolgsmann König Edwards IV. aus dem Hause York gewesen sein kann, sondern mit dem vertriebenen König Henry VI. aus dem Hause Lancaster sympathisiert haben muß. Was auf unseren Thomas Malory, den mit den vielen Untaten, zumindest zeitweilig zutrifft.

Denn so wirr die Zeiten sein mögen, sie sind erstaunlich gut dokumentiert. So wissen wir, daß es damals nicht weniger als sechs Träger des Namens Thomas Malory gegeben hat, die natürlich alle in den Verdacht geraten sind, mit dem Artus-Weitererzähler identisch zu sein. Selbst heute noch wird uns immer wieder der eine oder andere als wirklicher Autor vorgesetzt. Vielleicht sieht man Artus ungern mit einer derart übel beleumundeten Person im Zusammenhang.

Aber abgesehen davon, daß die meisten anderen nicht von Adel waren, paßt all das, was der Autor sonst noch in seinem Buch von sich verrät, ausschließlich auf jenen Sir Thomas Malory mit dem enormen Strafregister, der als Erbe eines Adelsbesitzes und -titels um 1416 in Newbold Revel in der nordenglischen Grafschaft

Warwickshire geboren wurde. Nur er befand sich als Ritter und Gefangener langjährig im Gefängnis (allerdings nicht zu jenem Zeitpunkt, zu dem er den »Morte Darthur« dort abgeschlossen haben will). Nur er hat sich an Turnieren aktiv beteiligt, so daß er deren Regeln und Vorschriften kenntnisreich erklären kann. Auch stammen Dialektanklänge, wie Sprachexperten ermittelt haben, aus der damaligen Umgangssprache der Midlands, zu denen Warwickshire gehört. Und von den sechs Namensvettern kommt nur er aus dieser Gegend. Es ist auch zweifelhaft, ob sich die anderen so gut im Leben hinter Gittern ausgekannt haben wie er. Wo immer im »Morte Darthur« Ritter, häufig genug, im Kerker schmachten, wirkt die Schilderung ihrer Qualen besonders hautnah. Nicht selten spricht der Autor plötzlich sogar für sich selbst, betet für seine baldige Freilassung oder zeigt sich niedergeschlagen, dem Selbstmord nahe.

Alles in allem besteht kaum ein Zweifel an der Identität des Autors, so sehr das manchen stören mag.

Nachweislich hat Sir Thomas 1445 seine Grafschaft im Londoner Parlament vertreten, ohne daß aus dieser Zeit Abträgliches über ihn bekannt geworden wäre. Fünf Jahre später häufen sich jedoch auf einmal Kriminalakten über seine Person. Am 25. Mai 1450, so die Anklage, soll er einen Einbruch verübt und im Juni oder Juli des folgenden Jahres mit seiner Truppe Raubzüge unternommen und die Schlösser benachbarter Edelleute ausgeplündert haben. Auch wird ihm ein Mordversuch am Herzog von Buckingham zur Last gelegt.

Am 23. Juli verhaftet, kann er einige Tage später entfliehen, und überfällt – alles wohlerhaltenen Akten zufolge – prompt eine Zisterzienser-Abtei, deren Wertgegenstände er fortschleppt. Erneut verhaftet und, wahrscheinlich aufgrund hoher Bestechungsgelder, erneut entflohen, finden wir ihn 1452, kein Wunder, dann doch in einem Londoner Gefängnis wieder. Er bringt in ihm acht Jahre zu, ohne daß es anscheinend zu einer Verhandlung oder rechtskräftigen Verurteilung gekommen wäre. In dieser Zeit muß der »Morte Darthur« entstanden sein.

Befreit haben ihn dann überraschenderweise wahrscheinlich

die Yorkisten. An deren Seite nimmt er jedenfalls an einem Feldzug in den Norden teil. Auf ihn folgen dann, ebenso erstaunlich, sechs ruhige Jahre, die er auf seinem Stammsitz verbringt, ohne sich etwas zuschulden kommen zu lassen.

Aber 1468 und 1470 befindet er sich doch wieder hinter Kerkermauern, vermutlich weil er sich in eine Intrige mit den – von ihm seit je bevorzugten – Lancasters eingelassen hat. Denn diesmal befreien ihn die Leute mit der roten Rose. Ein günstiger Rückschwenk, mit dem Sir Thomas sein Glück gemacht haben dürfte, denn das Haus Lancaster bleibt siegreich.

Der Krieg der Rosen geht aus wie das Hornberger Schießen: der Sieger, König Henry VII. aus dem Haus Lancaster, heiratet Elizabeth von York und vereint die beiden feindlichen Familien zu einem neuen, ruhmreichen Geschlecht, den Tudors.

Das erlebt Sir Thomas nicht mehr, wohl aber dürfte er die Früchte seines Seiten- und Gesinnungswechsels noch in vollen Zügen genossen haben. Als er am 14. März 1471 stirbt, 54 oder 55 Jahre alt, wird er prunkvoll in der Londoner Greyfriars Church, der Franziskanerkirche in Newgate, beigesetzt, was nicht nur auf hohes Ansehen, sondern auch ausgesprochene Wohlhabenheit schließen läßt.

Wenig oder nichts läßt jedoch darauf schließen, daß sich hinter diesem ritterlichen Raufbold und Galgenvogel einer der bedeutendsten, zudem sensibelsten Autoren des 15. Jahrhunderts und eigentlich der gesamten Weltliteratur verborgen hat. Aber rauhe Zeiten formen wohl rauhe Menschen, wie das Beispiel seines französischen Zeitgenossen François Villon beweist. Er hat es am Ende, ein armer Teufel, noch schlimmer getrieben als der reiche Teufel Sir Thomas.

Der »Morte Darthur« gibt dem Gesamtkomplex der Artus-Sage so etwas wie die endgültige Gestalt. Wehmut nach den großen, vergangenen Tagen durchzieht sie, jedoch ohne Sentimentalität. Legenden und Märchen aus allen Kulturen finden sich mit sanfter Hand wie selbstverständlich dem Ganzen einverwoben. Eine gewaltige literarische Leistung – hat Geoffrey of Monmouth die Biographie des Artus geschaffen, so Sir Thomas Malory den Mythos, der ihn umgibt. Ohne den roten Faden seiner Sammlung ist fortan weder das eine noch das andere denkbar.

Eine Frage haben sich schon viele Gelehrte und Ungelehrte vergeblich gestellt: wie mag der Gefangene im Gefängnis an die Quellen herangekommen sein? Man hat darauf verwiesen, daß Malory ein großmächtiger Herr war und vielleicht so etwas wie eine Ehren- oder Festungshaft genoß. Auch war er zweifellos auf Artus und nichts anderes versessen – wir würden ihn heute als Artus-Freak bezeichnen. Man darf davon ausgehen, daß er unzählige Geschichten, Lieder, Balladen, Romanzen über ihn auswendig kannte, aber es gibt in seinem umfangreichen Buch auch nicht die geringste Andeutung, daß ihn irgendwelche andere Dichtung interessiert hätte.

Zur Verfügung gestanden haben ihm aber doch wohl die eine oder andere Artus-Handschrift in einer Fremdsprache. Neben Mittelenglisch auf Midlands-Art dürfte Sir Thomas das Französische annähernd beherrscht haben, worauf er sichtlich stolz ist, denn er kommt immer wieder darauf zurück und gibt zeitweilig vor, alles aus einem »Welschen Buch« nur zu übersetzen. Was nicht zutrifft, denn diese Romanzen sind nicht die einzigen Quellen, die er anzapft.

Vieles hat er auch dazuerfunden; dabei mag ihm die Abgeschiedenheit hinter Gefängnismauern zugute gekommen sein. Was er dazu erfindet, gehört im übrigen nicht zu den schlechtesten Teilen seiner ausufernden Erzählung.

Denn Malory ist ein vorzüglicher Erzähler mit einer geradezu raffinierten Technik. Nie gibt er sich den Anschein, allwissend zu sein, wie die meisten Dichter noch bis hinein ins 19. Jahrhundert. Im Gegenteil: er liebt es, sagen zu können, daß ihm Genaueres nicht bekannt sei und läßt manches virtuos in der Schwebe. Seine Geschichten erhalten dadurch zugleich hohen Wahrscheinlichkeitsgehalt und märchenhaften Legendencharakter. Sir Thomas macht sich selbst kleiner als seine Erzählung, die dadurch wächst.

Auch kann man ihn den ersten Psychologen unter den Artus-Autoren nennen. Seine Helden bleiben bei allen moralischen Idealen, auf die sie – und ihr Autor – so großen Wert legen, doch

Menschen. Malory scheint beinahe verliebt in ihre Schwächen – selbst Artus ist bei ihm nicht ohne Fehl.

Am imponierendsten ist aber die Meisterschaft, mit der er aus unendlich vielen verschiedenen Handlungssträngen ein erzählerisches Ganzes zu wirken versteht. Nie bleibt er allzu lange in einer einzelnen Szenerie, nie verliert er den Überblick.

Der bedeutendste Artus-Kenner des zwanzigsten Jahrhunderts, Eugène Vinaver, hat Malory mit Balzac verglichen, dessen vielbändige »Menschliche Komödie« ähnlich verwickelt und doch überzeugend plausibel abläuft. Seiner Meinung nach ist aber Sir Thomas Malory dafür nicht allein verantwortlich. Vinaver zufolge bestand der »Morte Darthur« ursprünglich aus acht verschiedenen Romanzen, die nebeneinander herliefen. Sie seien erst durch einen genialen Herausgeber oder Redakteur zusammengefaßt worden, durch William Caxton, den ersten englischen Drucker.

Ohne Caxtons Zutun wäre Malorys Werk wahrscheinlich ohnedies nicht Jahrhunderte hindurch derart populär geblieben. Es bedurfte dazu einer Revolution, die die Menschheit vielleicht entscheidender verändert hat als alle sonstigen Revolutionen zusammen, die Französische und die Industrielle nicht ausgenommen: diejenige der Buchdruckkunst.

7.

William Caxton oder
Wie eine Sprache entsteht

Der Krieg der Rosen sollte nicht der letzte Bürgerkrieg sein, der England heimsuchte. Aber er hat doch immerhin einen Schlußpunkt gesetzt. In den dreißig Jahren der Wirrnis waren die betroffenen Volksteile durch gemeinsam ertragenes Leid, vom Schicksal gebeutelt, zu einer Nation zusammengewachsen. Das war bisher nicht der Fall gewesen, hatte es auch nicht sein können. Dazu waren Briten, Kelten, Wikinger, Angeln, Sachsen, Normannen und was sonst ins Land eingefallen und dort geblieben war, nach Sprache, Herkunft und sozialer Stellung zu verschieden voneinander geblieben. Das Land glich einem Flikkenteppich aus unzähligen Völkerschaften, den wenig mehr zusammenhielt als eine streng auf den eigenen Vorteil bedachte Oberschicht.

Der Krieg mag alles andere sein als der Vater aller Dinge, aber dieser hatte mitgeholfen, die ethnischen Barrieren auf der Insel zu beseitigen. Mehr als das: es hatte sich, das kostbarste Geschenk für Volk und Oberschicht, eine gemeinsame Sprache herangebildet. Aus einer Mixtur von letzten Resten aus dem Lateinischen mit dem Norse der Wikinger, den germanischen Sprachen der Angeln und Sachsen sowie dem Französischen der Normannen, das noch lange die Königssprache blieb, war das Englische gewachsen. Der Weg zur eigenen Nation zeichnete sich, wie immer und überall, zuerst im Linguistischen ab. Den Zeitgenossen muß dies – so langsam und schwierig es sich vollzog – wie ein Wunder erschienen sein.

Anders als bei den Deutschen mit dem Reformator und Bibelübersetzer Martin Luther stand hier ein volkstümlicher Dichter am Anfang, in manchem unserem Grimmelshausen ähnlich, jedoch fast drei Jahrhunderte früher: Geoffrey Chaucer. Er fand – wie Luther das Hochdeutsche im Raum um Hannover – das frühe Hochenglisch im Dialekt der Midlands. Das war seine große Tat, und sie kam dem König Artus samt Thomas Malory entgegen, der ja gleichfalls, eine Generation nach Chaucer, aus den Midlands stammte und sprachlich bei ihm ohne weiteres anknüpfen konnte. Selbstverständlich war das nicht. London hatte sich längst als Haupt- und Königsstadt Englands etabliert, freilich mit York als zweitem Verwaltungssitz im Norden und Bristol als Haupthandelszentrum im Westen. Noch um 1300 sprach man in den drei einzigen großen Städten Englands grundverschiedene, einem Fremden nicht ohne weiteres verständliche Dialekte, fast sogar eigene Sprachen. Es mag an der Rivalität dieser Städte gelegen haben, daß sich weder London noch York oder Bristol dauerhaft durchsetzen konnten, was als sozusagen lachendem Dritten oder Vierten dem Dialekt der Midlands gelang. Aus den Midlands stammten die meisten der Menschen, die damals in die Städte abwanderten, und das mitgeschleppte Sprachidiom erwies sich als idealer Katalysator. Es eroberte London und verschluckte die Konkurrenz aus York und Bristol, unterstützt von einem großen, alles überragenden Werk, mit dem die englische Literatur anhebt: Chaucers »Canterbury Tales«. Aus der ersten Hälfte des 15. Jahrhunderts, Sir Thomas Malorys Lebenszeit, stammt das stolze Wort, Englisch sei nun »nicht mehr die Sprache eines eroberten, sondern eines erobernden Volkes«.

Ein gründlicher Wandel. Hatte sich Geoffrey of Monmouth noch an eine beschränkte lateinisch sprechende Leserschicht wenden müssen, konnte Sir Thomas doch schon eine Nation in statu nascendi ansprechen. Er schrieb keine Intellektuellenlektüre, sondern – ganz bewußt – ein Volksbuch. Neben den »Canterbury Tales« wurde es wiederum, ganz wie einst die »Historia«, zum Bestseller einer inzwischen aber wesentlich breiteren Leserschaft.

Mit der neu entstandenen Sprache war ein Kommunikationsmittel geschaffen worden, wie es den Briten vorher bitter gefehlt haben muß. Das Englische scheint heraufgezogen wie eine riesige, nach langer Dürre heiß ersehnte Wolke, aus der es Information, Geschriebenes, Überliefertes, Mitteilsames, Unterhaltendes nur so herausregnete, das dann auf die beglückten Leser herabprasselte. Damals verkündete der Schatzkanzler des englischen Königs, Sir Thomas More, selbst ein beachtlicher Schriftsteller, stolz aller Welt, die englische Nation sei eine durch und durch literarische; und will man den Angaben des Autors von »Utopia« trauen, konnten um 1499 tatsächlich über 50 Prozent aller Engländer lesen und schreiben.

Daß die Engländer von Anfang ihrer Sprache an Leseratten waren, steht außer Frage. Schon vor Einführung der Buchdruckkunst gab es in London Buchhandlungen und sogar Leihbibliotheken. Der 1456 gestorbene John Shirley unterhielt unweit der St. Pauls-Kathedrale nicht weniger als vier Läden, in denen er handgeschriebene Bücher und Broschüren verkaufte oder verlieh. Sie enthielten populäre Balladen, Erzählungen, Sagen, Einführungen in praktische Wissensgebiete wie Handelskunde oder Rechnungsführung, aber auch Märchen und Kochrezepte auf Einzelblättern – alles schon in jenem »Middle English«, auf das sich die britische Zunge im Laufe der Zeit geeinigt hatte.

Derartige Läden sind ganz gewiß auch eine Fundgrube für Sir Thomas Malory gewesen; erschienen doch auf diesem Markt eine ganze Reihe handgeschriebener Artus-Geschichten und -Romanzen. Geoffrey Chaucer wurde auf diesem Weg berühmt und durch vielfache, auch königliche Förderung überdies ein reicher Mann. Wie überhaupt die englische Sprache ihre Sachwalter von Anfang an nicht schlecht ernährt hat, und noch besser, nachdem der bereits fünfzigjährige Diplomat und Gelehrte William Caxton in Brügge und Köln eine Buchdruckerlehre angetreten und im Jahr 1476 Englands erste Druckpresse gegründet hatte.

Caxton wird oft als englischer Gutenberg bezeichnet. Aber mit dem großen Erfinder aus Mainz läßt er sich nicht ohne weiteres vergleichen – er war zugleich weniger und mehr als dieser. Weniger als Gutenberg war er, weil er die Schwarze Kunst weder erfunden noch auch nur verbessert hat, mehr, weil er sich nicht auf das reine Gewerbe beschränkte. Caxton fungierte nicht nur als handwerklicher Drucker, sondern auch als Autor, Herausgeber, vielsprachiger Übersetzer und, vor allem, als erster Verleger nach modernen Maßstäben. Man weiß nicht, was man mehr bewundern soll, seinen gesunden Geschäftssinn oder sein literarisches Qualitätsgefühl.

Bei Gründung seines Unternehmens im zentralen Stadtteil Westminster, dem Herzen von London, muß er schon 65 Jahre alt gewesen sein. In den 15 Jahren, die ihm noch blieben, hat er in rascher Folge nicht weniger als 99 Werke produziert und vertrieben, davon 25 Bücher selbst aus fremden Sprachen übersetzt und fast alle anderen zumindest überarbeitet und herausgegeben. Seine Verdienste um die eben entstandene oder entstehende englische Sprache sind darum ebenso hoch einzuschätzen wie die Chaucers oder Malorys. Er war der erste Lehrmeister und Korrektor des Englischen.

Caxtons Ruhm verbreitete sich dann auch rasch über das ganze Inselreich. Seine Werkstatt wurde, den unsicheren politischen Verhältnissen zum Trotz, zur Anlaufstelle für Käufer, Kunden, Auftraggeber – kein Werk, das nicht von einer königlichen, jedenfalls aber hochadligen Persönlichkeit gefördert, wenn nicht schon regelrecht gesponsort wurde. Caxtons Druckerei diente jedoch auch Einheimischen und Durchreisenden als aufregende Sehenswürdigkeit. Erhalten geblieben ist davon ein Wegweiser, der im Straßenbild der Hauptstadt auf diese frühe Londoner Sightseeing-Attraktion hinwies.

Malorys »Le Morte Darthur« war – neben Chaucers »Canterbury Tales« – eines der ersten Bücher, die Caxton redigierte, druckte und vertrieb. 10 Monate hat er mit seinen Gesellen an Satz und Druck gearbeitet, was beides am 31. Juli 1485 abgeschlossen werden konnte. Gedacht war der Band wohl als Mittelstück einer Art von Trilogie. Den ersten Teil bildete eine von Caxton aus dem Französischen übersetzte Lebensbeschreibung Gottfried von Bouillons; dem Artus folgte eine Sagenbiographie Karls des Großen. Es handelt sich also um die drei Christen unter den neun größten Würdenträgern, »in der ganzen Welt bekannt«, wie Caxton in seiner Einleitung schreibt, »als edelste und mächtigste Herrscher aller Zeiten«.

Ansonsten klingt Caxtons Vorwort merkwürdig zurückhal-

Die Kathedrale von Wells in Somerset

Der Loe Pool in Cornwall

Ruinen von Glastonbury

St. Michael's Mount in Cornwall

Tintagel in einem kolorierten Stich

tend und nicht sehr begeistert. Das Buch, schreibt er, hätten ihm einige »edle Herren« vorgeschlagen, die er nicht namentlich nennt. Dafür stellt er deren hoher Meinung von diesem Werk eine Reihe von Einwänden entgegen, die dem arglosen Leser eigentlich plausibler erscheinen müssen als das Lob der Sagengestalt. »Manche Leute«, so Caxton, seien »der Ansicht, es habe ein derartiger Artus nie gelebt, alle Bücher über ihn seien reine Erfindung«. Auch bezweifelt er den Erfolg einer solchen Biographie ausgerechnet in England. Von Artus werde weitaus mehr »jenseits des Meeres gesprochen und viel mehr über seine Heldentaten geschrieben (...), sowohl deutsch, italienisch, spanisch und griechisch als auch französisch«. Am Ende läßt sich Caxton anscheinend nur unwillig auf die Publikation ein: »Zum Zeitvertreib mag das Buch eine angenehme Lektüre darstellen.«

Der Lektor, der heutzutage seinem Verleger einen derart lahmen Klappentext liefern würde, wäre vermutlich bald entlassen. Eine politische Tarnung des Diplomaten Caxton? Höchstwahrscheinlich. Als die erste Auflage in mehreren hundert Exemplaren erschien, saß noch Richard III., der letzte König aus dem Hause York, auf dem Thron. Ungewöhnlicherweise fehlt dem Buch jegliche Widmung, die aber ganz sicher dem damals noch exilierten Edward IV. zugedacht gewesen wäre, einem leidenschaftlichen Literaturfreund, Büchersammler und Gönner des Druckers.

Caxton hatte sich überdies bei Richard III. schon mit seiner ersten Veröffentlichung, Earl Rivers' Übersetzung der »Dictes and Sayings of the Philosophers« (Maximen und Zitate der Philosophen) aus dem Französischen, unbeliebt gemacht. Earl Rivers war ein Anhänger des Hauses Lancaster, und König Richard ließ ihn als Hochverräter im Tower zu London hinrichten. Jetzt folgte mit Malory schon wieder jemand, der – vorsichtig gesprochen – als unsicherer Kandidat galt.

Mit anderen Worten: Das Werk muß damals so etwas wie ein heißes Eisen gewesen sein. Und Caxton besaß zwei vorzügliche Tugenden, ohne die es ihm schwer geworden wäre, den Krieg der Rosen zu überleben: Mut und Vorsicht.

Umstritten geblieben ist unter Scholaren bis heute seine Edition. Er war es, der Malorys Text in 21 Bücher und 506 Kapitel einteilte. Recht willkürlich, wie die einen sagen: der deutsche Gelehrte Oskar Sommer, der 1889/91 einen Nachdruck edierte, bemängelte – vielleicht etwas zu pedantisch-deutsch – nicht weniger als 400 Fehler, die Caxton unterlaufen seien. Genauso oft vertreten wird jedoch die gegenteilige Meinung, derzufolge Caxton den Text überhaupt erst lesbar zubereitet hat, so daß ihm der Erfolg Malorys zumindest mitzuverdanken ist. Auf die Sprache trifft dies zweifellos zu, denn Caxton sorgte dafür, daß manche Dialektanklänge Malorys eliminiert wurden.

Einen Fehler machte Caxton sehr wohl. Er setzte irrtümlich den Titel des letzten Kapitels Malorys über das Gesamtwerk, das ja nicht nur vom Tod des Artus handelt, sondern ebenso von Geburt und Leben. Auch daß er das falsche Französisch Malorys nicht korrigiert hat, ist ihm oftmals angekreidet worden.

An Caxtons Edition war allerdings nicht zu rütteln, jedenfalls nicht die folgenden 462 Jahre. Von seinem Druck sind nur zwei Exemplare erhalten geblieben, das einzig vollständige in New York, das andere, dem elf Seiten fehlen, in Manchester. Sie unterscheiden sich mit Ausnahme von zwei anscheinend neugesetzten Abschnitten wenig voneinander. Auf ihnen beruhen alle unsere Kenntnisse des »Morte Darthur« in Caxtons Fassung bis hin zum zweiten Weltkrieg. Das Manuskript, nach dem der Drucker und Herausgeber gearbeitet hatte, schien verloren.

Doch dann geschah das Unglaubliche, fast ein kleines Wunder. Beim Stöbern in alten Handschriften entdeckte ein Archivar 1934 im Winchester College ein verstaubtes, nicht eben gut erhaltenes, aber nahezu vollständiges Manuskript, vielleicht sogar das von Caxton verwendete, denn es trug deutlich sichtbar dessen Korrekturzeichen und zeigte Spuren von Druckerschwärze. Man hielt, wie es schien, auf einmal den Ur-Malory in der Hand. Da bald darauf der zweite Weltkrieg ausbrach, verzögerte sich die Publikation des sensationellen Fundes bis 1947. Dafür legte Eugène Vinaver den vollen Wortlaut, wissenschaftlich bearbeitet und kommentiert, so vor, daß diese Ausgabe bis heute das Standardwerk geblieben ist.

Der Fachwelt bescherte er damit eine Überraschung und zugleich eine Enttäuschung. Das Manuskript mußte zwar Caxton gehört haben; aufgrund der Redaktionszeichen konnte Vinaver sogar genau verraten, wann, nämlich zwischen 1480 und 1483. Es handelte sich aber keinesfalls um die Vorlage für Caxtons Druck. Der Verleger hatte zwar begonnen, sie zu bearbeiten, muß sie aber dann verworfen und einer anderen handschriftlichen Vorlage den Vorzug gegeben haben.

Trotzdem akzeptierten Forscher und Artus-Liebhaber in seltener Einigkeit diese sozusagen neue Fassung sofort als eine Art von Original. Die meisten seitdem erschienenen Ausgaben des »Morte Darthur« beruhen auf ihr, wobei man allerdings gerne Caxtons Ordnung und seine Kapiteleinteilung übernimmt. Tatsächlich handelt es sich bei dem von Vinaver herausgegebenen Text um den ausführlicheren. Was Caxton im 5. Buch seiner Ausgabe zusammenfaßte, ist zum Beispiel in der neugefundenen Fassung doppelt so lang. In ihr erfahren wir auch, unter anderem, etwas über Tristans Geburt und Jugend, der bei Caxton erst im Mannesalter auftritt.

Kürzungen und Vereinfachungen gehören jedoch seit jeher zu den Hauptaufgaben eines Herausgebers. Man hat nicht einmal eine Beteiligung des Autors an der Revision und Kürzung seines Textes für das Druckwerk ausschließen wollen. Aber das ist unwahrscheinlich: als Sir Thomas Malory starb, befand sich Caxton noch in Brügge.

Die Frage, welche Fassung besser oder authentischer ist, bleibt müßig. Wir sollten uns vielmehr darüber freuen, dieses wichtige Werk in gleich zwei verschiedenen Fassungen zu besitzen, die eine so gut und so authentisch wie die andere. Sie gleichen sich , wenn schon nicht wie ein Ei dem anderen, so doch wie Brüder oder, sagen wir, Vettern.

Eugène Vinaver hat zur Charakterisierung des »Morte Darthur« gern ein Zitat herangezogen. Es stammt aus dem »Times Literary Supplement«, deren Beiträge damals noch anonym erschienen. Trotzdem sprachen sich die Autorenschaften immer rasch herum, in diesem Fall diejenige des Dichters und Professors für mittelalterliches Englisch an der Universität Cambridge, C. S. Lewis (1898–1963).

»Wir sollten an Malory«, lesen wir, »nicht herangehen, wie wir an die Kathedrale von Liverpool herangehen, sondern wie wir die Kathedrale von Wells betrachten. In Liverpool sehen wir etwas, was ein einzelner Künstler beabsichtigt hat. In Wells sehen wir etwas, an dem viele Generationen gewirkt haben, wobei niemand vorausgesehen oder gar beabsichtigt hat, was wir heute vor uns sehen und was gleichsam eine Stellung zwischen Werken der Kunst und denen der Natur einnimmt. (...) So gibt es bei Malory eine mittelenglische Krypta, eine anglo-normannische Kapelle, ein bißchen jüngstes Französisch und schließlich ein bißchen fast ganz echten, reinen Malory.«
Dem ist nichts hinzuzufügen.

8.
Die traurige Geschichte
von Balin und Balan

Begeben wir uns zurück nach Camelot, »auf Englisch Winchester genannt«, wie Malory hinzufügt, aber nur er. Bei anderen Chronisten lesen wir es anders. Es liegt auf jeden Fall irgendwo in Logres, dem Reich des Artus, das ähnlich unumrissen bleibt.

Artus ist eben damit beschäftigt, einen neuen Kriegszug zu planen, diesmal gegen den König von Nordwales, der mit seinen Truppen ins Land gefallen ist. Mitten in die Vorbereitungen platzt als Überraschungsgast ein Edelfräulein, das, wie so oft an diesem Hof, einen Wirbel unvorhergesehener Ereignisse auslöst.

Denn als sie Artus um Hilfe bittet, die ihr, wie jeder edlen Frau, auch gewährt wird, läßt sie den kostbaren Pelzmantel fallen, den sie trägt, und siehe da! Ihr umgegürtet erblickt man etwas wenig Damenhaftes, ja, für eine Dame Ungehöriges – ein Schwert.

Artus und seine Vasallen staunen. Man hat sich eben zum Mahl niedergelassen, das sich verzögert, als die Dame das Vorhandensein eines derart männlichen Attributs an ihrem Leib erklärt. Nur ein Ritter ohne Fehl und Tadel und von höchster Geburt könne dieses Schwert aus der Scheide ziehen, sagt sie, fügt aber im gleichen Atemzug hinzu, daß es solche Ritter wohl kaum noch gebe. Am Hof des Königs Rience – das ist der, der eben in Logres eingefallen ist – habe sich jedenfalls keiner gefunden.

Von höchster Geburt und ohne Fehl und Tadel sei hier im Saal jeder, versetzt Artus und versucht es als Ranghöchster gleich selber. Eine etwas lächerliche Szene, denn obwohl er den Knauf mit beiden Fäusten faßt und voller Kraft am Schwert zerrt, gelingt es ihm nicht. Es gelingt, wie sich herausstellt, keinem im Saal und das Edelfräulein will sich eben enttäuscht zurückziehen, als sich am unteren Ende der Tafel ein junger Mann erhebt, eher bäuerisch von Ansehen und nicht eben prunkvoll höfisch gekleidet. Er bittet, es trotz seiner Armut ebenfalls versuchen zu dürfen. Ein kurzer Ruck – und das Schwert ist draußen.

Der Unscheinbare aus den niederen Rängen heißt Balin und trägt den Beinamen le Savage, der Ungezähmte. Es handelt sich bei ihm eigentlich um einen Gefangenen, den man erst kurz zuvor aus strenger Kerkerhaft befreit hat, wohl seiner Tapferkeit und Körperkräfte wegen, die man im Kampf gegen König Rience zu nutzen gedenkt.

Wie wir von Malory erfahren, stammt Balin aus Northumberland an der schottischen Grenze. Nach Logres hat es ihn auf der Suche nach der Mörderin seiner Mutter verschlagen, wo ihn ein Vetter des König Artus mit einem Nordwaliser verwechselt haben muß. Er griff Balin an und wurde von ihm getötet.

Was der Erzähler oder was das Edelfräulein mit der seltsamen Kraftprobe bezweckt, bleibt unklar. Merlin erklärt den Vorgang wenig später als reine Zauberei, ein Verdacht, der sich rasch erhärten soll. Zunächst aber gerät Balin, der nicht nur Ungezähmte, sondern auch Ungeschlachte, in einen doppelten Wortwechsel, erst mit dem Fräulein und anschließend mit König Artus. Sein Selbstvertrauen scheint mit dem Schwert in seiner Hand gewachsen.

Als das Edelfräulein es zurückverlangt, weigert er sich entschieden. Er will die Waffe, rechtlich erworben, wie er meint, behalten. Dann werde dieses Schwert sein Untergang sein und der des ihm liebsten Menschen auf Erden dazu, läßt ihn die Dame wissen, ehe sie laut schimpfend und klagend den Saal verläßt.

König und Ritter bleiben mißgelaunt und peinlich berührt zurück. Balin gerät in Streit mit Sir Lanceor, einem Iren, der ihm vorwirft, sich nicht wie ein Kavalier verhalten zu haben. Es kommt zum Wortwechsel auch mit Artus, der einzugreifen versucht, und Balin beschließt, das ungastliche Camelot endgültig zu verlassen. Er sattelt sein Pferd.

Da steht dem König ein weiterer, nicht weniger überraschender Besuch ins Haus. Er wird mit großer Freude begrüßt, handelt es sich doch um niemand anderen als um jene Lady vom See, der Artus sein Schwert Excalibur verdankt. Die Dame ist gekommen, um das Gegengeschenk einzufordern.

»Es ist gut, verlangt, was Ihr wollt, und Ihr sollt es haben, wenn es in meiner Macht steht«, sagt Artus.

Der Wunsch, den sie daraufhin äußert, ist ungewöhnlich. Sie verlangt von Artus entweder den Kopf des Balin oder den des Fräuleins mit dem Schwert, wäre aber, wie sie erklärt, auch nicht unglücklich, wenn sie beides erhielte. Malory verrät nichts von der unmittelbaren Reaktion des Königs. Da Artus bei diesem Autor nie der Allerschnellste ist, mag es mit seiner Antwort etwas gedauert haben. Beides könne er um seiner Ehre willen nicht bieten, läßt er die Dame vom See wissen. Sie möge sich etwas anderes wünschen.

Da weigert sie sich jedoch und besteht auf ihrem vermeintlichen Recht. Der Ritter, behauptet sie, habe ihren Bruder erschlagen, und das Fräulein sei schuld am Tode ihres Vaters. Als sie erneut deren Köpfe verlangt oder wenigstens einen von ihnen, läßt Artus Balin rufen, was die Sache nicht klärt, sondern verschlimmert.

Denn Balin, das neu erworbene Schwert in der Hand, erkennt in der Dame vom See jene Fee, die seine Mutter verhext und dem Scheiterhaufen ausgeliefert hat. Er zögert keinen Augenblick und schlägt ihr, der König ist Zeuge, seinerseits den Kopf ab. Eine Untat, die Artus empört mit sofortiger Verbannung von seinem Hof bestraft.

Wer dies wie eine Parodie auf ritterliches Wesen und höfische Sitten liest, tut wahrscheinlich recht daran. An den Anfang der vielfältigen Geschichten und Abenteuer der Ritter von der Tafelrunde setzt Malory, noch ehe es die Tafelrunde überhaupt gibt, so etwas wie ein Rüpelspiel, das den Verlauf der Artus-Sage halb parodistisch vorwegnimmt. Balin, der Pechvogel, ist die Karikatur eines Ritters, wie er später in der Gestalt des Parzival auftauchen wird. Er macht auch Artus zur Karikatur seiner selbst, zumindest zeitweilig. Ausgerechnet der Mann, der durch ein Schwert, das er aus Stein und Amboß zog, König geworden ist, scheitert an einem simplen Schwert, das in der Scheide steckt. Und ausgerechnet er, der nichts höher schätzt als edle Gesinnung und Gastfreundschaft, muß dulden, daß eine Frau, der er viel verdankt, vor seinen Augen enthauptet wird. Der Hergang findet sich ähnlich in keltischen Sagen. Was aber Malory veranlaßt hat, ihn gleichsam an den Anfang seiner Tafelrunden-Erzählungen zu stellen, läßt sich nur vermuten. Die weiteren Abenteuer Balins verlaufen trauriger und sind eher melodramatisch gefaßt, wenn auch nach wie vor hart an der Grenze zur Parodie, die der Autor jedoch kaum je überschreitet. Balin tötet auch noch seinen Feind Lanceor, der ihm nachgeritten ist und ihn zum Zweikampf aufgefordert hat. An seiner Leiche stürzt sich überdies dessen Verlobte, Colombe, aus Verzweiflung in das Schwert, das der Hand ihres toten Bräutigams entglitten ist. Wo immer Balin, der Tolpatsch, sich aufhält, droht ein Massaker. Das ruft Merlin auf den Plan, der durch das tölpelhafte Benehmen nahezu aller Beteiligten seine Pläne für Artus gefährdet sieht.

So nimmt er zunächst einmal Balin unter seine Fittiche, führt ihm den Bruder Balan zu, der aus Northumberland aufgebrochen ist, ihn zu suchen. Die beiden lieben sich sehr, fallen einander in die Arme und ziehen, begleitet von Merlin, der sie am langen Zügel lenkt, gemeinsam weiter.

Der Zauberer steht, wie Malory durchblicken läßt, vor einer schwierigen Aufgabe. Gleich drei Heere rücken von Norden heran, Artus zu vernichten; es sind jene zwölf Könige, denen vorherbestimmt ist, im Kampf zu fallen. Da kommen Merlin die beiden tapferen, aber unbedachten Brüder eben recht. Sie möchten sich mit König Artus versöhnen? Da weiß er, wie sie es am besten bewerkstelligen, indem sie nämlich den König, der sich als erster nähert, vorzeitig ausschalten.

Als König Rience von Nordwales sich abends zu seiner Geliebten begibt, deren Schloß sich in der Nähe befindet, fällt er, in einem Hinterhalt (den Merlin gelegt hat), Balin und Balan in die Hände, die ihn flugs Artus übergeben, der inzwischen ebenfalls mit seinem Heer herangerückt ist. Die beiden Könige umarmen einander, freunden sich an und schließen Frieden. Die eine Gefahr, die Artus droht, hat Merlin geschickt mit Hilfe des Brüderpaars beseitigt.

Es rücken aus dem Norden freilich zwei weitere Heere gen

72

Logres, das eine von Riences Bruder Nero, das andere vom König Lot angeführt, der dem Schwager wegen des Ehebruchs mit seiner Frau, Artus' Schwester, gram ist. Jetzt begibt sich Merlin ins Lager König Lots und hält diesen mit Zauber- und Gespenstergeschichten übermäßig lange auf, so daß Artus Zeit gewinnt. Er kann das Heer des Nero schlagen und reibt es auf, wobei sich neben Sir Kay Balin und Balan als tapferste Kämpfer erweisen. Mit von der Partie ist übrigens auch König Pellinore, der sich früher so gern mit Artus angelegt hat, ihm aber jetzt als treuer Vasall zur Seite steht.

Merlins Taktik siegt auf der ganzen Linie, denn ihrer Erschöpfung zum Trotz gewinnen Artus' Mannen auch die Schlacht gegen König Lots Heer. In ihr fallen, wie von Merlin prophezeit, jene elf Könige, die sich einst gegen den blutjungen Herrscher verschworen haben. Der zwölfte ist König Lot, den Pellinore erschlägt. Ihn wiederum wird, wie Merlin gleichfalls prophezeit, sein Sohn Gawain rächen, sobald dieser erwachsen geworden ist.

Merlins Weissagungen, die, wie jeder weiß, alle eintreffen, begleiten die frühen Wege des Königs wie Blitzschläge aus heiterem Himmel. Der Zauberer warnt unablässig vor Leichtsinn und allzu großem Vertrauen in die Zukunft. Obwohl Artus als strahlender Sieger in Camelot einzieht und nun ganz England unterworfen hat, erscheint diese doch unbestimmt und voller drohender Gefahren.

Sie werden Artus und seinem Hof von den Brüdern Balin und Balan, die nicht mit nach Camelot zurückkehren, gleichsam sinnbildhaft vorgeführt. Die beiden nehmen auf ihre Weise die Zukunft aller Artus-Helden vorweg, indem sie Welt und Anderwelt als eine Art von Slapstick-Paar durchstreifen: Balin, der neben dem eigenen Schwert auch dasjenige des Edelfräuleins mit sich führt, als »Ritter mit den zwei Schwertern« wegen seines Dauerpechs bald ebenso berühmt wie berüchtigt, Balan als sein unzertrennlicher Helfer in Not und Gefahr, ihm treu zur Seite. Nöte und Gefahren werden ihnen in Hülle und Fülle zuteil. Wie Spukgestalten ziehen sie miteinander ins Verderben. Ihre Umrisse sind zugleich tragisch und grotesk.

Durch Zufall oder Zauberkraft von seinem Bruder getrennt,

bekommt Balin es mit einem Finsterling besonderer Art zu tun. Er heit Garlon und kann sich unsichtbar machen, eine Gabe, die er heimtückisch nutzt, indem er anscheinend wahllos Menschen mit der Lanze niedersticht. Er scheint eifersüchtig auf junges Glück, denn fast immer trifft es Ritter, die eben ihre erste Liebe oder Minne erfahren. Zwei Gefährten, die sich dem Ritter mit den zwei Schwertern angeschlossen haben, werden auf derart feige Weise erstochen. Der Gefährtin des einen, Sir Herlews, verspricht Balin, den hinterrücks Ermordeten zu rächen. Das Mädchen schließt sich Balin an. Die Spitze des Speers, der ihren Geliebten getötet hat, trägt sie wie eine Reliquie bei sich. Die beiden, der cholerische Ritter und das rachedurstige Mädchen, haben Glück. Nach viertägigem Ritt, der sie wohl unversehens in die Anderwelt führt, stoßen sie auf ein weiteres Opfer des zauberkundigen Garlon. Den Sohn eines Edelmanns, bei dem sie Unterkunft finden, hat er so schwer und schmerzhaft verwundet, daß er nur durch das Blut des Unsichtbaren geheilt werden kann. Der Vater weiß auch, wo sich der Unhold befindet: auf der Burg seines Bruders, des Königs Pellam, fünfzehn Tagereisen entfernt. Zu dritt machen sie sich auf den Weg und haben wiederum Glück: König Pellam hat zum Turnier aufgerufen und sie werden von ihm als willkommene Gäste empfangen.

Aber wie immer, Balin geht ungeschickt und übereilt vor. Schon in der Empfangshalle erblickt er Garlon, erkennt ihn an seinem geschwärzten Gesicht und gerät mit ihm aneinander. Das heißt, er »spaltet ihm den Kopf bis auf die Schultern«, bohrt ihm zusätzlich die Lanzenspitze in den Leib und ruft nach dem Vater des Verwundeten: »Kommt! Hier könnt ihr genug Blut holen, um Euren Sohn damit zu heilen!«

Aber da greift König Pellam, dem der Bruder erschlagen worden ist, zum Schwert, mit dem er Balin die einzige Waffe, die er mit sich führt, aus der Hand schlägt. Der flieht vor dem wütenden Pellam in einen Nebenraum, läuft auf verzweifelter Suche nach einer Waffe treppauf und treppab vom König verfolgt durch die Burggemächer – ein erneuter früher Slapstick-Effekt, doch wiederum mit einem tragischen Ende.

Denn Balin findet in höchster Not auf einem »Tisch aus reinem

Gold mit vier silbernen Säulen« eine »wunderbare, merkwürdig gearbeitete Lanze«. Die ergreift er und schleudert sie gegen Pellam, der schwer verwundet niedersinkt, vom »most dolorous stroke«, dem schmerzhaftesten Streich, der möglich ist, getroffen. Balin hat als erster Artus-Ritter die Gralsburg erreicht – die Lanze ist diejenige, mit der Christus am Kreuz getötet wurde, und Pellam wird lange an dieser Wunde leiden, bis ihn ein bedeutenderer Held als Balin, Sir Galahad, dann doch davon erlösen wird. Mit der Lanze, die Joseph von Arimathia, ein Vorfahr Pellams, ins Land gebracht hat, verbindet sich eine Erzsünde der Menschheit. Wer sie benutzt, begeht eine Art von Ur-Frevel, daher sind Wunden, die sie verursacht, unheilbar. Selbst Merlin fällt es schwer, das Stiefkind der Artus-Sage noch einmal – das letzte Mal – zu retten. Im gleichen Augenblick, da der Speer König Pellam trifft, stürzt das Dach der Burg ein und zerbröckeln die Mauern. Drei Tage liegen Balin und der wehklagende Pellam eingezwängt, ehe der Zauberer sie aus den Trümmern hervorzieht. Er empfiehlt dem Ritter mit den zwei Schwertern, so rasch wie möglich aus der Anderwelt zu verschwinden, in der durch den »most dolorous stroke« drei Königreiche verwüstet worden sind. Seine Gefährtin, die von gewaltigen Steinquadern getroffen wurde, muß Balin tot zurücklassen.

Da reitet er durch wüstes Land, begegnet einem Ritter, Garnish vom Berge, der auf dem Weg zu seiner Liebsten ist. Ihm schließt er sich an. Die Liebste ertappen sie im Bett »mit dem widerwärtigsten aller Ritter«; Garnish schlägt beiden den Kopf ab und stürzt sich anschließend selbst in sein Schwert – schon wieder das Zerrbild zukünftiger Ereignisse, die weniger blutig, aber genauso traurig ausgehen werden: Balin ist keine Eigen-Individualität vergönnt. Er dient als eine Art Spiegel der Zukunft – von denen, die es angeht, unbemerkt, wie man befürchten muß.

Am Ende gerät Balin auf eine Burg, auf der fröhlich getanzt und gesungen wird. Die Fröhlichste von allen, die Burgherrin, läßt ihn am Fest teilhaben, verkündet aber, er müsse – wie jeder Gast, das sei so Sitte – auf einer Insel im See gegen einen Ritter tjosten. Balin, der eingedenk seiner ungeheuren Körperkräfte nichts lieber tut, als diese mit anderen Kräftigen zu messen, sagt zu und erhält zum Dank von der Dame des Hauses ein schönes, kräftiges, rotes Schutzschild. Mit ihm läßt er sich, von Kopf bis Fuß gepanzert, zur Insel übersetzen.

Der Ritter, der ihm dort gegenübertritt, trägt den gleichen Schild – ganz rot und ohne Wappen, woran sich Ritter sonst erkennen. Der Kampf wird fürchterlich, denn beide scheinen gleich stark, gleich geschickt und gleich ausdauernd. Voller Wut und Verbissenheit fügen sie einander tiefe Wunden zu. Angespornt von einer Reihe edler Damen, die ihnen zusehen, versuchen sie immer wieder, den anderen zu überwinden, bis sie erschöpft zu Boden sinken. Als sie sich die Helme abreißen, erkennen sie einander. Balin und Balan umarmen sich sterbend auf dem blutdurchtränkten Rasen.

Aber selbst ihr sinnloser Tod ist nur ein Schattenspiel, das schlechte Omen für ein späteres Aufeinandertreffen zweier Freunde, die sich nicht erkennen. Der schwerterklirrende Zweikampf zwischen Lancelot und Gawain gehört zu den Höhepunkten der Artus-Sage, Furcht und Mitleid erregend wie eine antike Tragödie, indes Balin und Balan Randfiguren bleiben, ein Präludium von grausamer, fast zynischer Komik.

In den späteren Fassungen des Geschehens um den König der Tafelrunde werden sie überhaupt nicht mehr erwähnt. Malory widmet ihnen, noch ehe er die erlauchteren Helden auftreten läßt, mehrere Kapitel, als wolle er von vornherein auf das namenlose Blutvergießen hinweisen, das diese Sage enthält. Und nicht nur die Sage, sondern auch seine, Malorys, und letztlich unser aller Gegenwart.

Nicht über, wohl aber noch vor den unsterblichen Helden erhalten die Anti-Helden, die Scheiternden, einen Logenplatz – die Mehrzahl der Opfer, die so rasch vergessen werden.

9.

Ginevra und die Tafelrunde

m Anfang, nachdem Artus durch Geschick und Gnade zum König gemacht war«, berichtet Malory, »führten viele Könige und Lords großen Krieg gegen ihn, obwohl sie durch Merlin wohl wußten, daß er Uther Pendragons Sohn war.« »Artus besiegte sie jedoch alle«, fügt der Chronist hinzu, »weil er sich streng an den Rat Merlins hielt.«

Das ist überhaupt das Geheimnis seines Erfolgs. Persönlich unbesiegbar durch Excalibur, das Schwert der Dame vom See, und unverwundbar geworden durch dessen Scheide, nimmt er bald eine fast überirdische Stellung ein. Französische Autoren vergleichen sie mit der eines Papstes, denn aus dem Wilden Eber aus Cornwall ist ein Weiser geworden, der der Welt mit seinem Hof ein Beispiel gibt für Sittenstrenge und allgemeine Gerechtigkeit. Er und seine Mannen verkörpern jene ritterlichen Ideale, die sich ebenfalls am ehesten mit denen eines geistlichen Ordens vergleichen lassen.

Das verdankt Artus alles – einschließlich Excalibur – dem Zauberer der mysteriösen Anderwelt, der ihn beschirmt. Erst als diese ihm gegenüber eine feindliche Haltung einnimmt, wird sein Niedergang beginnen. Aber das liegt noch weit in der Zukunft. Solange ihm Merlin zur Seite steht, bleibt Artus Richtschnur und Vorbild eines Herrschers, der das Gute nach Kräften fördert und das Böse gnadenlos bekämpft.

Es zeugt jedoch vom unterschwelligen Realismus all der Artus-Autoren, daß er dieser Idealvorstellung nur halbwegs und auf menschlich unvollkommene Weise entspricht. Er hat – wie jede Figur der Sage und wie wohl jeder Mensch überhaupt – seine

Schwierigkeiten mit sich. Als er zum erstenmal nicht auf Merlin hört, sondern trotzig auf dem eigenen Willen beharrt, zeichnet sich schon am Horizont das künftige Unheil ab. Seine Barone drängen ihn, »ein Weib zu nehmen«, denn zum König gehört eine Königin und zu einer vorbildlichen Hofhaltung erst recht. Im übrigen haben wir ja gesehen, daß Artus trotz seiner päpstlichen Ausstrahlung alles andere ist als ein zölibatärer Charakter. Seine Wahl ist auf Ginevra gefallen, deren weitgerühmte Schönheit ihresgleichen sucht. Merlin rät ab. Er kennt die Zukunft. Ginevra, prophezeit er, wird einen anderen lieben und ihn, König Artus, bald betrügen. Doch der bleibt bei seinem Entschluß, Ginevra will er, keine andere.

So betritt Ginevra die Artus-Sage wie Helena die Ilias. Ihrer Schönheit folgt das Verhängnis auf dem Fuß – sie kann nicht einmal etwas dafür. Schuld daran ist eher Artus selbst, der das von Merlin vorhergesehene Unheil bewußt in Kauf zu nehmen scheint – aus purer Liebe oder als Buße für den von ihm begangenen Inzest. Es kann, wer mag, beides in die vorhandenen Fassungen der Sage hineininterpretieren.

Ginevras Charakterbild schwankt weniger in der Geschichte als vielmehr in all den Geschichten, aus denen die Artus-Sage über die Jahrhunderte hinweg gezimmert worden ist. In Geoffreys »Historia« ist sie eine adlige Römerin, eine stolze, wenngleich undurchsichtige Erscheinung. Sie heiratet später auch den Verräter Mordred, Artus' Neffen (und Sohn). Robert Wace geht in seinem »Roman de Brut« sogar noch weiter – er deutet an, daß Ginevra am Verrat teilhat und ihn geradezu mit provoziert. In noch anderen Versionen gebiert sie Mordred zwei Söhne, und auch die walisischen Quellen lassen kaum ein gutes Haar an ihr. Noch bis zum Ende des 19. Jahrhunderts soll es in manchen Gegenden von Wales eine moralische Beleidigung gewesen sein, wenn man ein Mädchen oder eine junge Frau eine Ginevra (Guinevere) nannte.

Bei Malory kommt sie allerdings besser weg. Er hat die Sagenwelt des Königs Artus nicht nur gesammelt und geordnet, sondern auch gleichsam psychologisch untermauert. Erst bei ihm

78

werden aus blassen und oft klischeehaften Märchengestalten Menschen aus Fleisch und Blut.

Ginevra ist bei Malory die Tochter des Königs Lodegrance von Camylarde, Cameliard oder Camelerd – die Schreibweisen sind ebenso unterschiedlich wie die Spekulationen der Fachleute, wo dieses Land gelegen haben mag, wahrscheinlich im hohen Norden. König Lodegrance scheint es überdies nicht sehr geliebt zu haben, denn als Merlin, der Brautwerber, bei ihm erscheint, ist er hocherfreut und würde, wie er dem Zauberer sagt, der Tochter nur zu gern sein gesamtes Reich als Morgengabe mitgeben, hege aber große Zweifel, ob Artus es überhaupt haben wolle.

Haben will dieser es wirklich nicht, nimmt aber umso lieber ein anderes, ihm noch wertvolleres Geschenk zur Mitgift – einen gewaltigen kreisrunden Tisch, an dem nicht weniger als 150 Ritter Platz nehmen können. Ihn hat einst kein anderer als Merlin geschnitzt, dessen handwerkliche Gaben ihn übrigens nicht weniger berühmt gemacht haben als seine magischen Kräfte. Uther Pendragon, für den der Tisch bestimmt war, schien er wohl zu groß und ungeschlacht geraten, weshalb er ihn an Lodegrance weiterreichte, als Zeichen der Freundschaft zwischen Königen. Nun kehrt er zu seinem Sohn nach Camelot – oder bei Malory: London – zurück.

Auch über diese Rundtafel finden sich in den verschiedenen Quellen unterschiedliche Angaben: die Zahl der vorhandenen Plätze schwankt zwischen 24 und 366. Aber Malorys Autorität hat sie nicht von ungefähr auf 150 festgelegt, denn Lodegrance schickt keinesfalls nur den Tisch, sondern auch gleich hundert edle Ritter dazu, die ihn bevölkern sollen.

Sie ziehen zur Hochzeit Artus' und Ginevras mit Sack und Pack, Damen und Knappen, all ihrem weltlichen Besitz nach Camelot, wo sie auch bleiben, die Stammbesatzung der Tafelrunde, die in Zukunft so etwas wie den Mittelpunkt des Hofes bildet, eine Art von Loge der besten, treuesten, sittenstärksten aller Ritter. Was Artus anstrebt und – jedenfalls in der Phantasie seiner Bewunderer – auch erreicht, ist das »perfect earthly kingdom« (Wace), das vollendete irdische Königreich.

Perfekt ist es allerdings noch nicht, bleiben doch fünfzig Sitze ohne würdige Inhaber, und Merlin, eilig auf die Reise durch Artus' eigene Lande geschickt, gelingt es nur, 28 weitere Lords zu finden, die geeignet oder willens sind, an dieser Tafel auf die Dauer Platz zu nehmen. Von der Hochzeitsfeier erfahren wir nicht viel, weit mehr jedoch von der Weihe der Tafelrunde durch den Erzbischof von Canterbury. Beides findet selbstredend zu Pfingsten statt, und es wird vereinbart, daß alle Ritter sich jeweils zum Pfingstfest alljährlich zur Tafelrunde versammeln, um Artus zu huldigen und ihren Treueschwur zu erneuern.

Zur ersten Huldigung erheben sich die ausgewählten Ritter und treten einzeln an den Thron, den jetzt König Artus und Königin Ginevra innehaben. Als sie sich umdrehen und wieder an den großen Tisch zurückkehren, hat dieser sich durch Merlins Zauberkunst verändert. An den Sitzplätzen leuchten plötzlich in goldenen Buchstaben die Namen derer, denen sie gehören. Es sind auch Namen zukünftiger Mitglieder darunter, die noch keiner kennt und deren blasse Umrisse ahnen lassen, daß sie noch gar nicht geboren sein mögen.

Zwei Plätze tragen keinen Namen. Und ein dritter, der »Perilous Seat«, der Gefahrvolle Sitz, auch Siege Perilous genannt, scheint düster verhangen. Er sei, sagt Merlin, für den größten aller Helden bestimmt, der dermaleinst zur Tafelrunde gehören und dem Übermenschliches gelingen werde. Auf ihn dürfe sich, bei Gefahr für Leib und Leben, kein anderer Sterblicher setzen.

Die Warnung erfolgt aus gutem Grund. Als sich später Parzival, tumber Tor, der er ist, trotzdem draufsetzt, löst er ein Erdbeben aus, das das gesamte Königreich bis in die Grundfesten erschüttert. Robert de Boron, ein burgundischer Poet des frühen 13. Jahrhunderts, hat uns den Grund dafür in seiner Prosafassung des »Merlin« verraten: die Sitte eines runden Tisches geht auf das letzte Abendmahl Christi zurück oder vielmehr auf die rituelle Wiederholung dieser heiligen Handlung durch Joseph von Arimathia, bei der ein Sitz freiblieb – derjenige des Judas.

Bei Malory ist er von vornherein dem Ritter vorbehalten, dem es gelingen wird, zum Gral zu gelangen – nicht Artus, nicht

Gawain, nicht Lancelot, die sich allesamt in irdische Sünde verstricken, sondern Sir Lancelots Sohn, Sir Galahad.

Tafelrunden à la Artus, festliche Zusammenkünfte mit Turnieren, Gelagen und Tänzen, sind dann im Mittelalter überall in Europa Mode geworden, wobei in manchen Fällen die Teilnehmer sich als Artus-Ritter verkleideten und deren Namen trugen. Die erste überlieferte Nachahmung der Tafelrunde fand 1223 zur Feier eines Ritterschlags auf Zypern statt. Graf René von Anjou, ein Plantagenet, ließ auf der Höhe seiner Macht 1446 für eine solche Gelegenheit sogar eine eigene Artus-Burg erbauen. Auch die Eichenholztafel, die man zu Winchester gezeigt bekommt, stammt, wie radiobiologische Untersuchungen beweisen, nicht etwa von Artus selbst, sondern aus dem 13. Jahrhundert.

Ginevra spielt in der Tafelrunde, der sie allerdings nicht angehört, die Rolle einer edlen Gastgeberin. Sie erfährt, nicht nur bei Malory, viel Lob dafür. Fast alle Chronisten gestehen ihr eine genaue und schlaue Kenntnis der männlichen Psyche zu, so schlecht sie auch durchweg über sie reden. Die meisten der doch zuweilen rauhen Gesellen lassen sich von Ginevra spielend um den kleinen Finger wickeln. Sie kann, eine geschickte Psychologin, im rechten Augenblick loben und tadeln, schmeicheln und abweisend sein, schweigen oder reden. Gefürchtet allerdings ist ihre spitze Zunge, vor allem dem vorlauten Sir Kay gegenüber, dem Artus in alter Verbundenheit mehr durchgehen läßt als den übrigen.

Glück findet sie nicht auf Camelot, wo sie trotz allem eine Fremde bleibt. Manches deutet darauf hin, daß die Ehe zwischen ihr und Artus nie vollzogen wird. Sie bleibt nicht nur kinderlos, sondern, eine Josephsehe, auch ohne Liebe. Artus, seit seiner Erzsünde von finsteren Träumen geplagt, in denen auffallend oft Schlangen – nicht erst seit Sigmund Freud ein Sexualsymbol – vorkommen, begegnen wir, wenn seine Ritter auf Abenteuer ausziehen, weniger an ihrer Seite als vielmehr tage- und nächtelang im Wald, auf der Jagd, in der Einsamkeit. Ihre Schlafgemächer in der Burg liegen weit voneinander entfernt.

Um den Geschehnissen vorauszugreifen: daß Artus dennoch nicht zum Mönch geschaffen ist, beweist er erneut ausgerechnet an jenem verhängnisvollen Tag, an dem Ginevra zum erstenmal mit ihrem Geliebten, Sir Lancelot, schläft. Da verführt ihn oder verführt er Camille, die Zauberin aus der Anderwelt. Eine »Scheu vor Sexualität«, wie sie manche Kommentatoren bei Artus festgestellt haben wollen, scheint zumindest zweifelhaft.

Malory nennt Ginevra ausdrücklich eine »trew love«, eine treue Liebende. Er sieht sie als tragische Heroine des Sagenzyklus, die einen Mann heiraten muß, den sie zwar respektieren, aber nicht lieben kann. Oder der sie nicht liebt. Heinrich Heines alte Geschichte: »und wem sie just passieret, dem bricht das Herz entzwei.« Sie ist, wie man sieht, Jahrhunderte alt.

Zwei der leeren Sitze an der runden Tafel können übrigens noch vor der Hochzeit auf überraschende Weise besetzt werden. Es erscheint Gawein, der Sohn König Lots, mitsamt seinem jüngeren Bruder Gaheris als Knappen. Er bittet, am Hochzeitstag zum Ritter geschlagen zu werden, was Artus auch verspricht, »denn ich muß es wohl, da Ihr mein Neffe seid, meiner Schwester Sohn.«

Das klingt nach Vorbehalten, die Artus durchaus gehabt haben kann. Gawein, der ausgesprochene Liebling früher britischer Chronisten, entwickelt später einen schillernden Charakter. Vor allem die französischen Autoren rümpfen die Nase über ihn, der als chronischer Schürzenjäger durch die englische Artus-Sage zieht.

Der zweite Anwärter auf Ritterschaft ist noch ungewöhnlicher. Angeritten auf mageren Gäulen kommen ein Kuhhirte namens Aries le Vaysher und sein achtzehnjähriger Sohn Torre. Er habe dreizehn Söhne, sagt Vaysher, alle zufrieden mit ihrem Schicksal, Kühe zu hüten, nur Torre nicht. »Was meine Frau und ich auch unternehmen, immer will er nur Bogenschießen, mit Speeren werfen und Kampfspielen zusehen. Und Tag und Nacht verlangt er danach, zum Ritter geschlagen zu werden.«

Sir Kay steht schon bereit, das seltsame Paar zum Teufel zu jagen, aber der Jüngling, groß, blond und von natürlicher Anmut, kniet vor Artus nieder und wiederholt seine Bitte derart beredt, daß dieser wie üblich Merlin zu Rate zieht.

Dessen Antwort auf die Frage, ob man den jungen Mann zum

Ritter schlagen könne, erfolgt ohne Zögern:»Ja, Herr, aus ihm wird ganz gewiß ein guter Gefolgsmann, denn er stammt aus königlichem Blut.« Sein Vater, verkündet der Allwissende, sei keineswegs jener Kuhhirt, sondern König Pellinore. Nur mühsam gelingt es Sir Kay, den erbosten Aries le Vaysher zu beruhigen.»Hole dein Weib her«, befiehlt der Zauberer,»sie wird es nicht leugnen.«

Sie leugnet nicht. Freimütig gesteht sie, kurz vor ihrer Ehe beim Melken von einem Ritter überfallen und ihrer Jungfernschaft beraubt worden zu sein. Der Täter habe als Andenken an ihre Liebe sogar ihren Windhund mit sich genommen.

König Pellinore erscheint am nächsten Morgen zum Fest und bestätigt seinerseits die für ihn nicht eben ehrenhafte Geschichte. Erfreut schließt er einen Sohn in die Arme, von dem er bisher nichts gewußt hatte. Sir Torre ist der erste Ritter der Tafelrunde, der von einem Kuhhirten bei Hofe eingeführt worden ist.

Auf Wunsch König Pellinores erfolgt sein Ritterschlag noch vor dem Gawains, was diesen mit Neid und Wut erfüllt. Die besten und treuesten aller edlen Ritter, zeigt sich von vornherein, muß man sich keinesfalls als eine verschworene Gemeinschaft enger Freunde vorstellen. Ihr Eid verpflichtet sie zwar zu gegenseitiger Hilfe, aber die Eifersucht, die zwischen ihnen herrscht, führt zu manchem Zwist untereinander, bisweilen sogar zu Mord und Totschlag. Hier, im Besänftigen internen Haders, liegen Ginevras besondere Verdienste. Sie zähmt im Laufe der Geschichte so manchen Raufbold, der sich in die Tafelrunde verirrt.

In diesem Fall aber ist es der besonnene Gaheris, der seinen Bruder zur Mäßigung mahnt. Gawain, drauf und dran, König Pellinore mit dem Schwert zu töten, wird von ihm zurückgehalten. Er sei bisher nur Knappe, sagt Gaheris, und die Rache an Pellinore, der ja ihren Vater, König Lot, im Krieg erschlagen hat, würde er gern als Ritter mit vollziehen. Auch dürften sie das hohe Fest nicht entweihen, sondern müßten eine Gelegenheit finden, Pellinore außerhalb Camelots zu treffen. Die erste Verschwörung von Artusrittern gegen Artusritter bahnt sich an. Sie beginnt schon vor der feierlichen Trauung im Sankt-Stephans-Dom und vor der ersten Versammlung der neugegründeten Tafelrunde.

So knapp Malory diese Episode am Rande schildert, so wichtig wird sie im Rahmen seiner Gesamtkomposition, um die kein späterer Erzähler mehr herumkommt. Der Sündenfall am Anfang wirft einen schweren Schatten auf diesen – wie vielleicht auf jeden – Versuch, ideale Verhältnisse auf Erden zu verwirklichen. Schwerer durchschaubar ist der Symbolgehalt jener verblüffenden Ereignisse beim folgenden Hochzeitsmahl. Es findet an der großen runden Tafel statt, und noch ehe Essen und Getränke aufgetragen werden, ermahnt Merlin alle Gäste, still zu sitzen und auf jeden Fall am Platz zu verharren, ohne in das »seltsame und wunderbare Abenteuer«, das ihnen geboten werden solle, einzugreifen.

Wie alle erstarrt dasitzen, springt ein schneeweißer Hirsch in die Halle, verfolgt von einem ebenso weißen Mischlingshund und einer Meute aus sechzig pechrabenschwarzen Spürhunden. Die wilde Jagd fegt mit lautem Gebell über die Tafel hinweg, wobei der weiße Hund dem Hirsch ein großes Stück Fleisch aus der Lende reißt. Das verletzte Tier macht einen weiten Sprung und wirft dabei einen Ritter um. Der scheint wütend, ergreift den weißen Hund, besteigt sein Roß und reitet mit seiner Beute davon.

Einen Augenblick später sprengt eine Dame auf einem weißen Zelter in den Saal und beklagt sich laut bei Artus, ihr sei ein Hund, ihr Eigentum, von einem seiner Ritter fortgeschleppt, gestohlen worden. Er könne da gar nichts tun, gibt Artus zu bedenken, als erneut Hufschlag ertönt. Ein Ritter, hoch zu Pferd, erscheint mit geschlossenem Visier, zieht die Dame in seinen Sattel und entführt die laut Schreiende im Galopp durchs Burgtor. Eine verwirrende Szene. Die Gesellschaft bleibt konsterniert zurück. König Artus ist froh, daß die Dame weg ist, denn sie hat, wie Malory es ausdrückt, »ihm zu viel Getöse bereitet«.

Erst Merlin macht ihn darauf aufmerksam, daß man nach solchem Geschehen nicht zur Tages- oder Tafelordnung übergehen kann. Es müßten, sagt er, alle Beteiligten wieder hergebracht werden, sollte nicht Schande auf Haus und Festlichkeit fallen. Er verteilt auch die Aufgaben, legt sie Artus gleichsam in den Mund. Sir Gawain muß den weißen Hirsch, Sir Torre den weißen

Mischlingshund und König Pellinore die geheimnisvolle Dame nach Camelot zurückbringen. Malory ist nicht nur ein versierter Psychologe, sondern auch ein überragender Erzähler. In diesen – von Merlin inszenierten? – Vorfall hat man seit jeher alles nur Mögliche hineininterpretiert. Wahrscheinlich handelt es sich jedoch in erster Linie um einen geschickten Trick, die Handlung, nein, die Handlungen in Gang zu setzen, die sich im Verlauf des Sagenkonvoluts immer wieder überschneiden und dem Leser kaum eine Atempause lassen. Drei sehr verschieden charakterisierte Ritter ziehen aus. Sie werden eine Fülle von Abenteuern durchstehen und diese getreulich, mitunter auch etwas übertrieben, der Tafelrunde berichten. Malory schafft den idealen Ansatzpunkt für sich und alle kommenden Erzähler, von dem aus man so gut wie jede altvertraute oder neuerfundene Geschichte in das Netzwerk der Legende einknüpfen kann.

Schon lange vor Malory hat ein anderer großer Dichter, eher Zeitgenosse Geoffreys, die Artus-Sage einen »schönen Irrgarten« genannt. Dante (»Inferno«, Canto 5, Paolo- und Francesca-Szene) warnte allerdings eindringlich davor, sich in ihm zu verirren.

Seit Malory tut man es nur allzu gern.

10.

Sir Gawain und der Grüne Ritter

Die drei Helden überstehen das erste Tafelrunden-Abenteuer auf unterschiedliche Weise; allzu befriedigend ist das Fazit nicht.

Am besten schneidet der eben zum Ritter geschlagene Torre, jetzt Sir Torre, ab. Er geht besonnen vor und hält sich konsequent an die beschworenen ritterlichen Regeln, woran es bei beiden anderen mangelt. Sir Torre entpuppt sich als kühner, tatendurstiger, wenn auch etwas phantasieloser Haudegen. König Artus wird er aller Voraussicht nach in Zukunft gute Dienste leisten.

Den weißen Hund, den er nach Camelot zurückbringen soll, hat er mit Hilfe eines Zwerges gefunden, der in seine Dienste getreten ist. Entführt, um ihn seiner Dame zu schenken, hat den Spürhund ein Ritter namens Abelleus. Torre besiegt ihn im Zweikampf. Als dieser sich eben unterwerfen und um Gnade bitten will, erscheint ein Edelfräulein auf dem Kampfplatz und stürzt Torre in einen Gewissenskonflikt, wie ihn die Artus-Ritter noch häufig zu durchstehen haben werden.

Einem Unterworfenen, der um Gnade bittet, muß sie von einem Ritter unbedingt gewährt werden. Das Fräulein aber fordert Abelleus' Kopf, weil er ihren Bruder ermordet habe, unfairerweise, denn dieser hatte sich dem Gegner bereits unterworfen. Torre denkt nicht lange nach; er schlägt Abelleus den Kopf ab, was dem ritterlichen Ehrenkodex in diesem Fall entspricht: Kopfabschlägern, die ihn nicht geachtet haben, darf der Kopf abgeschlagen werden.

In Camelot wird Torre für die Erfüllung der gestellten Aufgabe und seinen bewiesenen Mut reich belohnt. König Artus verleiht ihm die Grafenwürde mitsamt dazugehörigem Landbesitz.

Sein Vater, König Pellinore, hat die ihm gestellte Aufgabe ebenfalls erfüllen können. Das Fräulein, das er zurückbringen sollte, befindet sich als ein undurchsichtiges Wesen namens Nimue in seiner Obhut. Ihretwegen sind von Pellinores Hand mehrere Ritter gefallen. Ihm ist jedoch im Laufe der aufregenden Ereignisse ein Fehler unterlaufen: Er hat, seinem Eid entgegen, einer wehr- und schutzlosen Frau nicht geholfen, was Ginevra heftig rügt. Man kann da allerdings verschiedener Meinung sein und ist es auf Camelot auch.

Pellinore hatte kaum die Spur des Edelfräuleins und ihres Entführers aufgenommen, als er an einer Waldquelle auf einen schwer verwundeten Ritter stieß, der hinterrücks überfallen worden war. Dessen Dame fleht ihn um Hilfe an, aber die Zeit drängt und seine Aufgabe ebenfalls. Er reitet weiter.

Eine unterlassene Hilfeleistung, für einen erfahrenen Ritter ein schwerwiegender Makel und mit tragischen Konsequenzen. Den toten Ritter findet Pellinore beim Rückritt, dazu den Kopf der Dame, die sich nach dessen Tod in sein Schwert gestürzt hat. Ihren Leib haben die wilden Tiere – Malory behauptet, die Löwen – gefressen.

Den Kopf führt der verstörte König übrigens mit sich – die Gesichtszüge kommen ihm seltsam vertraut vor. Wiederum kann Merlin ihn aufklären: Es handelt sich um seine eigene Tochter Elaine, Frucht eines weiteren Seitensprungs vor etlichen Jahren, was seine Scham verstärkt. Pellinore verkörpert den hochfahrenden Ehrgeizling, der sich mit seinem Geltungsbedürfnis selbst im Wege steht.

Am schlechtesten schneidet jedoch Gawain, jetzt Sir Gawain, ab. Er bringt nicht, wie es ihm aufgetragen war, den weißen Hirsch zurück – den hat seine eigene Meute zerrissen. Statt dessen schwankt vor ihm auf dem Sattel die Leiche einer Frau, die versehentlich von ihm erschlagen worden ist. Man hat ihn beschämenderweise gezwungen, sie nach Camelot mitzunehmen.

Er wird vor ein Ehrengericht gestellt, dessen Vorsitz bezeichnenderweise eine Frau innehat, Königin Ginevra, die man daher als eine Ahnherrin des Feminismus ansehen kann. Wie ist Gawain in diese Lage gekommen? Nicht aus bösem Willen, eher aus einer gewissen Tolpatschigkeit, die an Balin und Balan erinnert.

Mit seinem Bruder Gaheris als Knappen hat er zunächst die Fährte des weißen Hirsches erfolgreich aufgespürt, ihn durch einen Fluß und in eine Burg gejagt, in der er von den Windhunden des Brüderpaars gestellt und zerrissen wird. Der Herr der Burg, Blamoure von Maryse, auch der Besitzer des Hirsches, erschlägt wütend zwei dieser Hunde und wird seinerseits von Gawain angegriffen.

Gegen den bärenstarken und cholerischen Artusritter hat Blamoure keine Chance. Er unterwirft sich zwar und bittet um Gnade, aber Gawain reißt ihm wie von Sinnen den Helm ab, um ihn trotzdem zu enthaupten. Verzweifelt wirft sich die Burgherrin dazwischen, der er zu seinem eigenen Entsetzen statt dessen den Kopf vom Rumpf trennt.

Die noch unerfahrenen Brüder haben sich überdies in eine strategisch aussichtslose Lage gebracht. Der Vorgang alarmiert die Burgbesatzung und diese überschüttet sie mit einem Hagel von Pfeilen. Einer trifft Gawain schmerzhaft in den Arm. Die beiden werden rasch überwältigt, und nur die Fürsprache vier edler Frauen, die plötzlich zur Stelle sind und sich als Artus-Verehrerinnen entpuppen, retten sie vor dem sicheren Tod. Geschlagen kehren sie nach Camelot zurück.

Das Ehrengericht urteilt vergleichsweise mild. Gawain wird streng verwarnt und auf alle vier Evangelisten vereidigt, bis ans Ende seines Lebens bedingungslos für bedrängte Edeldamen einzutreten, nie einem Unterlegenen die Gnade zu versagen und überhaupt alle ritterlichen Gebote zu beachten.

In Zukunft fungiert er als eine Art von Stiefkind der Artus-Sage, ein Schlagetot mit bisweilen schurkischen, seinem Eid konträren, auf jeden Fall unbeherrschten, bei Chretièn de Troyes zusätzlich grotesk-komischen Zügen. Dabei streift er, eine strahlende Erscheinung, schon seit Jahrhunderten unter verschiedenen

Namen durch die gesamteuropäische Folklore, als Walwanus Lieblingsheld der Balladensänger auf dem Kontinent, als Gwalchmei Vorbild aller walisischen Rittergestalten und noch von Geoffrey of Monmouth hoch geachtet. Was ist die Ursache seines plötzlichen Abstiegs?

Hängt er vielleicht mit seiner ursprünglich schottischen Herkunft zusammen? Malory ist Engländer; für ihn leben im hohen Norden der Insel ausschließlich wilde, barbarische Völkerschaften. Auch könnten gewisse heidnische Relikte eine Rolle spielen, die Gawain weiterhin anhaften – stärker jedenfalls als allen anderen Artus-Helden, die doch wie er oft genug aus gälisch-heidnischen Bereichen stammen.

Der jähzornige und unberechenbare Ritter kommt wahrscheinlich sogar von weither, aus einer religiösen Legende, eine Art von Gott oder Halbgott des Tagesverlaufs zwischen Morgen und Abend. Denn Gawain ist nur vormittags stark und fast unbesiegbar, mittags nehmen seine Kräfte ab und sind am Abend so gut wie erschöpft. Er muß darum seine Kämpfe und Abenteuer nach dem Schatten einrichten, den er wirft – Uhren gehören noch nicht zur Ausrüstung eines zeitgenössischen fahrenden Ritters. Nahezu unentbehrlich ist ihm daher sein Bruder Gaheris, der dafür sorgt, daß er, der Ungestümere von beiden, seine Fehden zu früher Stunde austrägt.

Ein dunkler, schwerblütiger Charakter, der noch am besten bei den deutschen Nachdichtern der Artus-Sage wegkommt, etwa im »Parzival« Wolfram von Eschenbachs oder bei Heinrich von dem Türlin, in dessen »Diu Crône« er, ein Glückskind Fortunas, alle ritterlichen Tugenden verkörpert. Auch die Holländer halten ihn, jetzt unter dem Pseudonym Walewein, hoch in Ehren, indes die meisten französischen Autoren ihn zum großmäuligen Weiberhelden degradieren.

Da gibt es freilich, schon vor Malory, den schmalen Band eines uns völlig unbekannten Autors mit vier Versdichtungen, darunter »Sir Gawain und der Grüne Ritter«: Mag Malory der bedeutendste Epiker der Artus-Sage sein, die Krone des bedeutendsten Poeten müßte, wenn nicht Wolfram von Eschenbach, am ehesten ihm zustehen, von dem wir nichts, gar nichts wissen.

Selbst die genaue Entstehungszeit des Manuskripts, das sich im British Museum befindet, ist ungewiß. Es wird meist »nach 1345« datiert, aber J. R. R. Tolkien, der 1925 eine exakte Edition des »Gawain« herausbrachte (die Tusche der Abschrift hat durchgefärbt und macht die Pergamentseiten des Manuskripts schwer entzifferbar), gibt als Datum »um 1400« an. Tolkien, Literatur- und Sprachprofessor in Oxford, ist später durch eine eigene, von ihm geschaffene Mythologie berühmt geworden, »Die Hobbits« und »Der Herr der Ringe«, die sich ebenso vielfigurig und geschichtenträchtig hinzieht wie die ihm wohlvertraute Artus-Sage. Seine Ausgabe von »Sir Gawain und dem Grünen Ritter« ist bis heute ein Standardwerk geblieben.

Gawain kann zufrieden sein. Ausgerechnet er ist der Held der geschlossensten und gewiß schönsten Geschichte des gesamten Sagenkreises. Sie beginnt auf Camelot, diesmal nicht zu Pfingsten, sondern zur Weihnachtszeit.

Artus hält Hof. Wir erfahren, daß er einen Schwur getan hat. Das neue Jahr will er nicht beginnen, ehe ihm nicht ein Wunder begegnet ist. Es setzt pünktlich mit dem Erscheinen eines Ritters ein, der hoch zu Roß in der Halle einzieht. Er ist grasgrün vom Scheitel bis zur Sohle, nicht nur Rüstung und Schild, auch Haare, Haut und sogar das Pferd sind grün. Ohne abzusitzen, verhöhnt er die Tafelrunde, wobei er eine riesige Axt zückt und durch die Luft schwingt.

Mit ihr, verkündet er lachend, möge einer der Versammelten, falls er den Mut aufbringt, ihn treffen, wo immer er wolle. Nach Jahresfrist sei dann die Reihe an ihm, den jeweiligen Ritter mit der gleichen Axt zu treffen.

Artus springt wütend auf und ergreift sie, als sein Neffe Gawain ihm die Waffe mit der Bitte aus der Hand windet, dies Abenteuer für ihn durchstehen zu dürfen. Dann holt Gawain aus und schlägt dem Grünen mit einem gewaltigen Schlag den Kopf ab, worin er ja einige Übung hat.

Aber im Gegensatz zur unglücklichen Frau Blamoures von Maryse steigt der Grüne Ritter anschließend vom Pferd, klaubt den Kopf vom Boden und setzt ihn sich wieder auf wie einen Hut. Dann schüttelt er dem verdutzten König Artus die Hand, flüstert

Gawain zu, man werde sich in einem Jahr an der Grünen Kapelle wiedertreffen, und galoppiert winkend und hohnlachend davon.

Eine kuriose Geschichte, keltischer Folklore entnommen und in nordenglischem Dialekt (wahrscheinlich dem von Lancashire) ebenso humorvoll wie wohlkomponiert in Verse gebracht. Verheddern sich bei allen anderen Autoren immer wieder die verschiedenen Handlungsstränge, ein Erzübel aller Erzählungen keltischen Ursprungs, so sind es hier erfrischenderweise nur zwei, die sich überschneiden.

Ein Jahr verstreicht. Schon zu Allerheiligen begibt sich Gawain auf die Suche nach jener Grünen Kapelle. Er durchquert Wales, setzt über den Fluß Dee und findet am Weihnachtsabend mitten in einem wilden Wald ein Schloß, in dem er gastfrei aufgenommen wird. Mit dem Burgherren schließt er bald Freundschaft und ebenfalls, wie es seine Art ist, mit der bildhübschen Schloßherrin, einer Blondine, die er schöner findet als selbst Ginevra. Auf dem Schloß lebt ferner eine uralte Dame, so abgrundtief häßlich wie die andere wunderschön.

Es stellt sich heraus, daß die Grüne Kapelle nur zwei Meilen entfernt liegt – Sir Gawain kann also getrost die Tage bis zum Neujahrsmorgen im gastlichen Schloß verbringen. Die übertriebene Gastfreundschaft wie auch die Avancen der blonden Schönheit hätten unseren Helden vielleicht zu etwas mehr Vorsicht ermahnen sollen.

Der Schloßherr begibt sich fast täglich auf die Jagd. Gawain verbringt seine Zeit lieber in der Nähe besagter Dame, und da man verabredet hat, sich alles, was der Tag beschert, zu teilen, erhält Gawain abends Wildbret und Beeren, von allem die Hälfte, was Bercilak von Hautdesert, dies der Name des Burgherrn, erjagt hat oder hat pflücken lassen. Gawain, nicht der Intelligenteste, wohl aber der Ehrlichsten einer, gibt ihm dafür die Hälfte aller Küsse, die er über Tage von dessen Frau geerntet. Wie man sich das vorzustellen hat, verrät der Autor nicht.

Immerhin ist Gawain aber klug genug, ein Liebespfand zu verschweigen, das er am Silvestertag bekommt. Es handelt sich um einen grünen Zaubergürtel: Wer ihn trägt, kann nicht verwundet werden. Eingedenk der scharfen Axt, mit der er konfrontiert werden soll, versteckt er ihn, auf seinen nackten Leib geschnürt, unter dem Panzerhemd.

Am Neujahrstag begibt sich Gawain in aller Frühe zur Grünen Kapelle, einem idyllischen Ort in einer tiefen Schlucht, und erwartet den Grünen Ritter. Der erscheint auch alsbald, bewaffnet mit einer noch größeren Axt als vor einem Jahr in Camelot. Die Kontrahenten gehen aufeinander zu, der Grüne schwingt die Axt, aber kurz ehe sie Gawain erreicht, stockt sie, scheint abzugleiten, beim zweiten Schlag ebenfalls, nur beim dritten Streich berührt sie leicht seinen Hals, eine kleine Schramme auf ihm zurücklassend.

Der Gürtel scheint zu wirken. Jetzt greift Gawain zum Speer, um den Widersacher seinerseits anzugreifen, aber der stützt sich lächelnd auf die Axt und beruhigt ihn mit wohlgesetzten Worten in vertrauter Stimme. Der Grüne Ritter, stellt sich heraus, ist kein anderer als Bercilak von Hautdesert. Er ist in alles eingeweiht: zweimal hat er im Schlag mit der Axt innegehalten, weil Gawain so ehrlich war, die Küsse seiner Frau mit ihm zu teilen, beim dritten Schlag habe er ihm eine milde Verwundung zugefügt, weil er den grünen Gürtel verschwiegen hat.

Eine augenzwinkernde Komödie. Sie endet mit der Pointe, daß Gawain als Tugendheld nach Camelot zurückkehrt. Denn nur seine naive Ehrlichkeit bei der – zugegeben etwas lächerlichen – Weitergabe der erhaltenen Küsse hat ihn das gefahrvolle Abenteuer überstehen lassen. Zum Andenken daran werden Lords und Ladies auf Camelot am Neujahrstag fortan ein grünes Schleifchen an Gewand tragen.

Eingefädelt hat das Ganze im übrigen die häßliche Alte im Anderwelt-Schloß bei der Grünen Kapelle. Hinter ihr verbirgt sich Morgana, die Schwester König Artus', die mit List und Zauberkraft versucht, ihrem Bruder zu schaden. Aus welchen Motiven heraus, bleibt zunächst unklar.

Zum Glück bleibt ihr magisches Können begrenzt. Sie hat es auf listige Weise erworben; es ist ihr nicht – wie Merlin – als druidisches Erbe zugefallen.

Magie, belehrt uns Tolkien in seinem Vorwort zu seiner Ausgabe von »Sir Gawain und dem Grünen Ritter«, »ist unfähig zu verletzen, sobald jemand tugendhaft bleibt«. Dies die Lehre, die man ihm zufolge aus dieser Episode ziehen sollte. Fügen wir hinzu, daß Gawain also in diesem Fall der Versuchung, mit der Schloßherrin zu schlafen, tatsächlich widerstanden zu haben scheint.

Es gibt eine zweite, hundert Jahre jüngere Fassung der Versnovelle, die wesentlich schwächer geraten ist. Der Grüne Ritter heißt in ihr Sir Bredbeddle. Er lockt Gawain aus Eifersucht auf sein Zauberschloß, weil seine Frau sich aus der Ferne in den Ritter verliebt hat. Morgana heißt Aggteb und hat nichts mit König Artus zu tun, der in Carlisle residiert, das damals zu Wales gerechnet wird. Der anonyme Dichter des Grünen Ritters ist auch später noch oft kopiert, aber niemals erreicht worden. Dem Artuskomplex hat er ein kleines Juwel beigegeben.

Daß es Gawain, dem Vielverkannten, zugute kommt, ist durchaus erfreulich. Er bleibt unersetzlich für Artus, der bald seinen wichtigsten Berater, Merlin, verlieren wird. Mag der Neffe nicht der Edelste an des Onkels Tafelrunde sein: Er ist doch der Treueste von allen, zudem der beste Ausputzer bei jeder Gelegenheit – wie Herkules erledigt er Aufgaben, für die sich die meisten anderen zu schade sind – die schwächeren Charaktere sind oft die sympathischeren.

11

Der Zauber aus der Anderwelt

Die Welt des Königs Artus ist durch und durch maskulin. So scheint es wenigstens auf den ersten Blick. Bewundert werden Stärke, Ausdauer, Mut, Geschicklichkeit im Kampf und beim Abenteuer, was alles nicht ohne kraftmeierische Züge bleibt. Frauen werden von den Rittern zwar bewundert, oft geradezu vergöttert. Sie bleiben jedoch auch ein bißchen unheimlich, unberechenbar, kapriziös und bringen einen gehörigen Schuß Irrationalität in die männliche Runde. Die meisten besitzen, wie es scheint, geheime Fäden zu jener unheimlichen Anderwelt, die sich dem Rittertum so unvermutet aufzutun pflegt.

Wahrscheinlich sind alle Frauen, die um Artus herum auftreten, ursprünglich heidnische Gottheiten gewesen – hinter Morgana könnte sich die Gestalt einer irischen Göttin, Macha oder Morrigan, verstecken.

Nun lebt allerdings die keltische Anderwelt, wie wir beim Grünen Ritter gesehen haben, im Grunde auf friedlich-phantastische Weise neben der realen, menschlichen. Beide sind einander, wie die Figur des Merlin beweist, nicht grundsätzlich feindlich gesinnt, im Gegenteil. In gewisser Hinsicht bedingen sie einander, die eine ist Spiegelbild der anderen.

Gefährlich sind jedoch die Frauen, die beiden angehören oder ihnen angehören möchten. Eine Frau der Anderwelt ist eine Fee und davon gibt es, wie bei den Menschen, gute und böse, harmlose und hinterhältige. Die Frau aber, die ein Stück zauberischer Anderwelt in die irdische Realität bringt, wird zur Hexe. Ihr ist nicht zu trauen, und insgeheim scheinen die Ritter allesamt, auch Artus, zu argwöhnen, daß jede Frau ein Stück Anderwelt verkörpert, was meist sogar zutrifft.

Morgana, Halbschwester des Königs Artus, verwaltet schon bei Geoffrey of Monmouth als eine der neun Schwestern auf der »Glücksinsel« (Fortunate Island), auch »Apfelinsel« (Island of Apple) genannt, ein geheimnisvolles Heiligtum. Ihr werden weitreichende Heilkräfte zugeschrieben. Auch gilt Morgana, obwohl sie wie beim »Grünen Ritter« sich gern in häßliche alte Weiber verwandelt, als die schönste von allen.

Bei Malory ist sie nach dem Tod des Vaters, Gorlois von Cornwall, und nach der Geburt des Artus von ihrer Mutter (oder Stiefmutter) Ygerna in ein Kloster geschickt worden, wo sie, wie es heißt, heimlich »die Beschwörung von Geistern« erlernt hat. In der Welt der Menschen lebt sie als Königin an der Seite König Uriens, mit dem sich Artus glänzend versteht und der sogar zu seiner Tafelrunde gehört. Sie hat aber auch im Feenland der Anderwelt Wohnrecht und Besitz, und von dort verfolgt sie ihren Halbbruder mit überraschender und eigentlich unverständlicher Beharrlichkeit.

Ihr Haß gilt allerdings nicht Artus direkt, sondern seiner Tafelrunde und, dies vor allem, der schönen Ginevra. Das mag auf Eifersucht beruhen, hat aber ohne Frage noch tiefere Ursachen. Ginevra soll zu Anfang ihrer Ehe einen Liebhaber Morganas vom Hof verbannt haben, heißt es. Noch schwerer wiegt aber wohl die Verschiedenheit ihrer keltischen Herkunft. Morgana dürfte einst, durch und durch irdisch, die Göttin des Kriegs und des Winters, Ginevra die des Wachstums und des Frühlings gewesen sein. Die Feindschaft ist ihnen von der Natur in die Wiege gelegt. Wo immer man am Artuskomplex kratzt, treten seine heidnischen Wurzeln zutage. Sie bewirken bei allen Figuren ein Doppelgesicht, das bei den weiblichen besonders deutlich hervortritt. So auch bei Nimue, der Möchtegernhexe.

Von König Pellinore aus dem Abenteuer mit dem weißen Hirschen an den Artus-Hof gebracht, hat sie sich dort Merlin angeschlossen oder er ihr. Ob aus Liebe oder Berechnung steht, was Nimue betrifft, dahin. Sie gehört zwar zu den Zwitterwesen der »Mädchen vom See«, die zu Ehren der Anderwelt im Mondschein tanzen, besitzt aber trotz ihres elfischen Charakters keine magischen Kräfte. Die hofft sie, Merlin abzulisten.

Was ihr auch gelingt. Der greise Zauberer scheint zum erstenmal in seinem, wie manche meinen, tausendjährigen Leben von Grund auf verliebt. Obwohl er die Zukunft kennt, rennt er sehenden Auges in sein vom keltischen Kismet vorherbestimmtes Verderben.

Nimues Methode dabei ist weder neu noch originell. Sie verweigert sich Merlin, läßt aber durchblicken, daß sie unter Umständen bereit wäre, ihre Unschuld zu verlieren. Auf diese Weise lockt sie ihm Kenntnisse, Zaubersprüche, magische Geheimnisse ab, die er eigentlich nicht verraten dürfte. Trotz all seiner Künste, prophezeit er, werde er bald unter die Erde kommen und beschwört Artus, in Zukunft auf Excalibur und dessen Scheide zu achten, beides nie aus den Augen zu verlieren. Noch etwas sagt er voraus: Drüben, jenseits des Meeres, im Land Benwick, das König Ban regiert, wird dessen Sohn Galahad, später in Lancelot umgetauft, einst König Claudas, den Erzfeind des Landes, endgültig besiegen.

Aber nicht in Benwick, der Bretagne, erfüllt sich Merlins Schicksal auf eher traurige als tragische Weise, sondern in Cornwall. Er zeigt Nimue dort einen Felsen, aus dem ein magischer Stein herausragt. Wer sich unter diesen Stein begibt, kann durch einen bestimmten Zauberspruch unter ihn gebannt bleiben. Verliebt wie er ist, begibt Merlin sich auf Wunsch des Mädchens unter den Stein und »begierig danach, ihr die Jungfräulichkeit zu nehmen«, wie sich Malory ausdrückt, verrät er ihr sogar den verhängnisvollen Zauberspruch.

Nimue zögert nicht, ihn auszusprechen. Merlin ist im Stein eingeschlossen. Niemand anders als derjenige, der die Verwünschung ausgesprochen hat, kann sie wieder aufheben. Aber das tut Nimue nicht. Sie läßt Merlin hilflos in den Fels gebannt zurück. Er wird in ihm die Ewigkeit verbringen.

Auf diese Weise – durch den unheilvollen Einfluß einer unberechenbaren Frau – verliert König Artus den wichtigsten, fast lebenswichtigen Berater. Das zeigt sich schon bald, als er in Carlisle ein Turnier abhält und ihm gemeldet wird, es seien wiederum einige Könige – diesmal sind es fünf – in sein Land eingefallen, darunter der König von Dänemark und sein Bruder, der König von Irland.

Artus schlägt sein Lager am Fluß Humber auf und begeht prompt einen Fehler, den er unter Merlins Fittichen ganz sicher nicht gemacht hätte. Er unterschätzt den Feind, legt sich mit Ginevra arglos in seinem Zelt schlafen und wird überfallen. Kaum gelingt es, die Damen auf ein Boot zu retten und sich anschließend notdürftig zu rüsten.

Die Feinde begehen allerdings einen ähnlichen Fehler: Sie unterschätzen die Artus-Ritter, die auch in notdürftig gerüstetem Zustand gefährlich bleiben. Sie sind überdies nach römischem Vorbild nachterprobte Kämpfer.

Im nächtlichen Durcheinander haben sich Sir Kay, Sir Gawain und Sir Griflet um Artus geschart. Als sie auf ihren Rössern den Wald durchsprengen, entdecken sie auf einer Anhöhe die siegesgewissen Könige wie auf einem Feldherrnhügel versammelt. Kay empfiehlt einen Überraschungsangriff, und erstaunlicherweise ist es Gawain, der darauf aufmerksam macht, daß die da oben fünf, sie aber nur vier seien.

»Das läßt sich ändern!« versetzt Kay, galoppiert hinauf und stößt einem der Könige die Lanze tief in den Leib, so daß er tot vom Pferd fällt. Jetzt preschen auch die anderen heran – Gawain erschlägt einen weiteren, Artus selbst mit gewaltigem Hieb Excaliburs den dritten König. Sir Griflet wirft den vierten aus dem Sattel, der sich das Genick bricht, indes Sir Kay auch dem fünften den Garaus macht. Artus und seine Leute zeigen ohne Merlin zwar mehr Glück als Verstand, aber auch mehr Mut und Verwegenheit.

Es gelingt am Ende, die Reste der Truppe zu sammeln und die jetzt führerlosen Feinde vernichtend zu schlagen; dreißigtausend von ihnen bleiben auf der Walstatt. Artus hat wenig mehr als zweihundert Mann verloren, darunter allerdings auch acht der besten Ritter seiner Tafelrunde.

König Pellinore, der mit einem großen Ersatzheer naht, kommt zu spät, ist allerdings sofort dabei, als es gilt, die acht freigewordenen Plätze zu besetzen. Da regt sich in Gawain der alte Haß auf den Mörder seines Vaters, auch wenn er zu denjenigen gehört, die Pellinore in Vorschlag bringen.

Merlin fehlt nicht nur im Krieg, sondern auch und sogar vor allem bei den Abenteuern in friedlichen Zeiten, sobald diese, und das ist so gut wie unvermeidlich, mit der Anderwelt zu tun haben. Oder mit Frauen, die ja meist – so oder so – zur Anderwelt gehören.

Eines Tages jagt Artus mit vielen seiner Ritter im Wald. Zusammen mit König Urien, dem Mann Morganas, und Sir Accolon von Gallien verfolgt er einen Hirsch, der die drei auf ihren schnellen Pferden weitab von ihren Leuten führt. Sie erlegen den Hirsch am Ende auf einer Sandbank, wohin er sich schwimmend geflüchtet hat, müssen aber feststellen, daß ihnen die Gegend unbekannt ist. Sie haben sich verirrt.

Da schwimmt ihnen auf dem großen Wasser ein kleines Schiff entgegen, das rasch näherkommt und ebenso rasch zu wachsen scheint. Es legt an der Sandbank an, scheint unbemannt, und als die drei es besteigen, legt es wieder ab und segelt mit ihnen davon.

Plötzlich ist tiefe Nacht, die jedoch jäh von Fackeln erhellt wird. Zwölf schöne Edelfräulein erscheinen aus dem Dunkeln, huldigen Artus und seinen Rittern, führen sie zu einem Mahl und anschließend in kostbar mit Seide ausgestattete Kabinen, in denen sie jeder ein bequemes Lager finden.

Als sie aufwachen, liegt Urien in den Armen seiner Frau Morgana auf Camelot, Artus dagegen auf dem Stroh eines finsteren Kerkers. Um sich herum hört er großes Gejammer – er teilt das Verlies mit zwanzig halbverhungerten Rittern, die, wie ihm erzählt wird, vom Herrn der Burg, auf die es ihn verschlagen hat, gefangengehalten werden.

Herr der Burg ist der finstere Sir Damas. Er führt, »der falscheste Ritter der Welt, ein großer Verräter und Feigling«, mit seinem jüngeren Bruder Ontzlake eine erbitterte Fehde um das gemeinsame Erbe. Allen seinen Gefangenen verspricht er die Freiheit, wenn sie gegen Ontzlake tjosten und ihn besiegen. Ohne Zögern findet sich Artus zu einem derartigen Kampf, der bis zum Äußersten geführt werden soll, bereit. Es erscheint auch ein Mädchen, vorgeblich die Tochter des Hauses, in Wirklichkeit aber ein Edelfräulein vom Hof Morganas, und bringt ihm Rüstung samt Excalibur. Auch steht sein Roß gesattelt auf dem Burghof.

Sir Accolon, der dritte im Bunde, hat sich morgens in gefährlicher Nähe eines tiefen Brunnens wiedergefunden, neben sich einen Zwerg, den er kennt, weil er in Diensten der Königin Morgana le Fay steht. Der Zweikampf, flüstert der Zwerg ihm zu, er wisse schon welcher, finde morgen früh statt. Dann begeben beide sich auf die Burg Ontzlakes, der mit zwei Speerstichen im Bein krank darniederliegt.

Was Accolon dort ebenfalls vorfindet, ist Excalibur samt Scheide.

Das Schiff, stellt sich heraus, war Blend- und Zauberwerk der Fee Morgana, die ihrem Bruder das gute Schwert entwendet und gegen eine täuschend ähnliche Imitation vertauscht hat.

Ein wohlausgeklügeltes Komplott. Sir Accolon von Gallien, der Zauberin schon lange verfallen, ist ihr heimlicher Geliebter. Morgana scheint ihn ihrerseits zu lieben, denn sie hat ihm versprochen, ihren Gemahl, König Urien, zu ermorden, um den Gallier heiraten und ihn zum König machen zu können. Ihre Bedingung: Sir Accolon muß seinerseits König Artus töten. Dessen Tod scheint so gut wie sicher, da Excalibur, ohne sein Wissen in Feindeshand gefallen, ihn nicht mehr schützt.

Der Zweikampf findet auf einer Insel im See statt und verläuft zunächst für Artus fürchterlich, denn es geschieht das Unbegreifliche: Sein Schwert zerbricht. Um Excalibur kann es sich also nicht handeln. Erst jetzt wird ihm die fatale Täuschung bewußt, der er zum Opfer zu fallen droht. Sein Schicksal, vom eigenen Schwert Excalibur erschlagen zu werden, scheint besiegelt.

Doch da erscheint im letzten Augenblick, getrieben von schlechtem Gewissen oder doch so etwas wie Treuegefühl, Nimue, das Fräulein vom See, Merlins Verhängnis, als Deus ex machina. Sie hat die Ritter des Königs auf dessen Spur gebracht und ist selbst vorausgeeilt. Ihre Zauberformel bewirkt, daß Accolon Excalibur aus der Hand gleitet. Mit letzter Kraft greift Artus nach der vertrauten Waffe und schlägt mit ihr, jetzt neu erstarkt und voller Wut, dem Gegner tiefe Wunden.

Sir Accolon stirbt an den ihm von Artus zugefügten Wunden, nachdem er seinen Verrat zugegeben und um Verzeihung gebeten hat, die ihm gewährt wird. Sir Damas wird bei Strafe des Todes auf ein einsames Schloß in unwirtlicher Gegend verbannt und statt seiner Ontzlake zum Statthalter der Provinz eingesetzt. Die zwanzig Ritter sind befreit, und Artus selbst läßt sich in einem nahen Kloster von fachkundigen Ärzten gesundpflegen.

Das Happy-End wäre vollkommen, würde nicht schon – typisch für die Artus-Sage – ein weiterer Knoten geschürzt, und zwar auf Camelot.

Dort befindet sich Morgana nebst Gatten und dem gemeinsamen Sohn Iwein. Da Morgana davon überzeugt ist, daß Accolon inzwischen Artus getötet hat, gibt sie Urien einen Schlaftrunk und läßt sich von der Zofe ein Schwert bringen. Sie will gerade zustoßen, als sie von Iwein überrascht wird, der ihr in den Arm fällt. Er beschimpft die Mutter, nicht zu Unrecht, als Teufelin und läßt sie alle heiligen und unheiligen Eide schwören, so etwas nicht noch einmal zu versuchen.

Als kurz darauf ein Geschenk von König Artus eintrifft, das ausdrücklich für Morgana bestimmt ist, bricht diese, als sie es sieht, zusammen. Es handelt sich um die Leiche ihres Geliebten.

Um Sir Accolon scheint sie wirklich zu trauern, aber genauso stark ist ihr Rachedurst. Heimlich begibt sie sich in das Kloster, in dem Artus Zuflucht gesucht hat, schleicht sich in das Krankenzimmer, um erneut Excalibur zu stehlen. Sein Schwert hält der kranke König jetzt aber auch im Schlaf so fest in Fäusten, daß Morgana nur die Scheide in ihren Besitz zu bringen vermag.

Was Artus beim Erwachen sofort bemerkt und die Diebin mit ihren Gefährtinnen verfolgen läßt. Man ist ihnen bald dicht auf den Fersen, und Morgana wirft die Excalibur-Scheide in ein Gewässer, ehe sie mit einem Zauberwort sich und ihr Gefolge in Steine verwandelt. Artus und seine Leute suchen lange nach der Scheide, finden sie jedoch nicht. Seine Unverwundbarkeit hat der König damit verloren.

Morgana verwandelt sich und die Mädchen vom See anschließend zurück, von Stein in Bein, und versucht noch einmal, von der Anderwelt aus, Rache an ihrem Bruder zu nehmen.

Dem wird, wieder gesundet, von einem Fräulein ein prächtiger Mantel überbracht, dicht besetzt mit Perlen und Edelsteinen. Er kommt von seiner Schwester Morgana mit vielen Entschuldigungen und Reuebezeigungen.

Artus ist jedoch vorgewarnt. Denn wiederum wendet Nimue ihre Merlin auf so schmähliche Weise entlockten magischen Kenntnisse ganz in dessen Sinne an. Er solle, sagt sie Artus, den Mantel auf keinen Fall umlegen, sondern der Überbringerin befehlen, ihn ihrerseits anzuziehen. Als die sich weigert, läßt er ihr das kostbare Stück mit Gewalt überwerfen – sie sinkt augenblicklich – das Motiv entstammt griechischer Mythologie – tot zusammen. Es bleibt von ihr nur ein Häufchen Asche zurück.

Man kann verstehen, daß König Artus daraufhin die Bande zu seiner Familie etwas lockert. Es kommt zu einer Auseinandersetzung zwischen ihm und seinem Schwager, König Urien von Gore. Bei Malory lauten seine wohlgesetzen Worte: »Meine Schwester, Eurer Weib, ist ständig darauf aus, mich zu verderben, und ich weiß wohl, daß entweder Ihr oder mein Neffe, Euer Sohn, mit ihr im Bunde seid«, doch dürfen wir heftigere Vorwürfe und gewiß auch unbeherrschtere Gegenrede vermuten.

Nicht Urien wird aus Camelot entfernt, »denn Accolon hat mir selbst bekannt, daß er Euch ebenso umbringen wollte wie mich«, wohl aber Iwein, an dem der Verdacht – fälschlich, wie wir wissen – hängenbleibt. Morgana hat sich, unerreichbar, ins Land Gore zurückgezogen, das sie überdies, obwohl es in der Anderwelt liegt, aus Angst vor Artus stark befestigt.

Sir Iwein, erst unlängst zum Ritter geschlagen, gehörte zu den jüngsten und hoffnungsvollsten Mitgliedern der Tafelrunde. Der König verliert aber durch seine familiäre Entscheidung gleich zwei seiner besten Leute. Sir Gawain, ebenfalls sein Neffe, läßt Artus wissen, daß, wenn kein Platz am Hof für seinen Vetter Iwein sei, auch er ihn verlassen müsse.

Nur ungern läßt Sir Kay die beiden ziehen. Artus grollt. Doch ist kein Merlin in der Nähe, der ihn vor Unbeherrschtheiten, mehr als das: Ungerechtigkeiten bewahrt.

Seine maskuline Welt zeigt erste Risse. Frauen, diese merkwürdigen Wesen, haben sie verursacht. Zauber aus der Anderwelt.

12.

Der Ritter mit dem Löwen

Man kann es auch aus einem anderen Blickwinkel beschreiben: Zumindest die edlen, das heißt die hochgestellten Damen der Artus-Sage sind – um es anachronistisch auszudrükken – ungewöhnlich emanzipiert.

Ebenfalls aus dem 13. Jahrhundert, ganz wie »Sir Gawain und der Grüne Ritter«, stammt ein zweites Gedicht von unbekannter Hand, beinahe eine Fortsetzung des vorigen, »Sir Gawain und Frau Ragnall«. Sie spielt sich ab, noch ehe er den Hof verläßt.

Da erscheint auf Camelot eine furchterregende Gestalt aus der Anderwelt namens Gromer Somer Jour, so etwas wie ein Überzauberer oder Hexenmeister. Er verwickelt Artus in das – damals nicht nur am Artus-Hof beliebte – Rätselspiel: Entweder-du-findest-die-Antwort-oder-du-kämpfst-mit-mir-auf-Leben- und-Tod. Das Rätsel, das Artus ihm aufgibt, löst er spielend. Seine eigene Frage, beantwortbar innerhalb eines Jahres, lautet: »Was wünschen Frauen am meisten?«

Nun hat Artus beim Tjosten gegen einen derart listigen Magier kaum eine Chance. So schickt er Gawain aus, um in der großen, weiten Welt die richtige Antwort zu finden, obwohl man bezweifeln muß, daß eine solche überhaupt auffindbar ist.

Nach etlichen Abenteuern begegnet Gawain einer alten und sehr häßlichen Frau, die die erwünschte Antwort weiß und auch bereit ist, sie zu verraten. Allerdings unter der Bedingung, daß er, Sir Gawain, der große Frauenheld, sie ehelicht. Der zögert in seiner Vasallentreue keinen Augenblick, und Artus kann dem grimmen Gromer Somer Jour nach einem Jahr die Lösung sagen. Erstaunter noch als Gromer Somer Jour dürften die mittelalterlichen Leser gewesen sein, man ist es noch nach über 700 Jahren. Die Lösung lautet: Frauen möchten Unabhängigkeit und den Mann, ihren Mann, beherrschen.

Auf die meisten, fast alle Damen der Artus-Sage trifft das sicher zu. Übrigens gesteht der Oberzauberer, daß ihn die Dame Morgana zu diesem Rätselspiel angestiftet hat. Und auch Gawain fährt nicht schlecht: Als Braut verwandelt sich die ihm Angetraute in eine jugendliche Schönheit; er kann zum zweiten Male wählen, ob er sie nachts schön und am Tage häßlich haben möchte oder umgekehrt.

Gawain, so oft als Schürzenjäger verleumdet, entpuppt sich, jedenfalls in diesem Gedicht, als rechter Kavalier und Kenner der weiblichen Seele. Er überläßt die Wahl Ragnall, verleiht ihr die tatsächliche Unabhängigkeit und hat damit den Bann endgültig gebrochen. Seine Gemahlin Ragnall, übrigens eine Schwester des Zauberers, bleibt – ein zeitloses Gleichnis – Tag und Nacht schön.

Daß Gawain derart selbstlos für seinen Onkel einspringt, daß überhaupt Neffen am Hof von Camelot eine so große Rolle spielen, beruht auf keltischer Tradition. Fast alle keltischen Völker waren ursprünglich nach Familien gegliedert, wie das schottische Hochland noch bis ins 18. Jahrhundert nach Clans. Die Clanchefs beherrschten ihren Landstrich wie kleine Könige. Ihre Untertanen galten allesamt als Mitglieder einer Familie, deren Namen sie auch meist annahmen. Es heißt noch heute jeder zweite Schotte MacDonald, MacPherson oder MacGregor.

Überdies galten bei den Kelten Neffen als ebenso blutsverwandt wie die eigenen Söhne; sie besaßen sogar Erbrecht.

Auf Camelot leben sechs von ihnen. Vier, Gawain, Agravain, Gaheris und Gareth stammen aus der Ehe der Schwester des Artus, Morgause, mit König Lot von Orkney, und einer, Iwein, bisweilen auch Owein genannt, aus der Ehe der Halbschwester Morgana mit König Urien von Gore. Neu hinzugetreten ist Mordred, Artus' eigener Sohn aus dem Inzest mit Morgause. Er hat den von seinem Vater befohlenen Kindermord auf wunderbare Weise überlebt, übrigens als einziger des Schiffs, das am Felsen von Tintagel gestrandet ist. Ein Fischer bringt ihn Morgause zurück, und diese führt den Halbwüchsigen am Hofe ihres Bruders ein.

Da dessen Ehe mit Ginevra kinderlos ist und bleibt, bilden die Neffen seine eigentliche engere Familie. Aus ihnen müßte sich, zumal nach keltischer Vorstellung, früher oder später sein Nachfolger rekrutieren. Da melden sich jedoch von vornherein Zweifel. Die Gliederung nach Clans oder Familien hat ihre Nachteile, und sie hat auch den Schotten nicht nur Glück gebracht. Familien und Clans können wahre Bruthäuser sein für Eifersucht und Konkurrenzkampf. Aber sie liegen auch leicht im Streit mit anderen Familien. Man merkt den Artus-Helden an, daß sie zur Aggressivität erzogen worden sind. Mommsen in seiner »Römischen Geschichte«: »Solche Eigenschaften guter Soldaten und schlechter Bürger erklären die geschichtliche Tatsache, daß die Kelten alle Staaten erschüttert und keine gegründet haben.«

Einen Staat schon: Logres, das Reich des König Artus. Es handelt sich dabei allerdings mehr um ein Reich der Sage als um politische Wirklichkeit. Und auch dieser Staat, der einzige sozusagen inner-keltische, wird von ihnen, den Kelten, erschüttert.

Vergleicht man den Hof zu Camelot mit einer festen Burgmauer, was Malory häufig tut, so handelt es sich um ein altes, beschädigtes, von tiefen Rissen durchzogenes Mauerwerk. Zwischen den beiden mit Artus verwandten Häusern Orkney und Listinois herrscht zum Beispiel eine Fehde, die man schon als Blutrache bezeichnen muß. König Lot von Orkney und König Pellinore von Listinois haben ursprünglich zu den Königen gehört, die zu Beginn der Regentschaft Artus' gegen den jungen König rebellierten. Pellinore schloß Frieden, Lot (ein Schwager des Artus) nicht. Die beiden sind im Krieg aufeinandergetroffen, wobei Lot unterlag.

Und obwohl Lots Söhne, vor allem Gawain und Gaheris, sich ebenfalls ihrem Onkel und seiner Tafelrunde angeschlossen haben, betrachten sie doch den Mitritter Pellinore als Mörder und ruhen nicht, bis sie ihn getötet und so angeblich ihren Vater, der doch im ritterlichen Zweikampf fiel, gerächt haben.

Artus verliert dadurch einen seiner wichtigsten Bundesgenossen. Gleichfalls durch Gaheris verliert er überdies die einzige Schwester, zu der er menschliche Kontakte knüpfen konnte. Der Muttermord auf Orkney ist oft mit dem Tod der Klytemnästra durch die Hand ihres Sohnes Orest verglichen worden. Im Gegensatz zur griechischen Heldin befindet sich Morgause jedoch bereits im Witwenstand, als ihr Sohn Gaheris sie mit ihrem Freier, Sir Lamorak, dem Sohn Pellinores, überrascht. Im Jähzorn enthauptet Gaheris, ein echter Orkneykelte, seine Mutter. Unter Beihilfe Gawains wird auch Lamorak erschlagen, wodurch Artus wiederum einen der stärksten und treuesten Kämpen verliert.

Familiäre Bindungen sind den Kelten ein zweischneidiges Schwert und Artus' Neffen dem König alles andere als ein Göttergeschenk. Einer von ihnen wächst bereits in der Mitte des Hofes zum endgültigen Vernichter des Königreichs heran.

Der beste Ritter unter den Neffen ist zweifellos Gawain, der Älteste der Orkneysöhne. Doch der freundlichste, einfachste, sozusagen normalste dürfte ausgerechnet Sir Iwein sein, der Sohn der nicht übermäßig freundlich gesinnten Morgana.

Er stammt aus walisischer Überlieferung, eine jener Gestalten, die früh, wahrscheinlich als erste, in den Artus-Zyklus eingegliedert worden sind. Schon hundert Jahre vor Malory zieht Iwein bereits durch das »Mabinogion«, die gälische Mythensammlung, in der manch späterer Ritter der Tafelrunde, nicht jedoch Artus selbst, vorkommt.

Iwein muß man sich als einen jungen, etwas leichtsinnigen, immer fröhlichen Gesellen vorstellen, der rasch Freundschaften schließt, sie jedoch mitunter auch ebenso rasch wieder vergißt. Er ist kein Haudegen wie Kay und kein ständig Verliebter wie Gawain, eher der Typ des Abenteurers, ein Nur-Ritter, den so gut wie nichts sonst interessiert. Rasch abgelenkt durchstreift er die Welt der Turnierplätze und die Anderwelt der magischen Versuchungen, ein mittelalterlicher Playboy mit viel Charme.

Darf man ihn als den Lieblings-Artus-Helden der Deutschen bezeichnen? Hartmann von Aue, der erste der drei großen höfischen Epiker der Stauferzeit, hat ihn »ein Kleinod ritterlicher Vollkommenheit« (ein rehter adamas ritterlicher tugende) genannt. Mit »Erec« und seinem »Iwein«, der auf dem rund dreißig Jahre älteren Werk Chrétien de Troyes' beruht, beginnt recht eigentlich die Geschichte des deutschen Romans.

Dieser Iwein verläßt also mit seinem Freund und Lieblingsvetter Gawain den Hof des Königs Artus, der ihn aus familiären Gründen verstoßen hat. Die beiden Vettern werden bald getrennt. Iwein beeilt sich, so schnell wie möglich zum Wald von Broceliande und seinem verzauberten Brunnen zu gelangen. Broceliande findet sich auf keiner Landkarte, Wace verlegt ihn in die Bretagne, Chrétien in die Nähe von Carlisle, andere Autoren in die schottischen Lowlands. Wahrscheinlich gehört der Wald aber zur Anderwelt.

Iwein hat es so eilig, weil er Artus zuvorkommen möchte, der sich demnächst ebenfalls nach Broceliande begeben will. Die Neugierde geweckt hat ein Ritter namens Calogrenant, in dem viele Kommentatoren ein zweites Ich des wackeren Sir Kay (»Kay-the-Grumbler« – Kay der Miesepeter) vermuten. Ihm ist vor sieben Jahren dort etwas für einen Ritter Peinliches passiert, von dem er gleichwohl pausenlos erzählt.

Schon die Herde wilder Stiere, auf die er mitten im Wald auf einer Lichtung stieß, reizt die Phantasie der Tafelrunde. Mehr noch der Wilde Mann, der die Herde mit einer gewaltigen Keule hütet. Ihn abzubilden, hat die Zeichner des Mittelalters immer sehr gereizt, weshalb wir die Beschreibung, die Chrétien de Troyes von ihm geliefert hat, nicht verschweigen wollen.

Er war ihm zufolge »ungeheuer groß und unbeschreiblich häßlich (...) Er hatte einen Kopf so groß wie ein Zugpferd. Sein Haar war büschelig, aber seine Stirn, größer als zwei Spannen (rund 40 Zentimeter), kahl. Er hatte große moosbewachsene Ohren wie ein Elefant, dicke Augenbrauen und ein flaches Gesicht mit Eulenaugen und der Nase einer Katze; sein Maul klaffte wie das eines Wolfs und zeigte die scharfen gelben Zähne eines wilden Ebers, einen schwarzen Voll- und einen zweigespitzten Schnurrbart, ein Kinn, daß ihm weit auf die Brust fiel; sein mächtiger Rücken war gekrümmt und wurde von einem Buckel gekrönt.«

Auf die Frage, ob er eine gutartige Kreatur sei oder nicht,

beharrt der Wilde darauf, ein Mensch zu sein wie jeder andere auch. Er sei der Stierhüter Sir Askalons, des Herrn vom Brunnen. Da eine Vorstellung eine Gegenvorstellung erfordert, erklärt Sir Calogrenant, er sei ein fahrender Ritter auf der Suche nach lohnenden Abenteuern. Was denn ein Abenteuer sei, will der Wilde Mann wissen, und meint, als es ihm erklärt wird, wenn er wirklich etwas Aufregendes erleben möchte, so solle er nur auf der nächsten Lichtung Wasser aus dem dortigen Brunnen in die Schale gießen, die neben dem Brunnen steht.

Die nächste Lichtung wirkt besonders lauschig, das Bassin des Brunnens erweist sich als marmorn, die Schale aus Gold; und in den Bäumen sitzen Vögel »dicht an dicht, daß kein Zweig und kein Blatt zu sehen ist«. Sie singen ihr Lied aus voller Kehle.

Als Calogrenant jedoch dampfendes Wasser, das gleichwohl eiskalt scheint, in die Goldschale träufelt, verfinstert sich der Himmel, die Vögel fliegen auf, Blitze schlagen rechts und links von ihm ein und Donnerschläge lassen die Erde erzittern. Ein Unwetter, wie er, Calogrenant, es noch nie erlebt hat.

Es ruft sogleich Herrn Askalon auf den Plan, der wütend wegen der Störung den Eindringling wüst beschimpft und ihn zum Tjosten fordert. Ehe Calogrenant sich's versieht, ist er vom Pferd geschlagen und wird von Askalon mit dem flachen Schwert kräftig durchgewalkt. Dann führt er das Pferd als Beute fort – Herr Calogrenant muß zu Fuß in sein Quartier zurückhumpeln, vorbei am Wilden Mann, der sich vor Lachen auf die Erde wirft und mit den Beinen strampelt.

Das ist, wie gesagt, sieben Jahre her, aber seitdem hat Artus vor, mit seiner Tafelrunde nach Broceliande zu ziehen, den Brunnen mit den vielen Vögeln zu suchen und Wasser in die goldene Schale zu füllen, in der Hoffnung, damit ebenfalls ein Gewitter auszulösen. Sir Kay erbietet sich, den Kampf mit Askalon für ihn auszutragen.

Jetzt kommt Iwein seinem Onkel zuvor. Er findet den Wald, die Stierherde, den Wilden Mann, die Lichtung mit dem Vogelkonzert, den Brunnen und die Schale. Es erfolgt auch wieder ein Unwetter, als würde die Welt untergehen, und Herr Askalon sprengt wiederum heran. Er trifft jedoch diesmal nicht auf einen zweitrangigen Turnierkämpfer, den er mit der Lanze aus dem Sattel heben und durchprügeln kann, sondern auf einen zornigen Jüngling mit beachtlicher Muskelkraft. Der Zweikampf wird erbittert geführt. Als Askalon merkt, daß er wahrscheinlich tödlich getroffen ist, flieht er in seine Burg zurück. Iwein verfolgt ihn.

Was sich als unklug erweist, denn sobald Sir Askalon den Burghof erreicht hat, lassen die Wachen eine gepanzerte Tür herunterschnellen, die wie ein Fallbeil wirkt. Sie durchtrennt Iweins Pferd in der Mitte, kurz hinter dem Sattel, so dicht an ihm selbst, daß von seinem Panzerschuh die Sporen abgeschlagen werden. Es gelingt ihm gerade noch, sich in eine offene Pforte zu retten, die er in der meterdicken Burgmauer entdeckt. Sie führt auf eine enge Wendeltreppe, die er hinaufstürzt.

Er hat Glück, daß er oben auf Lunete trifft, die von dort das Getümmel auf dem Schloßhof beobachtet. Eine Vertraute der Hausherrin, hübsch, zauberkundig, gerissen und, wie sich herausstellt, mit Sir Iwein bekannt, wahrscheinlich sogar in ihn verliebt, rettet sie ihn aus höchster Not. Ohne sie wäre er verloren.

Denn Sir Askalon ist den Wunden, die Iwein ihm zugefügt hat, tatsächlich erlegen, und jetzt sucht man in der ganzen Burg den Mörder. Man hat das tote Pferd und die abgetrennten Sporen gefunden. Er muß sich folglich immer noch innerhalb ihrer Mauern befinden.

Lunete weiß Rat. Sie gibt Iwein einen Ring, der ihn, sobald er den Stein auf die Innenseite seiner Hand dreht, unsichtbar macht. Auf die Frage, warum sie dies für ihn tue, antwortet sie: weil sie einst mit ihrer Herrin am Hof des König Artus gewesen und nur er allein ihr freundlich entgegengetreten sei, während alle anderen die Kammerzofe überhaupt nicht beachtet hätten. Die Moral, die vor allem Chrétien, der Franzose von Geblüt, hier augenzwinkernd durchblicken läßt, ist eindeutig, daß man auf dem Weg nach oben die Hilfe dienstbarer Geister nicht unterschätzen solle.

Denn die aufgebrachte Menge sucht lange und verbissen nach dem Mörder des Herrn vom Brunnen. Obwohl dieser sich der

Länge nach, wenn auch unsichtbar, auf eine Chaiselongue legt, entgeht er nicht den Stockhieben, mit denen man alle Gemächer der Burg abklopft – auch Iwein erhält, ganz wie vor sieben Jahren Herr Calogrenant, seine Tracht Prügel. Noch einmal, als die Leiche im Trauermarsch zur Kathedrale gebracht wird und in der Nähe des Burgtors wieder zu bluten beginnt – ein sicheres Zeichen dafür, daß der am Tod Schuldige sich in der Nähe befindet –, was eine erneute Durchsuchung zur Folge hat. Weil Iwein unsichtbar bleibt, verläuft sie ebenfalls ergebnislos, auch wenn sie ihm frische blaue Flecken am ganzen Körper einbringt. In den weitläufigen Burgräumen bleibt er, so gut wie körperlos, verborgen, bis sich die Aufregung gelegt hat. Lunete umsorgt ihn, bringt ihm zu essen und zu trinken und tröstet ihn über seine seltsame Gefangenschaft hinweg.

Sie wird für Iwein immer bitterer, weil er sich mit Vehemenz verliebt hat. Nicht in Lunete, sondern in die Witwe Askalons, die schöne, aber untröstliche Dame Laudine, die Herrin vom Brunnen, die vor Schmerz und Gram fast vergeht. Iwein ist drauf und dran, sich zu erkennen zu geben, aber Lunete, mit der weiblichen Psyche besser vertraut, rät ab und schlägt einen anderen Weg vor.

Was, hat Gawain für Artus herausgefunden, wünschen Frauen am meisten? Lunete gibt ein nicht nur in der Artus-Sage einzigartiges Beispiel für weibliche Unabhängigkeit, freilich auch Raffinesse. Sie beherrscht ihren Geliebten, indem sie ihn mit einer anderen verkuppelt.

Geschickt lenkt sie Laudine von ihrer Trauer ab – und auf den Gedanken einer zweiten Heirat zu, die auch für das Land notwendig wäre. Sie bringt die Vasallen und Berater auf ihre Seite, und es gelingt ihr wahrhaftig, der Herrin die Person eines jungen Ritters so nahezubringen, daß sie schon durch bloßes Hörensagen so etwas wie Liebe zu ihm verspürt.

Als dieser dann vor der jungen Witwe kniet, jung, schön und leidenschaftlich, ergibt sich alles andere von selbst. Im übrigen drängt die Zeit, nämlich König Artus rückt an, gefolgt von seinem gesamten Heerzug und bestrebt, jenes Gewitter auf der Waldlichtung auszulösen, von dem Calogrenant berichtet hat. In der gleichen Kathedrale, die eben noch den Trauerzug Sir Askalons gesehen hat, läßt sich Laudine mit demjenigen trauen, der ihn erschlagen hat – die alte Geschichte der Witwe von Ephesus, vielleicht sogar aus ihr entstanden.

Wer beschreibt das Erstaunen der Tafelrunde, als nach dem Unwetter statt eines bitterbösen Herrn vom Brunnen kein anderer als Sir Iwein auf seinem Roß heransprengt? Artus umarmt ihn, der Zwist ist vergessen; man zieht gemeinsam in die Burg ein, wo man dem berühmten König entgegenjubelt. Auch Gawain ist wieder dabei, in Gnaden aufgenommen – ein Happy-End, wie es im Buch steht.

Erwähnt sei, daß sich die Quellen hier erheblich voneinander unterscheiden. Bei manchen ist es nicht Artus, der heranrückt, sondern ein feindliches Heer, das aber die Leute des Landes vom Brunnen unter Anführung Iweins zurückschlagen – wir folgen hier der Fassung Chrétiens.

Auf jeden Fall verweilt Artus nicht lange auf der Burg in Landuc (was wohl den Lothians, drei altschottischen Bezirken um Edinburgh herum, entspricht), denn Jungvermählte sollte man allein lassen.

Es bleibt jedoch Gawain, wahrscheinlich eines Edelfräuleins wegen, dessen er rasch überdrüssig wird. Iwein genießt zwar sein Glück in vollen Zügen, wächst aber nur schwer in die Rolle eines Landesfürsten hinein, die ihm gar nicht liegt. Er sehnt sich statt nach Regierungsverantwortung nach ritterlichen Ausfahrten, geht viel mit seinem Cousin auf die Jagd, kurzum: Der Abenteurer in ihm beginnt sich zu langweilen.

Was die kluge Laudine bald bemerkt. Deshalb schlägt sie ihm vor, zwei Jahre auf Abenteuer auszuziehen, bedrängte Damen zu retten, Drachen zu erschlagen und Enterbte wieder in ihre Rechte einzusetzen, wie es einem Rittersmann geziemt. Aber nein, gesteht Iwein unter Tränen, eine derart lange Trennung hielte er nicht aus – am Ende läßt er sich auf ein einziges Jahr ein und zieht frohgemut mit seinem Vetter Gawain los.

Das Leben unterwegs, die vielen Abenteuer, die die beiden erleben, sind mehr nach seinem Geschmack. Ein Jahr verstreicht fast unbemerkt, ein zweites ebenso, nach einem weiteren halben Jahr begeben sie sich nach Chester, wo König Artus Hof und

Turnier hält. Und dort erscheint auch die erboste Laudine samt ihrer Lunete.

Nicht einmal sie kann die Dame vom Brunnen besänftigen. Laudine klagt Iwein vor allen Rittern des Verrats an, schleudert ihm ihren Ehering ins Gesicht und entreißt ihm den seinen. Dann nimmt sie Abschied »von einem falschen, betrügerischen Dieb«. Iwein steht versteinert da und voller Selbstvorwürfe. Er schwingt sich auf sein Pferd und reitet, ehe Gawain ihn hindern kann, davon. Lange Zeit scheint er wie vom Erdboden verschluckt.

Da streicht er, halb wahnsinnig, durch wilde Wälder, lebt kümmerlich von Wurzeln und Beeren, wird zeitweilig von einem Eremiten in dessen Erdhöhle aufgenommen, verliert jedoch am Ende alles, Waffen, Pferd und sogar Kleider.

Zwei edle Damen erblicken eines Tages bei einem Ausritt einen bärtigen, ungepflegten Mann unter einem Dornbusch, irre und nackt, »entblößt von Verstand wie von Kleidern« (er lief nû nacket beider, der sinne unde der cleider), wie Hartmann von Aue singt. Das ist beiden peinlich, um so mehr als sie in dem entblößten Landstreicher Sir Iwein erkennen.

Aber – auch sie von höchster Unabhängigkeit – fangen es klug an. Sie eilen zurück zu ihrer Burg, besorgen ritterliche Gewänder sowie eine Büchse mit Salbe, die ihnen die heilkundige Morgana einst geschenkt hat. Die Alte befiehlt der Jungen, zum armen Ritter zurückzukehren und ihn zu salben, aber nur dort, wo er krank sei, nämlich am Kopfe, und »daz ander teil«, den Rest der Salbe, ja zurückzubringen. Auch ein kostbar gesatteltes Pferd wird ihr mitgegeben.

Die Schöne kann jedoch der Versuchung nicht widerstehen, den wohlgebauten Ritter von Kopf bis Füßen zu bestreichen. Hartmann von Aue: »ir wille was só süeze, daz si daz alsó lange treip unz in der bühsen niht beleip« – das schien ihr so süß, daß sie es so lange trieb, bis nichts mehr in der Büchse blieb.

Sobald die Salbe beginnt, ihre Wirkung zu tun, wendet sie sich züchtig ab. Iwein erwacht aus dem bösen Traum, findet Kleider und Roß neben sich und wird, nun anständig gewandet, vom Edelfräulein wie zufällig aufgefunden und zur nahen Burg Narison gebracht. Ihrer Herrin gegenüber behauptet das Mädchen, beim Rückritt sei ihr Pferd auf der Brücke gestolpert und die noch halb volle Salbenbüchse ins Wasser gefallen.

Daß es sich auszahlt, einem herumirrenden und dabei verwahrlosten Ritter wieder auf die Beine zu helfen, zeigt sich, sobald Iwein, von beiden Damen gesund gepflegt, wieder bei vollen Kräften ist. Da wird Narison von einem Grafen namens Aliers angegriffen, aber Iwein, kräftiger denn je, gibt ihm keine Chance: Er erschlägt die meisten seiner Leute und nimmt den Grafen selbst gefangen.

Dann macht er sich, genesen und gereift, auf den Heimweg nach Landuc, um sich mit seiner Laudine zu versöhnen.

Ein günstiges Omen: Unterwegs in einer Schlucht stößt er auf zwei wilde Tiere, die wütend miteinander kämpfen, einen Drachen und einen Löwen. Zunächst weiß er nicht, ob überhaupt und auf wessen Seite er eingreifen soll. Da der Löwe jedoch zu unterliegen droht und ihm immer noch sympathischer erscheint als das geschuppte Untier, schlägt er dem Drachen den Kopf ab. Der zu seinem Glück nicht, wie bei manchen anderen Drachen der Anderwelt, nachwächst.

Er erwartet nun, seinerseits vom Löwen angefallen zu werden, aber da hat Iwein sich getäuscht. Der Löwe wird sein treuester Begleiter, bewacht ihn nachts wie ein Hund, wird ihn noch aus mancher Gefahr retten und gehorcht ihm in Zukunft aufs Wort.

Iwein hat den Drachen in sich besiegt. Mit einem Löwen, Symbol der Tugenden, wird er, von Laudine in die Arme geschlossen, ein pflichtgetreuer Landesherr, wie man ihn sich nur wünschen kann. Auch seine Gattin hat dazugelernt. Von Zeit zu Zeit läßt sie ihn auf »aventüre« oder nach Camelot zur Tafelrunde ziehen, nie jedoch länger als ein paar Wochen.

Im Rahmen dieser Legende ein Sonderfall: ein früher Entwicklungsroman, vielleicht der früheste überhaupt. Und ein Hoheslied auf das, was die Frauen am meisten wünschen.

Von Natur aus unbezwingbar: Tintagel

In der Castle Hall zu Winchester hängt diese Rundtafel des Königs Artus. Sie stammt aus dem 13. oder 14. Jahrhundert, als König Artus und die Nachahmung seiner ritterlichen Tafelrunde »en vogue« waren.

Spuren von König Artus finden sich vielerorts (Tintagel 1992)

Trethevy Quoit bei St. Cleer

Steinkreisanlage von Stonehenge

Gelände um Slaughter Bridge. Hier hat möglicherweise die Schlacht von Camlann stattgefunden

Slaughter Bridge bei Camelford

13.

Der Ritter mit der weißen Rüstung

Stellt man die Artus-Frage nach dem Hauptwunsch der Frauen im engen Freundeskreis, kann man sein blaues Wunder erleben. Bei der Antwort werden nur Frauen bejahend mit dem Kopf nicken. Die Männer sind meist überrascht. Sie erwarten als Antwort nichts, das auf Unabhängigkeit, eher etwas, das auf Liebe hinausläuft. Statt: »Sie möchte ihren Mann beherrschen«, »Sie möchte von ihrem Mann geliebt werden«.

Die Liebe steht allerdings auch in der Artus-Legende an zentraler Stelle, in ihrer ganzen Bandbreite, die sich von unverblümter Geschlechtlichkeit bis zu tief mystischer Versenkung erstreckt.

Das hat, wie fast alles um Artus herum, keltische Ursachen. Den Kelten, so der Artus-Forscher John Matthews, war Liebe »a joyful sport«, eine freudvolle körperliche Tätigkeit, und der Sex ein Mittel »zur mystischen Vereinigung mit den Elementen«. Lassen wir das dahingestellt sein. Liebe hat bei Artus und seiner Umgebung vor allem eine tragische Komponente. Sie ist Kult und Fluch. Tristan und Isolde, Lancelot und Ginevra tragen sie wie eine Bürde.

Tristan und Isolde, die schuldlos Schuldigen, haben ihren gewaltigen Nachklang durch Wagners Oper erfahren. Lancelot und Ginevra, die ohne Zaubertrank aus eigener – und unabhängiger! – Entscheidung schuldig werden, stehen gleichsam in ihrem Schatten. Ihr Schicksal ist direkt mit dem König Artus' verknüpft.

Lancelot, dessen Ruhm als Ritter im Mittelalter den des Gawain zu überstrahlen beginnt, ist von den deutschen Autoren stiefmütterlich behandelt worden. Bei Hartmann von Aue und Gottfried von Straßburg kommt er überhaupt nicht vor. Dabei stammt er, zumindest sein Name, aus deutschsprachigen Bereichen. Er taucht zuerst bei dem Schweizer Ulrich von Zatzikhofen um die Wende zum 13. Jahrhundert auf, in seiner mittelhochdeutschen Romanze »Lanzelet«, die kurz nach Hartmanns »Erec« und noch vor dessen »Iwein« entstanden sein muß, also zu den frühesten deutschsprachigen Artus-Büchern gehört.

Sie fußt wahrscheinlich auf einer verlorenen walisischen Quelle, die, wie Ulrich selbst angibt, von Hugo de Morville, »ein welschez buoch«, nach Deutschland gebracht worden sei. Morville war einer der Ritter, die als Geiseln Kaiser Heinrich VI. zurückblieben, als Richard Löwenherz 1194 gegen ein Lösegeld von 15 000 Mark nach England heimkehren durfte.

Sein welsches Buch könnte eine heute verlorene Geschichte des populären keltischen Ritters Llwch Lleminiawg gewesen sein, der in Sagensammlungen wie dem »Mabinogion« oder Gedichten wie jenem rätselhaften vom »Schatz der Anderwelt« vorkommt, den sich, ihm zufolge, Artus und seine Mannen mit Gewalt holen. Wer den Namen des Ritters unaussprechlich findet, möge sich daran erinnern, daß im Walisischen das w für ein u steht. Die Anderwelt heißt walisisch übrigens Annwfn.

Lancelot ist der Sohn des Königs Ban und seiner Königin Elaine, die Merlin kurz vor seinem Verschwinden in Benwick, also der Bretagne, aufgesucht hat. Ban lag damals schon im Krieg mit seinem mächtigen Nachbarn, König Claudas. Inzwischen hat Claudas das Land mit Hilfe des Grafen von Rom überfallen. Der greise Ban befindet sich mit Elaine und einigen Getreuen auf der Flucht, um bei König Artus, seinem Lehnsherrn, Hilfe zu suchen.

Ehe er den rettenden Wagen besteigt, will er noch einmal von einer Felsspitze einen letzten Blick auf seine Burg Trebe werfen. Sie geht vor seinen Augen in Flammen auf. Er bricht zusammen und stirbt.

Elaine läßt ihr einziges Kind, den kleinen Galahad, der aber auf den Namen Lancelot getauft worden ist, zurück und läuft zum Toten hinauf, den sie lange beklagt. Als sie ihr Kind holen will, findet sie es in den Armen einer Fee, die es herzt und küßt und nicht wieder hergeben will. Es handelt sich um Ninienne, das

Fräulein vom See, das hier in leicht verwandelter Gestalt wiedererscheint. So etwas ist bei den verschiedenen Versionen der Artus-Legende gang und gäbe, und man sollte den amorphen Charakter der Anderwelt-Gestalten auch nicht korrigieren.

Ninienne verschwindet mit dem Baby im See. Elaine begibt sich in ein Kloster, das seither Mönster Roal heißt, Königsmünster. Lancelot wächst in einem Wald auf, der für die Menschen unter dem Wasserspiegel zu liegen scheint. Aber auch in dieser Feenwelt gibt es Häuser, Schlösser, Burgen mit Rittern, Frauen und Jungfrauen. Ninienne ist eine liebevolle Ziehmutter. Sie hat noch zwei seiner Vettern zu sich geholt, mit denen der Junge erzogen wird. Mit drei Jahren erscheint er schon wie ein Neunjähriger.

So liest man's jedenfalls in jenem altfranzösischen Prosaroman, der, um 1225 abgefaßt, zur Hauptquelle aller folgenden Fassungen wird. Da man sie als sozusagen authentisch betrachten kann, wollen wir ihr auch hier weitgehend folgen. Das heißt: Ein bißchen von Malory und etwas von – zum Beispiel – Chrétien muß doch eingeflochten werden. Man kann es nicht oft genug betonen: Von der Artus-Sage gibt es nun einmal keine »endgültige Version«, nur unendlich viele Variationen, die einander oft widersprechen – ein Dschungel, durch den sich jeder einen eigenen plausiblen Weg bahnen muß.

Der Roman »Lancelot und Ginevra« muß zu seiner Zeit sehr populär gewesen sein. Er wurde trotzdem bald vergessen und ist erst im 19. Jahrhundert wiederentdeckt worden, obwohl mehrere, sogar hübsch illustrierte Abschriften erhalten geblieben sind. In der europäischen Literatur wird er oft erwähnt. Dantes Paolo und Francesca werden durch seine Lektüre zur Liebe verführt, Chaucer lobt ihn in den »Canterbury Tales«, und am Ende war er es, der Sir Thomas Malory veranlaßt hat, seine Sammlung von Artus-Geschichten zu beginnen.

In der Anderwelt auf dem Grund eines Sees oder Meeresarms wächst unser Held zu einem Jüngling heran, »an dessen Körper alle Teile wegen ihrer rechten Maße und ungewöhnlichen Schönheit gepriesen zu werden verdienen«, wie der Chronist berichtet. Er fügt hinzu: »Nur die Brust scheint den meisten zu stark und zu breit geraten – Königin Ginevra sagt später jedoch einmal, die Größe seiner Brust entspreche nur der des Herzens, das darin eingeschlossen liege; dieses Herz hätte die Brust gesprengt und zerrissen, wenn sie nicht einen solchen Umfang besäße.«

Lancelot wird, so aktiv und willensstark er auftritt, unter den Rittern der Tafelrunde den schwermütigen Melancholiker verkörpern. Kontemplativ wie sonst kaum einer in diesem Kreis, wirkt er oft geistesabwesend, kann sich aber blitzschnell auf das Notwendige konzentrieren und mit Überlegenheit handeln.

Von seiner Ziehmutter besitzt er einen goldenen Ring, der ihn zwar nicht unbesiegbar oder unsichtbar macht, wohl aber einen ähnlich wertvollen Dienst leistet: Er entdeckt jeglichen Zauber, der gegen seinen Träger verwendet werden soll, und beraubt ihn seiner Wirkung.

Das sollte man bei allen seinen Abenteuern nicht vergessen. Der schwerblütigste unter den Rittern ist auch der am wenigsten abergläubische. Obwohl im Feenreich so gut wie beheimatet, schützt ihn sein Ring vor jeglicher Einflußnahme der Anderwelt, sei sie gutgesinnt oder böse. Vielleicht, daß er dem Mittelalter deshalb so strahlend erschien. Dem ganzen Hexen- und Teufelskram entwachsen, muß er mittelalterlichen Augen als der modernste Mensch unter den Gesellen der Tafelrunde vorgekommen sein. Lancelot scheint die Möglichkeit einer guten neuen Zeit anzudeuten, auch bereits in der Kompliziertheit seines Charakters.

Als er 18 ist, schenkt ihm Ninienne eine Rüstung in seiner Lieblingsfarbe, weiß, setzt ihn auf einen Schimmel und führt ihn selbst zum Hof des Königs Artus. Dort wird Sir Iwein, der beste Lehrer junger Ritter, sein Lehrherr, und der schöne junge Mann lernt schnell; beim Tjosten hat Iwein bald Mühe, sich der Geschicklichkeit seines Schülers zu erwehren. Selbst Gawain, den schon beim ersten Anblick des Jünglings ein heftiger Anflug von Eifersucht gepackt hat, rät dem König, den jungen Mann schon bald zum Ritter zu schlagen, da er in ihm »einen künftigen Meisterritter« sieht.

Man kann verstehen, daß nun auch die Königin neugierig wird auf einen derartigen Wunderknaben. Am Morgen seines Ritterschlags läßt sie sich ihn vorstellen. Wie im Traum tritt er vor sie – »ihr dünkte, daß er nicht ganz bei sich sei«, formuliert der Chronist. Sie fragt deshalb Sir Iwein, wie der Knappe, der zum Ritter geschlagen werden solle, eigentlich heiße. Aber das weiß Iwein nicht – er weiß nur, daß er aus Gallien stammen muß, weil er gut Französisch spricht. Jetzt nimmt Ginevra den jungen Mann bei der Hand und fragt ihn, woher er denn komme. Zu ihrem Erstaunen erfährt sie, daß er das ebensowenig weiß wie seinen Namen: »Herrin, ich bin ein Knappe, und eine junge Herrin hat mich bisher aufgezogen«, ist alles, was er antworten kann. Nichts deutet darauf hin, daß in diesem Augenblick eine ebenso große wie unglückliche Liebe beginnt. Andererseits deutet alles darauf hin. Der junge Mann ist so verwirrt, daß er stundenlang kein Wort mehr herausbringt.

Er scheint überhaupt leicht verwirrt. Ninienne hat ihrem Ziehsohn zwei Lebensweisheiten mit auf den Weg gegeben, einen praktischen Ratschlag und einen eher sibyllinisch-prophetischen. Letzterem zufolge soll er unbedingt »nur dann lieben, wenn er dadurch besser wird und nicht schlechter«. Lancelot wird sich ihn nicht sehr zu Herzen nehmen.

Um so eifriger verfolgt er in Zukunft den praktischen Rat. Das Fräulein vom See hat ihm empfohlen, vom Ehrgeiz für ihr Fundkind getrieben, sich nirgends lange aufzuhalten, nicht einmal beim König Artus, sondern so viele »aventüren« zu suchen wie möglich – nur auf solche Weise, ruhelos, könne er sich Achtung verschaffen und am Ende berühmt werden.

Den jungen Mann treibt es darum bald in alle vier Windrichtungen, wobei er sich wacker gegen Ritter schlägt, die Artus schmähen, Jungfrauen gefangen halten oder sonstwie nicht guttun. Er erleidet Verwundungen, die meist eine von Ninienne ausgeschickte Fee heilt oder ein Einsiedler im Wald. Er leistet gute, aber hastige, überstürzte Arbeit. Für Camelot ist er so gut wie verschollen: Gawain geht nach ihm auf die Suche, findet ihn jedoch nicht, weil er überdies beständig sein Wappenschild ändert. Ein verbiesterter Einzelgänger.

Schon nach erfolgtem Ritterschlag wartet er – viel zu ungeduldig – nicht einmal das Ende der Zeremonie ab. Es besteht darin, daß Artus jedem neuen jungen Ritter auf dem Burghof ein Schwert aus königlicher Hand umgürtet. Die Prozedur dauert ihm viel zu lange – er begibt sich mit seinem Knappen unverzüglich auf Abenteuerfahrt. Als er erfährt, daß er ohne ein solches Schwert nach wie vor selbst als Knappe gilt, schickt er einen seiner Leute nach Camelot zurück, es zu holen. Artus ist auf die Jagd gegangen. So übersendet nicht der König das Zeichen des Rittertums, sondern die Königin.

Schon sein erstes größeres Abenteuer gilt der Entzauberung einer Burg. Sie heißt Dolorose-Garde, zu deutsch: Schmerzenswacht, liegt hoch auf steilem Felsen, uneinnehmbar und zudem von schwarzer Magie beherrscht. Ritter, die zu ihr hinaufgelangen, werden entweder vom Burgherrn, einem Unhold namens Beadiz, getötet oder in den Kerker geworfen, in dem auch einige Artus-Ritter schmachten. Nur einem einzigen mutigen Mann, lautet die Prophezeiung, wird es gelingen, in ihre Mauern einzudringen. Und wenn er vierzig Tage in ihnen verweilt, wird der Zauberbann gebrochen sein.

Der »Ritter mit der weißen Rüstung«, wie er in Ermangelung eines Namens inzwischen auf Camelot genannt wird, fackelt nicht lange. Es hilft ihm bei dieser schwierigen Aufgabe, einer Art von Exorzismus, neben seinem Ring allerdings wiederum eine von Ninienne heimlich entsandte Fee. So besiegt er allein mit seinen Leuten die Mannschaft des Burgherrn, der jedoch entfliehen kann.

Und auf der eroberten Burg erfährt er dann auch auf seltsame Weise endlich seinen richtigen Namen sowie seine Herkunft. Herr Beadiz hat für die von ihm erschlagenen Ritter einen Friedhof angelegt, der auch leere Gräber enthält. Sie sind mit Grabsteinen versehen, die Namen von Wunschgegnern oder Wunschopfern tragen, meist die von Artus-Rittern.

Das größte und pompöseste Grab wird von einer tonnenschweren Steinplatte bedeckt, die noch niemals ein Mann hat lüften können. Dem Ritter mit der weißen Rüstung gelingt es mühelos auf Anhieb. Eingemeißelt in die Unterseite des Steins liest er: »In dißem grab sol Lancelot ligen von dem Lacke, des königes Bane son von Bonewig und Alenen synes wibes.« In diesem Grab soll

Lancelot vom See liegen, der Sohn des Königs Ban von Benwick und seinem Weib Elaine. Der Weiße Ritter weiß sofort, daß das Grab für ihn bestimmt ist, findet seine Ahnungen bestätigt. Seine Ähnlichkeit mit dem verstorbenen König Ban ist schon den Leuten in der Anderwelt unterm See aufgefallen.

Was der junge Lancelot vom See, wie er sich jetzt nennt, anpackt, gelingt ihm, auch wenn er alles zunächst einmal durch seine Hast – sowie eine gewisse Ungeschicklichkeit, die ihm anhaftet – in Verwirrung bringt. So auch hier. Seine Aufgabe ist noch nicht vollendet, der Bösewicht untergetaucht, der Zauber nicht gebannt, aber vierzig Tage hält es einen Mann wie ihn nicht am Ort.

Um so mehr als König Artus bald darauf mit seinem gesamten Hof in der verzauberten Burg eintrifft, auf die er neugierig scheint. Neben Artus reitet Königin Ginevra, was Lancelot wiederum über alle Maßen verwirrt. So lenkt er, der fahrigste aller fahrenden Ritter, sein Roß als erster, noch vor dem königlichen Paar, über die Burgschwelle, was den Pförtner veranlaßt, sofort hinter ihm die Falltür herabzulassen. Er hat vergessen, diesem zu befehlen, auch seine Gäste einzulassen, was bislang auf Dolorose-Garde nicht üblich gewesen ist. Artus und Ginevra sind ausgesperrt.

Eine peinliche Situation. Sie soll sich noch zuspitzen, denn statt das Falltor zu öffnen, läßt er das Kettengitter fallen – jetzt finden sich König und Königin zwischen beiden eingesperrt und kommen sich zum Narren gehalten vor. Lancelot flieht kopflos durch einen Hinterausgang der Burg, überzeugt davon, nun nie wieder auf Camelot in Gnaden aufgenommen zu werden.

Er wird trotzdem wenig später zum Turnier geladen, auf dem er sich vorzüglich schlägt, obwohl er sich nicht offen zu erkennen gibt. Bei weiteren Abenteuern schwer verwundet, erreicht ihn ein Bote der Königin. Sie befinde sich wieder auf Dolorose-Garde und werde dort von den Bewohnern festgehalten, weil der Zauberbann noch immer nicht gelöst worden sei. Das könne nur der Bezwinger der Burg, wenn er in vierzig Tagen den Schlüssel des Zaubers suche und finde.

Kaum genesen, eilt Lancelot nach Dolorose-Garde und

schließt – zum erstenmal – eine ritterliche Aufgabe erfolgreich ab, sogar mit Bravour. Er durchquert unter dem Friedhof eine Höhle, an zwei kupfernen Rittern vorbei, die wild mit ihren Schwertern um sich schlagen, besiegt einen flammenspeienden Unhold an einem Sumpf, den er mit einem kühnen Sprung überqueren muß, und verjagt am Ende die kreischenden, auf dreißig Pfeifen blasenden Teufel aus einem Schrein, einer Art von Satansaltar. Er fällt zwar vor Entkräftung in Ohnmacht, ist aber Manns genug, aus ihr erwacht, überdies den Burgherrn im Zweikampf zu besiegen. Da Beadiz sich, schwer verwundet, nicht ergeben will, stößt er ihn ins tiefe Wasser.

Die Burg ist vom Fluch befreit und wird in Zukunft Joieuse-Garde heißen, zu deutsch: Freudenwacht. Lancelot vom See, der Ritter mit der weißen Rüstung, kann weiterhin, wie von seiner Ziehmutter empfohlen, ruhelos und melancholisch auf Abenteuer ziehen. Er ist bald der berühmteste und geachtetste Ritter von allen, der Star der Tafelrunde, an der er freilich nur selten teilnimmt.

14.

Der Ritter auf dem Schinderkarren

Die langen Abwesenheiten Sir Lancelots vom Artus-Hof werden nicht nur durch seine Ruhelosigkeit und den Ratschlag verursacht, den Ninienne ihm gegeben hat. Sie dürften einen weiteren Grund haben. Der junge Ritter ist in Liebe gefallen zu seiner Herrin, Königin Ginevra, und er sieht wohl, daß diese Liebe von ihr erwidert wird.

Wir haben Lancelots Werdegang ja bis jetzt in einer jener populären Fassungen verfolgt, die Europa in zahlreichen Variationen überschwemmen. Sie werden von Sprache zu Sprache übersetzt und dabei verändert. Vor allem in Italien, Portugal, Schottland und den Niederlanden wird Lancelot auf diese Weise zum weitaus beliebtesten Sagenhelden.

Aber jetzt müssen wir ein anderes, bedeutenderes Werk aufschlagen, das seinen Ruhm auch in Frankreich verbreiten wird, Chrétiens »Chevalier de la charette«. Was bisher geschah, findet sich in ihm nur in einem Nebensatz, als Lancelot nämlich in einer fremden Burg durch Zauberbann bewegungslos erstarrt und sich flugs seines Zauberrings erinnert.

Ansonsten beginnt es mit der aufkeimenden Liebe zwischen Lancelot und Ginevra und den Widerständen, die beide ihr entgegensetzen, bis sie von ihr überwältigt werden. Keiner beschreibt das besser als der französische Erzähler in seinem langen epischen Gedicht. Zudem gehört Ginevras Entführung ins Reich Gorre zu den spannendsten und aufschlußreichsten Geschichten des gesamten Artus-Komplexes.

Als sie sich ereignet, befindet sich Lancelot auf Abenteuerfahrt, und es fragt sich, ob der Rat seiner Ziehmutter tatsächlich so gut war. Seine Anwesenheit hätte vermutlich das Schlimmste verhindern können. Er erfährt von der sonderbaren Entführung Ginevras nach Gorre durch Zufall unterwegs und macht sich sofort auf den Weg in dieses ihm bis dahin unbekannte Land.

Das Reich Gorre muß man sich zur Hälfte im Norden Englands, an der schottischen Grenze, zur anderen Hälfte in der Anderwelt vorstellen. Dort herrscht der gute König Bagdemagus mit weiser und gerechter Hand. König Artus ist ihm seit alters wohlgesinnt und er ihm.

Leider hat er einen völlig anders gearteten Sohn, der tyrannische Züge zeigt und dem der allzu schwache Vater keine Zügel anzulegen versteht. Gut und Böse wohnen – nicht nur in der Artus-Sage – oft nahe beieinander.

Der Sohn heißt Meneagant, ein Rivale des König Artus, denn er hat sich einst Hoffnung auf die Hand der schönen Ginevra gemacht. Jetzt versucht er, dem erfolgreicheren Nebenbuhler zu schaden, wo immer er kann.

Da fällt er mit seiner Kerntruppe überraschend ins Land ein, wobei er es auf Ritter, Vasallen, Landbesitzer, aber auch Kaufleute, Handwerker, einfache Bürger und Bauern abgesehen hat, die er entführt und in Gorre ansiedelt. Sie werden dort zwar nicht wie Gefangene gehalten, sind es aber praktisch doch, denn aus Gorre heraus kommt keiner wieder.

Meneagant hat die Grenzen des Landes auf raffinierte Art versperrt, sie geradezu verbarrikadiert. Die beiden fast unpassierbaren Brücken, die nach Gorre führen, werden zudem von Wachtposten und wilden Tieren gesichert – eine Methode, die man im Laufe der Geschichte dem Land Gorre mehrfach nachgeahmt hat.

Der großmäulige Königssohn erscheint eines Tages auf Camelot. Grußlos tritt er König Artus entgegen und verhöhnt ihn als eitlen Schwächling, der zwar große ritterliche Sprüche im Munde führe, wohl aber dulden müsse, daß Hunderte seiner Untertanen gegen ihren Willen in Gorre festgehalten werden, unter ihnen sogar Mitglieder der berühmten Tafelrunde.

Mit Artus möchte er so etwas wie eine Wette abschließen. Wenn die Königin bereit sei, als Geisel mit ihm zum Turnierplatz im nahen Wald zu reiten, würde er, Meneagant, dort auf einen Ritter warten, dem es gelänge, im fairen Zweikampf Ginevra wieder zu befreien. Mit Ginevra sollen dann auch alle Leute aus Logres, die in Gorre zurückgehalten werden, wieder frei sein. Es bedürfe dazu nur eines mutigen Ritters, aber der werde sich wohl nur schwerlich auf Camelot finden lassen.

Artus scheint sprachlos. Nicht dagegen Sir Kay, der Seneschall. Er eilt aus der Burgküche in den Thronsaal, hochrot und stotternd vor Zorn. Jähzornig ist Kay immer gewesen, und er stottert, wie man sagt, seit ihn in frühester Jugend einmal der Milchbruder Artus von der Mutterbrust gestoßen hat. Nicht weniger unbeherrscht als Meneagant, macht er dem König heftige Vorwürfe. Artus müsse doch wissen, daß er, Sir Kay, jederzeit Manns genug sei, für ihn und seine Gemahlin einzutreten.

Aber Artus bleibt bei seiner Ablehnung des Vorschlags, was Kay veranlaßt, so etwas wie seine fristlose Kündigung auszusprechen. Einem derartigen Hof wolle er nicht weiter als Seneschall dienen; noch am gleichen Tag werde er ihn verlassen.

Er meint es ernst, packt seine Sachen, sattelt sein Roß, als, von Artus zur Hilfe geholt, Ginevra bei ihm erscheint, sich vor ihm auf die Knie wirft und ihn flehentlich bittet, auf Camelot zu bleiben, wo er als Seneschall unersetzlich sei. Da muß Kay bleiben und, umgekehrt, Artus auf die seltsame Mutprobe Meneagants eingehen, jedenfalls fühlt er sich dazu verpflichtet.

Die Königin sieht elend und verbittert aus, als sie sich auf ihren Zelter helfen läßt, um mit Sir Kay dem Frechling aus Gorre entgegenzureiten. Graf Guinable, der ihr die Hand reicht, will genau gehört haben, was sie sich selbst geistesabwesend zumurmelt: »Oh, wenn Du das wüßtest! Niemals würdest Du erlauben, daß man mich wegführt wie ein Stück Vieh!« Wen anderen als Lancelot kann Ginevra dabei im Sinn haben?

Es kommt dann, wie es kommen muß. Als die Hofgesellschaft der Waldlichtung entgegenreitet, auf der der Kampf um die Königin stattfinden soll, galoppiert ihnen schon das herrenlose Roß Sir Kays entgegen. Meneagant hat sein Versprechen gebrochen. Seine Leute haben Kay zusammengeschlagen und ihn mit Königin Ginevra entführt. Ein feiger Verrat. Artus reagiert auf ihn erstaunlich hilflos, mit endlosen Selbstanklagen. Die Verfolgung nimmt nicht er auf, sondern Sir Gawain.

Der gewinnt auf seiner Suche nach den Entführern und dem Land Gorre bald einen Bundesgenossen: Lancelot kommt aus seinem letzten Abenteuer eilends herangeritten. Gemeinsam versuchen sie, ihrer geraubten Königin auf der Fährte zu bleiben, die sich aber leider bald verliert. Die Anderwelt kennt keine festen Grenzen; der Übergang aus der Realität geht allmählich vonstatten. Doch besitzt der Ritter vom See seit seiner Jugend geschärfte Augen für solche Phänomene. Aus einer Volksmenge greift er sich in einer Stadt an der Nordgrenze des Reichs zielsicher einen häßlichen Zwerg heraus, der einen Eselskarren lenkt. Zum Erstaunen Gawains ist er an den Richtigen geraten.

»Zwerg!«, herrscht er ihn an. »Wohin hat man meine Königin gebracht?«

Der Zwerg scheint über die Frage keinesfalls verblüfft. Er antwortet ganz ruhig, wenn der Herr Ritter zu seiner Herrin wolle, möge er nur in den Karren klettern. Das sei der einzige Weg, auf dem er zu ihr gelangen könne.

Lancelot zögert zwei Sekunden, was er noch sehr bedauern wird. Bei dem Gefährt handelt es sich um einen Schinderkarren, auf dem Übeltäter transportiert werden, Verräter, Brandstifter, Feiglinge, zum Tode Verurteilte. Zwei Sekunden nur zögert Lancelot, dann siegt sein Wunsch, die Königin zu retten, über alle Bedenken. Er springt in den Karren, der ihn durch das Gewimmel der Stadt fährt, wo er viele mitleidige, aber auch höhnische Blicke erntet.

Durchs Burgtor geraten sie ins Freie, Sir Gawain zu Pferd hinterher. Er hat sich geweigert, das unehrenhafte Gefährt zu besteigen, mit dem er jedoch, wie sich herausstellt, nur mühsam Schritt halten kann. Die Fahrt endet gegen Abend in einer prächtigen Burg an einem Fluß mit vielen seetüchtigen Schiffen, der allgemein als der Humber im Nordosten England definiert worden ist. Wie um Lancelot noch einmal ausdrücklich den Blicken der Burgbesatzung auszusetzen, fährt der Zwerg ihn langsam durch die versammelte Menge. Verachtungsvolle Blicke treffen ihn. Schlimmer noch, was er und Gawain wenig später hoch vom Keep, dem Burgturm, aus am jenseitigen Flußufer erblicken: Da zieht ein Ritter mit seiner Truppe vorüber, eine wunderschöne Gefangene und einen verwundeten Mann auf einer Trage mit sich führend. Die beiden erkennen deutlich die verzweifelte Ginevra und den blessierten Sir Kay. Die Gruppe verschwindet in Richtung Gorre, wie ihnen die hübsche Burgherrin mitteilt.

Sie läßt Gawain und Lancelot auch wissen, wie man nach Gorre gelangt, warnt sie allerdings gleichzeitig davor. Da lauerten tödliche Fallen auf jeden Eindringling. Es gibt überhaupt nur zwei Brücken über den Humber, wenn es denn der Humber ist, der die Grenze bildet, eine Wasser- und eine Schwertbrücke, die eine so gefährlich wie die andere.

Die Wasserbrücke, winzig schmal, verläuft unter der Flußoberfläche, man muß sie, Fuß vor Fuß setzend, ertasten. Sie wird überdies von Bewaffneten verteidigt. Die Schwertbrücke besteht aus einem riesigen, messerscharfen Schwert; sie stammt als Höllenbrücke aus der keltischen Sagenüberlieferung und wird von Löwen bewacht.

Da die Flußübergänge weit voneinander entfernt liegen, müssen sich die beiden Freunde am nächsten Morgen trennen. Gawain zieht der Wasser-, Lancelot der Schwertbrücke entgegen. Letzterer, wie immer, in tiefe Meditation versunken, die jetzt jedoch – zu seiner eigenen Betroffenheit – ausschließlich der Königin Ginevra gilt, die längst alle seine Gedanken beherrscht.

Das zeigt sich schon, ehe er auch nur den Grenzfluß erreicht, an einem See, durch den eine deutlich sichtbare Furt führt. Lancelot lenkt sein Roß in diesen flachen Übergang, ohne zu bemerken, daß am anderen Ufer ein Ritter mit seiner Dame wartet und ihm das Betreten der Furt mit lauten Befehlen verbietet. Ungerührt trabt Lancelot weiter – er erwacht aus seiner Versunkenheit erst, als der empörte Ritter ihn mit seiner Lanze attackiert und er vom Pferd ins Wasser fällt.

Da freilich ist er gleich hellwach. Er klaubt Schwert und Schild aus den Fluten und greift den fremden Ritter an, der ihm deutlich unterlegen ist. Es dauert nicht lange, da liegt Lancelots Widersacher samt Rüstung im See, und das Edelfräulein bittet laut jammernd und klagend um sein Leben. Lancelot, nun wieder ganz Kavalier, schenkt es ihr.

Vom Ritter an der Furt ist weiter keine Rede, um so mehr vom Edelfräulein, das, da der Abend dämmert, Lancelot eine Herberge für die Nacht auf ihrer Burg anbietet. Sie stellt da allerdings eine Bedingung: Der siegreiche Ritter muß bei ihr und mit ihr schlafen. Was Lancelot, erschöpft vom Kampf und ohne Unterkunft, sogar verspricht; allerdings sofort mit dem nächsten Gedanken, der Ginevra gilt, bedauert.

Weder die Kelten noch die Franzosen, denen ja der Erzähler angehört, haben jemals als übermäßig prüde gegolten. Trotzdem fallen die nun folgenden Ereignisse weit aus dem Rahmen der üblichen Folklore beider Völker. Im Vorwort einer Werkausgabe fragt sich der (englische) Herausgeber vergeblich, was diese höchst unanständige Versuchungsszene in der Artus-Sage zu suchen und was sie zu bedeuten habe. Beide Antworten läßt er offen.

Dabei liegen sie auf der Hand. Chrétien nutzt gern Anekdoten, die man zu den mittelalterlichen Herrenwitzen rechnen muß, um die psychologischen Umrisse seiner Helden noch schärfer zu umreißen. Wobei er – wie auch hier – die Komik des Gegensatzes zwischen edlem Rittertum und bewußt obszönem Geschehen literarisch raffiniert ausspielt.

Getreu seinem Versprechen begibt sich Lancelot spät abends zum Schlafgemach seiner Gastgeberin. Er trifft sie dort jedoch nicht an; das Bett ist leer. Da hört er aus einem anderen Zimmer plötzlich Geräusche und unterdrückte Hilferufe. Die Edeldame befindet sich in verzweifelter Lage. Sie wird von einer Meute wilder Männer und schon vom Nabel bis zu den Füßen entblößt, auf ein Bett geworfen und ist drauf und dran, vergewaltigt zu werden.

Die Kerle sind mit Schwertern und Äxten bewaffnet, indes Lancelot, unter solchen Umständen verständlich, ohne jedes Rüstzeug erschienen ist. Er bleibt trotzdem der Überlegene – durch eine List. Blitzschnell steckt er seinen Kopf durch die Tür und zieht ihn ebenso schnell wieder zurück. Zwei der üblen Gesellen schlagen mit ihren Schwertern zu, die im Fußboden steckenbleiben und zersplittern. Ähnlich ergeht es zwei anderen mit ihren Äxten. Als ein dritter ihn mit der Schneide an der Schulter trifft, schlägt er jedoch nur kraftlos zu und ritzt ihm kaum die Haut.

Am Ende befiehlt die Dame lachend ein Ende des Ganzen. Die Vergewaltiger, wie sich herausstellt, ihre Vasallen, halten ein und ziehen unter Verbeugungen davon. Sie habe ihn bloß auf die Probe stellen wollen, erklärt die Burgherrin, und er habe die Probe bestanden wie kein Ritter sonst. Die meisten hätten – man kann es ihnen kaum verdenken – in dieser Situation die Flucht ergriffen.

Als die beiden nach solch seltsamem Vorspiel im Bett nebeneinander liegen, besteht Lancelot die Probe weniger gut. Der edlen Dame bleibt nichts anderes übrig, als sich stillschweigend von einem unwilligen Liebhaber zurückzuziehen. Sir Lancelot liebt eine andere, wegen der er sogar einen Schinderkarren bestiegen hat.

Die laszive Burgdame entpuppt sich im übrigen als eine gute Kameradin. Sie begleitet Lancelot eine Weile durch diverse Abenteuer und zeigt ihm den Weg zur Schwertbrücke. Einmal nur versucht sie, ihn vom richtigen Pfad abzulenken. Als er sich weigert, einen offensichtlichen Umweg anzutreten, findet er an einem Brunnen einen Kamm aus vergoldetem Elfenbein, von dem er weiß, daß er Ginevra gehört. Die Dame behauptet, ihn nur dieses Kamms wegen begleitet zu haben – Lancelot schenkt ihn ihr, streift aber vorher das Büschelchen goldgelber Haare ab, das sich zwischen den Zinken ringelt. Wie einen kostbaren Schatz trägt er es in Zukunft als Talisman auf der Brust.

Geknickte Herzen wie das des Edelfräuleins, das mit ihm schlafen wollte, sowie abgeschlagene Köpfe von Rittern und Wächtern, die sich ihm in den Weg stellen, läßt Lancelot noch einige zurück, ehe er endlich die gefahrvolle Schwertbrücke erreicht. Da hat es sich bereits herumgesprochen, daß ein Ritter aus Logres unterwegs ist, die Königin dieses Landes zu befreien. Auf beiden Seiten des Flußufers finden sich Zuschauer ein, darunter viele von Lancelots Landsleuten, die nach Gorre verschleppt worden sind und nun neue Hoffnung schöpfen.

Zu ihrer aller Erstaunen entledigt sich Lancelot als erstes seines gepanzerten Handschutzes, bevor er die Brücke, nichts als ein schmales, glattes, scharf geschliffenes Schwert, ohne Geländer, auf Händen und Füßen betritt. Sie führt über einen tiefen Strom, schwarz wie die Hölle und mit reißendem Wasser, so daß sich ein gerüsteter Ritter mehr davor fürchten muß, hineinzufallen, als sich die Hände an der Schwertklinge zu schneiden.

Lancelot verletzt sich erheblich an beiden Händen, aber es gelingt ihm trotz der Schnittwunden, den Strom zu überqueren. Und wie die Burgdame ihr Vergewaltigungsspektakel kurzerhand abgeblasen hat, so läßt der gute König Bagdemagus, auf Fairneß bedacht, die Löwen und Leoparden zurückpfeifen, die am anderen Ufer zusätzlich Wache halten. Die Bevölkerung, zumindest die aus Logres stammende, jubelt Lancelot zu und behandelt ihm die blutenden Hände mit einer heilkräftigen Salbe.

Er ist am Ziel, wird sogar vom König mit offenen Armen empfangen und bewirtet, indes sich Meneagant zunächst nicht blicken läßt.

Noch jemand zeigt ihm die kühle Schulter: Ginevra. Sie läßt ihn schnöde abweisen und weigert sich beharrlich, ihren Retter auch nur zu empfangen. Ist es Zukunftsangst oder Übersensibilität, Verwirrtheit oder taktische Finesse – wir lernen sie von einer nicht sehr edlen Seite kennen. Ginevra benimmt sich Lancelot gegenüber ausgesprochen zickig und einer Königin unwürdig, was er zunächst nicht versteht. Den Grund erfährt er erst viel später: Sie verübelt ihm die zwei Sekunden, die er gezögert hat, ehe er den Schinderkarren bestieg, um ihretwillen hätte er auch nicht einen Moment zögern dürfen.

Einstweilen läßt sie ihn schmollend wissen, nicht von ihm möchte sie befreit werden, sondern vom edlen Sir Gawain, von dem es allerdings keine Nachrichten gibt. Er hat sich zwar grundsätzlich geweigert, auf den Karren zu springen, aber Konsequenz scheint Ginevras Sache nicht, wenigstens nicht im Augenblick. Gehorsam macht sich Lancelot auf die Suche nach Gawain.

Um seine friedliche Absicht zu betonen, begibt er sich unbewaffnet zur Wasserbrücke, Gawains Ziel, als beide sich trennten.

Lancelot wird die Wasserbrücke nie erblicken und Sir Gawain auch nicht finden, denn unterwegs wird er aufgehalten. Die Urbevölkerung von Gorre ist inzwischen nicht gut auf den Ritter vom Schinderkarren zu sprechen. Besiegt er Meneagant im Zweikampf, werden sich die Grenzen des Landes öffnen, wovor sie anscheinend Angst haben. Auf jeden Fall halten sie den Ritter aus Logres für einen Störenfried. Er wird überwältigt und gefangengesetzt. Sofort schickt König Bagdemagus einen Boten und befiehlt, Lancelot auf keinen Fall auch nur ein Haar zu krümmen und ihn alsbald an seinen Hof zurückzubringen.

Die Meldung, die er daraufhin erhält – Lancelot sei bereits von der aufgebrachten Menge erschlagen worden –, ist zwar falsch, aber sie trifft Ginevra wie ein Blitz. Untröstlich und voller Reue über ihre ungerechte Kälte verweigert sie tagelang Essen und Trinken und kann nur durch heimlichen Zauber am Leben gehalten werden.

Jetzt erreicht das Gerücht, Königin Ginevra sei gestorben, Lancelot auf dem Heimritt zu Bagdemagus. Er reagiert ähnlich, versucht, sich mit einer Lederschlinge am Sattelknauf zu erhängen, was seine Knappen noch in letzter Minute verhindern können.

Als er auf der Burg eintrifft und beide einander lebendig vor sich sehen, sind alle Hindernisse ihrer Liebe überwunden. Die Hölle haben sie durchlebt, der Himmel folgt fast selbstverständlich, wie schlafwandlerisch, wenn auch wohlgeplant, denn Ginevras Kemenate liegt dem Krankenzimmer Sir Kays gegenüber, und Lancelot muß die tiefste, schwärzeste Nacht abwarten, ehe er an ihm vorbei ins Bett seiner Geliebten schleichen kann. Chrétien beschreibt ihre erste Liebesbegegnung sehr ausführlich – übrigens eine der schönsten und subtilsten Schilderungen des Geschlechtsaktes in der Weltliteratur –, aber er gibt als Quintessenz: »Die höchsten und erlesensten ihrer Freuden waren diejenigen, die sich der Wiedergabe entziehen, die unerzählbar bleiben.« Als der Morgen graut, schleicht Lancelot sich am schnarchenden Kay vorbei, wieder davon: »Der Leib geht weg«, wie Chrétien es ausdrückt, »und läßt das Herz zurück.«

Ebenfalls zurück bleiben blutverschmierte Laken, was die

Kammerjungfern melden und was Meneagant auf den Plan ruft. Die Königin ist, wie es scheint, noch Jungfrau gewesen, ihre Ehe hat Artus – aus welchem Grund auch immer – tatsächlich nicht vollzogen, was ihren Treuebruch mildert. Mehr noch die Tatsache, daß der König, wie wir wissen, zur gleichen Stunde sich ebenfalls höchsten und erlesensten Freuden außerehelicher Art hingegeben hat.

Der Verdacht Meneagants fällt auf Sir Kay. Seiner Meinung nach kommt kein anderer als Liebhaber oder Vergewaltiger in Frage. Er beschimpft ihn wie auch Ginevra, bis die peinliche Sache, vor den Königsthron gebracht, von Bagdemagus eingehend untersucht wird. Kay kann reinen Gewissens schwören, mit seiner Königin nicht das Geringste angestellt zu haben, und Ginevra schwört kurzerhand einen Meineid. Das Ganze wird schließlich als Nasenbluten definiert.

Die Abenteuer in Gorre sind damit nicht zu Ende. Lancelot macht sich erneut auf die Suche nach Gawain, wird aber von einem Zwerg abgelenkt, der ihn in einen von Meneagant geplanten Hinterhalt lockt. Von einer Übermacht überwältigt und gebunden, scheint Lancelot wie vom Erdboden verschwunden. Der eitle Königssohn behauptet großsprecherisch, er habe sich vom Hof seines Vaters aus Angst vor ihm und dem versprochenen Zweikampf um die Befreiung der Königin Ginevra davongemacht. In Wirklichkeit hat er seinen Rivalen in einem Turm einmauern lassen, der innerhalb von 57 Tagen mitten im Waldesdickicht eigens zu diesem Zweck errichtet worden ist. Der Turm enthält weder ein Eingangstor noch eine Treppe. Die kärgliche Nahrung wird dem Gefangenen über ein Rollseil nach hoch oben gehievt – unerreichbar schmachtet Lancelot über ein Jahr in seinem luftigen Kerker und ruft verzweifelt, halb von Sinnen, nach Gawain.

Den findet ein Suchtrupp der Königin hilflos im seichten Wasser liegend in bereits angerosteter Ritterrüstung. Er ist auf der Wasserbrücke ausgeglitten und scheint wie eine auf den Rücken gedrehte Schildkröte verzweifelt strampelnd einige Wochen zugebracht zu haben. Man muß das nicht wörtlich nehmen – die Leute hören oder lesen so etwas gern, und Chrétien kann offensichtlich Gawain nicht leiden. Er läßt ihn auch in seiner »Conte du Graal« im Bach landen.

Beschämend genug, daß Gawain auch anschließend seinen Freund nicht aufspürt. Das bleibt einer Tochter des Bagdemagus überlassen, der Lancelot einst geholfen hat. Sie beschafft ihm Axt und Pickel, so daß er sich, mühsam genug, bis auf die Knochen abgezehrt, befreien kann.

Am großen Turnier in Noauz, wo sich die gesamte Prominenz der Ritterwelt Englands, Schottlands und Frankreichs versammelt, nimmt er, einigermaßen wiederhergestellt, anonym teil. An seinem einfarbigen, orangeroten Schild ist er mit geschlossenem Visier nicht zu erkennen. Aber es erkennt ihn natürlich schon am ersten Kampftag Ginevra.

Sie zeigt sich erneut von ihrer unliebenswürdigen Seite. Ob sie annimmt, daß Lancelots lange Abwesenheit mit ihr zusammenhängt oder ob sie nur einen schlechten Tag hat, geht nirgends aus dem Text hervor. Sie schickt eine Kammerzofe in sein – übrigens kümmerlich ausgestattetes – Quartier und befiehlt ihm, am anderen Tag so schlecht und feige zu kämpfen wie nur möglich.

Der Wunsch seiner Dame muß jedem echten Ritter ein Befehl sein. Auch Lancelot gehorcht, wie es sich gehört: ohne Wimpernzucken.

Das wird zur vielberedeten Sensation. Hat der Ritter mit dem orangen Schild am ersten Tag jeden Gegner fast mühelos besiegt und gilt bereits als Champion des Turniers, so benimmt er sich am zweiten wie ein blutiger, nicht einmal übermäßig tapferer Anfänger.

Am Abend erscheint wiederum die Kammerzofe, wiederum mit dem Befehl, es morgen so schlecht zu machen wie heute. Was Lancelot gehorsam befolgt, bis Ginevra dem Vorbeireitenden zuflüstert, er möge jetzt so gut wie früher kämpfen. Lancelot gewinnt das Turnier und verläßt, immer noch unerkannt, die Kampfstätte.

Das Zögern vor dem Betreten des Schinderkarrens ist endgültig gesühnt. Eine merkwürdige, fast feministisch anmutende, umgekehrte Zähmung des Widerspenstigen hat stattgefunden, so etwas wie ein Präludium zum Happy-End, das freilich nicht von Dauer sein wird.

Dem Zug zurück nach Gorre folgt ein einsamer Ritter. Meneagant, der seinen Erzgegner nach wie vor im Turmverlies vermutet, erschrickt, als dieser Ritter sein Visier öffnet. König Bagdemagus, der versucht hat, seinem Sohn ein Tjosten auf Leben und Tod mit Lancelot vom See abzuraten, muß ansehen, wie dieser kläglich unterliegt. Diesmal zögert der Ritter auf dem Karren nicht. Meneagants Kopf rollt in den Sand.

Damit sind auch die Leute aus Logres befreit. Das Land Gorre öffnet sich. König Artus kann nicht nur seine Gemahlin in die Arme schließen, sondern auch seinen Freund Bagdemagus, eine Vielzahl entführter Ritter und Bürger seines Landes, die freudig heimkehren, wie auch den, der dies alles bewerkstelligt hat: Lancelot.

Der trägt seine eigene Bürde mit sich heim nach Camelot: die Liebe zu Ginevra, die zugleich Verrat ist an Artus.

15

Tristan und Isolde

Liebe und Verrat – in der Artus-Sage werden die beiden Begriffe gleich zweimal in einem Atemzug genannt. Das Verhältnis Lancelots zu Königin Ginevra ist nicht das einzige, das die Atmosphäre an der Tafelrunde belastet. Fast noch bekannter geworden – und schon damals durch Hunderte von Balladen populärer – sind Tristan und Isolde. Im Zwiespalt zwischen Liebe und Pflicht stehen den existentiell Schuldigen zwei schuldlos schuldig Gewordene gegenüber.

Allerdings wird von ihnen nicht Artus betrogen, sondern sein Vasall, Marke von Cornwall, der sich aber, ganz wie sein Vorgänger Gorlois, ebenfalls König nennt. Trotzdem verbindet die gemeinsame Sünde beide Paare miteinander. Einmal lassen Tristan und Isolde Lancelot und Ginevra durch einen Boten einen Gruß als Freundschaftserklärung zukommen. Er lautet, nicht ohne Stolz: »Es gibt hierzulande nur vier, die wirklich lieben, und das sind Sir Lancelot und Frau Ginevra sowie Sir Tristan und Königin Isolde.«

Ihre ehebrecherischen Beziehungen scheinen im übrigen allgemein bekannt. Sie werden stillschweigend geduldet, öffnen jedoch Tür und Tor für Eifersüchteleien, verborgene Machtkämpfe, interne Fraktionsbildungen.

Sir Lamorak trifft eines Tages vor den Toren Camelots auf einen Abgesandten der Morgana. Er soll dem König Artus ein goldenes Trinkhorn überbringen, weniger ein Geschenk als einen Tort, den die Schwester aus der Anderwelt wieder einmal ihrem Bruder antun möchte. Jede Dame, die es zum Munde führt und ihrem Mann nicht sklavisch treu geblieben sein sollte, muß »alles

Getrunkene wieder von sich geben«, wie es Sir Thomas Malory ausdrückt.

Lamorak schickt den Boten spaßeshalber statt dessen nach Tintagel, an den Hof des Königs Marke. Alle hundert Edeldamen, die dort daraus trinken, müssen speien, nur vier von ihnen nicht. Eine Weile überlegt Marke, ob er nun nicht seinen gesamten weiblichen Hofstaat – einschließlich Königin Isolde – auf dem Scheiterhaufen verbrennen müsse. Aber dann überzeugen ihn seine Ritter davon, daß man bei einer Hexe wie Morgana nicht alles für bare Münze nehmen darf.

Im übrigen sind Lancelot und Tristan sehr ähnlich angelegt – beide wachsen sie fern von ihren Familien auf, erhalten aber eine makellose ritterliche Erziehung. Beide sind ungewöhnlich stark und gutaussehend, aber nicht frei von Eitelkeit. Man verwechselt sie mitunter. Als Tristan einmal in Irland nach seinem Namen gefragt wird und nur angibt, ein Artus-Ritter zu sein, hält man ihn prompt für Lancelot.

Dabei ist Tristan der weitaus Ältere von beiden. Er läßt sich sogar auf eine – wenn auch vage – historische Persönlichkeit zurückführen, einen Drust oder Drustan, wahrscheinlich piktischer Herkunft. Die Pikten haben die Britischen Inseln bewohnt, noch ehe die ersten Kelten, zu deren Nachfahren man Lancelot rechnen muß, von der Iberischen Halbinsel dort eintrafen.

Auch in der Folklore hat der piktische oder scotische Tristan bereits seine Spuren hinterlassen. In den »Triaden«, der Sammlung walisischer Bardengesänge, fungiert »Drystan« als einer der »Drei Mächtigen Schweinehirten«, worunter man sich sehr hochgestellte Leute vorstellen muß, denn Schweine waren den Kelten heilige Tiere. In Cornwall gilt der einsame Monolith bei Castle Dore nahe Fowey mit seiner lateinischen Inschrift »Drustanus hic jacet« aus dem 6. Jahrhundert als Tristans Grabstein.

Cornwall spielt überhaupt in seinem Leben und Nachruhm eine große Rolle. Er ist zwar nicht dort geboren, sondern im angrenzenden Königreich Lyonesse, das später wie Atlantis im Meer versinkt, aber Cornwall wird ihm zur zweiten Heimat. Wie man gleich hinzufügen muß: zu einer von mehreren. Am Artus-Hof steht ihm seine Verbindung zu Cornwall übrigens eher im Weg. Cornen sind in Camelot wenig beliebt, vor allem, wenn sie zum Hof von Tintagel gehören oder gehört haben. Artus läßt sich nur ungern an die zweifelhaften Umstände seiner Geburt erinnern.

Genug der schütteren Fakten, die es bei diesem Sagenhelden aber doch immerhin gibt. Wenden wir uns der Legende zu, diesmal in der Hauptsache dem Buch Sir Thomas Malorys, wobei wir die schönen (und frühen) deutschen Verse Gottfried von Straßburgs im Auge behalten sollten, dessen »Tristan« schon um 1200, also rund 200 Jahre vor Malory, entstanden ist und leider unvollendet blieb.

Lyonesse, woher Tristan stammt, muß sich einst von Land's End aus westwärts erstreckt haben. Nur die höchsten Gipfel des Landes ragen heute noch aus dem Atlantik heraus, in dem es in der Großen Flut versunken ist. Das sind: der spitze Gipfel St. Michael's Mount vor Marazion mit seiner stolzen Burg, früher einem Kloster, die Schwesterabtei des Mont-Saint-Michel in der Normandie und dann, schon mitten im Meer, die letzten Vorposten Europas, die Scilly-Inseln, 140 an der Zahl, darunter Great Arthur und Little Arthur, Groß-Artus und Klein-Artus.

Versunkene Reiche, die sich später traumhaft verklärt haben, finden sich überall in den Küstensagen Europas: Vineta in der Ostsee, Lost Cantrel in Wales, Ker-Is in der Bretagne. Lyonesse besitzt ihnen gegenüber den Vorteil, daß es tatsächlich Hinweise auf seine Existenz gibt. Bei tiefer Ebbe tauchen rund um die Scilly-Inseln alte Fundamente und Gemäuer im Watt auf, und bei Land's End gibt es an den steilen Klippen versteinerte Bäume, zu schweigen von den Kirchenglocken, die cornische Fischer seit Jahrhunderten immer wieder unter Wasser haben läuten hören.

Lyonesse war, im Gegensatz zu Cornwall, dem König Artus nicht lehenspflichtig. Es bestand allerdings zwischen den beiden benachbarten Königreichen so etwas wie eine traditionelle Freundschaft. Tristan ist der Sohn König Meliodas' von Lyonesse und seiner Gemahlin, Königin Elizabeth, einer Schwester von Marke. Auf seinen traurigen Namen, der soviel wie Sorgen- oder Kummerkind bedeutet, wird er getauft, weil seine Geburt sich unter tragischen Umständen abspielt.

Eine Zauberin hat den Vater aus seiner Burg gelockt. Obwohl hochschwanger, sucht Elizabeth verzweifelt im Wald nach ihm, verirrt sich und stirbt, als sie in der Einöde den Knaben gebiert. Er wächst bei Governal auf, einem Vasall des Meliodas. Aber nachdem seine Stiefmutter versucht hat, den Jungen zu vergiften, um dem eigenen Sohn die Erbschaft zu sichern, wird er zur weiteren Erziehung nach Übersee geschickt, nach Frankreich.

Dort erlernt er vor allem die Künste, worunter man damals allerdings auch das Fechten, Jagen, die Falknerei und das Schachspiel versteht, was er alles bald vollendet beherrscht. Seine eigentliche Begabung und Leidenschaft aber liegt in den musischen Künsten, Rezitation und Gesang zur Harfe wirken bei ihm bald professionell, so daß er, wenn er will, als Spielmann – da nennt er sich Tantril – durchs Land ziehen kann. Ein glänzender Schauspieler, erwirbt er sich eine weitere wertvolle Eigenschaft, nämlich eine listenreiche Raffinesse im Verbergen kleinerer und größerer Geheimnisse ohne direkte Lügen, worin ihn, wie wir bald sehen werden, kein anderer, Künstler oder Ritter, übertrifft.

Derart ausgebildet gerät er nach Cornwall, wo ja der Bruder seiner Mutter, Marke, sein Onkel, auf dem Thron sitzt. Er scheint sich jedoch zunächst inkognito, mutmaßlich als Balladensänger, dort aufgehalten zu haben, ehe er nach Tintagel zieht und seine Verwandtschaft offenbart.

Marke ist kein angenehmer Mensch. Er ist schon alt, geizig, auf Geld und Geldeswert versessen und gilt als feige. Dagegen versteht er es vorzüglich, Ritter um sich zu versammeln, die für ihn die Kastanien aus dem Feuer holen.

Zu ihnen gehört bald auch sein Neffe. Da hat der König von Irland, der bei Malory Angwysh, bei Gottfried Gurmun heißt, einen Abgesandten geschickt, seinen Schwager Morolt, einen Riesen. Er fordert Tribut von Marke und droht, das Land zu verwüsten. Der junge Tristan besiegt ihn nach langem und wechselhaftem Kampf. Er erschlägt Morolt, der aber vorher auch ihm mit einem vergifteten Speer eine tiefe und schmerzhafte Wunde zugefügt hat.

Sie will nicht heilen. Ein weiser, wohl der Anderwelt zugehöriger Arzt versichert, eine Heilung könne nur Königin Isolde von

Irland bewirken. Der kranke Tristan macht sich wieder einmal verkleidet und wieder einmal als Spielmann Tantril auf die Seereise nach Dublin. Am Hof König Gurmuns ist er rasch wohlgelitten – Spielleute sind gesuchte Entertainer –, mehr als das: unentbehrlich. Er unterrichtet auch die Tochter des Hauses, die ebenfalls Isolde heißt, ein Name, der ihm bald zur fixen Idee werden soll. Die ältere Isolde heilt auf jeden Fall seine Wunde, wobei sie freilich am Schwert des Spielmanns die fehlende Spitze am Blatt entdeckt. Als sie jene Spitze daranhält, die man in der Leiche ihres Bruders Morolt gefunden hat, paßt diese lückenlos. Tristan muß, wenn auch gesundet, Hals über Kopf nach Cornwall entfliehen.

Er kehrt wenig später zurück. Und zwar mit dem Auftrag Markes, für ihn um die Hand der irischen Prinzessin anzuhalten. Da er ferner Irland von einem Drachen befreit, der die Gegend unsicher macht, wird er doch wieder als Persona grata empfangen, obwohl Königin Isolde ungastlicherweise erneut versucht, den Mörder ihres Bruders, diesmal im Bad, umzubringen. Ein Ritter namens Sir Hebe entwindet ihr das Schwert Tristans, das sie zu diesem Zweck ergriffen hat.

Tristan macht sich – so etwas versteht er – sogar derart beliebt, daß König Gurmun ganz offen seine Enttäuschung über die Werbung Markes zum Ausdruck bringt. Gurmun läßt durchblicken, es wäre ihm lieber, wenn seine Tochter den jungen Sir Tristan heiraten würde. Eine Wunschvorstellung, die er rasch aufgibt. Ein König muß die Werbung eines anderen Königs um seine Tochter annehmen: Boten tragen die freudige, wenngleich kaum überraschende Nachricht voraus nach Cornwall, und Mutter Isolde mixt, um das Glück ihres Kindes zu sichern, rasch einen unfehlbar wirkenden Liebestrank für das zukünftige Paar. Sie vertraut ihn ihrer Nichte Brangäne an, die Isolde nach Cornwall begleiten soll.

Den traurigen Verlauf der Geschichte darf man als bekannt voraussetzen. Die Überfahrt ist stürmisch. Erleichtert, als der Sturm abflaut, sucht Isolde nach etwas Trinkbarem, entdeckt das kleine Fäßchen im Gepäck Brangänes, die an Deck weilt, schenkt sich und Tristan, ihrem Begleiter, je einen Pokal des vermeintlichen Weines ein und hat damit ihr Schicksal und das Tristans besiegelt. Als Brangäne in die Kajüte tritt und das Unheil entdeckt, ist es zu spät. Mag die Liebe der beiden nicht ausschließlich durch den Zaubertrunk verursacht sein – sie wirkt jetzt unüberwindbar wie ein Naturereignis. Ihr werden beide ausgeliefert bleiben, eine Krankheit, wie es Gottfried von Straßburg ausdrückt, gegen die es nur ein Heilmittel gibt, nämlich »ein ander zarzatie« – einander als Arznei.

Sie wird dann auch schon eifrig auf der Fahrt nach Tintagel eingenommen, die sich rascher vollzieht, als es unter diesen Umständen Liebenden recht sein kann. Die Reise vergeht »mit wunneclichem lebene«, trotzdem unter großer Zukunftsangst.

Das erste Problem, das sich ergibt, überwindet Tristan, wie es seine Art ist, mit List, Überredungskunst und Tücke. Er überzeugt Brangäne, daß sie, die Jungfrau, für Isolde in der Hochzeitsnacht einzuspringen habe. Da sie sich durch ihre Unachtsamkeit mitschuldig fühlt, willigt sie nach langem Zögern ein. Die Täuschung gelingt.

Noch geschickter geht er später vor, als seine Liebschaft mit der Königin zu einer Art von offenem Geheimnis am cornischen Königshof geworden ist. Mehrere Male haben Neider, darunter der heimtückische Hofzwerg und Tristans eigener Vetter, Sir Andret, versucht, das ehebrecherische Liebespaar zu überraschen, was sogar mehrmals gelingt. Jedesmal kann es jedoch auf abenteuerliche Weise den Kopf aus der Schlinge ziehen.

Nicht jedoch, als Andret seinen Vetter im Bett der Königin entdeckt und ihn nackt, wie er ist, fesseln und in den Kerker werfen läßt. Er kann zwar wieder – durch einen Sprung vom Burgfelsen in die See – entkommen, aber jetzt will Marke, am Ende mißtrauisch geworden, seine Gemahlin in Caerleon einer Gottesprobe auf rotglühendem Eisen unterziehen.

Zu Schiff begeben sich König und Königin nach Wales. Dorthin ist auch Tristan gereist, in Mönchskleidern und durch einen Bart so gut wie unkenntlich gemacht. Als das Schiff anlegt, erbietet er sich, die Königin über den steinigen Strand ans ebene Ufer zu tragen. Was man dem frommen Mann gern gestattet, der aber wohl doch nicht so kräftig ist, wie er aussieht, denn er stolpert mit seiner schönen Last, wobei er sie mit seinen Armen unwillkürlich umfängt.

Isolde argumentiert nun, daß sie beim künftigen Gottesurteil nicht mehr ohne weiteres schwören könne, außer Marke habe kein anderer Mann je in ihren Armen gelegen. Es wird ihr dann auch gestattet, den Eid umzuformulieren: Ausgenommen bleibt »der arme Wallfahrer, den ihr alle mit eignen Augen in meinen Armen liegen saht«.

Auch dieser Trick gelingt. Der Eid ist nicht falsch, Isolde ergreift das glühende Stück Eisen, das ihr der Priester vorhält, und konsequenterweise bleiben ihre weißen Hände frei von Brandschwielen. Unter den Höflingen gibt es staunende und mißmutige Gesichter. Das Volk, das zu diesem Ereignis herbeigeströmt ist, jubelt – es ist mit dem Herzen immer mehr bei den Liebenden als bei den Gerechten, die oft so gerecht gar nicht sind.

Gottfried von Straßburg zu diesem Thema: Es stelle sich immer wieder heraus, »daz der vil tugendhafte Crist / wintschaffen alse ein ermel ist«, daß also »der sehr tugendhafte Christ / oft wie die Wetterfahne ist«.

Tristan und Isoldes Glück – falls man von einem solchen sprechen kann – bleibt wechselhaft. Lange Zeit verbringen die beiden zusammen im Walde, bei Einsiedlern im Laub versteckt, was viele Autoren zu idyllischen Schilderungen verleitet hat. Aber idyllisch gestaltet sich ihr schwieriges Leben nicht.

Zweimal wird Tristan aus Cornwall verbannt. Einmal kehrt er heimlich zurück, wird vorübergehend auf Camelot auch Ritter an König Artus' Tafelrunde, ohne sich auf die Dauer etablieren zu können. Er nimmt dort den Sitz des von ihm erschlagenen Morolt ein, freundet sich mit Lancelot an und verbringt mitsamt Isolde einige Wochen auf dessen Besitz Joieuse-Garde, Schloß Freudenwacht. Doch ein zweiter Bannstrahl Markes vertreibt ihn endgültig in die Bretagne. Isolde kehrt reumütig nach Tintagel zurück.

In der Bretagne heiratet Tristan sogar, und zwar die Tochter des Königs Howell. Ihr Name: Isolde. Zur Unterscheidung trägt sie den Beinamen »Weißhand«. Es gibt noch andere Isolden, auf die er fixiert scheint – ein französischer Autor behauptet, Sir

Tristan sei im Grunde in jede Frau verliebt gewesen, die Isolde geheißen habe. Eine dritte Dame dieses Namens lebt übrigens in Lyonesse, wo man sich Hoffnungen macht, daß der berühmte Ritter dermaleinst in seine Heimat zurückkehren und dort König werden würde.

Was seine Rückwendung zur ersten Isolde veranlaßt hat, bleibt dunkel. Die unglückliche Gemahlin König Markes beschwert sich über die Treulosigkeit ihres Geliebten bei Ginevra, und diese berichtet Lancelot von Isoldes Verzweiflung. Lancelot schickt einen Boten in die Bretagne mit einem Brief voller Vorwürfe. Er findet Tristan nach einem Feldzug schwer verwundet vor. Lancelots Brief scheint seinen Zustand noch zu verschlimmern. Seine flehentliche Bitte lautet jetzt, Isolde solle aus Cornwall kommen. Sie allein könne ihn wieder gesund pflegen.

Sein Krankenzimmer liegt hoch in einem Turm, dessen Fenster auf die offene See hinausgehen. Seine Frau Isolde Weißhand hält Ausschau nach dem cornischen Schiff, das ihr Mann so händeringend erwartet. Sollte die andere, die erste Isolde, an Bord sein, würde es weiße Segel gesetzt haben, wenn nicht, pechrabenschwarze.

Das Schiff, das Isolde Weißhand am Horizont auftauchen sieht, trägt weithin sichtbar leuchtend weiße Segel. Aber die Augen gehören einer Nebenbuhlerin. Die Ehe, verraten einige der Tristan-Autoren, zwischen Tristan und der zweiten Isolde ist nie vollzogen worden. Die Rache fällt bitter aus. Dem verwundeten Gatten erklärt Isolde Weißhand, das Schiff aus Cornwall führe schwarze Segel. Tristan nimmt sein griffbereites Schwert und stürzt sich hinein.

Isolde von Cornwall tötet sich an seiner Seite durch Gift.

Die verhängnisvoll Liebenden sind im Tode endlich vereinigt, lautet das zweifelhafte Happy-End der meisten Autoren.

Nicht so bei Dante. Da büßt Tristan im 5. Gesang des »Inferno« seine Sünden im zweiten Kreis der Hölle ab, in dem die erotischen Vergehen ihre Strafe und Sühne finden.

Auch Isolde Weißhand wird zum Opfer. Sie stirbt, wie ihre Vorgängerin, durch eigene Hand. Der gehörnte König Marke wird den gleichfalls gehörnten König Artus überleben und

grimme Rache an Menschen nehmen, die nichts für sein unglück-
liches Schicksal können. Kaum ist Artus tot, fällt er in Logres ein
und verwüstet das Land, das seinem Nebenbuhler Asyl gewährt
hat.

Der traurigen Liebesgeschichte folgt Schlimmeres: Krieg, Gewalt und Mord, zehnmal schändlicher als jeder noch so hinterhältige Ehebruch. Auch dies eine Moral, die sich unschwer aus der
Artus-Sage ziehen läßt.

16

Ein Dummkopf aus Wales

John Steinbeck, der lange mit dem Artus-Stoff gerungen hat (ihn aber dann auf halber Strecke aufgab), empfand die Helden der Sage als »Ich-Darsteller«. Das waren sie zweifellos, oder bleiben wir im Präsens: das sind sie bis auf den heutigen Tag. Sie spielen mehr oder weniger selbstgeschaffene Rollen auf einer imaginären Bühne.

Zum Ritter, vor allem zum Artus-Ritter, muß man zwar geboren sein und über Körperkraft, Geschicklichkeit und gesunden Sportsgeist verfügen. An Charaktereigenschaften darf man anscheinend aber mitbringen, was immer unter Menschen möglich oder üblich ist. Man kann mißgünstig sein wie Sir Kay, arrogant wie Sir Gawain, pessimistisch eingestellt wie Sir Lancelot oder ganz einfach dumm und ungebildet wie der edle Ritter, dem das folgende Kapitel gewidmet sein wird.

Dieser Mann lebt in Wales, einem keltischen Stammland, aber er weiß, zumindest am Anfang der Geschichte, nicht einmal, wie er heißt, geschweige denn, woher er stammt. Die Gegend, in der er aufwächst, nennt sich schlichtweg »Wildwald«, hat aber wenig oder nichts mit der Anderwelt zu tun oder dem Wüsten Land – nur daß sich anscheinend dort eben die Füchse gute Nacht sagen. In die deutschen Bereiche der Artus-Geschichte ist unser Mann im übrigen als »tumber tor« eingegangen.

Dennoch – oder, wie hinzuzufügen wäre: selbstredend – entstammt er höchstem Adel, was ihm jedoch nicht bewußt wird, denn er weiß auch nicht, was Adel, geschweige denn höchster Adel auf der Welt bedeutet. In der Einöde freilich vertreibt er sich die Zeit auf aristokratische Weise: Er schnitzt Speere, mit denen er vortrefflich umzugehen lernt, Wildbret zu erjagen und selbst Vögel im Flug zu treffen versteht. Drei solcher Speere trägt er ständig bei sich.

Seine Vorgeschichte: Der Vater, ein Vasall des guten Königs Uther Pendragon, war einst ein mächtiger Fürst im Reich der Inseln, wahrscheinlich den Hebriden an der Westküste Schottlands. Im Kampf schwer an beiden Oberschenkeln verwundet, hat man ihm in der rechtlosen Zeit nach Uthers Tod Rang und Besitz geraubt. Nachdem auch noch seine beiden ältesten Söhne, Ritter wie er, im Heer des Königs Ban auf dem Schlachtfeld fallen, stirbt er vor Gram nach langem Siechtum und völlig verarmt.

Was die Mutter veranlaßt hat, mit den restlichen Söhnen, der jüngste noch im Säuglingsalter, sozusagen auszuwandern. Sie hat sich in die Einöde des Wildwaldes nach Wales zurückgezogen und führt auf mühsam gerodetem Land ein einfaches Leben fernab jeglicher Zivilisation. Man lebt von dem, was der Wald bietet und einer Rinderherde, die der Jüngste, unser Speerwerfer, hütet.

Eines Tages begegnet er, mitten im Wald, fünf klirrenden, glitzernden, blitzenden Gestalten zu Pferde, die er für Götter oder Engel hält. Auf seine Frage hin erklären sie ihm gutmütig, nein, sie seien Ritter des König Artus, der eben Hof in Caerleon hält. Ihre Gegenfrage nach seinem Namen beantwortet er wahrheitsgemäß, er werde »Lieber Sohn« gerufen. Und weiter? wollen die Ritter wissen. Mitunter auch »Lieber Bruder«, wie ihm einfällt.

Einen der fünf Artus-Ritter rührt der Bauernjunge. Er zeigt und erklärt ihm seine Rüstung, seine Waffen, erzählt vom Rittertum und König Artus. Chrétien de Troyes, den wir in diesem Fall aus gutem Grund den anderen Quellen vorziehen, verrät nicht, wer der freundliche unter den Rittern war – Gawain, Tristan, Ector – es deutet alles am ehesten auf Lancelot, auf gar keinen Fall auf Sir Kay.

Die Mutter ist nicht sehr beglückt, als ihr jüngster Sohn ihr nunmehr erklärt, er habe beschlossen, ein Ritter zu werden und wolle jenen König aufsuchen, von dem ihm berichtet worden sei und der im Augenblick ganz in der Nähe weile, in einem Ort namens Caerleon. Selbst eine Edelfrau, bleibt die alte Dame fair.

Ihre älteren Söhne sind Kinder des einsamen Landes geworden. Dieser schlägt offenbar in die ursprüngliche Richtung – sie gesteht ihm nun, daß er ritterlicher Herkunft sei, also alle Aussicht habe, tatsächlich ein Ritter am Hofe eines Königs zu werden.

Und sie hilft ihm sogar, die Ausfahrt vorzubereiten, so gut sie sich erinnert und so weit sie es versteht. Aus rauhem walisischen Leinen näht sie ihm ein Hemd, wie es Ritter – allerdings aus Seide – unter dem Kettenpanzer zu tragen pflegen, fertigt aus ungebeiztem Leder das erste Paar Schuhe für ihren Jüngsten, sattelt ein mageres Pferd für ihn und nimmt zwei seiner Speere weg. Einer genüge, belehrt sie ihn. Dreie ließen ihn als das erscheinen, was er ist, einen walisischen Bauern.

Die Ratschläge, die sie ihm auf den Weg gibt, sind allerdings veraltet und verwirren den Sohn eher, als daß sie ihm nützen. Er möge sich als künftiger Ritter, empfiehlt sie, möglichst häufig in der Kirche sehen lassen, muß dann jedoch erklären, was eine Kirche ist; ihr Jüngster hat nie eine gesehen. Und was soll er sich unter einem edlen Fräulein in Not vorstellen, dem man zu helfen habe und das sich für die gewährte Hilfeleistung mit einem Kuß und einem Ring bedanken würde?

Daß er alles in den falschen Hals bekommen hat, zeigt sich bereits bei seinem ersten Abenteuer, falls man es als ein solches ansehen will – es hat immerhin einige Folgen. In einer Waldlichtung stößt er auf ein prächtiges, wohlgeschmücktes Zelt, in dem ein junges Mädchen schläft; ihr Verlobter hat sie für einen kurzen Spazierritt allein gelassen. Als sie aufwacht, findet sie sich in den Armen eines Jünglings deutlich walisischer Mundart, der sie für ein Fräulein in Not hält und einen Kuß von ihr verlangt. Da sie dies entrüstet ablehnt, nimmt er sich mit starken Händen nicht nur einen, sondern gleich sieben.

Nun hungert ihn, also ißt er ungeniert die auf einem Tisch bereitgestellte Mahlzeit und trinkt den Wein des Verlobten. Auch vergißt er nicht, der Schönen den Ring abzufordern, der ihm zusteht. Als sie sich weigert, zieht er ihn ihr gewaltsam vom Finger und macht sich in der Gewißheit, im Sinne seiner Mutter ritterlich gehandelt zu haben, davon.

Der Verlobte platzt beinahe vor Eifersucht, als er zurückkommt und von der Geschichte hört. Er glaubt seiner Braut nicht, daß sich der Waliser Kuß, Ring und Wein mit Gewalt geraubt hat. Zornig erklärt er, ihn suchen, finden und ihm den Kopf abschlagen zu wollen, wobei ihr ein besonders dornenvoller Weg bevorstehe: »Dein Pferd wird keinen Hafer mehr zu fressen bekommen und, wenn es ein Hufeisen verliert, kein neues. Stirbt es, mußt Du mir zu Fuß nachgehen in immer den gleichen Kleidern. Und wenn diese zerreißen, wirst Du nackt hinter mir herlaufen, bis ich den Unhold aus Wales erschlagen habe.« So machen sie sich auf, dessen Spuren zu suchen – vergeblich, aber wir werden ihnen wiederbegegnen.

In den Trink- und Thronsaal von Caerleon platzt der junge Mann, der Ritter werden will, nicht viel anders als ins Zelt der unglücklichen Braut. Das heißt: er ist schon draußen, vor dem Burgtor, auf einen Ritter gestoßen, dessen Ausrüstung er sehr bewundert hat. Sie ist ganz in Rot gehalten, auch Panzer, Schild und Helm. Bester Laune und hohnlachend zeigt er auf einen kostbaren, mit Edelsteinen besetzten Kelch, den er in Händen hält und erklärt, ihn soeben dem König Artus entrissen zu haben. Der Wein, den er enthielt, wurde von ihm über Königin Ginevra ausgegossen, was alles der junge Mann ebensowenig begreift wie die meisten Leser, die dies im Verlaufe eines guten halben Jahrtausends erfahren mußten.

Man begegnet einem anderen Artus als dem, den wir bisher kannten oder zu kennen meinten. Seit Merlin verschwunden ist und die unheilvolle Affäre zwischen Lancelot und Ginevra auf Camelot die Atmosphäre vergiftet, scheint er depressiv und vorzeitig gealtert. Heldentaten und Abenteuer überläßt er bereits seit längerem seiner Tafelrunde und genießt beides mehr im Wort als in eigener Tat.

Allerdings begeht man im Augenblick so etwas wie eine Siegesfeier. Von Artus und seinem Heer unter Mithilfe fast aller Ritter geschlagen worden ist König Rion vom Reich der Inseln, also der Nachfolger oder ein Nachfolger des Vaters unseres ungelenken Möchtegernritters. Der Triumph des Artus ist allerdings jäh in eine beschämende persönliche Niederlage übergegangen. Wie ein Blitz aus heiterem Himmel hat der Rote Ritter den Saal betreten, dem König den Goldbecher entrissen, die Königin mit Wein begossen und die Festhalle auch schon wieder unter kränkenden Schimpfworten verlassen – kaum, daß die ermüdeten und inzwischen wahrscheinlich angeheitert-betrunkenen Ritter den Vorfall auch nur bemerken.

Da sitzt Artus, ein müder alter Mann, den Kopf in die Hand gestützt, umdüstert in der lärmenden Menge. Der junge Mann fragt verwirrt, wer denn in diesem wüsten Haufen König Artus sei, den er suche.

Es ist Yvonet, ein Edelfräulein Ginevras, das sich des hilflosen Walisers annimmt. Sie führt ihn vor den abwesend wirkenden alten Mann, der sich wohlwollend, aber zerstreut nach seinen Wünschen erkundigt.

Mit ihnen hält der walisische Jüngling nicht hinterm Berg. Er weiß genau, was er will: genau solch eine Rüstung, wie sie der Rote Ritter trägt, der den Kelch des Königs geraubt hat, und solch ein Schwert und solch ein Pferd. Es klingt wie eine ernsthafte Forderung.

Artus winkt ab. Aber schon ist Sir Kay zur Stelle, vorlaut wie immer. Die Rüstung, versichert er dem Bittsteller, sei ihm geschenkt, sie gehöre ihm – er müsse sie sich nur noch holen. Artus mißbilligt die Rede seines Milchbruders, es sei ungehörig, sich über einen wenn auch ungebetenen Gast an seiner Tafel lustig zu machen. Aber Sir Kay läßt nicht locker, und als die kleine Yvonet ihm daraufhin laut ins Gesicht lacht, versetzt er ihr eine schallende Ohrfeige, daß sie in Tränen ausbricht.

Die Ohrfeige wird der junge Waliser ihm nie vergessen; dem großmächtigen Seneschall wird sie noch schlecht bekommen. Das Geschenk nimmt der unbedarfte Jüngling allerdings für bare Münze. Er wendet sein Roß, auf dem er in die geräumige Festhalle geritten ist, und folgt der Spur des Roten Ritters, den er auch bald auf offenem Feld einholt.

Die nun folgende Szene könnte aus Balin und Balan stammen, auch wenn sie mit einem Totschlag endet. Von Zeit zu Zeit dominiert in der Artus-Legende der populäre Moritatencharakter in wirkungsvoll eingefügten Slapstickelementen. Der Rote Ritter wird Augen und Ohren nicht getraut haben, als sich ihm der junge

Mann auf seinem elenden Klepper in den Weg stellt und ihm barsch in deutlich walisischer Mundart befiehlt, vom Pferd zu steigen. Dann möge er augenblicklich sowohl Rüstung als auch Schwert und Schild ablegen und ihm übergeben. König Artus selbst habe ihm, dem künftigen Ritter, soeben alles übereignet. Der großmächtige Ritter wird wütend, als er bemerkt, daß der Waliser es ernst meint, und versetzt dem Unverschämten einen derben Lanzenhieb.

Es ist der erste Hieb, den der junge Mann in seinem Leben von einem Gegner erhält; er tut weh und versetzt ihn seinerseits in rasende Wut. So greift er zur einzigen Waffe, die er besitzt, seinen selbstgeschnitzten Speer aus Eschenholz. Der sieht harmlos aus, ist es aber nicht in seinen Händen. Er zielt mit ihm genau auf das rechte Auge des Ritters, das er auch nicht verfehlt. Die Speerspitze dringt dem Roten durch Hirn und Helm; er fällt augenblicklich tot von seinem Pferd.

Ungerührt und wenig erstaunt über seinen raschen Sieg, will sich der namenlose Liebersohn oder Lieberbruder das wohlerworbene Geschenk sofort aneignen. Er stößt da jedoch auf einige Schwierigkeiten. Mit den komplizierten Schnallen und Schraubsystemen einer Ritterrüstung nicht vertraut, ist er eben drauf und dran, in seiner Verzweiflung den Leichnam mit dem Schwert in Einzelstücke zu zerlegen, als Yvonet erscheint. Sie ist ihm nachgelaufen und zeigt ihm nun die notwendigen Handgriffe.

Von ihr lernt er auch, sich die Rüstung anzulegen, was ebenfalls nicht einfach ist und ohne fremde Hilfe nur nach langer Erfahrung gelingt. Yvonet will ihm auch das Seidenhemd anziehen, das Ritter unter der Rüstung tragen, aber der will das härene Gewand seiner Mutter behalten.

Man merkt es der Artus-Sage an, daß sie nicht zuletzt aus geschickt komponierten Moritaten hervorgegangen ist, zu ihrer Zeit die einzige Unterhaltung, die sich hin und wieder bietet. Dem Possenspiel folgt die rührende Szene. Zwei junge Menschen, noch nicht einmal ein Liebespaar, fühlen sich in der Erwachsenenwelt zueinandergezogen. Sie helfen sich über die ersten, schwersten Stufen hinweg, die sich ihnen in den Weg legen.

Aber es bleibt nicht bei zarter oder gar zärtlicher Empfindung. Mit der roten Rüstung hat der Königssohn seinen ererbten Stolz angelegt, ohne daß es ihm bewußt wird. So schickt er das junge Mädchen hoheitsvoll zurück zu König Artus, dem er bestellen läßt, er werde eines Tages zurückkehren und jene Ohrfeige ahnden, die der Seneschall dem schönsten und edelsten Fräulein auf Erden versetzt habe.

Artus, ohnedies, wie es scheint, etwas begriffsstutzig geworden, versteht zunächst nicht, wer ihm durch Yvonet den geraubten Prunkbecher zurückschickt und, wie sie berichtet, den Räuber erschlagen haben soll. Keiner seiner berühmten Ritter hat seine Schmach gerächt, sondern der seltsam versponnene namenlose Jüngling aus Wales? Er erinnert ihn an seine eigene Jugend und bedauert, den hoffnungsvollen Knappen durch Sir Kays zynisches Eingreifen verloren zu haben. Nicht sehr lange, wie sich bald herausstellt, denn es wird dem jungen Mann in seiner eroberten roten Rüstung immer wieder gelingen, den König auch aus der Ferne auf sich aufmerksam zu machen.

Ein guter Stern führt ihn auf die Burg eines älteren und erfahrenen Ritters. Er sucht bei ihm nur ein Nachtquartier, findet aber den besten aller Lehrmeister ritterlicher Kunst und Sitte. Da Sir Gornemant von Gohort (Gurnemanz bei Wolfram und Wagner) der naive, aber begabte Junge vom Lande gefällt, wird er ihm das, was Sir Ector für Artus war: ein ebenso gestrenger wie väterlich-liebevoller Lehrer aller Tugenden in Praxis und – für unseren Waliser fast wichtiger noch – Theorie, also höfischem Benehmen.

Das Tjosten zu Pferd und zu Fuß, die Handhabung von Schwert und Bogen – diejenige der Lanze beherrscht er bereits, wie wir wissen –, die Regeln im Turnier und in der Minne lernt er, wenn auch nicht mit dem Kopf, eher mit dem bei ihm groß, vielleicht zu groß geratenen Herzen. An seiner Naivität läßt sich kaum noch etwas ändern. So faßt Gornemant, wie einst die Mutter des unbedarften Walisers, seinen Unterricht in feste Leitsätze, die eindeutig sind und sich leicht behalten lassen.

Wenn ein Unterlegener um Gnade bittet, ist sie ihm zu gewähren.

Rede nicht viel, sondern höre zu, wenn man dir etwas sagt.

Frage nicht, wenn man dir die Antwort nicht von vornherein verraten hat.

Erfreue die, die dich lieben.

Unser junger Ritter wird sich sklavisch an solche Ratschläge seines Ziehvaters halten, wobei feste Wahrheiten unversehens zu leblosen Dogmen erstarren können. Vor- und Nachteil der pädagogischen Methode Gornemants dürften sich die Waage halten.

Unser Rotgerüsteter ist gründlich geschult, als er sich wieder auf den Weg macht zu Ruhm und Ritterschlag. Er erlebt und durchsteht viele Abenteuer, die ausnahmslos mit seinem Sieg enden. Die Nichte Gornemants wird auf ihrer Burg Beaurepaire belagert. Er besiegt Engygeron, den Seneschall des gegnerischen Heeres, und schickt ihn an den Hof des Königs Artus. Artus und dem hübschen Fräulein Yvonet soll er sich unterwerfen, was auch geschieht. Als der Herr des Seneschalls anrückt, Sir Clamadeus, geschieht ihm nebst seinen zwanzig Rittern ein gleiches. Sie befinden sich ebenfalls bald auf dem Weg nach Dinasdaron, wo Artus diesmal das Pfingstfest verbringt, einem Ort in Wales. Artus nimmt alle in seine Tafelrunde auf, denn es handelt sich um tapfere und hochadlige Leute. Kein Wunder, daß der König den Waliser, den er kaum kennt, bald als einen seiner besten Leute – fast möchte man sagen: Anwerber – betrachtet. Kaum eine Woche vergeht, ohne daß jemand sich, vom Waliser besiegt, König Artus vor die Füße wirft und, wenn er etwas taugt, Vergebung und oft Aufnahme in den Hofstaat erlangt.

Auch hilft der erfolgreiche Abenteurer nahezu pausenlos Damen in Not. Damit ist nicht nur Blancheflor, die Herrin auf Beaurepaire, gemeint, der er schon geholfen hat. Bei ihr bleibt er allerdings eine Weile, genießt die ersten Freuden körperlicher Liebe, denn als Reiner Tor in freiwilligem Zölibat erscheint er erst viel später in Richard Wagners Oper.

Durch puren Zufall stößt er bei einem Abenteuer auf seine leibliche Kusine, die ihm vom Tod seiner Mutter berichtet und ihm – endlich! – auch seinen Taufnamen verrät. Es gehört zu Chrétiens erzählerischen Tricks, den richtigen Namen seiner Helden immer erst in letzter Minute preiszugeben, obwohl man annehmen darf, daß seine Zuhörer oder Leser – ganz wie wir – längst wissen, um wen es sich handelt. In diesem Fall um keinen anderen als Parzival.

Wie bei allen Personen der Artus-Sage gibt es da allerdings unendlich verschiedene Schreibweisen: in der walisischen Sagensammlung »Mabinogion« heißt er Peredur, bei Malory Perceval, erscheint aber auch als Percivale, Parsifal und Percyvelle. Selbst sein Lebenslauf weist in den Quellen erhebliche Unterschiede auf. Manche behaupten, er sei ein Sohn König Pellinores. Nicht so Chrétien, dessen Fassung wegen des nun folgenden Ereignisses gewählt worden ist, das Parzival betrifft und bei ihm zum erstenmal im Zusammenhang mit der Artus-Sage auftaucht.

Wieder befindet sich Parzifal im Wildwald. Wieder benötigt er eine Herberge für die Nacht, aber die Gegend erweist sich als wüst, unbewohnt und leer. Da gleitet auf einem breiten Strom, über den er vergebens eine Furt sucht, ein Boot heran. In ihm befinden sich zwei Männer, ein Liegender und ein Stehender, die Netze ausgeworfen haben, um Fische zu fangen. Sie kommen so nahe an das Ufer, daß er sie nach einer Burg oder einem nahen Dorf fragen kann. Der Liegende lädt ihn auf sein Schloß, das sich hinter dem nächsten Hügel erhebt. Da liegt es plötzlich vor ihm und über den Strom führt eine Brücke, geradewegs auf das Schloßtor zu.

Naivität ist eine kuriose Mischung aus Schüchternheit und höchstem Selbstbewußtsein. Was Parzival auf diesem geheimnisvollen Schloß begegnet, erstaunt ihn. Aber entweder es erstaunt ihn nicht derart, daß er nachfragen und sich erkundigen würde, oder er bleibt, eingedenk seines Lehrmeisters Gornemant, stumm, weil er sich vor dummen Fragen hütet. Er übersieht oder weiß noch nicht, daß es auch kluge – und notwendige – Fragen gibt.

Sein Gastgeber, ein würdiger, grauhaariger Ritter mittleren Alters, entschuldigt sich, daß er ihn liegend empfängt; sein gesundheitlicher Zustand gestatte nichts anderes – nur noch zum Fischen reichten seine Kräfte. Er werde auch von ständigen starken Schmerzen geplagt. Aus Furcht, neugierig zu erscheinen, fragt Parzival nicht nach der Krankheit des Burgherrn.

Das Abendessen wird in der großen Halle eingenommen, in der sich die gesamte Besatzung der Burg versammelt. Im flackernden Fackellicht öffnet sich eine Seitentür und, begleitet von einem Zug Edelknaben, erscheint ein Knappe, der eine weiße Lanze trägt, von deren Spitze frisches Blut tropft. Langsam wird sie in feierlichem Zug an Parzival vorbeigeführt.

Es folgt ein junges Mädchen, das einen Kelch in Händen hält, der von innen zu glühen scheint. Er glüht heller als die Fackeln an der Wand und die Kandelaber, die links und rechts von ihm brennen; sein Glanz taucht den Raum in strahlendes Lich, vor dem alle Anwesenden auf die Knie sinken. Parzival rührt sich nicht von seinem Stuhl.

Auf einem Tisch von Elfenbein abgestellt, scheint der glühende Kelch auch alle Speisen zu produzieren, die da in nahezu pausenloser Abfolge von den Pagen an die Tafel getragen werden, dazu Wein, Brot und exotische Früchte, alles vom Besten – ein Mahl, wie Chrétien sagt, »das jedem König, Grafen oder Kaiser angemessen« wäre. Parzival kommt es wie ein Wunder vor. Es ist ein Wunder; aber wieder fragt er nicht, obwohl Lanze und Kelch später in festlicher Prozession erneut an ihm vorbei zum Gesang verborgener Chöre aus dem Saal getragen werden.

Man sitzt noch eine Weile zusammen, ehe sich der Gastgeber auf einer Trage in sein Schlafgemach zurückzieht. Auch Parzival wird in ein Zimmer geleitet, wo er in einem weichen Bett länger in den Morgen hineinschläft, als ihm lieb ist. Man hat, wie es scheint, vergessen, ihn zu wecken.

Aber es ist niemand vorhanden, der ihn wecken könnte. Das Schloß liegt verlassen und verfallen da, scheint seit Jahrzehnten unbewohnt. Im unkrautüberwachsenen Burghof finden sich nur sein unversorgtes Pferd, seine Rüstung und seine Waffen, dazu ein weiteres Schwert, das – symbolisch genug – schon beim ersten Streich, den er mit ihm führt, zerbricht, ein Hohngeschenk. Als Parzival von dannen reitet, verschwindet das Schloß, wie es vor ihm aufgetaucht ist, ins Land Nirgendwo.

Auf all dies kann er sich keinen Reim machen. Er versteht auch die klagende Alte nicht, die ihn unten, am Fluß, über den jetzt keine Brücke mehr führt, beschimpft – den Blödian, der eine erlösende Tat hätte vollbringen können, wenn er nur das Selbstverständliche getan haben würde. Er stutzt, gibt dann aber seinem Pferd die Sporen.

Aus seiner Nachdenklichkeit erwacht Parzival erst, als er vor sich eine seltsame Erscheinung auf magerem Pferd, einer hinkenden Mähre, reiten sieht. Eine Dame in Not. Nichts lenkt ihn schneller und nachhaltiger ab. Das seltsame Schloß ist sofort vergessen.

Die Dame scheint in höchster Not oder tiefstem Elend. Ihre Kleidung hängt zerfetzt an ihrem Leib und bedeckt nicht einmal mehr die notwendigsten Stellen. Sie schluchzt hemmungslos vor sich hin, scheint verwirrt und hilfsbedürftig. Jetzt faßt sich Parzival ein Herz und fragt, was mit ihr sei.

Er erfährt zu seinem Erstaunen, daß sie vor einigen Monaten von einem vorwitzigen Menschen aus Wales belästigt worden sei, der ihr sieben Küsse sowie einen wertvollen Ring geraubt und überdies das Abendbrot ihres Verlobten verzehrt habe. Der Verlobte suche seither den walisischen Unhold, und sie müsse zur Strafe, daß sie die Frechheiten geduldet habe, ihn ungepflegt und verwahrlost auf der Suche begleiten.

Parzival gibt sich der Unglücklichen zu erkennen, indem er ihr den fraglichen Ring entgegenhält und zurückgibt. Da hört man Roßgetrappel. Der Verlobte erscheint. Eifersüchtiger denn je herrscht er den Fremden an, der es wagt, mit seiner Braut zu sprechen. Nicht ohne Grund nennt man den unbeherrschten Edelmann, der so verbissen nach dem Beleidiger seiner Geliebten sucht, im ganzen Land den »Haughty Knight of the Heath«, den »Hochmütigen Ritter von der Heide.«

Parzival ist zu ungelenk mit seinen Worten, um erklären zu können, daß er damals in aller Unschuld gehandelt hat. Auf Erklärungen läßt sich der Hochmütige auch gar nicht ein. Er will von dem Beleidiger »seines Zelts, seiner Ehre, seiner Braut« nur eines: das Leben. Parzivals Antwort darauf wird im Mittelalter sprichwörtlich und oft zitiert: »Mein Tod, Sir, ist nicht so nahe, wie Ihr glaubt!«

Womit er recht behält. Nach kurzem Kampf liegt der Hochmütige, kein überragender Tjoster, vor ihm im Staub, und es ist nun an der Braut, um Gnade und sein Leben zu bitten. Da stellt Parzival einige Bedingungen: Der Ritter habe sich auf seine Burg zu begeben, seine Braut zu baden, zu kämmen und gesund zu pflegen, sie überhaupt mit aufopfernder Liebe zu umgeben, ein frisches Pferd und schöne Kleider aus besten Stoffen zu besorgen, bis daß sie wieder so schön aussehe, wie er sie, schlafend in ihrem Zelt, in der Erinnerung habe. Ihr künftiges Schicksal liege in der Hand des Königs Artus, zu dem sie sich anschließend zu begeben hätten. Auch eine Meldung bei Yvonet gehört zum Ritual.

Der unterlegene Ritter erklärt sich zu allem bereit. Mag er nicht einer der Tüchtigsten sein, so läßt Chrétien doch durchblicken, daß er ihn für einen der großen Liebenden hält, einen der unbedingtesten der Artus-Sage. Er hat aus übergroßer Liebe gehandelt, was bei diesem Dichter mehr bedeutet, als übergroße Tapferkeit zu zeigen. Die Buße, die ihm auferlegt wird, ist in Wirklichkeit keine. Nur zu gern pflegt und verwöhnt der Hochmütige seine Braut. Und König Artus, der die Geschichte zu Pfingsten mit Entzücken vernimmt, spricht ihn, auch in Yvonets Namen, frei. Chrétien verrät nicht, wann und ob das Paar geheiratet und ob König Artus auch diesen eifersüchtigen Ritter seiner Tafelrunde einverleibt hat.

Wen er jedoch auf einen der immer noch leeren Plätze wünscht, ist jener merkwürdige Ritter, den er kaum kennt, und der in seiner roten Rüstung einsam seiner eigenen Wege zieht, ohne Camelot zu vergessen. Artus bricht am Ende mit Sack und Pack und dem gesamten Hofstaat auf, um diesen Parzival zu suchen.

Ein solcher Aufbruch ist nichts Ungewöhnliches. Die weiten Strecken, die der König von Residenz zu Residenz mit seinen Leuten zurücklegt, sind nicht mit Städten, Dörfern oder auch nur Burgen übersät. Was man an Nahrung, Waffen, Behausung und Luxus benötigt, muß man mitnehmen. Wenn Artus nicht auf Camelot oder in Caerleon weilt, befindet er sich unterwegs, auch in Friedenszeiten. Das Camping in freier Landschaft beherrscht er fast schon besser als wir heutzutage.

»Dann konnte man beobachten, wie Bettbezüge, Laken und Kissen in Truhen verpackt, Kisten gefüllt, Packpferde sowie Karren und Wagen beladen wurden, denn man pflegte nicht sparsam zu sein in der Mitnahme von Zelten, kleinen und solchen, in denen man Feste feiern konnte, auch Planen, Markisen, Sonnensegel. Ein Berufsschreiber wäre mit seiner Kunst überfordert, wollte er all die Harnische und anderen Ausrüstungsgegenstände aufzählen, die da alsbald zur Hand waren und zurechtlagen: Denn wenn der König seine Residenz verließ, war es, als ob er in den Krieg zöge, und alle seine Edlen folgten ihm. Nicht ein einziges Edelfräulein blieb allein zurück, denn auch die Königin glänzte mit ihrem vollen Gefolge in Prunk und Reichtum. In dieser Nacht kampierte man auf einer Wiese in der Nähe eines Waldes.«

Wie es der Zufall will, befindet sich auch Parzival, der Gesuchte, in der Nähe. Nachts schneit es, was ein bißchen unwahrscheinlich klingt, denn Artus hat soeben in Caerleon Pfingsten begangen, aber man muß in Betracht ziehen, daß die Anderwelt hier überall sich mit der Realität überschneidet. Auf jeden Fall muß irgendein Zauber unbekannter Art den Rotgerüsteten gebannt haben. Parzival hat beobachtet, wie ein Falke auf zwei Wildgänse herabstieß, die zwar entkommen konnten, aber einige Blutstropfen im Schnee hinterlassen haben.

Sie erinnern ihn an Blancheflor, die er auf Beaurepaire zurückgelassen hat, ohne seinen Schwur ewiger Treue wohl in allen Fällen gehalten zu haben. Die Blutstropfen oder das Gesicht Blancheflors, das er in ihnen sieht, scheinen ihn zu hypnotisieren. Geistesabwesend starrt er es an und bemerkt nicht, was rund um ihn geschieht.

Und da geschieht einiges. Man hat den seltsamen Ritter von der Zeltstadt des Königs aus entdeckt. Ausgerechnet Sir Kay erbietet sich, auszukundschaften, um wen es sich handelt – um einen herumirrenden Ritter, um einen Spion oder einen harmlosen Verrückten. »He, Vasall!« brüllt er Parzival hochgerüstet vom Pferd aus an, ohne ihn zu erkennen. »Der König will Dich sehen. Komm' mit mir zum König, oder Du wirst es bedauern!«

Parzival hört ihn nicht. Versunken in die Blutstropfen fühlt er erst den harten Lanzenhieb, den Sir Kay ihm versetzt. »Und Parzival entbehrte nicht sofortiger Entschlossenheit«, berichtet Chrétien. »Er versetzte ihm seinerseits über den Knauf seines

Schildes hinweg einen Schlag auf den Helm und warf ihn derart unvermittelt auf den felsigen Boden, daß ihm das Schlüsselbein ausgerenkt und der Knochen zwischen Ellenbogen und Achselhöhle wie ein trockener Zweig gebrochen wurde, genau wie es der Hofnarr Dagonet schon lange vorausgesagt hatte.«

Angeschlagen – sehr wohl zum heimlichen Vergnügen der meisten Artus-Ritter – kehrt Sir Kay in die Zeltstadt zurück. Ohne es zu wissen, hat Parzival die Ohrfeige, die Kay seinem Liebling Yvonet gegeben hat, endlich gerächt.

Als nächster geht jetzt, auf Geheiß des Königs, Gawain dem fremden Ritter entgegen, klugerweise zu Fuß und ungerüstet. Er reißt den Versunkenen aus dem Zauberbann, indem er leise seinen Namen nennt. Sir Gawain gehört zu Parzivals heimlichen Vorbildern. Die beiden umarmen sich in Freundschaft und ziehen zusammen mit Artus und seinem Hofstaat nach Camelot, wo Parzival endgültig zum Ritter geschlagen und in die Tafelrunde an prominenter Stelle aufgenommen wird, für ihn der Höhepunkt seiner bisherigen Laufbahn.

Getrübt wird die gemeinsame Freude nur durch das Erscheinen eines weiblichen Wesens, das auf einem Muli in die Halle reitet, häßlich wie die Hölle – »die Augen so klein und schmal wie die einer Ratte, die Nase wie die eines Affen oder einer Katze, ihre Lippen wie die eines Esels oder Ochsen, während ihre Zähne so gelb waren, daß sie wie Eidotter aussahen; und sie trug einen Bart wie ein Ziegenbock«.

»Ah, Parzival«, krächzt sie ihm, ebenfalls Chrétien zufolge, entgegen, »das Glück ist hinten kahl und hat nur vorne Haare«. Sie verflucht ihn, weil er im Hause des Fischerkönigs die blutende Heilige Lanze und den Gral gesehen, aber nicht das Wunder erkannt hat. Er habe nicht einmal die Krankheit des Fischerkönigs erkannt und ihn nach ihr gefragt. Die Frage hätte den schwer verwundeten König von seinen Schmerzen geheilt. Jetzt müsse er weiter leiden, weil ein träger, nichtsnutziger Dummkopf aus Wales die einzige Chance verpaßt und verpatzt hat – die Alte ist rasend vor Wut und wird immer ausfälliger mit ihren Schimpfworten, bis König Artus sie vor die Tür setzen läßt.

Aber damit ist ein Stichwort gefallen, das dem Leben auf

Camelot, das der ganzen Legende eine neue Richtung gibt. Parsival hat den Gral gesehen, daß heißt, er hat ihn übersehen. So beschließt Artus, daß jeder Angehörige der Tafelrunde in Zukunft die erneute Suche nach dem Gral zur Hauptaufgabe seiner Abenteuer, mehr als das: seines Lebens machen soll.

Unklar bleibt, wo sich dieser Gral befindet, wie man seinen Hüter, den Fischerkönig, doch noch erlösen kann, und was er, der Kelch Christi, als Symbol, ritterliche Aufgabe und nunmehr Ziel alles Strebens bedeutet.

Hat bisher noch alles im Schlagschatten Merlins auf heidnisch-druidischer Magie beruht – die auch weiterhin ihre Rolle spielen wird –, so wandelt sich durch diese Hinwendung vieles, wenn auch nicht alles, zur christlichen Heilsgeschichte. An die Stelle des Abenteuers und der Ritterlichkeit an sich tritt die Suche nach dem Sinn hinter allem.

Aus dem weltlichen Abenteuer ist ein geistiges geworden.

17.

Die Suche nach dem Gral

Nicht nur Artus, auch seine Ritter sind von Anfang an mit Enthusiasmus bei der Sache. Um so mehr als sie – natürlich zu Pfingsten – eine wichtige Verstärkung ihrer Runde erfahren haben, die sie als Bestätigung der ihnen von Artus und dem Schicksal übertragenen Aufgabe nehmen dürfen.

Das Pfingstfest, Höhepunkt des Jahres am Artus-Hof, verspricht diesmal mehr denn je. Zwei Wunder haben sich, eine Art von Vorausspiel, ereignet. Am »Gefährlichen Sitz« der Rundtafel ist in goldenen Lettern die Weissagung erschienen, daß »vierhundertvierundfünfzig Winter nach der Passion unseres Herrn Jesus Christus dieser Sitz besetzt« werden soll. Und der Fluß hat einen großen Steinbrocken angeschwemmt, in dem, wie einst vor der Krönung des jungen Artus, ein Schwert steckt.

Die Passion Christi hat sich vor genau 454 Jahren zugetragen, und keinem der starken Ritter, nicht einmal Sir Gawain und Sir Parzival, ist es gelungen, das Schwert aus dem Stein zu ziehen; auch Sir Kay und viele andere haben es vergeblich versucht. Noch etwas Drittes geschieht, sozusagen ein halbes Wunder: Als man zum Festmahl die hohen Türen der Halle schließt, wird es im Raum nicht dunkel. Im Gegenteil: Die festen Mauern scheinen zu glühen und verbreiten einen rötlichen Schein. »Bei Gott!« läßt Thomas Malory den König Artus ausrufen, »wir haben heute Wunder gesehen, doch glaube ich, bevor es Nacht wird, werden wir noch größere Wunder erleben.«

Was sich bewahrheiten soll. Zunächst erscheint, ohne daß man weiß woher, plötzlich der fromme Naciens vor der Versammlung, ein im Land Logres verehrter Eremit. Er ist ganz in Weiß gekleidet und führt einen kaum 17jährigen Jüngling mit langen blonden Locken und schwärmerisch blitzenden wasserblauen Augen an seiner Seite. Im sanften Licht der Halle stellt Naciens ihn vor als »einen jungen Ritter aus königlichem Geblüt und dem Geschlecht Josephs von Arimathia..., der die Wunder dieses Hofes und fremder Reiche vollenden wird.«

Mit diesen Worten führt der Greis, der als das christliche Gewissen des Landes gilt, den jungen Mann zielstrebig zum bisher freigebliebenen Gefährlichen Sitz, auf dem dieser zum Entsetzen der meisten Anwesenden ohne Zögern Platz nimmt.

Aber kein Donner erfolgt diesmal, kein Blitzschlag, kein Erdbeben. Statt dessen erscheint, wie von Zauberhand geschrieben, sein Name – Galahad – auf dem Schild an jenem Platz der Tafelrunde, der jetzt ihm gehört. Und mit dem gesamten Hof erfährt Sir Lancelot, ebenfalls aus dem Mund des weisen Eremiten, daß es sich bei diesem Galahad um seinen leiblichen Sohn handelt, gezeugt damals auf dem Schloß des Königs Pellinore mit dessen Tochter Elaine.

Man erfährt nichts von der Reaktion Ginevras, die bei den Männern am Tisch sitzt. Aber manche Autoren, unter ihnen Malory, lassen durchblicken, daß Lancelot gewissermaßen vorgesorgt hat. Elaine, muß er behauptet haben, sei ihm einst durch Zauberkraft in der Gestalt Ginevras erschienen, die er allein liebe, eine Geschichte jedenfalls, die in vielen Fassungen existiert, vielleicht die Wahrheit, wenn aber nicht, eine geradezu geniale Ausrede.

Mit dem Erscheinen seines Sohnes Galahad endet am Artus-Hof die Ära Lancelot. Es ist Naciens, der bei dieser Gelegenheit die Ritter davor warnt, auf die Gralssuche zu gehen. Sie werde nur dem ganz Reinen gelingen, der ohne jede Sünde ist – wobei er mit seinen Augen die weite Runde vielsagend gemustert haben wird, auch wenn die Überlieferung nichts davon sagt; sie beschränkt sich auf Andeutungen. Wie wir sehen werden, hat sich kein Artus-Ritter davon abhalten lassen, an der Gralssuche teilzunehmen.

Galahad, auch das deutet Naciens an, so etwas wie ein christliches Gegenstück zum heidnischen Propheten Merlin, ist zum

Sieger geboren oder auserkoren. Er trägt übrigens an der Seite kein Schwert, sondern nur eine leere Scheide, die er kurz darauf am Flußufer mit jenem Schwert füllt, das dort im angeschwemmten Stein steckt und das er mühelos aus ihm herauszieht. Mit ihm hat einst Ritter Balin le Savage seinen Bruder Balan getötet.

Lancelot wird noch einmal mit seinem Abstieg konfrontiert, als zur Zeremonie am Flußufer eine geheimnisvolle Dame auf weißem Zelter erscheint und nach ihm fragt. Er gibt sich zu erkennen und erfährt, er möge nun nicht mehr glauben, der beste Ritter der Welt zu sein, das sei Galahad (was dieser übrigens alsbald durch einen Turniersieg über alle Artus-Ritter unter Beweis stellt). Lancelot entgegnet der Dame auf dem Zelter, daß er sehr wohl wisse, nie der beste aller Ritter gewesen zu sein. Sie gibt ihm ein Kompliment zurück, das so etwas wie eine Quintessenz aus seiner eigentümlich gegensätzlichen Persönlichkeit zieht. Der beste von allen, sagt sie, sei er gewiß nicht, wohl aber bleibe er der beste unter allen sündhaften Männern. Als solcher ist er dann auch ins Pantheon abendländischer Sagenwirklichkeit eingegangen.

Das große Turnier, auf dem Sir Galahad, Held aller Helden, seinen glänzenden Einstand hält, hat in Winchester stattgefunden. Die Abreise von dort erfolgt schnell, sozusagen über Nacht. Denn ehe die resolute Dame »den gleichen Weg zurückgeritten ist, den sie gekommen war«, hat sie eine Einladung ausgesprochen, merkwürdiger- und wunderbarerweise im Auftrag des Grals. Artus, erklärt sie, würde die größte Ehre zuteil werden, die je einem König in Britannien zugefallen sei, »denn heute wird der Heilige Gral in Eurem Hause erscheinen und Euch und alle Gefährten von der Tafelrunde speisen.«

Das geschieht noch im Zeichen des Pfingstfestes. Sir Thomas Malory erzählt: »Danach begaben sich der König und alle seine Edlen nach Camelot und gingen zur Vesper in das große Münster und anschließend zum Abendessen, bei dem jeder Ritter an seinem üblichen Platz saß. Plötzlich hörten sie ein gewaltiges Krachen und Donnern, als würde die Halle einstürzen. Und mitten in diesem Getöse brach ein Strahl herein, siebenmal heller als der Tag, und alle wurden von der Gnade des Heiligen Geistes erleuchtet und geblendet. Die Ritter sahen einander verwundert an, denn jeder kam dem anderen schöner vor, als er ihn jemals gesehen hatte. Lange Zeit brachte keiner ein Wort heraus. Sie schauten einander an, als wären sie stumm. Dann erschien der Heilige Gral in der Halle. Er war mit golddurchwirktem Damast bedeckt, so daß keiner ihn sehen konnte. Man konnte auch nicht sehen, wer ihn trug. Aber der Raum füllte sich mit süßen Düften, und jeder Ritter erhielt von ihm diejenigen Speisen und Getränke, die er am meisten liebte. Nachdem der Heilige Gral noch einmal durch die Halle getragen worden war, verschwand er plötzlich wie vom Erdboden verschluckt. Da fanden sie alle ihre Sprache wieder.«

Das erste, was sie mit gelockerten Zungen von sich geben, ist bezeichnenderweise Unzufriedenheit und Enttäuschung. Vom Gral hat man nichts gesehen. Er wurde verdeckt gehalten, und der (oder die) ihn trug, bewegte sich im grellen Gegenlicht. Man ist nicht klüger als zuvor.

Am lautesten beschwert sich Gawain, wenn man so will der Kleinbürgerliche unter den Artus-Rittern. Er erneuert seinen Schwur, nicht ruhen zu wollen, ehe er nicht das Heiligtum aufgespürt, in Augenschein genommen und es möglichst auf Dauer nach Camelot gebracht habe. Mit Ausnahme Sir Galahads und Sir Kays stimmt alles in den Schwur ein. Sir Galahad hat es nicht nötig, Massenschwüre zu leisten, und Sir Kay gibt, wie gewöhnlich, eher Flüche als Schwüre von sich. Er stellt die Frage, was dieses Ding, Gral genannt, eigentlich sei oder darstelle.

Obwohl in solchem Kreis fast schon ein Sakrileg, im Grunde keine unberechtigte Frage. Stellen wir sie selbst den bedeutendsten Artus-Autoren und ihren Sagenquellen, erhalten wir immer nur vage, bestenfalls vieldeutige Antworten. Der Gral wird als Brunnen des Lebens bezeichnet, Füllhorn des Glaubens, Symbol der Unsterblichkeit und Gleichnis spiritueller Heilung durch göttliche Botschaft. Wohlklingende Definitionen, unter denen sich jedoch nicht nur Sir Kay wenig vorstellen kann.

Das Ganze wird auch nicht deutlicher, wenn man die Mythenforscher befragt. Ihnen zufolge gehört der Gral – altfranzösisch: graal, provenzal: grazal, altenglisch: grail oder sangraal – zu den ältesten religiösen Symbolen sowohl des Abend- als des Morgenlandes. Er ist übrigens keinesfalls christlicher Herkunft. Die eleusinischen Mysterien und der Adonis-Mythos des Altertums beruhen bereits auf einem Kelch, dem »Crater«, einem Becher, in dem die Götter alle Elemente der irdischen Schöpfung zurechtgemischt haben. Und ähnliches findet sich in indischen, japanischen und tibetanischen Sagen. Direkt entsprungen aber ist, wie der deutsche Dichter und Germanist Karl Simrock schom im 19. Jahrhundert herausgefunden hat, der Gral jenen keltischen Vegetationsritualen, die den Verfall des Heidentums überlebten und sich bis ins Mittelalter erhalten konnten.

Je mehr man sich mit ihm befaßt, desto mehr geht es einem wie Gawain oder Kay: Der Gral rückt immer ferner. Oft scheint es, als habe man ihn früh den Esoterikern überlassen, denn seine kirchlich-christliche Sanktionierung ist nie erfolgt. Im Niemandsland zwischen Legende und Aberglauben steht es jedem frei, ihn mit diffuser Pseudomystik zu umgeben, unter der sich freilich mitunter auch die reinste und unverfälschte Frömmigkeit verbirgt.

Als Chrétien de Troyes die Gralsgeschichte in die ohnehin bereits überfrachtete Artus-Sage integrierte, fügte er ihr eine weitere Dimension zu, eine Art von Heilsmythos, der sich so christlich gibt, wie die ja gleichfalls noch vorhandene Anderwelt heidnisch-keltische Züge trägt.

Bezeichnenderweise bleibt die Gestalt des Artus in diesem Rahmen völlig passiv. Er spornt seine Ritter zur Suche nach dem Gral an, gibt ihnen – mehr oder weniger gute – Ratschläge, lauscht stundenlang den Geschichten ihrer Abenteuer während der Suche. Aber er selbst krümmt keinen Finger. Möglicherweise scheut er – oder scheuen seine Chronisten – vor der unvermeidbaren Niederlage, die er erleiden müßte, zurück. Kein blutschänderischer Sünder wird je den Gral erblicken dürfen. Die transzendente Ehrung durch den Kelch Christi wird Artus zum Kainsmal, denn die beiden Erzählstränge haben sich nie wieder vollends voneinander trennen lassen.

Aber was ist der Gral nun wirklich? Ein Kelch, wie wir gesehen haben, der Wunder wirken kann. Bei Wolfram handelt es sich um einen ebenso wundertätigen Stein, der auf einer einsamen Burg,

Munsalvaesche, bewahrt wird. Richard Wagner ist seinem Landsmann Wolfram darin gefolgt. Die meisten Artus-Chronisten haben es jedoch mit Chrétien gehalten. Die Ursache liegt für einen Erzähler auf der Hand.

Der Kelch Christi scheint nicht weniger irreal als der Stein von Munsalvaesche, Monsalvatsch. Er hat freilich seine irdisch-deftigen Seiten. Der nächste Sagenverwandte, Bruder oder Vetter des Grals, ist das Tischleindeckdich, das sich als Märchenmotiv ähnlich durch die Folklore aller möglichen Völker und Sprachen zieht. Nach der Abspeisung des Parzival auf der Burg des Fischerkönigs und des gesamten Hofstaats auf Camelot mit jeweils dem Leibgericht der einzelnen Teilnehmer wird sich keiner über solch merkwürdige kulinarische Verwandtschaft wundern dürfen. Auch das Schlaraffenland, eine weitere zur Sage gewordene Ur-Wunschvorstellung der Menschheit, liegt nahe.

Aber natürlich beschränkt sich der Gral nicht auf Essen und Trinken. Er verleiht seinem Besitzer oder Hüter auch ewige Jugend – ein dornenvolles Geschenk, wie man am Fischerkönig sieht, der schon mehrere Menschenalter an seinen Wunden leidet.

In die christliche Überlieferung und nach Britannien, ins spätere England, ist der Gral durch Joseph von Arimathia gelangt, einen Onkel des Jesus. Obwohl dieser einige Jahrhunderte vor dem Sagenkönig gelebt hat, gehört er sozusagen als Rückblende nicht weniger fest zum Artus-Zyklus wie, sagen wir, Gawain oder Parzival. Eingeführt haben ihn übrigens nicht die Engländer, sondern (um 1350) ein französischer Erzähler.

Das »von« in Josephs Namen bezeichnet keinen Adel, sondern seinen Wohnsitz oder seine Geburtsstadt, um sich von seinem älteren Bruder gleichen Vornamens, Joseph, dem Zimmermann und Ehegatten der Maria, zu unterscheiden. Joseph von Arimathia ist ein erfolgreicher und ungemein wohlhabender, wir würden heute sagen Ex- und Importkaufmann, der in der Hauptsache mit Zinn und Zinnwaren handelt, dabei nicht unbedingt ein Beweis für das Wort seines Neffen, eher gehe ein Kamel durchs Nadelöhr, als daß ein Reicher in den Himmel komme. Joseph hat sich Jesus zwar nie als direkter Jünger angeschlossen, wohl aber hat er zu dessen ersten Anhängern und Gefolgsleuten gehört. Ihm hat Pontius Pilatus den Leichnam des Herrn zur Bestattung übergeben.

Als Joseph den Leib des Toten salbt, beginnt die Lanzenwunde wieder zu bluten. Joseph fängt das Blut in jenem Becher auf, aus dem beim letzten Abendmahl getrunken worden ist. Er hat ihn auch vergolden und, seiner Würde gemäß, mit kostbaren Edelsteinen besetzen lassen.

Nach dem Verschwinden des Leichnams Christi aus dem Felsengrab wird der reiche Frühchrist allerdings des Diebstahls angeklagt und in ein Kerkerverlies geworfen, in dem er verhungern soll. Er entgeht mit Frau, Sohn und ebenfalls eingekerkerter Gemeinde dem Hungertod nur, weil der Auferstandene innerhalb der Gefängnismauern erscheint. Mit dem Abendmahlskelch, dem Gral, begehen alle zusammen das erste Meßopfer – das Oblatenbrot bringt eine Taube durch das vergitterte Fenster.

Sie erscheint auch weiterhin täglich und sorgt für die wunderbare Speisung der Hungernden, wie der Gral, auf ebenso wunderbare Weise, ihren Durst stillt. Im Jahre 70 werden Joseph und seine Gefolgsleute amnestiert und aus dem Gefängnis befreit. Sie beschließen, ihre Heimat zu verlassen und das Christentum in aller Welt zu verbreiten.

So belädt Joseph von Arimathia seine Schiffe mit allem, was er besitzt an Erzen, Metallwaren, Goldmünzen, Lebensmitteln, Handwerkszeug, wahrscheinlich auch Waffen gegen Seeräuber. Er emigriert mit Gemeinde, Familie und dem Gral, zu dem sich inzwischen auch jene Lanze des römischen Legionärs Longinus gesellt hat, mit der dem gemarteten Leib Christi der Gnadenstoß versetzt worden ist. Ihre Route entspricht der unter Zinnkaufleuten üblichen; sie verläuft zunächst nach Westen und dann nach Norden.

Man begibt sich nach Sarras, einem Land, das oft zitiert, aber nirgends näher umrissen wird. König Evalak von Sarras führt eben Krieg mit Babylon und wird von Joseph zum Christentum bekehrt, als dieser ihm die Geschichte des Grals erzählt und von dessen wundertätiger Wirkung. Mit einem roten Kreuz auf weißem Schildgrund besiegt Evalak tatsächlich Babylon, in unserer Geschichte nur eine belanglose Episode, würde nicht bei gleicher

Gelegenheit des Königs Schwager zum Christentum bekehrt und schlösse sich dieser, nun Naciens genannt, nicht der christlichen Mission Josephs von Arimathia an. Naciens gehört zu den engsten Vertrauten Josephs und wird als Greis den jungen Galahad in die Tafelrunde bringen – in manchen Quellen ist er identisch mit dem Fischerkönig, der den Gral auf Schloß Carbonek hütet.

Aber da haben wir vorgegriffen. Der Weg des Joseph führt weiter, jetzt nach Norden. In Gallien, in der Bretagne, gründet er das erste Kloster, in Morlaix, worauf es ihn über den Ärmelkanal nach Britannien treibt.

Die Wahrscheinlichkeit, daß ein wohlhabender Zinnhändler, der im 1. Jahrhundert unserer Zeitrechnung aus Judäa oder Palästina auswandern muß, sich in erster Linie nach England wenden würde, ist tatsächlich sehr groß. Zwischen dem Vorderen Orient und England, speziell Cornwall, bestehen enge Geschäftsbeziehungen, die schon Jahrhunderte zurückreichen. Cornwall liefert der gesamten bekannten Welt das notwendige Zinn für die damals gebräuchlichen Krüge, Teller, Messer, Löffel, für Schmuck und Gebrauchsgegenstände. Wer mit Zinn handelt, und das sind so gut wie alle seefahrenden Völker, kennt Cornwall und ist wahrscheinlich schon einmal auf den Seewegen der alten Phönizier dort gewesen.

Die Cornen erfreuen sich eines besonders guten Rufs im Altertum. Sie gelten als kenntnisreich, handwerklich versiert, freundlich gegen Fremde und gutmütig. Die Römer haben sie – im Gegensatz zu England und Palästina – ihrem Weltreich nicht einverleibt, denn die keltischen Könige von Cornwall sind als Handelspartner unersetzbar und überdies bezahlen sie pünktlich ihren Tribut – friedliche Nachbarn. »Sie sind voller Aufrichtigkeit und Redlichkeit«, beschreibt sie der griechische Geschichtsschreiber Diodorus Siculus, »von List und Tücke, wie sie bei uns herrschen, weit entfernt und zufrieden mit vernünftigen Erlösen ihrer Waren. Prahlsucht und Luxus reicher Leute liegt ihnen fern.«

Hauptumschlagplatz für den Warentausch ist der spätere St. Michael's Mount, welcher uns schon als eine der höchsten Bergspitzen des untergegangenen Landes Lyonesse begegnet ist. Der bei Flut von Wasser umspülte, bei Ebbe auf dem Landweg erreichbare Felsen liegt an der Südküste Cornwalls bei Marazion. Eifrige Legendenerzähler führen diesen Namen gern auf »Neues Zion« zurück, im Keltischen bedeutet er allerdings nichts anderes als, ziemlich prosaisch, »Markt am Dienstag.«

Ehe man auf dem Fels vor Marazion eine Burg und ein Kloster erbaute, muß es jahrhundertelang so etwas wie ein antikes Großhandelszentrum gewesen sein, und das nicht nur dienstags. In einer älteren Fassung der Tristan-Sage flieht das Liebespaar vor König Marke zu einem Eremiten, der Isolde dazu überredet, an den Hof ihres Gatten zurückzukehren. Neue Kleider für die Rückkehr kauft er ihr auf dem St. Michael's Mount.

Joseph von Arimathia muß er ebenfalls wohlbekannt gewesen sein. Hier befand sich auch der Treffpunkt, an dem man Zinnwaren gegen Erz tauschen konnte. Einer Lieblingslegende der Cornen zufolge soll Joseph auf einer derartigen Geschäftsreise seinen Neffen, den Jesusknaben, bei sich gehabt haben.

Zu seiner Zeit muß der auch von den Römern hochgeschätzte König Cunobelinus Josephs Hauptgeschäftspartner gewesen sein, Shakespeares Cymbeline. Das Land, in dem Joseph sich jetzt als Flüchtling niederläßt, wird von dessen Sohn Caradoc regiert, der auf Lateinisch Caractacus genannt wird, was freilich wiederum nichts anderes heißt als Haupt- oder Oberkönig. Er ist den Römern unheimlich – Kaiser Claudius hat ihn nach Rom kommen und vor ein Gericht stellen lassen. Caradoc hat sich dort jedoch so geschickt verteidigt, daß er – unter der Bedingung, nie wieder gegen Rom zu intrigieren – freigesprochen worden ist. Joseph und seine Glaubensgenossen, die ja ebenfalls nicht zuletzt vor der römischen Besatzungsmacht aus Palästina geflüchtet sind, nimmt er als alte Freunde mit offenen Armen auf.

Aber nicht in Cornwall läßt sich Joseph nieder, sondern weiter ostwärts, im heutigen Somerset, dort, wo aller Wahrscheinlichkeit nach die früheste oder eine der frühesten aller christlichen Kirchen auf den britischen Inseln gestanden hat, in Glastonbury. Der ursprünglich keltische Name des Ortes soll Glastonia gelautet haben, was so viel wie Glasinsel bedeutet – oder Avalon.

Daß hier, in Somerset, sich das druidische Herzland der Kelten, ihr größtes Heiligtum befunden hat, wird niemals zu beweisen sein, aber ausgeschlossen ist es nicht. Auch nicht, daß Missionare aus Irland, so etwa der heilige Patrick persönlich, oder auch solche aus dem Vorderen Orient wie der steinreiche Joseph von Arimathia, später den heidnischen Tempel in eine christliche Kathedrale verwandelt haben. Glastonbury war bis zur Reformation heiliger Boden, die reichste Diözese von ganz England.

Die Stadt mit der gewaltigen Kloster- und Kirchenruine hat sich bis heute so etwas wie eine Aura unkirchlicher, gleichsam alternativer Religiosität erhalten. Sie wird umgeben von einer Anzahl ungewöhnlich geformter Bergspitzen, die unvermutet aus der sonst ziemlich flachen Gegend aufragen und merkwürdig künstlich aussehen, was sie freilich nicht sind. Die Gegend soll früher ein nahezu unpassierbarer Sumpf gewesen sein, aus dem die spitzkegeligen Berge wie Inseln herausragten. Avalon?

Der höchste der Berge, der Tor, wird von einer Turmruine gekrönt, die wie ein Wahrzeichen das gesamte Umland beherrscht. Die Turmruine stammt aus dem 14. Jahrhundert, wo sie eine frühere, dem heiligen Michael geweihte Kirche ersetzte, die, wie urkundlich erwähnt, 1275 durch ein Erdbeben zerstört worden ist. Der faszinierende Tor bildet für Esoteriker, die von Glastonbury angezogen werden wie von kaum einem anderen Ort auf Erden, nach wie vor ein »magnetisches Zentrum« oder ein »kosmisches Kraftfeld«, in dem dann auch ständig Außer- oder Überirdisches zu beobachten sein soll.

Hier also hat Joseph von Arimathia sich niedergelassen. Sein Reichtum wurde, der Legende zufolge, ganz und gar dazu verwendet, jene Gebäude zu errichten, die dem geistlichen Städtchen einst das Gepräge gaben und es immer noch tun. An dem langgestreckten Wearyhall Hill bei der Schuhmacherstadt Street soll er gelandet sein. Hier steckte Joseph seinen Wanderstab in den Boden, der alsbald Wurzeln schlug und, ein mächtiger Weißdornbusch, anderthalb Jahrtausende Pilger aus allen Teilen Großbritanniens anzog. Er blühte zweimal im Jahr: zum Weihnachts- und zum Osterfest, ist aber, ebenfalls in der Reformation, abgeholzt worden. Ein angeblicher Schößling findet sich in der Nähe der Abteiruine. Botanisch soll er zum Genus Craetegus

Praecox gehören, wobei es sich anscheinend tatsächlich um eine syrische Spielart des Weißdorns handelt.

Der Gral wurde von Joseph zunächst auf dem Chalice Hill, dem Kelchberg, vergraben, versteckt, ehe er – wo anders? – hoch oben auf dem Tor seine Heimstatt fand. Monsalvatsch? Und die sumpfig-wüste Umgebung die Anderwelt? Dann hätte Naciens als erster Fischerkönig auf dem Tor von Glastonbury residiert.

Wohl möglich, obgleich sich der Gral einer genauen Lokalisierung entzieht. Monsalvatsch wird mit ebenso großer Wahrscheinlichkeit von zumindest zehn europäischen Ortschaften reklamiert, darunter Montségur in der Languedoc, Muntsalvach in Spanien, das sich aber wohl erst nachträglich so genannt hat, Windsor nahe London (eine alte Druidenstelle) und sogar Takt-i-Taqdis, »Thron der Archen«, in Persien. Geht man von der Beschreibung aus, die als erster Albrecht von Scharffenberg in seinem Epos »Der jüngere Titurel« vom ersten Fischerkönig und seiner Burg gegeben hat, so sieht ihr das Castell Dinas Brân in Wales am ähnlichsten. Den »Jüngeren Titurel« hat übrigens Wolfram von Eschenbach begonnen, aber unvollendet gelassen. Letztlich bleiben Gral wie Fischerkönig ungreifbar. Sie werden höchst unterschiedlich beschrieben und definiert, sie tauchen auf und verschwinden wie jenes Schloß, in dem Parzival nicht bewußt geworden ist, wo er sich befand und seine entscheidende Frage zu stellen versäumt hat.

Parzival wird folgerichtig der verbissenste aller Gralssucher. Unermüdlich befindet er sich, zeitweilig begleitet von Sir Gawain oder Sir Bors, auf den Spuren des Heiligtums und erlebt eine Fülle von Abenteuern. Fünf lange Jahre verbringt er als asketischer – und halb irrer – Eremit in der Wüste, ehe ihm endlich die langersehnte Gnade zuteil wird, den Fischerkönig und dessen geheimnisvolle Burg wiederzufinden. Jetzt kann er die erlösende Frage stellen. Sie lautet: »Wem dient der Gral?«

Eine Antwort erfordert sie nicht. Der Fischerkönig, sei es Naciens oder Josephus, der Sohn Josephs von Arimathia, heiße er Amfortas oder Pelles oder wie auch immer, darf endlich sterben. Und Parzival ist rehabilitiert, was der Welt dadurch sichtbar gemacht und verkündet wird, daß im Wüsten Land der Anderwelt die Quellen wieder anfangen zu sprudeln, die Bäche wieder in die Flüsse, die Flüsse in die Ströme, die Ströme ins Meer fließen. Die Steppe an der Grenze zum Feenreich erscheint in saftigem Grün, was selbst chronische Pessimisten wie Sir Kay als hoffnungsvolles Zeichen nehmen können.

Doch geht die Suche nach dem Gral weiter. Noch ist er nicht errungen, und die Ausfahrten der Trotzigen, die ihm auf der Spur bleiben, gestalten sich immer verwegener.

Als erster gibt Gawain auf – der redliche Realist verliert ganz einfach die Lust. Am längsten bleiben drei auf gegensätzliche Weise Hartnäckige am Ball: Parzival, der naive, Galahad, der vollkommene und Bors, der einfache, simple Ritter. Dem Dreiergespann gelingt es allein und einzeln, sich dem Gral mehr und mehr zu nähern, der freilich im letzten Augenblick auch immer wieder jäh entschwindet.

Artus nimmt großen Anteil an den Geschichten, die seine Ritter von dieser Suche heimbringen. Er beläßt es jedoch bei solch theoretischer Kontaktnahme. Kein einziges Mal macht der König Anstalten, selbst an einem der Auszüge teilzunehmen. Irren wir uns, oder klingt nicht hier und da bei manchen Autoren das Bedauern zwischen den Zeilen mit, einen Großteil der ritterlichen und ethischen Impulse, die Artus bestimmen, in diese gleichsam irreale, ungreifbare Richtung gelenkt zu sehen?

Kaum aufgetaucht, rückt der Gral sofort und beinahe manipulativ in das Zentrum der Legende. Aus dem politisch-historischen Sinnbild wird ein religiöses Mysterium, aus der Mittelpunktsgestalt des König Artus eine Randfigur. Er bleibt, wie sein Nebenbuhler Lancelot, von vornherein wegen begangener Sünden vom Mysterium ausgeschlossen. Dieses bildet so etwas wie den Höhepunkt seiner Geschichte, die sich damit jedoch auch schon ihrem Ende zuneigt. Selbst wenn es nirgends ausgesprochen wird, muß Artus der von ihm selbst angeregten Gralsuche mit zwiespältigen Gefühlen gegenübergestanden haben. Sie ist so etwas wie der Schlußpunkt der Artus-Legende.

Es sind Galahad, Parzival und Bors, die den Gral am Ende erringen. Sie sind nun jedoch weniger Ritter des Schwertes im herkömmlichen Sinn als vielmehr Ritter des Heiligen Geistes.

Und sie bringen ihn eben auch nicht, wie ursprünglich beabsichtigt, nach Camelot, das – gemessen an der extremen Reinheit etwa Sir Galahads – ja einem Sündenbabel ähnelt. Die würdigen Drei führen ihn vielmehr in feierlicher Prozession zurück in die heilige Stadt Sarras, deren Name eine Verballhornung von Monsalvatsch sein könnte, deren geographische Lage – vermutlich im Vorderen Orient – jedoch keine Quelle verrät.

Dort erfahren die Recken in einer Messe, die ein stigmatisierter Geistlicher mit dem Gral als Abendmahlskelch hält, das Geheimnis, das sich hinter ihm und seinem Glaubenssymbol verbirgt. Auch dieses haben sie nicht verraten.

Gleichsam links und rechts von Artus erstreckt sich je ein Niemandsland, das ihn und sein Königtum zugleich umfängt und bedroht, ein heidnisches und ein christliches. Das heidnische Niemandsland, die Anderwelt, hat sich mit der Kernfrage des Parzival an den Fischerkönig keineswegs in Luft aufgelöst, wie wir sehen werden, auch wenn das Wüste Land verschwunden sein mag. Dem christlichen Niemandsland wenden sich Galahad und Parzival zu. Galahad wird König von Sarras, übt die weltliche Herrschaft aber nur ein Jahr lang aus. Dann bittet er, ihn von dieser Welt zu erlösen – sein Gebet wird erhört: Mitsamt dem Gral und der Lanze des Longinus fährt er im Triumph gen Himmel. Parzival wird auf Erden sein Nachfolger, so etwas wie ein neuer Fischerkönig, wenn auch jetzt ohne Gral, der sich nun nicht mehr hienieden befindet.

Nur Sir Bors, ein einsamer, getreuer (und gründlich irdisch gesinnter) Rittersmann, kehrt aus Sarras zu seinem Herrn, König Artus, zurück. Ihm bleibt der Gral Rätsel, Geheimnis, Paradoxon, ein unfertiges Gleichnis. Er scheint, von Artus, Lancelot und letztlich auch von uns allen aus gesehen, weniger ein Symbol ewigen Lebens als ein Zeichen irdischer Vergeblichkeit. Denn nur die Galahads, die unbefleckten Musterschüler, gelangen mit ihm ins Himmelreich.

Die Bibel weiß es anders und, höchst wahrscheinlich, besser.

18

Bors und Lionel oder
Vom Mißverständnis jeglicher Feindschaft

Ein Besserwisser ist Sir Bors von Ganis ganz gewiß nicht. Er gilt als der körperlich stärkste, muskulöseste der Artus-Ritter, ein kreuzbraver, wenngleich etwas phantasieloser Mann. Er stammt, ein Vetter Sir Lancelots, aus Gallien. Als junger König hatte Artus Schutz und Hilfe von den überseeischen Königen Ban und Bors erfahren, einem Brüderpaar, dem dann auch Hilfe von Artus zuteil geworden war. Die freundschaftlichen Bande sind erhalten geblieben. Sowohl Bans Sohn Lancelot als auch der gleichnamige Sohn des Bors sowie dessen älterer Bruder Lionel gehören zur Prominenz der Tafelrunde von Camelot. Und Bors wird sogar, im Gegensatz zu den meisten anderen, des Grals teilhaftig.

Warum er und nicht die oft viel glanzvolleren Gestalten an seiner Seite, liegt auf der Hand: weil er nahezu ohne Sünde ist. Nur ein einziges Mal in seinem Leben hat er der Fleischeslust nachgegeben und einen unehelichen Sohn gezeugt. Das wird ihm von einem Eremiten im Wüsten Land verziehen, der ihm die Beichte und ein absolutes Keuschheitsgelübde abnimmt. Keine schlechten Voraussetzungen für die Suche nach dem Mysterium. Bors schwört einen Eid, sich nur von Wasser und Brot zu ernähren, auf hartem Boden zu schlafen und unter der Rüstung statt eines seidenen Hemds ein härenes Büßergewand tragen zu wollen, bis sein Gelübde erfüllt ist. Sir Bors erweist sich als ein ungewöhnlich gehorsamer Büßer.

Trotzdem – oder vielleicht eben deswegen – wird ihm der Weg zum Gral schwer genug gemacht; buchstäblich Himmel und Hölle scheinen sich gegen ihn verschworen zu haben. Er muß durch eine ganze Reihe demütigender Niederlagen, wird vor Probleme gestellt, die ihm unlösbar vorkommen und watet durch Bäche von Blut und Tränen.

Wobei erschwerend hinzutritt, daß Sir Bors, seiner Einfalt und Reinheit zum Trotz, von Träumen geplagt wird, ganzen Traumvisionen, die er sich nicht erklären kann. Aber meist ist irgendein Individuum zur Stelle, das sie ihm auf oft haarsträubende Weise deutet und deren Verführungs- und Überredungskünsten er immer nur um Haaresbreite entkommt. Geschenkt wird dem braven Sir Bors nichts.

Schon am ersten Abend seiner Ausfahrt setzt ihm eine Edeldame in ihrer Burg köstliches Fleisch und allerlei Leckerbissen vor. Aber er bestellt sich beim Knappen eine Schüssel mit klarem Wasser, in das er eine Scheibe Brot bröckelt, und statt ins vorbereitete Himmelbett legt er sich auf den blanken Fußboden.

Dort überfallen ihn im Schlaf drei Träume, deren Sinn ihm zunächst verschlossen bleibt.

Der erste Traum, von Malory erzählt: »Da erblickte er auf einem alten, dürren Baum, der keine Blätter mehr hatte, einen riesigen Vogel, und rund um ihn herum saßen junge Vögel, die vor Hunger schon fast verendet waren. Da stieß sich der alte Vogel den großen und spitzen Schnabel in die Brust, daß er verblutete und inmitten seiner Jungen starb. Von seinem Blut erlangten die Jungvögel jedoch neue Lebenskraft.«

Der zweite Traum: »Zwei Vögel kamen zu ihm, der eine weiß wie ein Schwan, der andere tiefschwarz, aber nicht so groß wie der andere, einem Raben ähnlich. Der weiße Vogel sprach zu ihm: Wenn Du mir dienst, schenke ich dir alle Reichtümer der Welt und mache dich so schön weiß, wie ich bin. Danach verschwand er, und nun sprach der schwarze Vogel: Diene mir, meine Schwärze ist mehr wert als jedes Weiß. Worauf er davonflog.«

Der dritte Traum, der schillerndste von allen: »Ihm war, als käme er zu einem großen Haus, einer Art von Kapelle; in ihr stand ein Stuhl und neben ihm ein von Würmern zerfressener, morscher Baum. Rechts davon stritten sich zwei Blumen, die wie Lilien aussahen; die eine wollte der anderen ihre Weiße nehmen. Aber ein frommer Mann trennte die beiden, die daraufhin viele Blumen und Früchte aus sich hervorbrachten. Beginge nicht der eine große Torheit, hörte er den frommen Mann sagen, der diese beiden Blumen verderben ließe, um den morschen Baum zu stützen, daß er nicht zusammenbricht? Herr, sagte Sir Bors, ich glaube, daß dieser Baum zu nichts mehr nütze ist. Dann hüte dich, sagte der fromme Mann, daß dir ein solches Abenteuer nie zustößt. – Darauf erwachte er und bekreuzigte sich mitten auf der Stirn.«

Die freundliche Dame, die ihn beherbergt, lenkt ihn von diesen Traumgesichten ab, als sie ihm gesteht, sich in äußerster Not zu befinden. Schon am morgigen Tag soll ein gewisser Ritter Pridam mit dem Beinamen le Noire erscheinen, und wenn kein Kämpe bereit ist, für sie einzutreten, wird das Land und ihre Burg in die Hände ihrer Schwestern fallen. Der Anspruch, den diese erheben, sei selbstredend falsch, und natürlich erbietet sich Sir Bors, für die Rechte seiner Gastgeberin zu kämpfen. Eine Geschichte nach dem üblichen Schema – fast jeder Artus-Held begegnet irgendwann einer Edeldame, der Land und Besitz angeblich unrechtmäßig genommen werden soll.

In diesem Fall scheinen sowohl jener Pridam le Noire als auch Sir Bors übertölpelt, denn der Kampf, den letzterer nach genossener Brotwassersuppe am nächsten Morgen antritt, wird einer der langwierigsten, den er je geführt hat. Pridam erweist sich als fast so bärenstark wie der Artus-Ritter, bis Bors einen Trick anwendet, der ihm schon so oft zum Sieg verholfen hat. Er besteht in einer Art von Nahkampf, wie er an und für sich beim Tjosten nicht üblich ist. Bors rückt seinem Gegner hautnah, packt ihn beim Helm, reißt diesen mit kraftvollen Fäusten ab und schlägt dem derart Entblößten mit der flachen Klinge auf das Haupt, bis er sich ergibt und um Gnade bittet.

Das geschieht auch. Pridam schwört, nie wieder gegen die Edeldame Krieg führen zu wollen, die bösen Schwestern fliehen mit ihren Rittern, alle Lehensherren müssen erneut ihrer Herrin huldigen, oder sie werden von Bors aus dem Lande gejagt – Ruhe und Ordnung sind bald wiederhergestellt.

Nicht jedoch für Sir Bors, der nach vollbrachter Tat weiterreitet und alsbald im nahen Wald zur Mittagsstunde ein seltsames

Abenteuer erlebt. An einer Weggabelung trifft er auf zwei Ritter, die seinen Bruder Lionel mit sich führen. Sie haben ihn splitternackt ausgezogen und mit den Händen an ein schweres Pferd gefesselt. Dabei peitschen sie ihn mit Dornenzweigen; er blutet bereits aus unzähligen Wunden.

Schon gibt Bors seinem Pferd die Sporen, um den Bruder zu befreien, als er auf dem Weg, der in die andere Richtung führt, einen Ritter erblickt, der eine junge Dame bei sich hat und »sie verbergen wollte, wo der Wald am dichtesten war, um sie möglichst gut vor denen zu verstecken, die sie suchen«, wie es Sir Thomas Malory ausdrückt. Die junge Dame ruft lauthals um Hilfe gegen ihren Vergewaltiger.

Da ist nun guter Rat teuer. Wem soll Sir Bors, ohnehin nicht einer der raschesten Denker, den Vorzug geben? Beide Aufgaben auf einmal lassen sich nicht erledigen – einen von beiden, den Bruder oder das Fräulein, muß er seinem oder ihrem Schicksal überlassen.

Verzweifelt richtet er, Malory zufolge, »die Augen zum Himmel und bat unter Tränen: Lieber Herr Jesus Christus, dessen getreuer Jünger ich bin, schütze meinen armen Bruder Lionel, daß die grausamen Ritter ihn nicht töten. Dann will ich aus christlicher Nächstenliebe und um Marias willen diesem Mädchen beistehen.«

Ein weiteres Lügengewebe, das ihn umgarnt, und das wiederum ganz einem Artus-Schema entspricht: Die Dame, die von ihrem eifersüchtigen Vetter geschändet werden soll, gehört zum Standardrepertoire der gralsuchenden Tafelrunde. Natürlich überwindet Sir Bors den Mann, aber als er sich nun der Befreiung seines Bruders zuwenden will, umringen ihn zwölf dankbare Ritter des Mädchens und führen ihn auf die Burg des Vaters, wo er mehr Zeit verliert, als ihm lieb sein kann.

Dann, endlich auf der Suche nach den Spuren des Bruders und seiner Peiniger, lassen sich diese nicht mehr finden. Bors stößt nur auf einen düsteren Herrn in geistlicher Tracht, der ihm, schwarz gewandet, auf einem pechrabenschwarzen Roß entgegenreitet. Der Bruder, den er suche, sagt der Schwarze, sei leider tot; seinen Leichnam habe man eben im Dickicht neben dem Weg gefunden.

Tatsächlich stoßen die beiden auf eine bis zur Unkenntlichkeit verstümmelte Leiche, die Bors wehklagend auf sein Pferd hebt und in einem nahen Kloster beisetzen läßt. Die Totenmesse liest der fremde schwarze Geistliche.

Dieser versucht auch, die heftigen Selbstvorwürfe zu zerstreuen, die sich Bors macht. Dabei kommt man auf die Träume zu sprechen, die den Ritter heimgesucht haben. Der redegewandte fromme Mann interpretiert sie lückenlos. Der weiße Vogel bedeute nichts anderes als eine wunderschöne Edeldame, die sich in ihn, Sir Bors, verliebt habe und zwar derart, daß sie – wie der Vogel im ersten Traum – sterben müsse, wenn er sich ihr versage. Der schwarze Vogel wolle eben diese Liebe verhindern, und der hohle Baum zeigt nichts anderes an, als daß auch Sir Lancelot sterben müsse, wenn Bors sich nicht der Dame erbarme, die in fleischlicher Liebe zu ihm verfallen ist. Da er schon am Tode seines Bruder schuld sei, möge er sich vor einem zweiten Mord hüten.

Der dunkelgekleidete angebliche Priester führt den Ritter dann auch schnurstracks zur Burg besagter Dame, die Bors, halb geschmeichelt, halb schmerzgebeutelt, betritt. Sie wird von den schönsten Fräuleins bevölkert, die er je erblickt hat, und die hohe Frau, die ihn mit offenen Armen empfängt, wirkt, jedenfalls auf ihn, sogar noch edler und vollkommener als Königin Ginevra. Sie bittet sich eine einzige Gunst aus: das Lager mit ihm teilen zu dürfen.

Aber da beißt sie bei Bors auf Granit. Er hat, des Grals wegen, absolute Abstinenz geschworen und ist fest entschlossen, den Eid zu halten. Es kommt zu einer peinlichen Szene. Die Burgfrau steigt mit zwölf ihrer hübschesten Edeldamen auf den höchsten Turm des Gebäudes, und sie alle drohen, sich hinunterzustürzen, wenn Bors ihre Herrin nicht erhören wolle. Als Bors erneut ablehnt, werfen sie sich alle gemeinsam tatsächlich von den Zinnen herab, worüber Sir Bors derart erschrickt, daß er sich unwillkürlich bekreuzigt.

Im gleichen Augenblick »vernahm er ein großes Getöse und lautes Schreien, wie wenn alle Teufel der Hölle um ihn wären«, was sie wohl auch gewesen sein müssen, denn Turm, Schloß,

Dame und Edelfrauen sind plötzlich spurlos verschwunden. Teufelsspuk, wie ihm der brave Abt des einsamen Klosters, in dem Bors bald darauf einkehrt, versichert. Er interpretiert die Träume entgegengesetzt zu seinem zweifelhaften Amtsbruder im Walde. Der schwarze Vogel bedeute die heilige Kirche, der weiße ist des Teufels und Bors hat mit seiner Entscheidung für das bedrohte Fräulein recht getan, denn hätten die beiden Verwandten miteinander gesündigt, so wären sie verdammt gewesen, wovor Bors, getreuer Ritter und Diener Jesu Christi, sie bewahrt habe. Sein Bruder Lionel oder Lyonelle sei jedoch kein tadelloser Ritter, sondern handle gegen die Regeln des Ordens, was sein Symbol, das des vertrockneten Baumes, beweise. Im übrigen seien die schönen Damen allesamt verkleidete Teufel gewesen und sein Bruder, der sündige Lionel, sei beileibe nicht tot, auch dies ein Blendwerk der Hölle, sondern erfreue sich, seinen Folterknechten entronnen, inzwischen wieder bester Gesundheit.

Sir Thomas Malory hat im 14. Buch seines »Morte Darthur« mit seiner Meinung über Traumdeutung nicht zurückgehalten. Daß der Teufel und ein frommer Abt die gleichen Träume mit der gleichen Plausibilität entgegengesetzt auslegen, spricht deutlich genug gegen derlei Versuche. Malory warnt ausdrücklich vor solcher Geheimnistuerei – was aber seine Nachfolger nicht gehindert hat, in seine Geschichten von Merlin, Artus und den Rittern der Tafelrunde, vor allem aber den Gral alles nur mögliche Mysteriöse und oft Abstruse hineinzudeuten. Mit nachhaltigem Erfolg, denn es ist nicht immer einfach, jemandem den Unterschied zwischen historisch gewachsener Legende und jener Gläubigkeit an Kornzirkel, fliegende Untertassen und Begegnungen der dritten bis siebenten Dimension begreifbar zu machen; das alles wird nur zu gern in einen Topf geschüttet.

Nicht nur im Mittelalter fiel es den Menschen schwer, zwischen Glauben und Aberglauben zu unterscheiden. Der fromme und treue Sir Bors ist dafür ein Beispiel: Er will das Rechte tun, aber wo ist der eindeutige Wegweiser dahin?

Man kann sich zum Beispiel denken, daß Sir Lionel keineswegs mit der Interpretation seiner Person einverstanden ist, die der Abt seinem Bruder Bors gegeben hat. Anläßlich eines Turniers treffen die beiden wieder zusammen, kurz vor Beginn der Wettkämpfe, aber noch ehe sich die Teilnehmer haben rüsten lassen.

Bors geht freudestrahlend auf Lionel zu: »Lieber, guter Bruder, wie kommt Ihr hierher?«

»Spielt Euch nicht so auf«, lautet dessen Antwort. »Wenn es nach Euch gegangen wäre, hätten mich die beiden Ritter erschlagen. Als sie mich fortführten und schlugen, habt Ihr mich im Stich gelassen, um einer Edelfrau beizustehen. Noch nie hat ein Bruder so treulos am anderen gehandelt. Für diese Missetat müßt Ihr sterben, Ihr habt es verdient. Seid deshalb auf der Hut. Sobald ich meine Waffen in Händen halte, sollt Ihr es zu spüren bekommen!«

Bors versucht vergeblich, den Bruder umzustimmen. Aber der will weder Erklärungen noch Erläuterungen, sondern, wie er sich ausdrückt, den Kampf gegen einen Schuft und Verräter. Als die Waffen gebracht werden, rüstet sich nur Lionel und reitet den Bruder, der sich ihm unbewaffnet entgegenstellt, kurzerhand über den Haufen.

Das sieht dessen Freund Sir Colgrevance und macht dem wütenden Lionel heftige Vorwürfe. Im darauf folgenden Kampf besiegt und tötet Sir Lionel sowohl Sir Colgrevance als auch einen unglücklichen Eremiten, der zufällig anwesend ist und sich zwischen die beiden Kampfhähne zu werfen versucht.

Lionel scheint zum Berserker geworden. Es bleibt Bors nichts anderes übrig, als sich nun doch zu rüsten und sich mit seinem eigenen Bruder auf Leben und Tod zu schlagen.

Hier kann nur noch einer oder eines eingreifen: die Vorsehung.

Gottlob tut sie es, denn Bors wird, als Dritter im Bunde der Gralsfinder, noch gebraucht. Eine Wolke senkt sich herab, in der eine wunderbare Flamme lodert, die beide Schilde der Ritter zu Asche verbrennt. Eine gütige Ohnmacht befällt das feindliche Brüderpaar. Lionel wird nach Camelot entrückt, Bors an die Meeresküste, wo in einem weiß ausgeschlagenen Schiff schon Sir Parzival von Wales auf ihn wartet. Vielleicht, daß es sein Gebet war, das die Vorsehung auf den Plan gerufen hat.

Auf sie ist freilich nicht immer Verlaß, weder in der Sage noch im gewöhnlichen Leben. Wer seinen Bruder im Stich läßt, aus welchem Grund auch immer, wird von diesem keine Dankbarkeit erwarten dürfen; man hüte sich vor anderslautenden Interpretationen.

Im übrigen beruht – Moral dieser Geschichte – wahrscheinlich jede Feindschaft auf einem Mißverständnis.

19.

Sir Gareth, der unerwünschte Ritter

Man darf sich die Ritter der Tafelrunde nicht als eine verschworene Gemeinschaft vorstellen. Im Gegenteil. Es handelt sich um ausgesprochene Individualisten und, da die Sage hauptsächlich in englischen Gefilden spielt, exzentrische Charaktere. In ihrem Zusammenleben knirscht es vor Eifersüchtelei, Mißgunst und Ehrgeiz. Ritter sind, scheint es, ausgesprochene Egozentriker.

Einer unterscheidet sich von allen anderen, weil er völlig ohne jeden Ehrgeiz ist oder zu sein scheint. Sowohl physisch als auch psychisch hebt er sich entschieden vom Normaltyp eines Ritters ab, weshalb er auch am Anfang seiner Laufbahn allgemein verkannt und unterschätzt wird, was ihn jedoch nicht stört. Er hat später sogar erklärt, die Mißachtung und das Verkanntsein habe ihm dazu verholfen, es mit den gefährlichsten Abenteuern, den protzigsten Heldengestalten und den wüstesten Beleidigungen aufzunehmen.

Schon sein erster Auftritt am Hof von Camelot ist ungewöhnlich. Er findet am Pfingstsonntag statt, den man diesmal in Wales auf einer Burg namens Kinke Kenadonne begeht, die auf einer Sandebene, wohl am Rande des Wüsten Landes oder der Anderwelt, liegt. Man hat sich zum Mittagsmahl versammelt, aber Artus beharrt darauf, daß kein Bissen angerührt wird, ehe sich nicht etwas Ungewöhnliches oder Abenteuerliches ereignet hat. Wahrscheinlich sorgt man inzwischen für derartige Ereignisse, indem man Bittsteller oder skurrile Neuankömmlinge erst jeweils zu Pfingsten in Erscheinung treten läßt – jedenfalls erwartet der König als pfingstliches Hors d'œuvre den Leckerbissen einer ritterlichen Geschichte oder den Anfang einer möglichst vielversprechenden Abenteuerserie.

Sir Kay, der Hausverwalter und Truchseß, kann alsbald verkünden, daß man mit dem Auftragen wohl nicht mehr allzu lange werde warten müssen, denn am Burgtor sei eine seltsame Gruppe gesichtet worden, die aus drei Männern und einem Zwerg bestehe. Sie befände sich soeben auf dem Weg in die Burghalle.

Vor der versammelten Tafelrunde erscheint der schönste junge Mann, den man jemals zu Gesicht bekommen hat, ein Jüngling, dem Adonis zu vergleichen, wenngleich von ungewöhnlicher Körpergröße. So vollkommen er gebaut sein mag, alles wirkt um die Hälfte größer als bei anderen seines Alters. Beim Eintreten stützt er sich auf die Schultern seiner zwei normalgroßen Begleiter wie auf zwei Krücken, ganz so, als ob er ohne derartige Hilfe nicht gehen könne. Die Pferde, von denen sie gestiegen sind, führt der Zwerg am Halfter.

Artus und sein Hof scheinen – mit einer Ausnahme, wie wir sehen werden – verzaubert. Dem Charme des hochgewachsenen, schlanken Jünglings sind alle sofort verfallen, vor allem Sir Gawain und Sir Lancelot, die sich die Rolle des Primus inter pares innerhalb der Tafelrunde seit jeher streitig machen.

Der Jüngling erklärt dem König in einer artigen Rede, er sei aus einem besonderen Grund an seinen Hof gekommen, würde aber auf gar keinen Fall seinen Namen verraten. Er bäte nur, drei Wünsche vortragen zu dürfen, was Artus gestattet und ihm die Erfüllung dieser Wünsche schon so gut wie von vornherein zusagt, solch guten Eindruck macht der lange junge Unbekannte.

Der bittet um ein Jahr freie Verpflegung, Essen und Trinken, sonst nichts. Dann würde er heute, Pfingsten, übers Jahr seine nächsten beiden Wünsche aussprechen. Sein Zauber muß übermächtig sein, denn Artus, der sich sonst auf derartig vage Dinge nicht einzulassen pflegt, stimmt zu und befiehlt Sir Kay, für die Erfüllung des ersten Wunsches Sorge zu tragen.

Da Kay dem Frieden nicht traut und offensichtlich auf den Charme des jugendlichen Bittstellers nicht anspricht, quartiert er ihn im Raum der Küchenhilfen ein, läßt ihn sogar beim Kartoffelschälen und Gemüseputzen helfen, verpflegt ihn statt mit Speisen erster Qualität mit fetter Brühe und gibt ihm, wenn er denn schon seinen Namen vergessen hat, hohnlachend einen neuen. Er ruft ihn fortan »Beaumains«, was so viel wie »Schönhändchen« bedeutet – der hübsche Junge, der bald in Sack und Asche geht, wird rasch allgemein so genannt.

Empört über eine derartige Behandlung des Pfingstgastes sind nur Gawain und Lancelot, die den jungen Mann oft auf ihre Kammer holen, ihn dort bewirten, sich mit ihm jedoch auch in ritterlichen Spielen messen, Speerwerfen, Steinschleudern, auch Schwerterkampf, was alles der Schützling zumindest ebensogut und siegesbewußt beherrscht wie seine vielgepriesenen Lehrmeister. Kunststück – wir dürfen auch in Zukunft bei den Abenteuern Sir Beaumains nicht seine außerordentliche Körpergröße, anderhalb Maß des Gewöhnlichen, vergessen. Manche halten ihn sogar für einen Riesen – ein halber Hüne ist Beaumains auf jeden Fall. Sir Beaumains nennt er sich später tatsächlich eine Weile – es macht ihm nichts aus, wenn man ihn bei seinem Spitznamen nennt. Nur Sir Kay wird dessen Prägung büßen müssen.

Das nächste der in dieser Sage ungewöhnlich häufigen Pfingstfeste findet in Caerleon statt, ebenfalls in Wales. Wiederum erwartet Artus vor dem Pfingstsonntagsmahl das Außergewöhnliche, Besondere, und wiederum kann Sir Kay es nach geraumer Zeit melden. Als Bittstellerin ist diesmal eine junge Edeldame erschienen, die sich mit stolzer Gebärde an Artus wendet. Ihre Schwester, sagt sie, sei Gebieterin eines wohlbekannten und großen Reiches, werde aber von einem nachbarlichen Tyrannen bedrängt, der sie heiraten wolle und ihr Land besetzt halte. Er belagere schon seit zwei Jahren ihre Stammburg. Jetzt wende man sich an den großen und gerechten König Artus, die Burg zu entsetzen und die Fürstin vor dem unerwünschten Freier zu beschützen. Da sie sich aber weigert, den Namen des betreffenden Landes und seine geographische Lage zu verraten, lehnt Artus das Ansinnen in gesetzten, aber definitiven Worten ab. Das Edelfräulein läßt ihren Blick verächtlich in der Runde schweifen, erklärt, sie habe an dem Mut der Tafelrunde von vornherein gezweifelt und fügt hinzu, sich dann eben anderswo umsehen zu müssen, als durch die Seitentür zur Küche Beaumains in den Raum tritt. Er trägt eine Bäckermütze und eine weiße, nicht mehr ganz saubere Schürze, die er bedächtig ablegt.

Das Jahr sei um, dies seine wohlvorbereitete Rede, und er habe zwei weitere, vom König Artus bereits huldvoll genehmigte Bitten frei. Die erste sei, man möge ihm das Abenteuer der Befreiung jener Dame in einem unbekannten fernen Land überlassen, und seine zweite, Sir Lancelot möge ihn dazu zum Ritter schlagen.

Obwohl beide Bitten, gelinde gesagt, unverschämt sind, entspricht ihnen Artus, der einen Narren an dem sonderbaren Jüngling gefressen haben muß, sofort.

Beaumains ist erstens kein Ritter, kann also eine derartige Aufgabe nicht für sich beanspruchen. Und zweitens müßte er sich den Ritterschlag von König Artus erbitten, dem Ranghöchsten im Raum, statt von einem seiner noch so berühmten Vasallen. Malory erzählt diese Episode auf halber Strecke seines Buches; er will damit ganz sicher eine Änderung andeuten, die behutsam eingesetzt hat und jetzt immer deutlicher sichtbar wird. Man könnte sie als eine Art von Autoritätsverlust bezeichnen, den Artus, ohnedies aus dem abenteuerlichen Ritterleben so gut wie ausgeschert, erlitten hat. Er bleibt das Zentrum des Ganzen, aber die Jüngeren, Aktiveren, Angehörige der nächsten Generation, drängen. Einem hinterwäldlerischen Schönling wie Beaumains mag ein Ritterschlag des großen Lancelot bedeutsamer vorkommen als einer vom alternden König Artus.

Artus jedenfalls überträgt ungerührt Beaumains die Aufgabe und gestattet auch den Ritterschlag durch Lancelot. Außer sich vor Wut gerät allerdings die Edeldame, die für eine Weile ihre Vornehmheit verliert und unverblümt zum Ausdruck bringt, was sie von einem edlen König mit 150 ritterlichen Tafelgenossen hält, der einer Dame in Not statt eines wackeren Recken einen Küchenjungen zu Schutz und Hilfe beigibt. Zutiefst beleidigt und empört besteigt sie ihren Zelter und galoppiert davon. Die Tafelrunde sieht ihr entgeistert nach.

Da hat sich die Gestalt des Beaumains allerdings wie durch Magie verwandelt. Von seinem Leibzwerg hereingeführt worden sind ein edles, wohlgenährtes braunes Kampfpferd sowie ein Harnisch nebst federgeschmücktem Helm. Die beiden Begleiter haben ihn in Kürze eingekleidet, gepanzert und mit einem prächtigen Schwert umgürtet. So kniet Beaumains vor Lancelot nieder, der ihm mit seinem eigenen Schwert feierlich den Ritterschlag versetzt. Dann schwingt sich der junge Mann, jetzt Sir Beaumains, in den Sattel und prescht dem Edelfräulein nach, das er bald eingeholt hat.

Er erntet dafür wenig Dank. Die edle Frau rät ihm, zu verschwinden, sich in die Gemüseküche zu verziehen, wohin er gehöre, und was dergleichen mehr ist an Beleidigungen, die einer gekränkten Dame einfallen mögen. Obwohl sie ihn darauf hinweist, daß er nicht einmal ritterlich notwendige Dinge wie Lanze und Schild mit sich führt, bleibt er an ihrer Seite und wird auch die nächste Zeit nicht von ihr weichen.

Ihr erstes Abenteuer können sie und Sir Lancelot, der die beiden zum Abschied begleitet hat, gleich erleben: Es reitet noch ein weiterer Ritter hinterher, kein anderer als Sir Kay, der, offensichtlich nicht mehr ganz nüchtern, Beaumains mit vielen »Heh!« und »Lümmel, kennst Du mich nicht mehr?« zu stoppen versucht. »Natürlich kenne ich dich. Du bist der unhöflichste Mensch am Hofe des Königs Artus!« ertönt die Antwort. Darauf gibt Sir Kay seinem Pferd die Sporen und versucht, Beaumains mit der Lanze aus dem Sattel zu heben, aber der weicht geschickt aus und stößt dem Angreifer das Schwert in die Seite, daß dieser wie tot vom Roß fällt. Mit einem Blick auf das Edelfräulein nimmt er sodann Sir Kays Schild und Lanze und gibt seinem Zwerg dessen Pferd. Es bleibt Sir Lancelot überlassen, den verwundeten Sir Kay in die Burg zurückzuschaffen und ihm so das Leben zu retten. »Ihr habt den armen Sir Kay hinterrücks angegriffen«, wirft das Edelfräulein ihrem Begleiter vor und bittet ihn, sie doch endlich zu verlassen.

An einer Furt versperren ihnen gleich zwei Ritter den Weg. Beaumains zögert nicht lange – er gibt dem einen einen Hieb über den Helm, daß dieser ohnmächtig vom Pferd fällt und ertrinkt, während er dem anderen mit einem Streich den Kopf bis auf die Schultern spaltet.

Das Edelfräulein, naserümpfend: »Das Pferd des ersten ist gestolpert, den zweiten habt Ihr nur durch Zufall erschlagen«, einen Kommentar, den sie durch weitere Beschimpfungen ergänzt, den Küchendienst betreffend, den man Beaumains noch immer anrieche; er stinke nach wie vor nach Brühe. Dessen Antwort ist ein Achselzucken.

Da kommt ihnen ein verzweifelter Mann entgegengelaufen. Er wehklagt laut – sechs Diebe haben seinen Herrn überwältigt und gefesselt abgeführt. Beaumains eilt in die angegebene Richtung, richtet unter den Übeltätern ein Blutbad an, dem nur zwei von ihnen entfliehen können, und befreit den unglücklichen Ritter.

Der lädt sie auf sein Schloß und setzt bei Tisch seinen Retter neben das Edelfräulein, das laut gegen die damit unterstellte Gleichrangigkeit protestiert. Der Ritter plaziert daraufhin Beaumains an einen Seitentisch, an dem er selbst ebenfalls Platz nimmt. Er ist der erste, der die Vermutung ausspricht, Beaumains sei gar kein Küchenjunge, sondern müsse edler Herkunft sein, womöglich sogar ein Königssohn. Auch dem Edelfräulein scheinen die ersten Zweifel zu kommen, denn ihre Reaktionen werden weniger scharf und beleidigend.

Im übrigen liest sich das Folgende, wie so manches in der Artus-Sage, höchst eintönig. Die ewig gleich verlaufenden endlosen Zweikämpfe stammen noch aus der Zeit mündlicher Überlieferung, sind zu einer Art von literarischer Tradition geworden. Malory lockert ihre Monotonie auf elegante Weise auf, wenn die Gruppe unterwegs zum Entsetzen der Schwester der Edeldame vier Brüdern begegnet. Die Brüder tragen verschiedene Farben. Der erste, ein Sir Percard, hält, schwarz gekleidet, an einem schwarzen Hagedornstrauch und trägt ein schwarzes Banner. Beim zweiten Ritter ist alles grün, beim dritten, dem Roten Ritter, alles rot. Als letzter stellt sich Beaumains und der Dame endlich der bedeutendste dieser Brüderschar in den Weg, Ritter Persant von Indien, der sich zu recht oder zu unrecht für den bedeutendsten Ritter der Christenheit neben König Artus hält.

Der jeweilige Ritter, schwarz, grün, rot oder aus Indien, fragt die Dame, ob es sich bei ihrem Begleiter um einen Ritter vom Hofe des Königs Artus handle. Nein, erklärt sie jedesmal, er sei nur ein Küchenjunge. Die bunten Ritter merken allerdings bald beim Kampf, daß dies nicht die ganze Wahrheit sein kann, denn über kurz oder lang liegen sie am Boden und müssen um Gnade bitten. Und jedesmal gewährt Beaumains diese nur, nachdem das Edelfräulein ihnen verziehen hat. Beim Schwarzen Ritter wehrt sie sich noch, denn es geht ihr an die Ehre, für den Unterlegenen eines Küchenjungen um Gnade zu bitten, aber der Grüne und der Rote sowie der nach zweistündigem entsetzlichen Kampf bezwungene Persant werden von ihr gerettet – sie weiß inzwischen vom Kampf mit dem Schwarzen Ritter, dem er den Kopf abgeschlagen hat, wie rasch Beaumains seine Androhungen wahrmacht.

Er beginnt ihr überhaupt unheimlich zu werden. Auch zittert sie während der Zweikämpfe, wie sie erstaunt feststellt, jetzt tatsächlich um das Leben ihres Beschützers. Nach seinem Sieg über Persant von Indien gesteht sie ihm sogar ihren Namen – sie heißt Lyonet – und den ihrer Schwester – Lyoness, aber er gibt den seinen nicht preis, bittet sie nur lachend, doch bei ihren üblichen Beschimpfungen zu bleiben, die ihm bisher in seinen Kämpfen geholfen und ihn zu den höchsten Leistungen angespornt hätten. Unnötig zu sagen, daß die vielfarbigen Rittersleute mitsamt Persant den Befehl bekommen, König Artus aufzusuchen und sich ihm und der Königin Ginevra zu unterwerfen, was sie auch alle tun. Die Ritter sind nicht uneitel. Man macht den Herrn und Meister nur zu gern auf seine Siege aufmerksam.

Beaumains und seine Lyonet geraten immer näher an die Burg der Gefahren heran, in der Lyoness eingeschlossen ist. Belagert wird sie von Sir Ironside, dem Roten Ritter von den Roten Landen, nicht zu verwechseln mit dem bereits unterworfenen Roten Ritter. Sir Ironside, dem vor Jahren der Bruder seiner Verlobten durch Gawain oder Lancelot getötet worden ist, hat allen Rittern, vor allem aber denen auf Camelot, Tod und Vernichtung geschworen. Daß er den Schwur bisher auf grausame Weise gehalten und wahrgemacht hat, sieht man den Bäumen rund um sein Belagerungshauptquartier an. Sie sind, Wipfel an Wipfel, voller toter Ritter, die in ihren Rüstungen, Schwert und Schild um den Hals, gehenkt worden sind. Wer immer der

Königin Lyoness zu Hilfe kam und von Ironside besiegt wurde, starb eines schändlichen Todes.

Beaumains trifft an einem schönen Morgen vor dem Schloß der Gefahren ein, das Ironside längst hätte einnehmen können. Er hofft jedoch, daß eines Tages Gawain oder Lancelot persönlich erscheinen und von ihm im Kampf besiegt und aufgehängt werden können. An einem Maulbeerbaum befindet sich ein großes Horn, in das jeder, wie eine Inschrift besagt, stoßen möge, der es mit Sir Ironside aufnehmen möchte. Lyonet empfiehlt ihrem »lieben Sir Beaumains«, wie er jetzt heißt, damit besser zu warten, denn Ironside, zauberischer Herkunft, verfüge – wie Gawain – bis zum Mittag über wachsende Kräfte – er sei mittags siebenmal so stark wie am frühen Morgen oder am Nachmittag, wenn seine Stärke wieder abzunehmen beginne. Der Anblick der Gehenkten, eine ganze Anzahl von Artus-Rittern darunter, stimmt Beaumains jedoch so wütend, daß er sich augenblicklich zum Maulbeerbaum begibt und mit voller Kraft ins Horn stößt.

Es dauert nur die Zeit, die man zur Wappnung braucht, eine knappe Viertelstunde, bis der grimme Ironside erscheint. Der Kampf währt, unnötig es zu sagen, besonders lange und bleibt über Stunden hinweg unentschieden, mal scheint der eine, mal der andere überlegen – die notwendige Spannung zu erzeugen, ist den Erzählern und Balladensängern schon im Mittelalter nicht weniger geläufig als den Romanciers und Drehbuchschreibern von heute.

Allerdings bezieht die Artus-Sage ihre Spannung weniger aus den überraschenden Schlüssen von Handlungssträngen – diese sind meist voraussehbar. Die Spannungsfäden der Legende beruhen auf dem psychologischen Wechsel, den die handelnden Helden aufgrund der an sie gestellten Anforderungen durchmachen.

Auf jeden Fall stößt der überlebensgroße Jünglingsritter hier zum erstenmal auf einen gleichwertigen Gegner. Ihn rettet dreierlei: erstens die dann doch nachlassende Kraft des Sir Ironside, nachdem die Sonne ihren Zenit überschritten hat, zweitens, daß Frau Lyonet ihn mit dem Ruf aufmuntert: »Edler Ritter Beaumains, wo ist Euer Mut geblieben?«, drittens aber ist auf der Zugbrücke des seit zwei Jahren belagerten Schlosses die Schloßherrin Lyoness erschienen, eine Schönheit, in die sich Beaumains auf den ersten Blick verliebt und die zu sehen ihm neue Kraft verleiht. Sir Ironside ist am Ende besiegt, bittet um Gnade, die ihm aber angesichts der vierzig von ihm gehenkten Ritter vom Sieger zunächst nicht gewährt wird.

Doch da bitten die Grafen und Barone des Ironside um das Leben ihres Herrn, und das mit Argumenten, denen sich kein Artus-Kämpe versagen kann. Sie lauten: bedingungslose Unterwerfung und ewige Treue – dem Reich des Königs Artus ist selten eine derartige schlagkräftige kriegerische Verstärkung zugefallen.

Jetzt könnte Beaumains als Sieger in die Burg einziehen, einer der erfolgreichsten Helden der Tafelrunde. Aber trügerisch, wie Weiberherzen sich auch bereits vor Jahrhunderten geriert haben müssen, ist Lyonet in der Burg verschwunden und die Zugbrücke in die Höhe gezogen. Er möge nach einem Jahr zurückkehren, wenn er ein richtiger Ritter geworden sei, ruft ihm Lady Lyoness von den Zinnen des Vorwerks zu, bedankt sich noch einmal für die Befreiung von Sir Ironside, der sich seinerseits auf den Weg nach Camelot macht, und wünscht Beaumains für die kommenden zwölf Monate weiterhin viel Glück auf seiner ritterlichen Ausfahrt.

Der ist selbstredend enttäuscht. Die Frauen der Artus-Sage stellen eine besondere Rasse dar, ebenso selbständig wie selbstsüchtig. Auch Lyoness führt mit ihrer offensichtlichen Undankbarkeit etwas im Schilde: Sie steigert so nur noch das Liebesverlangen auf seiten des gekränkten Helden, zum anderen möchte sie sich Aufklärung über seine Herkunft verschaffen. Es ist zweifelhaft, ob Lyoness, obwohl sie selbst Feuer gefangen zu haben scheint, sich mit dem Retter ihres Landes einließe, wenn es sich bei ihm tatsächlich um einen Küchenjungen handeln würde.

So bittet sie ihren Bruder, Sir Gringamore, um eine Gefälligkeit, eine Art von Kriegslist, nämlich Beaumains, der gewiß irgendwo im Walde übernachten müsse, den Zwerg zu rauben, der ihn seit Jahren begleitet, und diesen auf die Burg der Gefahren zu bringen. Er könne ganz sicher über seinen Herrn genaue Auskunft geben.

Gesagt, getan. Beaumains ist wirklich auf einer Waldlichtung enttäuscht in den Schlaf gesunken, und Sir Gringamore geschickt genug, den Zwerg, der die Wache hält, im Galopp zu ergreifen, ihn in den Sattel zu ziehen und mit ihm davonzupreschen. Das laute Wehklagen und Hilfegeschrei des Liliputaners weckt Beaumains, der zwar gleichfalls in den Sattel springt, aber die Spur des Zwergräubers bald verliert. In der sumpfigen Gegend rund um die Burg der Gefahren geraten Roß und Reiter mehrfach in Lebensgefahr.

Am Ende hat Beaumains jedoch Glück. Er trifft einen armen Bauern, den er fragt, ob er nicht einen tiefschwarz gekleideten Ritter gesehen habe, der einen Zwerg mit sich führe (Farben spielen bei allem, was unser junger Ritter anpackt, eine besondere, fast magische Rolle). Der Bauer bejaht die Frage. Keinen geringeren als Sir Gringamore habe er gesehen, der einen verzweifelt strampelnden Zwerg unterm Arm getragen habe. Mit Sir Gringamore, erklärt der Bauer weiter, sei jedoch nicht gut Kirschen essen.

Eine Warnung, die Beaumains natürlich in den Wind schlägt. Gut Kirschenessen ist auch mit ihm nicht – voller Wut reitet er zur Burg, die ihm der Bauer gezeigt hat, und pocht mit dem Schwertknauf gegen das Tor. »Sir Gringamore, Verräter und Lumpenhund!« brüllt er. »Gib' meinen Zwerg heraus oder, bei meiner Liebe zu Jesus Christus und meinem Eid als Ritter der Tafelrunde, ich will Euch schaden, wo immer ich kann!«

Er ist sich im übrigen nicht darüber im klaren, daß er in die Burg der Gefahren zurückgekehrt ist und daß hier bereits seit ein paar Stunden ein anderer Wind weht. Man hat den Zwerg ins Kreuzverhör genommen, und als die Schloßherrin ihm mit lebenslangem Kerker bei Wasser und Brot droht, hat dieser natürlich mit seiner Weisheit nicht hinterm Berg gehalten und alles verraten. »Beaumains« sei in Wirklichkeit Königskind, Sohn König Lots von Orkney und seiner Gemahlin, einer Schwester König Artus, Bruder von Sir Gawain. Sein wahrer Name laute Sir Gareth von Orkney.

Mit diesem Wissen ändert sich die Haltung der Lyoness gegenüber »Beaumains« schlagartig. Sir Gringamore redet sich auf eine Verwechslung heraus und Lyoness gelingt – wie allen Frauen bei

Männern, von denen sie geliebt werden – rasch die Besänftigung des Helden mit anderen Mitteln. Sie läßt ihn wissen, daß sie sein Nachtlager in der großen Halle aufschlagen wolle, wo es für sie leichter sei, aus ihrer Schlafkammer zu ihm zu gelangen. Da hat Sir Beaumains oder Sir Gareth, wir wir ihn jetzt nennen müssen, rasch jeden Tort vergessen, den man ihm angetan hat.

Das könnte, zusammen mit der geplanten und später auch feierlich am Artus-Hof vollzogenen Hochzeit, so etwas wie ein Happy-End der Gareth-Geschichte sein. Direkte Happy-Endings sind freilich um Artus herum eher die Ausnahme – sie werden – nicht nur bei Sir Thomas Malory, aber vor allem bei ihm – gern verzögert und enthalten oft eine besondere, nicht immer auf den ersten Blick plausible Parabel. So auch hier.

Kaum ist Lyoness zu Gareth geschlüpft und das Liebesspiel beginnt, erscheint aus dem Dunkel der Halle ein grimmiger, gewappneter Krieger mit einer Streitaxt in der Hand. Sir Gareth springt vom Lager auf und greift zum Schwert, aber noch ehe er es zur Verteidigung einsetzen kann, hat ihn der Krieger mit der bajonettartigen Rückseite der Axt bereits schwer an der Lende verwundet.

Was man ohne Frage symbolisch verstehen muß. Auch daß, als Gareth ihm daraufhin mit dem Schwert den Kopf vom Rumpf trennt, jäh Frau Lyonet auftaucht und dem Unhold mit einer Art von Leim diesen wieder anklebt: Der Krieger verläßt mitsamt Frau Lyonet die Halle. Es sei in Ordnung so, läßt Lyonet die Zurückbleibenden wissen, und man werde ihr dafür noch dankbar sein.

Der eilig herbeigeholte Sir Gringamore verbindet Gareth die Wunde, es gelingt ihm sogar, die heftige Blutung zu stillen. Man hat dies alles als Strafe für übereiltes Liebesbegehren interpretiert, als Eifersucht von seiten Lyonets, die das Ganze angezettelt und als böse Fee zu gelten habe, auch als schlechtes Omen für die Ehe Sir Gareths mit Lady Lyoness.

Sei dem, wie ihm sei – kaum, daß die Lende des Ritters einigermaßen geheilt, beschließt das Liebespaar erneut eine sofortige, nach christlich-ritterlichen Begriffen voreilige Vereinigung, leichtsinnigerweise am gleichen Ort.

Wieder ist Mitternacht. Wieder hat sich Lyoness zu ihrem Geliebten geschlichen und ist eben unter dessen Bettdecke geschlüpft, als schweren Schrittes aus dem Schatten wiederum der schreckliche Krieger auftaucht.

Diesmal läßt sich Beaumains beziehungsweise Sir Gareth jedoch nicht wieder hinterrücks überraschen. Bei aller Liebessehnsucht hat er doch nicht vergessen, das Schwert – ohne Scheide! – neben sich zu legen. Er kann es blitzschnell ergreifen, schlägt dem Krieger erneut den Kopf ab, schneidet diesen jedoch, um sicher zu gehen, mit scharfer Schneide in unzählige Stücke und Stückchen, die er allesamt aus dem Fenster in den Burggraben wirft.

Wieder eilt Sir Gringamore herbei, und wiederum erscheint nach einer Weile auch Lyonet. Sie hat alle Stücke und Stückchen des zerschlagenen Kopfes aus dem Burggraben gesammelt und setzt sie mit ihrer Tinktur zusammen, bis der Kopf wieder in Gänze vorhanden ist. Als sie ihn dem Körper des Kriegers aufsetzt und dieser sich wie beim letztenmal lebendig aus der Halle begibt, bezichtigt Gareth seine einstige Gefährtin und künftige Schwägerin des Verrats. Aber diese versichert ihm wiederum, es sei recht so, und er werde ihr noch dafür dankbar sein. Sie wird recht behalten, denn verzauberte Wunden heilen nur, wenn der, der sie geschlagen hat, anwesend ist. Und das wird er sein, wenn Lyonet, die anscheinend über einige Zauberkräfte verfügt, diese einer endgültigen Heilprozedur unterwirft, über die allerdings nichts weiter verlautbart worden ist. Hexerei gilt bei edlen Frauen als unfein, auch wenn diese sie nur zu gern ausüben.

In der Zwischenzeit gilt Beaumains, wie er dort noch meist genannt wird, also Sir Gareth, am Hof des Königs Artus als verschollen. Es melden sich zwar von Zeit zu Zeit Helden, die von ihm besiegt worden sind, aber sonst hört man nichts von ihm.

Immerhin erscheinen zum nächsten Pfingstfest, das wieder in Caerleon abgehalten wird, Sir Pertolepe, der Grüne Ritter, mit einem Gefolge von 50 Rittern, Perimones, der Rote Ritter, mit 60 und Sir Persant von Indien mit 100 Vasallen. Als letzter trifft dann Sir Ironside, der Rote Ritter von den Roten Landen, ein, der gleich 500 Ritter mitbringt. Sir Ironside und Sir Persant von Indien werden als ehemalige Erzfeinde feierlich in die Tafelrunde aufgenommen, für christliche Ritter beiderseits eine Genugtuung.

Mit anderen Worten: Man macht sich angesichts all der Besiegten, die er ihnen schickt, um Beaumains alias Gareth nicht garade Sorgen. Die macht sich Morgause, die Schwester des Artus, im fernen Orkney. Sie hat ihrem Bruder vor geraumer Zeit ihren jüngsten Sohn geschickt, damit er am gleichen Hof aufwachse wie seine Brüder. Erfahren hat sie dann nur seltsame und widersprüchliche Dinge, die wenig Sinn ergaben. So wollte ein Gerücht wissen, Artus habe seinen Neffen als Lehrjungen in die Küche gesteckt. Aber auch, Gareth und sein Bruder Gawain hätten sich im Zweikampf geschlagen, woraufhin ersterer einen Abenteuerauftrag in der Anderwelt erhalten oder gewonnen habe, von dem er nicht zurückgekommen sei.

Briefe werden im 6., aber auch im 15. Jahrhundert nur selten geschrieben; es gibt auch noch keine Postverbindungen. Aber die drei Brüder aus Orkney scheinen ebenfalls keine großen Beschäftiger von Herolden zu sein, mit deren Hilfe man in derartigen Kreisen familiäre und sonstige Bindungen aufrecht zu erhalten pflegt. Man schickt einen Boten, der mündlich Nachrichten überbringt und mit solchen im Gedächtnis zurückkehrt. Ohnedies ihrem Bruder gegenüber eher mißtrauisch, begibt sich Morgause am Ende selbst an den Artus-Hof, um nach dem Rechten zu sehen.

Ihre drei Söhne Gawain, Agrawein und Gaheris, die sie seit 15 Jahren nicht gesehen haben, reiten ihr freudestrahlend entgegen, werden von der Mutter jedoch keinesfalls so liebevoll wie erwartet begrüßt. Sie verlangt zunächst einmal kategorisch Auskunft über das Wohlergehen ihres jüngsten Bruders, den sie ihnen anvertraut habe. Es stellt sich heraus, daß die drei von ihm nichts wissen, ebensowenig König Artus, der anschließend, peinlich befragt, von der Schwester die Leviten gelesen bekommt. Denn als Morgause auf das Gerücht hinweist, der Onkel habe den Neffen zum Koch ausersehen, dämmert dem König einiges. Er erinnert sich, wie vertraut ihm und auch Gawain die Gestalt des Ankömmlings vorgekommen ist und wie selbstverständlich er den Jungen aufgenommen und gefördert hat, so durch den Ritterschlag Sir Lancelots und die Übertragung der Aufgabe, eine bedrängte Dame in fernem Land zu retten. Er verspricht der Schwester, alsbald für eine Verbindung zu Gareth sorgen zu wollen, wobei er sich an seine neuen Freunde wenden kann, zu denen auch Sir Gringamore gehört.

So treffen auf Camelot dann endlich Morgause und Lyoness, ihre zukünftige Schwiegertochter, zusammen. Die beiden finden Gefallen aneinander, denn Mutter Morgause wird nicht müde, den Erzählungen der Edeldame zu lauschen, die sich alle mit den Abenteuern und Siegen des Sir Gareth von Orkney befassen. Mit ihren Söhnen und sogar ihrem Bruder ist Morgause bald versöhnt und wundert sich nicht einmal darüber, daß Gareth selbst keinerlei Anstalten macht, sie persönlich aufzusuchen.

Der liebt weiterhin wenn nicht das Mysterium – dazu ist Gareth zu realistisch eingestellt –, so doch das Versteckspiel. Zu Mariä Himmelfahrt tritt er bei einem der größten Turniere des Zeitalters, an dem Ritter aus England, Schottland, Irland, von den Hebriden, aus der Bretagne und von anderswo teilnehmen, in ständig wechselnder Gestalt auf. Lady Lyoness hat ihm einen Ring geschenkt, der blutende Wunden verhindern soll, aber auch die Eigenschaft besitzt, Farben nach Belieben zu verändern. Da Farben den Kämpfer im Turnier erkennbar machen – die Rüstungen sehen alle gleich aus –, eine ebenso merkwürdige wie unter Umständen nützliche Funktion.

Denn nun tritt Gareth wie ein Verwandlungskünstler in blauer, grüner, weißer, roter und vielfarbiger Rüstung auf, eine Art von Turnier-Chamäleon, das viele Zuschauer, aber auch viele Mitstreiter verwirrt. In seinem Panzer und bei geschlossenem Visier ist ja ein Ritter, falls er am Schild nicht sein Wappen trägt, kaum zu erkennen. Unerkannt besiegt Gareth die Könige von Irland und Schottland und zudem – eine Sensation – seinen Bruder Gawain.

Die ausführliche Schilderung derartiger Turniere gehörte im Mittelalter zu den Höhepunkten gesungener und rezitierter Vortragskunst. Turnierballaden müssen außerordentlich populär gewesen sein, vielleicht unseren heutigen Sportreportagen vergleichbar. Wahrscheinlich veränderten die jeweiligen Sänger sogar die Kampfergebnisse, je nach Belieben oder nach dem Willen des Publikums, das sie durch Zurufe unterbrochen und zugleich angetrieben haben dürfte. Es kann gut sein, daß die Frage, ob diesmal Lancelot über Gawain oder umgekehrt siegen würde, das Spannendste an den Liedern, Gedichten, Geschichten um König Artus war.

Langwierige Kämpfe, die sich über Stunden hinziehen, sind so auch unvermeidlich in die schriftlichen Niederlegungen gelangt – kein Autor, der auf sie verzichten würde. Wer wollte ausgerechnet das ausklammern, was das Publikum magnetisch anzieht?

Das tut es heute längst nicht mehr. Für uns heute sind die Kampfschilderungen und ihre Ausgänge viel zu gleichförmig und langatmig, weshalb wir hier auch das Auf und Ab des launischen Kampfglücks unter nahezu gleichwertigen Kämpfern überspringen. Sieger dieses Mammutturniers wird selbstredend Sir Gareth.

Wer jedoch, inzwischen mit einigen der handelnden Personen vertrauter geworden, an Einzelergebnissen interessiert sein sollte, dem seien ein paar der interessantesten genannt. Sir Lancelot besiegt nach schwerem Kampf, aber nicht ganz unerwartet, den Ritter Persant von Indien, der dadurch nicht an die erhoffte erste Stelle unter den Artus-Rittern aufrückt. Sir Pertolepe, der Grüne Ritter, wirft zu aller Erstaunen Sir Lionel in den Staub, den einst sein Bruder Bors so sehr erzürnt hat. Sir Bors selbst erzielt hinwiederum gegen Sir Ironside ein ehrenvolles Unentschieden, was auch Sir Ector de Maris, einem Halbbruder Lancelots, gegen Sir Perimones, den Roten Ritter, gelingt, obwohl er, der von Artus wie ein eigener Sohn aufgezogen wird, noch als blutiger Anfänger gilt.

Gareth tritt beim Finalkampf, der in der Burg der Gefahren stattfindet, gelbgewandet auf und wird, da ihm sein Zwerg, des Versteckspiels müde, den Ring entwendet hat, jetzt von den Herolden erkannt und weithin ausgerufen. Nur mühsam kann er sich durch die begeisterte Menge den Weg ins Freie bahnen und Siegerkranz, Gratulationen und Glückwünschen der Artus-Genossen entkommen.

Die Flucht führt in den Wald und natürlich zu neuen Abenteuern – so befreit er einmal auf einen Schlag nicht weniger als 30 unglückliche Witwen, die der Braune Ritter ohne Gnade, Sir de la Rouse, gefangenhält. Auch Sir de la Rouse wird am nächsten Pfingstfest die Ansammlung der von Sir Gareth besiegten Widersacher auf Camelot um das Musterexemplar eines geläuterten Zwangs-Artus-Ritters vermehren. Ihn nimmt Artus übrigens, ebenfalls aufgrund seines Bekanntheitsgrades, wie ein Beutestück sofort in seine Tafelrunde auf.

Aus der Niederlage wächst eine Ehrung – mag diese Tendenz, die immer augenfälliger wird, christlich sein, ritterlich ist sie nicht. Artus scheint unkritischer geworden, vertrauensvoller – man könnte auch sagen: leichtgläubiger – gegenüber seinen Vertrauten. Er nimmt so gut wie jeden, der ihm als Besiegter geschickt wird, wenn es sich nur um jemanden von Adel und hoher Geburt handelt. Denn es wird ihm wohl zu Zeiten tatsächlich schwer, die Lücken immer wieder zu füllen, die unter den 150 Sitzen des runden Tisches klaffen. Der abenteuerlichen Suche nach dem Gral sind viele der Artus-Ritter zum Opfer gefallen. Zu schweigen von den feindlichen Unholden wie Sir Ironside, der jetzt selbst eine der Lücken, die er mitverursacht hat, ausfüllt.

Ein gewisser Autoritätsverlust zeigt sich am Hofe auch durch die Tatsache, daß es unter den Rittern, selbst den engsten Vertrauten, immer häufiger zu wenig brüderlichen Auseinandersetzungen kommt, die meist auf Eifersüchtelei beruhen. Sie werden im Fall der Königin Ginevra binnen kurzem die Ritterschaft in zwei Parteien spalten. Das spukhafte Auf- und Abtreten des jungen Gareth beendet Artus jedoch in altgewohnter Weise durch einen mehr oder weniger strengen Befehl. Er gebietet ihm, zu Michaelis auf Kinke Kenadonne zu erscheinen, wo alles begonnen hat. Und zwar mit offenem Visier, ohne jede Verkleidung zum Zweck der Eheschließung mit Lady Lyoness.

Doch bevor es zu diesem endgültigen Happy-End kommt, geschieht etwas, das ebenfalls den langsamen Niedergang der Sitten am Artus-Hof widerspiegelt: Das Brüderpaar Gareth und Gawain liefert sich einen erbitterten Kampf auf Leben und Tod.

Die näheren Umstände sind allerdings unbekannt geblieben und von allen Autoren, meist unter beschönigenden Phrasen, unterschiedlich dargestellt worden. Malory läßt die beiden im

Wald zusammenstoßen, wobei sie einander nicht erkennen, aber stundenlang besinnungslos aufeinander einschlagen. Eine unwahrscheinliche Geschichte, denn man reitet nicht mit geschlossenem Visier durch einen Wald, auch haben Ritter wie Gareth und Gawain Knappen in ihrer Begleitung, die Schilde, Lanzen, meist sogar Wimpel mit Wappen tragen.

Etwas später erklärt Malory, Sir Gareth habe sich, »nachdem er die Eigenschaften Sir Gawains erkannt hatte«, (...) aus der Gesellschaft seines Bruder zurückgezogen, »denn dieser war rachsüchtig, und wo er haßte, da pflegte er sich durch Mord zu rächen, und das mißfiel Gareth.« Ob sich das auf den Mord an König Pellinore bezieht, geht aus dem Text nicht hervor.

Der verbissene Gawain und der verspielte Gareth liefern sich jedenfalls einen erbitterten Kampf. Sie scheinen einander instinktiv erkannt zu haben, denn die beiden sehen sich und schon »rannten sie ohne Warnruf wie der Donner gegeneinander und der Ritter verwundete Sir Gareth an der Seite mit der Lanze. Danach stiegen sie vom Pferd und wechselten im Schwerterkampf derart mächtige scharfe Streiche, daß ihr Blut nur so auf den Boden tropfte. So kämpften sie zwei Stunden lang.« Das läßt auf tiefliegende Abneigung schließen, die sich psychologisch kaum erklären läßt.

Malory deutet an, sie hätten sich gegenseitig getötet, wäre nicht, »gemächlich«, wie er es ausdrückt, die Dame Lyonet auf einem Maultier vorbeigeritten und hätte gerufen: »Sir Gawain, Sir Gawain, hört auf – Ihr erschlagt Euren Bruder!« Worauf sich die beiden Kampfhähne weinend in die Arme gesunken seien.

Ihre Wunden werden in einem nahen Kloster noch rechtzeitig bis Michaelis geheilt. Anderen Quellen zufolge treffen die beiden feindlichen Brüder dort auf dem Turnier zusammen, was noch unwahrscheinlicher klingt. Das Rittertum, mit dem Artus die alte Welt noch eine Zeitlang bewahrt hat, zeigt erste Risse.

Unter den Rittern der alten Zeit ist Gareth vielleicht der modernste. Er achtet nicht auf den Kodex, der den meisten ihres Standes ein und alles ist. Gareth betreibt seine Ausfahrten wie ein Spiel, mit leichter Hand und außerordentlich phantasievoll, kein Musterschüler im Sinne Sir Galahads, eher ein Exzentriker und

Individualist. Seine knabenhafte, wenngleich überlebensgroß aufgeschossene Erscheinung vereint das Außergewöhnliche mit etwas gleichfalls nicht zu Unterschätzendem: gesundem Menschenverstand.

Am Michaelistag heiratet er auf Kinke Kenadonne seine Lyoness, wobei die beiden nicht allein vor dem Altar stehen. Sein Bruder Gaheris ehelicht Lady Lyonet, Fräulein Savage, und auch Agrawein geht nicht leer aus. Er reicht der schönen Nichte beider Damen die Hand, einer Lady namens Laurel. Das Fest, das Artus anschließend gibt, dauert 40 Tage.

Vielleicht feiert man so lange, um auf diese Weise dem Unheil auszuweichen, das sich bedrohlich über dem Hof zusammenzieht. Feiern verändert zwar nichts, aber es betäubt doch wenigstens.

Heiraten sind im Hochadel ohnehin ein Politikum. Auch die des Artus, jedenfalls des historischen. In der Forschung ist es umstritten, ob es einen keltischen Heerführer gegeben hat, der 516 die Sachsen am Mount Badon (vielleicht den Badbury Rings in Dorset) nachhaltig besiegte, der anschließend mit den Sachsen Frieden geschlossen und dem einer der sächsischen Führer, Lodegrance, der kurz zuvor zum christlichen Glauben übergetreten war, seine Tochter zur Frau gegeben hat.

Die Folge, sowohl in der Legende als auch in der (allerdings nicht zweifelsfreien) historischen Wirklichkeit: nahezu zwanzig Friedensjahre zwischen 517 und 535. In sie fallen in den Artus-Epen die Ausfahrten der Ritter, ihre stete Rückkehr zum Sammelpunkt auf Camelot an der Rundtafel, die Suche nach dem Gral und all die tausend Geschichten, von denen wir nur einen winzigen Bruchteil – und diesen auch noch stark verkürzt – nachzuerzählen versucht haben und weiterhin versuchen.

In der Mitte der zwanzig Friedensjahre, um 527, ist Artus 52. Ein nach damaligen Begriffen schon alter Monarch, hochgeachtet in der Welt, nicht ganz so hoch jedoch – wie so oft – am eigenen Hof. Rasch ermüdet, muß er sich oft vorzeitig von der Tafel zurückziehen, mittags wie abends; auch zeigen sich schon früh Merkmale von Schwerhörigkeit. Er wird auch zusehends ein bißchen wunderlich. Erstes Anzeichen dafür war vielleicht sein sonderbarer Aberglauben, das Pfingstmahl erst nach einem besonderen Vorkommnis beginnen zu können. Er scheint auch im Alter zusehends gutmütiger, während er in der Frühzeit seiner Regierung Züge ausgesprochener Grausamkeit hatte, etwa wenn er Feinde und Verräter bei lebendigem Leib vierteilen oder durch wilde Pferde zu Tode schleifen ließ. Jetzt, mit 50, läßt er den Rittern seiner Umgebung fast zu viel durchgehen.

Verstärkt hat sich auch sein Einsamkeitsbedürfnis. Die nie vollzogene Ehe mit Ginevra ist auch seelisch gescheitert. Das Paar lebt auf Camelot in getrennten Gemächern, sogar getrennten Flügeln des Schlosses, auch in getrennten Welten nebeneinander her. Sie treffen fast nur noch bei festlichen Gelegenheiten zusammen – am Pfingstfest und an der Tafelrunde, wo Ginevra als einzige Frau ihres Amtes als Ehrendame – Vorsitzende auch eines Ehren- und Schlichtungsausschusses – waltet.

Kennzeichnend für die Artus-Sage ist, daß Artus selbst immer wieder aus ihr so gut wie verschwindet, hinter den höchst unterschiedlichen Leuten seiner Tafelrunde zurücktritt. Er bleibt zwar die Kulminations-, nicht aber unbedingt die Hauptperson der breitgefächerten Handlung.

Durch ihn wird zu einem runden Ganzen, was jeweils für sich genommen unterschiedlich genug erscheint. Zu seiner Rundtafel – einer Art von Sammelpunkt alles dessen, was man unter Rittertum versteht – gehören nicht nur edle und fromme vornehme Herren, sondern auch rechte Schlagetots und Raufbolde – ein, wenn man so will, wüster Haufen, der nur in seinen Spitzen dem Ideal entspricht, das Artus vertritt. Und auch da nicht immer. Mag Sir Lancelot der beste aller Ritter sein, der Treuesten einer ist er nicht. Und Sünder sind sie mit einer Ausnahme – Lancelots Sohn Galahad – alle, meist sogar beladen mit einer Erzsünde, wie König Artus selbst.

Die Figur des Artus wurde von vielen Quellen und den unterschiedlichsten Autoren geformt, sie gehört zu den schwankendsten unter den ohnedies selten fest umrissenen Sagengestalten. Vergessen wir jetzt – wir stehen an einem Wendepunkt der Artus-

Sage – nicht, daß wir uns zugleich im 6. und im 15. Jahrhundert befinden, in einer historisch-schizophrenen Situation.

Artus ist, der Legende zufolge, um 475 nach Christus geboren. Sein Vater Uther Pendragon starb um 512. Bei allen Autoren setzt sein Werdegang 516 mit seinem Sieg über die Sachsen ein, die versuchen, die keltische Urbevölkerung zu verdrängen. Aus dieser Zeit stammen Umrisse der vielen handelnden Personen und die Ausformung der Handlungsfäden, die sich so vielfältig untereinander kreuzen, quer durch alle europäischen Sprachen.

Die Autoren lassen ihre Figuren jedoch nicht vor dem Hintergrund des sechsten nachchristlichen Jahrhunderts agieren, sie transportieren sie vielmehr in ihre eigene jüngere Vergangenheit, ins 12. bis 15. Jahrhundert. Wobei die frühen Dichter als ausgesprochene Moralisten zu Werke gehen – sie halten einer schlimmen Zeit, die zum dreißigjährigen »Krieg der Rosen« führen wird, den Spiegel besserer Tage vor. Artus ist, in der Hauptsache, eine nostalgische Figur.

Nach seinem Sieg über die Sachsen heiratet er Ginevra. Ihre Liebe zu Sir Lancelot ist weithin – man kann getrost sagen: in aller Welt – bekannt, was dem alternden Artus, Held und zugleich Antiheld seiner Sage, zusätzlich den traurigen Ruf eines Hahnreis einträgt. Ein Geheimnis wird aus der Sache nur am Hof zu Camelot gemacht, das jedoch allen vertraut gewesen sein dürfte, ebenso wie die Tatsache, daß Artus sein Liebesglück bisweilen auf anderen Schlössern und in anderen Betten sucht. Man tratscht hämisch darüber, ob er es auch findet. Er gilt als impotent, seit er von seinem ungewollten Inzest erfuhr, was aber zweifelhaft bleibt.

Die eigentliche Familie des Königs ist seine Tafelrunde und in ihr vor allem die Neffen und der Sohn Mordred aus eben jenem Inzest. Unter den Kelten sind Neffen, wir hörten es schon, bis hinein in moderne Zeiten als ebenso blutsverwandt betrachtet worden wie eigene Kinder. Neffen – weniger Nichten – stellten natürliche Erben und Nachfolger dar, die oft eigenen Nachkommen vorgezogen wurden.

Er hat sie ja alle an seinen Hof geholt, die Söhne seiner Schwester Morgause und den eigenen Sohn, der am Ende gleichzeitig so etwas wie sein Neffe ist. Sie sind jedoch nicht alle wohlgeraten und gehören einer anderen Generation an. Der große König und Friedensbringer, um den die Welt Britannien beneidet, ist ein einsamer Mann. Eine tragische Gestalt mit im Alter leicht komischen Zügen, die aber von den Rittern nur hinter vorgehaltener Hand belächelt und von den Chronisten kaum angedeutet, so gut wie verschwiegen werden. Wir müssen sie uns aus Beschimpfungen Außenstehender und feindseligen Kommentaren zusammenreimen. Der 52jährige Artus zeigt schon manche Züge eines Greises. Er harrt, wie es scheint, verbissen aus.

Die Friedenszeit, die letzte, die das Land für Jahrhunderte erleben soll, neigt sich ihrem Ende zu.

20.

Verrat und Untreue

In Ungarn lebt Sir Urre vom Berg als fahrender Ritter. Sir Thomas Malory umreißt dessen Interessen: »Wann immer er hörte, daß irgendwo Ruhmestaten zu vollbringen waren, reiste er hin.« Die fahrenden Ritter bilden so etwas wie den Jet-set der Ritterschaft. Ein solches Leben erfordert nicht nur Mut zu Kampf und Entbehrung, sondern auch die notwendigen Mittel und Privilegien.

So ist Sir Urre dann auch zu einer Turnierauschreibung ins ferne Spanien gereist, wo er als Gegner auf Sir Alphegus, den Sohn eines iberischen Grafen, traf. Er hat Sir Alphegus im Kampf getötet, aber von diesem vorher acht tiefe Verletzungen beigebracht bekommen, drei am Kopf, vier am Körper und eine an der linken Hand.

Es sind böse Wunden, die sich nicht schließen wollen, denn die Mutter des Getöteten hat sie mit einem Fluch belegt. Geheilt werden können sie nur, wenn »der beste Ritter der Welt« seine Hand auf sie legt.

Aber wer ist der beste Ritter der Welt?

Sieben volle Jahre irrt Sir Urres Mutter mit dem Verwundeten durch Europa, von Hof zu Hof, von Burg zu Burg. Für den Sohn hat sie eine Sänfte bauen lassen, in der er einigermaßen erschütterungsfrei zwischen zwei Pferden transportiert werden kann. Begleitet sonst nur von seiner schönen Schwester Felelolie und einem Pagen, hat der Kranke in aller Herren Länder unzählige Heilversuche über sich ergehen lassen. Sie sind alle erfolglos verlaufen.

Jetzt ist der traurige Zug endlich über den Ärmelkanal nach

England gelangt und hat sich zunächst an den Hof des Königs Artus begeben. Dieser befindet sich vorübergehend in Carlisle, nahe der schottischen Grenze. Sir Urres mobiles Krankenlager kommt eben zurecht, um am Pfingstsonntag die von Artus dringend erwartete Überraschung vor dem Festmahl abzugeben.

Die eigentliche Prozedur erfolgt erst nach dem Essen in feierlicher Weise mit Herolden und Fanfaren auf der Festwiese der Stadt. Zu ihr hat Artus alle anwesenden 110 Ritter befohlen. Er selbst ist auf Wunsch der beiden Damen als erster bereit, es mit der Heilung des schmerzgeplagten Sir Urre zu versuchen.

Aber kaum berührt Artus mit seinen Händen Urres Wunden am Kopf, als diese wieder heftig zu bluten beginnen: es sprudelt nur so aus ihnen hervor. Wem es noch nicht aufgefallen sein sollte: Der beste Ritter der Welt ist Artus keineswegs. Oder auch: nicht mehr. Er mag mit wehmütigem Lächeln den anderen Platz gemacht haben, die natürlich ebenfalls scheitern, unter ihnen Gawain, Gareth, Bors und Mordred.

Da taucht verspätet jemand auf, den seltsamerweise noch keiner vermißt hat, obwohl er die glänzendste Erscheinung in dieser Runde darstellt, kein anderer als Sir Lancelot, immer noch der Star von Camelot. Er wird von einem Gast aus Frankreich begleitet, Sir Lavaine, der ebenfalls eine Berührung der verzauberten Wunden vornimmt, wiederum ohne jeden therapeutischen Erfolg.

Lancelot, unter anderem ein Snob vom Scheitel bis zur Sohle, weiß, wie man sich unter solchen Umständen benimmt. Er lehnt einen Heilungsversuch seinerseits ab. Wenn der berühmteste Ritter der Christenheit gescheitert sei, schmeichelt er dem König Artus, und all die vielen Edlen neben ihm ebenso, halte er es für sinnlos, den armen Kranken noch weiter zu quälen. »Jesus bewahre mich vor solch einem Hochmut!« läßt ihn Malory ausrufen.

Erst auf das flehentliche Bitten der schönen Felelolie und den Befehl aus dem Munde des Königs gibt er nach. Die Spannung, mit der alle auf der Wiese den – wie Lancelots Feinde munkeln: wohlinszenierten – Akt beobachten, ist berechtigt. Sir Lancelot berührt zunächst die Wunde auf Sir Urres linker Hand. Das Blut schießt aus ihr hervor, aber plötzlich schließt sie sich, ist verschwunden, hat nicht einmal eine Narbe zurückgelassen.

Als man die Wunden an Kopf und Leib von ihren Schutzbinden befreit, sind auch diese wie weggeblasen, Sir Urre ist zum erstenmal seit sieben Jahren ohne quälende Schmerzen. Er erholt sich rasch und, um die Geschichte zu ihrem freudigen Ende zu bringen, er wünscht sich als erstes ein Turnier, das Artus auch sofort veranstaltet. Hundert Ritter tjosten gegen hundert Ritter um einen wertvollen Diamanten, der, weil der König seine »gefährlichsten«, das heißt so gut wie unbesiegbaren Ritter nicht teilnehmen läßt, von Sir Urre und Sir Lavaine gemeinsam gewonnen wird. Sie besiegen jeweils dreißig Kontrahenten.

Beide werden von Artus noch zu Pfingsten in seine Tafelrunde aufgenommen, und den Diamanten bekommt Lady Felelolie, die sich in Sir Lavaine verliebt hat, als Verlobungsgeschenk. Die Hochzeit findet ebenfalls noch auf dem Schloß in Carlisle statt.

Das Happy-End der Randfiguren bringt dem Artus-Hof zu Camelot kein Glück. Die überraschende Heilung des Sir Urre durch Lancelot hat vielmehr die Funktion eines Tropfens, der ein Faß zum Überlaufen bringt. Eifersucht, Neid und Oppositionsgeist haben sich schon lange gegen den arroganten Erfolgsritter und seine Starallüren geregt. Jetzt wirkt die erneute Bestätigung seiner absoluten Überlegenheit wie ein Signal. Was sich lange angebahnt hat und immer wieder durch die Vernunft der Beteiligten und, nicht zuletzt, die Autorität des Königs Artus verhindert werden konnte, geschieht: Der Hof, der allein Britanniens Frieden garantiert, zerfällt in zwei feindliche Lager. Sie stehen einander derart erbittert gegenüber, daß es zum Kampf kommen muß, wahrscheinlich sogar in naher Zukunft.

Schwer, die bekannteren Gestalten der Sage in die beiden Parteiungen pro und contra Lancelot einzureihen. Die meisten dürften zwischen ihnen stehen, unentschlossen, zaudernd, zögernd oder gleichgültig. Selbst Unvoreingenommene müssen zugeben, daß Lancelot und Ginevra gegen jeglichen Anstandskodex, zu schweigen dem eines Ritters und dem einer Königin, verstoßen haben.

Zur Pro-Lancelot-Partei dürfen wir vor allem die älteren und gesetzteren Mitglieder der Tafelrunde rechnen, die die Verdienste des Ersten aller Ritter kennen, und die wissen, daß man sie kaum überschätzen kann. Ohne Lancelot kein Camelot. Zu seinen leidenschaftlichsten Bundesgenossen zählen Lionel, der Bruder des Bors, und Gareth, der Bruder des Gawain, selbstredend auch die beiden Neuen, Urre und Lavaine. Den Kern der Anti-Lancelot-Fronde bilden Agrawein, Gawains Bruder, und, als eigentlicher Wort- und auch wohl Anführer, der finstere Mordred. Gawain, Lancelots Erzrivale, hält sich, zunächst wenigstens, noch besonnen zurück.

Doch bleiben die Fronten unklar – die Legende kennt keine feste Chronologie. Da sie aus unterschiedlichen Quellen stammt, die die Handlungsstränge dann auch unterschiedlich angeordnet und verändert haben, sind nicht einmal allgemein gültige Datierungen möglich.

Wo, zum Beispiel, befinden sich Galahad, Parzival und Bors, neben Lancelot sicherlich die Prominentesten der Tafelrunde? Sind sie noch auf der Suche nach dem Gral, schon auf Monsalvatsch oder bereits in Sarras, der heiligen Stadt? Genaue Zeitangaben für Datum und Länge der Abenteuer gibt es nicht. Manches überlappt sich zwangsläufig oder verläuft parallel zueinander.

Auch ist es gefährlich, die Versionen zu wechseln (wie wir es getan haben und weiterhin tun werden). Aber will man die aufschlußreichsten und wichtigsten Geschehnisse um Artus herum zumindest berühren, bleibt einem gar nichts anderes übrig. Allzu feste Konturen duldet die Artus-Sage nicht. Nicht einmal die Reihenfolge der oft allzu rasch aufeinanderfolgenden Geschehnisse ist von Autor zu Autor gleich. Aber wahrscheinlich ähneln alle großen Erzählungen einem Labyrinth.

Wo etwa befindet sich Sir Tristan zu dieser Zeit des Aufstands gegen den König und des Beginns einer Art von Bürgerkrieg auf Camelot? Ist er noch unter den Lebenden oder hat er schon mit Königin Isolde sein trauriges Ende gefunden? Malory erzäht es übrigens anders als Wolfram. Malory zufolge haben sich Tristan und König Marke versöhnt, als aber der Neffe Isolde ein Lied zur Laute singt, zieht der Onkel plötzlich sein Schwert und ermordet ihn heimtückisch durch einen Stoß von hinten in den Rücken.

Malory bleibt der bedeutendste Artus-Epiker, obwohl oder weil er auf vieles verzichtet, was zwar wirkungsvoll sein mag, aber zum Pathetischen neigt. Er legt größeren Wert auf die Psychologie der handelnden Figuren und auf eine fortlaufende plausible Handlung selbst. Die ebenso explosive wie konfuse Situation und zugleich den hilflos verwirrten Zustand des Königs macht er seinen Lesern mit einer dramaturgisch geschickt eingeflochtenen Vorzimmerszene deutlich, die – wie viele seiner erzählerischen Tricks – ohne weiteres noch heute bühnen- oder drehbuchreif wäre.

In ihr führt Agrawein das große Wort. Er, der dritte der Orkney-Brüder, der unzuverlässigste und schwächste von ihnen, hat sein ganzes bisheriges Leben im Schatten seiner älteren Brüder Gawain und Gaheris und seit kurzem sogar in dem seines jüngeren Bruders Gareth gestanden. Jetzt verlegt er sich auf die Intrige.

Seine Schmähreden gegen Lancelot hält er vorwiegend vor kleineren Gruppen jüngerer Ritter, die sich offiziell oder halb offiziell am Hof versammeln. »Ich wundere mich«, legt ihm Malory in den Mund, »daß wir uns nicht alle schämen, da wir doch sehen und genau wissen, daß Sir Lancelot Tag und Nacht bei der Königin liegt. Es ist eine Schande, daß wir alle dulden, daß ein so edler Mann wie König Artus durch ihn auf eine derartig infame Weise vor aller Welt entehrt wird.«

Gawain, der eben vom König kommt, verbietet dem Bruder die Rede. Da greift, wie vielleicht abgesprochen, Mordred ein mit dem Argument, was wahr sei, müsse auch wahr bleiben und müsse vor allem ausgesprochen werden, sonst würde es schwären wie die Wunden des Sir Urre.

Dem Argument ist kaum zu widersprechen. Aber selbst Malory, der sich stets bemüht, so objektiv wie möglich zu erzählen, nennt die Handlungsweise Agraweins und Mordreds »unselig«. Das ist sie zweifellos, was die Zukunft der Tafelrunde und den Frieden des Reichs Logres betrifft. Wäre es jedoch »seliger«, den Kopf wie bisher in den Sand zu stecken und weiterhin Fünfe gerade sein zu lassen?

Wahrscheinlich ja. Man kann auch durch das anscheinend so tugendhafte Aufdecken von Wahrheiten verletzen und mutwillig zerstören. Man muß nicht unbedingt in jede dunkle Ecke, die sich findet, hineinleuchten. Sollte dies eine Moral Malorys, gar der Artus-Sage sein, so handelt es sich um eine ungemein realistische, friedfertige und erfolgversprechende, wenn sie auch nicht eben sehr ritterhaft aussehen mag. Lügen mögen eine Situation entspannen, zur Ehre gereichen sie keinem.

Ginevras Liebe zu Lancelot jedenfalls beginnt das Leben am Artus-Hof zu vergiften. Sie ist zwar nicht wie die Tristans zur Isolde durch einen Zaubertrank mitverursacht, wohl aber, ähnlich schuldlos, durch Umstände, die man gewöhnlich als »schicksalhaft« umschreibt, nämlich eine voreilig geschlossene Ehe, die Entfremdung der beiden Eheleute und das sowohl jähe als auch zu späte Auftauchen des idealen, womöglich vorbestimmten Partners. Überdies sind die Treulosesten der gesamten Artus-Sage zugleich und absurderweise die Treuesten von allen. In ihrer Liebe bleiben Ginevra und Lancelot einander gewiß treuer als manches ordentlich verehelichte Paar.

Die Artus-Sage enthüllt immer wieder als doppelten Boden eine andere, liberalere Vorstellung von Moral. Das macht sie so gerecht und so menschlich. Moralische Integrität wird von ihr nicht, wie so oft, als eine Art von Ideologie verkündet, sie bleibt vielmehr ein schwer erreichbares Ideal, an dem die meisten, of sogar die besten, scheitern.

Bezeichnenderweise sind es auf Camelot die »Schurken«, die sie sich aufs Panier geschrieben haben und damit den endgültigen Niedergang – unter anderem auch der Moral – in die Wege leiten. Die Zeiten, da man am Artus-Hof unter dem stillschweigenden Einverständnis aller Wohlmeinenden einen derartigen Skandal wie den der Königin ganz einfach übersehen, ignorieren, unter den Teppich kehren konnte, sind jedenfalls vorbei.

Jetzt gibt es darum Zank und Streit. Gawain brüllt den Umstehenden die Verdienste Lancelots ins Gesicht, der sie alle mehrfach gerettet habe. Und besonders erbost ist Sir Gareth, der sich ja von ihm zum Ritter hat schlagen lassen. Er springt dem Bruder fast an die Gurgel.

Mitten in den immer lauter werdenden Wortwechsel platzt, aufmerksam geworden, König Artus. Der Respekt, den er genießt, ist immer noch groß genug, daß sich Gawain, Gaheris, Gareth und die anderen kleinlaut zurückziehen. Nur Mordred tritt dem Vater – wie es scheint: mutig und offen – entgegen. Er gesteht freimütig, sich mit seinen Brüdern und anderen Rittern über die Frage gestritten zu haben, ob es rechtens sei, daß Sir Lancelot seit Jahren seinen König, dem er die Treue geschworen, mit dessen eigener Frau betrüge, ohne daß jemand wagen könnte, ihn deshalb zur Rechenschaft zu ziehen.

Der König, berichtet Malory, sei ohnedies schon sehr erbost gewesen über derartige Gerüchte, die ihm zu Ohren gekommen seien – »zwar vermutet er etwas, wollte aber nichts davon hören.«

Mordred hört er an und geht sogar auf einen Vorschlag ein, den dieser ihm macht, um Ginevra und Lancelot auf die Probe zu stellen – man könnte es auch »hinters Licht führen« nennen. Artus möchte nun wohl endlich Gewißheit, selbst um den Preis einer nicht eben ehrenhaften Falle, die er seinen Nächsten stellt. Ehrlichkeit und Offenheit, ebenfalls ritterliche Tugenden, haben auch bei ihm, wie es scheint, taktischen Erwägungen Platz gemacht.

Die hinterhältige Taktik stammt übrigens nicht von Mordred, sondern von Agrawein. Einen Jagdausflug verlängert König Artus um eine Nacht, damit Agrawein und Mordred Gelegenheit bekommen, den Liebhaber der Königin zu überraschen. Mit zwölf ihnen ergebenen Rittern, die allesamt aus Schottland stammen und dem Geschlecht der Orkneys ergeben sind, verstecken sich die beiden Anführer in der Burg zu Carlisle, nahe dem Gemach der Königin.

Am Abend trifft Sir Lancelot auf Sir Bors und läßt beiläufig fallen, daß er auf dem Weg zur Königin sei. Bors warnt ihn. Er habe nie etwas dagegen gehabt, daß er zur Königin gehe, erklärt er dem Vetter, aber wenn ihn nicht alles täusche, braue sich jetzt, da Artus abwesend sei, Unheil zusammen. Das verdächtige Verhalten der Gawain-Sippe ist nicht nur ihm aufgefallen.

Lancelot schlägt die Warnung in den Wind. Seine Herrin habe ihn gerufen, ihr würde er Folge leisten, und wer immer sich dem entgegenstelle, solle sich vorsehen. »Sir Lancelot«, berichtet Malory, »nahm sein Schwert unter den Arm, machte sich, nur mit einem Mantel bekleidet, auf den Weg und brachte sich so in große Gefahr.«

Nicht nur sich allein, sondern auch Ginevra. Denn kaum liegen die beiden im Bett, als Mordred und Agrawein mit ihren Rittern anrücken, an die wuchtige Bohlentür klopfen und Einlaß verlangen. Sie schlagen mit ihren Schwertern an die Schilde und erheben großes Geschrei, beschimpfen Sir Lancelot als Verräter und Ginevra als Hure.

Da sitzt das Liebespaar nun in der Falle – ein zweiter Ausgang aus den Gemächern der Königin existiert anscheinend nicht. Lancelot ist überdies so gut wie nackt und – mit Ausnahme seines Schwertes – nahezu unbewaffnet. Gegen eine 14fache Übermacht von wohlgerüsteten Rittern hat er kaum eine Chance. Er wäre jedoch nicht Lancelot, wenn er's nicht trotzdem versuchte und wenn ihm nicht gerade in solch einer Lage ein Ausweg einfiele.

Er lockert mit der Linken vorsichtig den Riegel der Tür und öffnet diese einen Spalt, durch den sich auch sofort der erste Verschworene, Sir Colgrevance von Gore, hereindrängt. Sir Colgrevance ist ein starker, kampferfahrener Mann. Gegen einen in die Enge getriebenen Bären wie Lancelot und dessen listenreiche Praktiken bleibt er im Kampf trotzdem unterlegen. Lancelot versetzt ihm einen derartigen Schlag auf den Helm, daß er tot über die Schwelle fällt.

Obwohl die lärmenden Ritter sich gegen sie drängen, gelingt es Lancelot, die Tür wieder zu verriegeln. Indes der Tumult draußen weitertobt, befreit er den Getöteten von dessen Panzer, den er – zum Glück wohl von ähnlicher Statur – nun selbst eilig mit Hilfe Ginevras anlegt. Den Schild des Sir Colgrevance in der Linken, sein altgewohntes Schwert in der Rechten, ist er gewappnet, sein Leben und das der Königin bis zum letzten Blutstropfen zu verteidigen.

Die Tür gibt den Stößen der Ritterschar nach. Als erster stürzt ihm Sir Agrawein entgegen, den Lancelot ebenfalls mit einem einzigen Hieb erschlägt.

Gegen seinen entfesselten Zorn gibt es keinen Widerstand. Blindwütig rasend tötet er, eine Art von Amoklauf, alle zwölf schottischen Ritter, von denen ihm keiner widerstehen kann. Als einziger rettet sich, mit Mühe und Not, der blutbefleckte Sir Mordred. Er flieht in den Wald.

Als er seinem Vater in dessen Jagdquartier berichtet, reagiert Artus völlig verstört, scheint kaum Herr seiner Sinne. Für ihn hat sich damit die Welt verändert. »Barmherziger Jesus!« läßt ihn Malory ausrufen. »Es schmerzt mich sehr, daß Sir Lancelot nun mein Gegner ist. Ich bin sicher, die edle Gefolgschaft meiner Tafelrunde wird nun für immer zerbrechen, denn viele Ritter werden zu ihm stehen und nicht zu mir!« Er verwünscht Mordred und den toten Agrawein ihrer unverantwortlichen Handlungsweise wegen, der er doch selbst zugestimmt hat.

Kein Merlin steht ihm zur Seite, wohl aber ein alter Freund, älter als Lancelot – Gawain. Er warnt den König davor, Konsequenzen zu ziehen, die endgültig sein könnten, rät zu einem Friedensschluß mit Lancelot und Ginevra, um Hof und Tafelrunde zu erhalten. Daß sein Bruder Agrawein von Lancelot erschlagen worden ist, erklärt er, mache ihn traurig, aber er habe Agrawein gewarnt, wie er jetzt Artus warne.

Seine Warnung reicht tief. Er hält dem König vor, sich gegen seine Frau Ginevra nicht weniger versündigt zu haben als sie gegen ihn. Sie habe sich stets »gegen euch beide treu und gut« gezeigt, wie er betont, damit andeutend, daß Artus um den Nebenbuhler gewußt und ihn – mehr oder weniger – gebilligt hat. Man kann auch durch einfaches Wegsehen etwas Unliebsames billigen.

Da spricht der homme à femme aus Gawain. Aber auch als Ritter hält er, seinem Lehnsherrn gegenüber, mit seiner Meinung nicht hinterm Berg. Es habe schon manch einer den tödlichen Fehler begangen, Sir Lancelot zu unterschätzen. Dieser werde sich ganz bestimmt auch in Zukunft »gegen jeden Ritter behaupten, der sich anschickt, Schmach und Schande über ihn zu bringen«. Gegebenenfalls sogar gegen König Artus, wie er nicht hinzufügen muß. Gawain beweist sich als des Königs ehrlichster und – wahrscheinlich – einziger wahrer Freund. Er rät, einen Weg beizubehalten, den er, Gawain, nicht eingeschlagen hat und wohl auch nicht ohne weiteres eingeschlagen hätte, den aber Artus selbst bisher ohne Wimpernzucken gegangen ist.

Oder sollte Artus nur um des lieben Friedens willen so lange und so hartnäckig den Blick von seiner Frau und seinem besten Ritter abgewandt haben? Das Wort vom »lieben Frieden« darf man dabei wörtlich nehmen. Der königliche Krieger liebt den Frieden mehr als den Krieg, auch wenn auf letzterem sein Ruhm beruht. Daß sein Ziel ein dreißigjähriger Frieden war, macht seinen Nachruhm aus, der über ein Jahrtausend reicht.

Doch ist Artus – seinen Kultianern ins Stammbuch geschrieben – alles andere als ein Übermensch. Vielleicht, daß er auch deshalb so lange im Gedächtnis einer ansonsten reichlich vergeßlichen Menschheit geblieben ist. Er reagiert als Mensch, als Mann, als Liebhaber, als getäuschter Freund, lauter Rollen, die ihm auferlegt worden sind. Und er reagiert als König. Einen Ehebruch kann ein König nur mit dem Tod auf dem Scheiterhaufen bestrafen.

Artus verurteilt dann auch Königin Ginevra zum Flammentod und läßt alle Welt wissen, daß, sollte er Lancelots jemals habhaft werden, auch dieser eines schändlichen Todes sterben werde.

Ob eine derart konventionelle Unbedingtheit nach so langer stillschweigender Duldung klug ist, steht dahin. Artus zieht so etwas wie einen bewußten Schlußstrich. Er muß wissen, daß es sich bei seiner Reaktion um eine Kriegserklärung gegen sich selbst handelt.

21

Wie König Artus sich selbst den Krieg erklärt

Die Verbesserung des Menschengeschlechts scheitert fast immer an der Tatsache, daß wir nicht in Utopia leben, sondern auf Erden. Der Mensch mag im einzelnen besserungsfähig sein, als Spezies ist er es nicht. Man muß ihn nehmen, wie er sich bietet: selbstsüchtig, egozentrisch, eifersüchtig, ehrgeizig, streitbar, leicht verletzlich. Nur wer die Negativa einbezieht, wird zum positiven Kern des Menschen oder des Menschengeschlechts vorstoßen.

Artus mag ein genauer Kenner des Rittertums sein. Als Menschenkenner wird man ihn nicht bezeichnen können. Da seine militärische Schlagkraft, mit der er samt seinen Rittern den Frieden erhält, naturgemäß auf schwankendem Grund gebaut ist, muß er so gut wie jeden Bundesgenossen akzeptieren. Vor den Charaktereigenschaften (und der Vergangenheit) vieler Stützen seines Hofes muß Artus die Augen schließen. Es geht um den Frieden und es geht um Logres. Artus scheitert weniger an sich oder seiner Verteidigungspolitik als an seiner Utopie, daran, daß er sich auf Männer und Frauen verläßt oder verlassen muß, die aus Fleisch und Blut, aber alles andere als Idealgestalten sind.

Idealgestalten sind nicht einmal Helden seiner Tafelrunde wie Gawain oder Lancelot, die sich seit jeher gegenseitig ihren Ruhm neiden. Auch er selbst ist es nicht, der Inzestsünder mit dem heidnischen Hintergrund und der Muttergottes auf dem Schild. Früh hat er sich aus dem aktiven Ritterleben zurückgezogen, halb freiwillig, seiner hohen Position wegen, halb aus einer tiefliegenden Melancholie, die zunehmend Züge einer Art von Neurose annimmt.

Gut die Hälfte seines ritterlichen Lebens führt König Artus sozusagen aus zweiter Hand. Als Hoheitssymbol begleitet ihn zwar das unbesiegbare Schwert Excalibur, wohin er immer geht. Es liegt sogar im Schlaf griffbereit neben ihm am Bettrand. Aber es wird kaum noch aus der Scheide gezogen. Auf die Jagd begleitet den König die Lanze, und ritterliche Ausfahrten läßt er sich nur noch von seinen Vertrauten an der Tafelrunde erzählen. Da alle Abenteuer in seinem Auftrag ausgeführt werden, gehören die Erlebnisse folgerichtig auch ihm, dem Herrn über die berühmtesten aller Abenteurer. Da er Berichte von Not, Gefahr und Sieg des Guten verschlingt wie man heutzutage Filme oder Fernsehspiele konsumiert, scheint bei ihm das Zuhören – nicht nur am Pfingstsonntag – zu einer Art Ersatzhandlung geworden. Vor allem die Abenteuer seiner beiden Lieblinge, Lancelot und Gawain, eignet er sich gleichsam an und erzählt sie häufig weiter, als habe er sie selbst erlebt.

Die Affäre um Ginevra spaltet seine Tafelrunde in zwei Teile, die wir uns ungefähr gleich groß vorstellen müssen. Das beruht recht eigentlich auf der plötzlichen Kompromißlosigkeit des Königs, der all seine langjährige diplomatische und taktische List vergessen zu haben scheint. Den Riß, der sich hinfort durch sein Lebenswerk zieht – und der es zerstören wird –, hat er selbst mit zu verantworten.

Er betrifft ihn sogar unmittelbar persönlich. Längst betrachtet König Artus Lancelot als sein zweites Ich. Und wenn er den Zwist mit ihm in eine cholerisch ausgesprochene förmliche Kriegserklärung ausufern läßt, handelt es sich im Grunde um eine Kriegserklärung gegen sich selbst.

Da bietet sich als Trost und Ausflucht der ehemalige Favorit an, sein Neffe Gawain. An ihn schließt der König sich wieder eng an – bis nahe an eine gewisse Abhängigkeit, wie man am Hof nicht ohne Grund befürchtet. Dabei bleibt Gawain das, was er – abgesehen von seiner Eitelkeit und seinen Weibergeschichten – immer gewesen ist, grundvernünftig. Zunächst einmal wenigstens. Wenn die Kampflüsternen, Mißgünstigen und Ehrgeizigen den Haß auf beiden Seiten schüren, mahnt Gawain zu Besonnenheit und Überlegung.

Das wird zum erstenmal deutlich, als Artus das von ihm übereilt gefällte Todesurteil an seiner Gemahlin Ginevra ebenso eilig vollstrecken lassen will. Er befiehlt Gawain, »den besten Harnisch anzulegen« und die Königin, assistiert von seinen Brüdern Gaheris und Gareth, zum Scheiterhaufen zu führen. Aber da weigert sich Gawain. Er hält das Urteil nicht nur für unklug – als Ehrenrichterin der Tafelrunde hat sich Ginevra viele Sympathien erworben –, sondern auch für falsch und ungerecht.

Er spricht das deutlich genug aus, indem er als Grund seiner Weigerung angibt, niemand solle ihm in Zukunft nachsagen können, er habe seine Zustimmung zu diesem Fehlentscheid gegeben. Mit zunehmendem Alter wird Artus allerdings störrisch. Er beharrt auf dem Todesurteil, erteilt nun seinen jüngeren Neffen Gaheris und Gareth den Befehl, die Königin dem Feuertod zuzuführen. Die beiden können sich nicht, wie der altgediente Gawain, ganz einfach weigern; sie müssen gehorchen. Aber immerhin erklären sie Artus unverblümt, daß sie dies ungern tun. Zum Zeichen ihres Protestes werden sie waffenlos und ungerüstet ihres Amtes walten.

Sie tragen, als die Königin vor dem Stadttor von Carlisle auf einer Wiese bis aufs Hemd entkleidet und an den Brandpfahl gefesselt wird, weder Schwert noch Lanze, nicht einmal einen Dolch bei sich. Obwohl – oder weil – sie ahnen, daß ihr Idol Lancelot alles tun wird, um seine Geliebte noch im letzten Augenblick zu retten. Ihre Waffenlosigkeit bedeutet nicht nur eine Ablehnung des Urteils, sondern auch das Bekenntnis, auf keinen Fall gegen Lancelot kämpfen zu wollen.

Dessen Rettungsaktion gelingt – wenn auch mit tragischem Ausgang. Unter den vielen Zuschauern befindet sich, wie nicht anders zu erwarten, ein Spion, der im geeigneten Moment ein Zeichen gibt, auf das der Ritter mit einer Schar aus einem nahen Waldstück heransprengt. Sie gerät sofort mit der Bewachungsmannschaft in einen erbitterten Kampf. Lancelot, die gedemütigte und gefesselte Ginevra vor Augen, gehört zu den wütendsten Angreifern. Er schlägt wie besinnungslos um sich und erschlägt im Getümmel dabei auch, ohne es zu bemerken, die waffenlosen Brüder Gaheris und Gareth.

Wie ein Berserker tobend erreicht er sein Ziel, befreit die Geliebte, wirft ihr einen Mantel um, zieht sie auf sein Pferd und reitet davon. Ihm folgen nicht nur die Krieger, die mit ihm den Überfall unternommen haben, sondern auch vierzig Ritter der Tafelrunde, die Artus damit verlassen.

Ihr Ritt führt sie durch unwegsame Wälder zur einsamen Burg Joyous Garde. Hier hat, auf Einladung Lancelots, schon einmal ein verfolgtes Paar Zuflucht gesucht und für über zwei Jahre auch gefunden, Tristan und Isolde.

Jetzt wird die Feste zu mehr als einem Liebesnest. Auf ihr versammelt sich, was statt zu König Artus zu Sir Lancelot vom See hält – ein Widerstandsnest, wenn auch nicht unbedingt ein grundsätzlich feindseliges gegen den König, der eine empfindliche Schlappe erlitten und fast die Hälfte seiner Anhänger verloren hat.

Als Artus von seiner Niederlage und dem Blutbad erfährt, das Lancelot unter seinen Leuten angerichtet hat, fällt er in eine tiefe Ohnmacht, aus der er nur mühsam zurückgeholt werden kann. Man hat mitunter diesen Zusammenbruch des als Mann, Freund und Mensch gescheiterten Königs als einen Selbstmordversuch interpretiert.

Wenig später erscheint Sir Gawain. Auch er ist über die Befreiung Ginevras durch Lancelot und die Metzelei am Hinrichtungsort informiert und macht keinen Hehl daraus, daß er Lancelots Vorgehen für ritterlich angemessen und eigentlich so gut wie selbstverständlich hält. Nur wundert er sich über das lange Ausbleiben seiner Brüder. Ihn übermannt gleichfalls eine Ohnmacht, als ihm Artus mitteilt, beide seien, obwohl unbewaffnet, von Lancelot erschlagen worden.

Anders als Artus, der Anzeichen von Versöhnungsbereitschaft zeigt, erwacht Gawain aus seiner Ohnmacht zornbebend und von Rachedurst erfüllt. Er leistet dem König den Schwur, jenen falschen, hinterhältigen und verräterischen Sir Lancelot so lange verfolgen zu wollen, bis einer von ihnen den anderen getötet habe. Sein Ingrimm zeigt, wie wir sehen werden, manische Züge. Es hat sich ja aber auch zwischen dem stolzen Herrn Lancelot vom See und der Orkney-Familie, die Gawain jetzt nur noch allein am Artus-Hof vertritt, einiges an Schuld angesammelt, das nach Sühne verlangt.

Schuld und Sühne sind große Worte, fast zu groß für die eher zurückhaltende, unprätentiöse Artus-Legende. Sie zieht dem Abstrakten, das jede Ideologie, auch die des Rittertums, enthält, die Konkretheit menschlicher Unzulänglichkeit vor. Schuld läßt sich nicht weginterpretieren. Eine Menge von Fehlern schon eher, weil jeder sie macht. Es kommt überdies auf den Standpunkt an, den man einnimmt. Lancelots Blindwütigkeit beim Kampf um seine Geliebte ist, obwohl unritterlich, durchaus verständlich. Gawains verzweifelte Wut ebenfalls, obwohl selbst er Lancelot zugestehen müßte, daß dieser nicht damit rechnen konnte, bei den Hinrichtungsschergen auf Freunde, noch dazu unbewaffnete, zu stoßen. Die Urfehde, die zwischen Gawain und Lancelot ausbricht, dürfte auch aus jahrelanger offener und versteckter Rivalität entstanden sein. Leidtragender ist Artus. Ihn treibt Gawains verständliche Vergeltungswut tiefer in die Feindseligkeit gegen Lancelot, als der König will und es seinem Reich guttut.

Lief Lancelot angesichts des Scheiterhaufens für Ginevra in Carlisle Amok, so stehen ihm König Artus und Sir Gawain in nichts nach. In der überhitzten Atmosphäre nimmt Artus seine Kriegserklärung wörtlich, rüstet ein stattliches Heer und zieht wahrhaftig vor die Burg Freudenwacht. Lancelot, der inzwischen die Rolle des einzig Vernünftigen zu spielen begonnen hat, weigert sich allerdings entschieden, gegen seinen »hochedlen König«, wie er ihn nennt, zum Schwert zu greifen. Die Zugbrücke wird nicht heruntergelassen, kein Ausfall unternommen.

Es kommt zwar zu ausführlichen Schimpfkanonaden von Gawain und Artus am Burggraben mit Lancelot hoch auf den Zinnen, aber zu keinem Kampf, den der Burgherr – klugerweise, wie man hinzufügen muß – grundsätzlich verweigert.

Nach 15 Wochen steter Belagerung beginnt diese Situation allerdings für beide Seiten unerträglich zu werden. Der immer noch drohende Krieg zerrt an den Nerven. Auf Joyous Garde drängen vor allem die Ritter Palamides, Bors und Lionel auf einen Ausfall, von dem sie sich so etwas wie ein Gottesurteil erwarten. Im Feldlager des Königs ist Gawain unermüdlich daran, seine

Leute aufzuwiegeln, denen es bald nicht mehr genügt, dem Sir Lancelot unter Gawains Stabführung stundenlange Schmährufe im Sprechchor zuzubrüllen. Am Ende beschließen die durch den Burggraben getrennten Heerführer doch so etwas wie eine Schlacht. Sie wird jedoch auf ritterliche Art ausgetragen, als Zweikämpfe zwischen ausgewählten Gegnern, in die kein Dritter eingreifen darf, ähnlich einem Turnier, sowie um ein Finale aller Sieger, was am ehesten an eine offene Feldschlacht erinnert. Lancelot bittet den König und Sir Gawain, nicht mitzukämpfen, wie auch er selbst auf gar keinen Fall zum Schwert zu greifen gedenke. Dieses Versprechen wird jedoch nur halbherzig und vage ausgesprochen.

Trotzdem erscheint, stolzes Schauspiel, am nächsten Morgen Artus hoch zu Roß vor drei wohlgerüsteten Ritterscharen, und aus den drei Toren der Burg ergießen sich die Gegner aufs Kampffeld mit Sir Lionel an der Spitze des ersten, Lancelots des mittleren, Sir Bors des dritten Trupps. Fanfaren, Standarten, Roßgetrappel, alles nach ritterlicher Ordnung und Regel. Äußerlich erinnert das Bild an die stolzen Höhepunkte, die das Ritterwesen einst – Vorbild für Abend- und Morgenland – auf Camelot gefunden hat. Jetzt steht mehr auf dem Spiel.

Als erster reitet mit verbissener Miene Sir Gawain vor und fordert – nicht ohne weitere Beleidigungen – Sir Lancelot zum Zweikampf. Der lehnt ab, aber an seine Stelle tritt nur zu gern der ehrgeizige Sir Lionel. Im vollen Galopp sprengen sie aufeinander zu.

Gawain handelt nicht ganz fair, als er seinem Gegner die Lanze in den Leib stößt. Beim ritterlichen Tjosten ist es eigentlich üblich, mit der Lanze zunächst auf den Schild des anderen zu zielen und dieses möglichst zu zerstören. Meist zerbrechen statt dessen die Lanzen, was auch ein Grund dieser Übung ist, denn dann heißt es, den Kampf zu Fuß mit dem Schwert fortführen.

So jedenfalls in Friedenszeiten. Es fragt sich jedoch, ob dies noch ein Turnier ist oder schon Ernst. Lionel fällt wie tot vom Pferd; Sir Ector und andere tragen seinen reglosen Körper in die Burg – ein blutiger Anfang, nach dem auf beiden Seiten kein Halten mehr ist. Es beginnt ein ebenso zügel- wie regelloses

Kampfgetümmel, in dem keinerlei Rücksicht mehr auf Treu und Ehre genommen wird.

Allein Lancelot hält sich zurück, greift kaum in den Kampf ein und schlägt nur zur eigenen Verteidigung mit dem Schild die Angreifer zurück. Er versucht sogar noch während der erbitterten Auseinandersetzungen, die hitzigen Temperamente seiner Bundesgenossen zu beruhigen, was ihm jedoch nicht gelingt. Streitbare Heißsporne auf seiner Seite wie Palamides, Bors oder Safere kennen, einmal in eine Schlacht verwickelt, nur noch Hauen und Stechen – sie erschlagen so manchen guten Ritter, der für Artus und Gawain Partei ergriffen hat. Das Turnier wird zum Kampf auf Leben und Tod.

Auf Lancelots Seite ist Sir Bors einer der Wüteriche unter den Kämpfern. Ihn ärgert, daß Artus, umgeben von seiner Garde, sich stets in der Nähe Lancelots hält und sich um einen Kampf Mann gegen Mann bemüht. Doch verweigert Lancelot jeden Angriff. Da jagt Bors plötzlich auf den König zu, wirft ihn beim Aufprall vom Pferd und springt ihm an die Kehle, die er ihm zu durchschneiden droht. Lancelot wirft sich blitzschnell dazwischen, stößt Sir Bors beiseite und hilft Artus wieder aufs Pferd.

Er rettet ihm dadurch das Leben.

»Mein König«, läßt Malory ihn sagen, »um Jesu Christi willen – macht diesem Kampf ein Ende, denn Ihr gewinnt hier keinen Ruhm. Zwar könnte ich Euch mit Leichtigkeit vernichten, doch habe ich Euch immer geschont. Ihr und die Eurigen schonen mich und meine Leute dagegen nicht.«

Artus reagiert auf diesen Vorfall erstaunlich vernünftig, nämlich mit Tränen und den Worten: »Wehe, daß dieser Krieg jemals begann!« Dann sprengt er auf seinem Pferd davon, was die Feindseligkeiten fürs erste beendet. Auf beiden Seiten begräbt man die Toten und versorgt die Verwundeten.

Aber wie gegen die Liebe gibt es auch kein Mittel gegen den Haß. Am anderen Morgen stehen sich die Überlebenden erneut gerüstet gegenüber, kampfbereit, ganz wie zuvor.

Den Berserker spielt wiederum Sir Bors. Er möchte Gawain die Schlappe vergelten, die dieser am Tag zuvor seinem Bruder Lionel beigebracht hat. Bors und Gawain prallen so heftig aufeinander, daß sich ihre Lanzen gegenseitig tief in ihre Körper bohren. Sie werden beide blutend und ohnmächtig vom Schlachtfeld getragen.

Es überleben sowohl Lionel als auch Bors und Gawain, aber sie bleiben nicht die einzigen Verwundeten, zu schweigen von den Toten. Der zweite Kampftag verläuft auf beiden Seiten noch verlustreicher als der erste. Kaum einer der Ritter bleibt ohne Blessuren. Es breiten sich langsam Trauer aus und Erschöpfung, auch sind, wie sich Malory ausdrückt, »die von der Partei des König Artus plötzlich nicht mehr so begierig auf den Kampf wie vorher.« Die Artus-Legende verschweigt nirgendwo die Schattenseiten des Heroismus, deren läuternde Wirkung sich leider immer zu spät bemerkbar macht.

Noch etwas unterscheidet die Legende von der herben Wirklichkeit. Die Halbwahrheit der Legendenrealität ermöglicht das plötzliche Auftauchen eines Deus ex machina, der auf überraschende Weise alles – oder beinahe alles – zum Guten wendet. Zauberer wie Merlin oder Viviane, die sanfte Hexe vom See, fungieren am Anfang der Artus-Sage als derartige gute Geister, beide dem keltischen Heidenkult entwachsen. Jetzt schaltet sich der Höchste der Christenheit unvermutet in diesen auch Glauben und Kirche bedrohenden Streit ein – der Papst.

Zu ihm muß auf die eine oder andere Weise Kunde vom Unfrieden im hohen Norden bis nach Rom gedrungen sein, denn er schickt in aller Eile einen »edlen Geistlichen« aus seiner Umgebung als Sonderbotschafter nach Britannien. Begleitet vom Bischof von Rochester überbringt er König Artus eine versiegelte Bulle, in der der Heilige Vater diesem bei Androhung des Interdikts über ganz England befiehlt, den Kampf gegen Sir Lancelot einzustellen und Königin Ginevra wieder in Ehren aufzunehmen.

Frieden mit Lancelot zu schließen, lehnt Artus, weitgehend unter dem Einfluß Gawains stehend, zwar rundheraus ab – ein Verbot aller kirchlichen Amtshandlungen wird sich von Rom aus für ganz England kaum durchsetzen lassen. Ginevra verzeiht er dafür um so lieber; auch hat Gawain, der selbst ein Faible für die Königin besitzt, nichts gegen ihre Rückkehr. Neben Artus ist sie das Zentrum Camelots und seines ritterlichen Ruhms gewesen.

Daß sich so viele Ritter Lancelot angeschlossen haben, hat er – dies jedenfalls nach Meinung Gawains – nicht zuletzt Ginevra zu verdanken. Mag Artus Hirn und Arm Camelots sein, so ist sie das Herz. Es Lancelot zu entreißen, kommt Gawains Racheschwur nur entgegen.

Ein völliges Happy-End bringt der Deus ex machina jedenfalls nicht zuwege, da versagt die päpstliche Autorität. Noch einmal beschließt Lancelot einen letzten Aussöhnungsversuch, indem er nämlich Ginevra selbst nach Carlisle oder Camelot zurückbringt. Nicht einen Augenblick hat er gezögert, als ihm der Bischof von Rochester einen Schutzbrief des Königs Artus überbringt. »Ich kann«, sagt er dem Bischof, »der Handschrift und dem Siegel meines Herrn vollauf vertrauen, denn er hat mir gegenüber noch nie eines seiner Versprechen gebrochen.« Artus bricht wiederum in Tränen aus, als ihm dieser Satz hinterbracht wird.

Der Zug, mit dem Lancelot Ginevra deren angetrautem Mann zurückbringt, könnte von einem geschickten Regisseur gleich welchen Zeitalters entworfen worden sein. Er besteht aus hundert Rittern, ganz in grünen Samt gekleidet, sogar ihre Pferde bis herab zu den Fesseln. Die Ritter tragen Ölzweige zum Zeichen des Friedens. Ihnen folgen 24 Edeljungfrauen und zwölf Edelmänner, die unmittelbar der Königin unterstehen und goldene Schärpen tragen. Ginevra und Lancelot selbst sind ganz in Weiß, in freilich golddurchwirktes Tuch gekleidet.

So ziehen sie in die königliche Burg ein, knien vor Artus nieder – »und da waren viele kühne Ritter bei ihm, die weinten so gerührt, als sähen sie ihr eigen Fleisch und Blut.«

Eine tatsächlich anrührende, wenngleich etwas pompöse Szene, hinter der sich viel Schmerz verbirgt. Ginevra und Lancelot müssen sich bewußt gewesen sein, daß damit ihr Verhältnis, ihre Liebe, ihre Gemeinsamkeit ein Ende haben – geopfert auf welchem Altar? Des Friedens, des Königs, dem sie beide die Treue geschworen (und gebrochen) haben, der biederen Rechtmäßigkeit, des Rittertums, ohne das es bald kein Logres mehr geben wird? Indem man versucht, die Welt so zu erhalten, wie sie ist, bricht sie zusammen.

Es kommt alsbald zu neuem Streit zwischen Gawain und

Lancelot. Der alte Artus, nur noch ein Schatten seiner selbst, resigniert, wie es scheint. Auf jeden Fall geht er, wohl Gawain zuliebe, nicht auf den Vorschlag Lancelots ein, der zur Sühne seines Mords oder Totschlags an Sir Gareth von Sandwich aus bis Carlisle im Hemd zu Fuß pilgern will und verspricht, alle zehn Meilen ein Ordenshaus errichten und unterhalten zu wollen, in denen bei Tag und Nacht Messen für Gaheris und Gareth gelesen werden. Gawain bleibt unversöhnlich. Artus erklärt er, sobald er sich mit Sir Lancelot versöhne, ginge er seiner, Gawains, Dienste verlustig.

Das bedeutet den endgültigen Bruch zwischen Artus und Lancelot, auch das endgültige Ende der Verbindung zwischen Lancelot und Ginevra. Der bedeutendste der Artus-Ritter ist mit seiner Mission gescheitert. Er hat den Gral nicht gefunden und die Geliebte verloren. Er gibt auf und verläßt, gefolgt von seinen hundert Rittern, das Land. Unter den Gefährten, die sich in Cardiff einschiffen, befinden sich Sir Palamides und sein Bruder Sir Safere, Sir Bellangere le Beuse, Sir Urre, Sir Lionel, Sir Bors und Sir Lavaine. Die kleine Flotte landet in Benwick, wohl Bayonne, dem alten Pyrenäenhafen des Herzogtums von Aquitanien, oder, wie andere meinen, Beaune in Burgund, wo freilich kein Schiff anlegen kann.

Für Lancelot und die Seinen endet das Ganze auch ohne Deus ex machina märchenhaft. Es stellt sich heraus, daß – nehmen wir noch einmal Sir Thomas Malory als Kronzeugen – »Sir Lancelot und seine Neffen Herren von ganz Frankreich sind und von allen Ländern, die zu Frankreich gehören.«

Das muß man wörtlich nehmen, denn Sir Lancelot ruft alsbald ein Parlament zusammen, damals noch keine gewählte republikanische Volksvertretung, sondern – im Gegenteil – eine Versammlung der Fürsten und des mächtigsten Adels. Es gilt, Frankreich und die dazugehörenden Länder neu zu ordnen, was im Grunde immer nur heißt, daß sich die Besitzverhältnisse ändern. So wird Sir Lionel zum König von Frankreich, eigentlich wohl Francien, dem Land um Paris herum, Sir Bors König von Benwick im Süden, Sir Lavaine Graf von Armagnac, Sir Urre Graf von Astarac, Sir Palamides Herzog der Provence, Sir Safere Herzog von Languedoc – die Treue derer, die Lancelot durch dick und dünn gefolgt sind, wird reich belohnt. Oder ist es die gleichzeitig Artus gegenüber bewiesene Untreue, die belohnt wird?

Man muß nur die Blickrichtung ändern, dann ist auch das Gegenteil richtig.

Die Tafelrunde mit König Artus und Sir Galahad
Aus »Lancelot« von Jean Dupré, 1488

22.

Die Schwäche als Sünde

Kritik an König Artus wird in der Legende reichlich geübt. Kein Artus-Autor, der die Schwächen seines Helden verschwiegen hätte, jedenfalls kein wichtiger. Gute Autoren wissen, daß Schwächen unter Umständen Stärken sein können.

Wer es ganz bestimmt gewußt hat, ist John Steinbeck. Mag er verdrossen seine Nacherzählung aufgegeben haben – dies vor allem, weil er sich allzu strikt an Thomas Malorys Fassung gehalten hat und darüber die Lust verlor. Wo er aber – ungemein vorsichtig – dem Text Eigenes hinzufügte, wurde dieser überzeugender, schlüssiger, besser, auch in den Formulierung, vor allem im Dialog.

Die Kritik an Artus legt Steinbeck dessen Halbschwester Morgana le Fay in den Mund. Sie hat einst durch Zauberkraft gemeinsam mit ihren drei Schwestern Sir Lancelot vom See in ihre Gewalt gebracht, um ihn dem verhaßten Bruder und der Erz-Rivalin Ginevra abspenstig zu machen.

Das heißt: die drei Schwestern haben das bereits erfolglos versucht und ihm alle nur möglichen Genüsse auf Erden versprochen, leibliche und seelische. Morgana bietet, wie sie meint, Besseres, nämlich, nach ihren eigenen Worten, »kein Geschenk, sondern die Fähigkeit, das Recht, ja, die Pflicht, alles als Geschenk zu fordern.«

Die Betonung liegt dabei auf dem Wort »alles«, denn was sie ihm verspricht, ist Macht, so gut wie unumschränkte. Mit nichts, meint Morgana wohl keineswegs zu unrecht, läßt sich ein Mann wie Lancelot besser verlocken. Der aber stellt der Fee eine Frage, die auf den Kern ihres Angebots zielt. »Habt Ihr deshalb«, fragt

Lancelot, »Euren Bruder, den König, zweimal zu töten versucht?«

Morgana, die ihren Verführungskünsten offensichtlich mehr zugetraut hat, antwortet wütend, aber wohl eben deshalb ehrlich. »Ein halber Bruder und ein halber König!« ruft sie aus und geht noch weiter: »Ein königlicher Schwächling! Was versteht er schon von Macht? Laßt es Euch sagen: In der Welt der Macht ist Schwäche eine Sünde, die einzige, die es gibt. Und sie wird mit dem Tode bestraft.«

Auf Lancelots Frage, was Morgana unter Macht verstehe, antwortet sie bei Steinbeck in Christian Spiels deutscher Übersetzung: »Was Macht ist? Macht ist Macht, nur das, unabhängig, sich selbst genügend, auf nichts angewiesen und unangreifbar, außer wiederum durch Macht. Machtgefühl läßt alle anderen Gaben und Attribute belanglos erscheinen...«

Wer Macht als etwas Absolutes ansieht – was im Grunde die meisten Menschen tun –, muß Morgana weitgehend recht geben. Auch Artus hat die Macht einst ergriffen und sie benutzt. Etwas Absolutes hat sie ihm jedoch nie bedeutet, sie ist ihm, im Gegenteil, stets Mittel geblieben zum guten Zweck. Er hat mit ihr und seinem Schwert Excalibur eine Tradition gewahrt, die des Rittertums, und seinem Volk ein paar Jahrzehnte Ordnung und Frieden beschert in einer unsteten, friedlos sich wandelnden Welt.

Wogegen gewiß nichts einzuwenden wäre, wenn nicht dieses: Durch die nachsichtige und relativ milde, das heißt halbherzige Handhabung der Macht setzt der gleiche Mann alles wieder aufs Spiel. Ein halber König mit halber Macht und – fast noch wichtiger – mit halber Disziplin zerstört zwangsläufig wieder, was er mit Königtum, Macht und Disziplin erreicht hat. Die Schwäche der Mächtigen kann den von ihnen Abhängigen tatsächlich als eine Sünde erscheinen, und als eine schwere dazu.

Mit anderen Worten: Milde und Güte, wie sie seit jeher zum Artus-Bild gehören, sind Mitursachen seines Untergangs. Es scheint, als dränge die gesamte Legende auf diese – wenn man so will tragische – Quintessenz zu. Sie ist gewissermaßen der Gegenentwurf zum Machtgefühl und zur Machtvorstellung der Morgana – und wie wir behaupteten: der meisten Menschen.

Die Artus-Legende singt keinesfalls ein Hoheslied auf den starken Mann. Ihr zufolge zielt die Sehnsucht der Welt eben nicht auf einen Alexander, Caesar, Etzel, Cortez, Stalin oder Hitler. Artus, weit weniger menschenverachtend als diese, ist das Gegenteil eines Tyrannen – und trotzdem das Urbild eines Herrschers. So, genau so sähe der ideale Mann aus, von dem sich die Menschheit am liebsten beherrschen lassen würde – ein Schutzherr, Philantrop und Mensch wie du und ich, voller Mut und voller Schuldgefühle, streng und gütig, zwiegespalten und doch seiner Aufgabe stets bewußt.

So hat man den König Artus, es mag ihn gegeben haben oder nicht, aus den Sehnsüchten, der Phantasie, Überzeugung und Erfahrung mehrerer Generationen mehrerer Völker zusammengesetzt. Sein Bild enthält etwas im besten Sinne Antiheldisches, Antiautoritatives.

Die Faszination der Artus-Legende liegt nicht in der dogmatischen Frömmelei der Gralsgeschichte oder der diffusen Magie druidischer Geheimwissenschaft und Esoterik, sondern gerade darin, daß an der Figur des Artus nichts fanatisch ist, nichts ideologisch eingetrübt; allem Zauberwesen zum Trotz kennzeichnet die Sage Realismus und eine zeitlose Psychologie.

Zu lernen ist aus den Artus-Geschichten also weniger schwarze oder weiße Magie und Sehnsucht nach starken Männern und Hexenmeistern. In ihrem Mittelpunkt steht vielmehr die traurige Tatsache, daß eine ideale Machtausübung auf Erden sich am Ende selbst zerstört. Und nicht nur sie. Fast jeder Held der Artus-Sage, selbst der wunderbare Sir Galahad, trägt selbstzerstörerische Züge, die zum Menschsein und sogar zum Helden zu gehören scheinen. Sollte es eine Moral geben, die daraus zu ziehen wäre, hat sie Morgana – wenn auch negativ – schon umrissen. Wer Macht hat und Schwäche zeigt, versündigt sich. Macht scheint kein Geschenk Gottes, sondern eines des Teufels.

Daß ausgerechnet Artus, der Gerechtigkeit gegenüber jedermann auf seine Fahnen geschrieben hat, ein Herr von 60 000 Mann rüstet und sich mit ihm in Cardiff einschifft, um Sir Lancelot in seinem Heimatland zu bekriegen, ist unter diesen Umständen schwer verständlich. Die treibende Kraft hinter dem unentschlossenen König ist immer noch der unversöhnliche Sir Gawain. Der halbe König hat sich – schon wieder der Ansatz zu einer Art Gleichnis – dem ganzen Rächer unterworfen.

Nur so begreift man, warum Artus einerseits zur Versöhnung neigt, andererseits blindwütig das Land, in das er einfällt, brandschatzt und verwüstet. Als Lancelot ein Fräulein in Begleitung eines Zwerges ausschickt, das den König überreden will, die schändlichen Plünderungen einzustellen, trifft es auf Sir Lucas, den Kellermeister. Er sagt ihr, daß Artus bereit zum Frieden wäre, wenn Gawain ihn ließe, und führt sie nur zögernd ins Zelt, in dem Artus, Gawain und die übrigen Ritter zusammensitzen und offensichtlich mehr trinken, als ihnen guttut.

Denn Artus bricht, als das hübsche Fräulein ihre wohlgesetzte Rede hält, wieder einmal in Tränen aus und viele seiner Leute mit ihm. Doch überzeugt ihn Gawain davon, die ganze Welt würde sie feige nennen, wenn man jetzt aufgäbe, was einen erneuten Tränenfluß beim König zur Folge hat. Auch Sir Lucas geleitet Fräulein und Zwerg schluchzend zurück zu den Rossen.

Auf die Untaten, die das Heer des Königs in Frankreich verübt, sieht die Welt mit Verblüffung und Entsetzen. Sogar aus traditionellen Stammländern des Reichs eilt man Lancelot zur Hilfe, der in der Stadt Benwick eingeschlossen ist und belagert wird. Es schlagen sich unter anderem Sir Bagdemagus, jetzt König in Wales und einer der frühesten Tafelrundenritter, zu ihm durch sowie sieben Brüder, gleichfalls aus Wales, die sich dem neuen ritterlichen Ideal, Sir Galahaut, anschließen wollen.

Moralische, aber auch rein physische Hilfe hat Lancelot bitter nötig. Ein gleichstarkes Heer kann er Artus nicht entgegenstellen. Sein Land ist noch vom Krieg, den König Claudas gegen Lancelots Vater, König Ban, geführt hat, ausgepowert.

Jedenfalls begründet Lancelot so, warum er es nach wie vor ablehnt, König Artus mit der Waffe in der Hand zu begegnen. Seine passive Haltung dem Krieg gegenüber hat ganz sicher auch mit Taktik zu tun, beruht aber vor allem auf alter Anhänglichkeit und mehr als das: Liebe, Treue und schlechtem Gewissen. Bagdemagus und Galahaut bilden so etwas wie den Falkenflügel und drängen auf offenen Kampf.

Am wackersten hilft ihnen dabei Sir Gawain. Er wird nicht müde, Lancelot zu provozieren, indem er in voller Rüstung an die Stadttore heranreitet und seinen ehemaligen Tafelrundenkameraden als Verräter, Mörder und erbärmlichen Feigling beschimpft. Das kann sich Lancelot auf die Dauer nicht bieten lassen, ohne das Gesicht zu verlieren. Es gelingt ihm immerhin, einen fairen Zweikampf nach ritterlichem Kodex zu vereinbaren, bei dem kein Dritter eingreifen darf – der Krieg als eine auf Hauen und Stechen ausgefochtene Sache zu zweit.

Wenn sich etwas in der Artus-Legende im allgemeinen, bei Sir Thomas Malory im besonderen hinzieht, dann sind es die nicht enden wollenden und detailreichen Berichte der über tausend Schlägereien, die sich in diesem Sagenzirkel zutragen und die einander zwangsläufig wie ein Ei dem anderen gleichen. Man gibt den Rössern die Sporen, zerbricht seine Lanze am jeweiligen Schild des Gegners, springt vom Pferd, greift sich mit dem Schwert an, verwundet einander schwer unter großem Getöse der Panzer, bis endlich – nach Stunden und ganzen Kapiteln – der eine vor dem anderen im Staub liegt, um Gnade fleht oder den Kopf abgeschlagen bekommt.

Wiederholungen sind dabei gang und gäbe, schon wegen der heterogenen Herkunft der diversen Geschichten. Einen Höhepunkt bilden immer wieder solche Zweikämpfe, die berühmte und populäre Ritter – mitunter versehentlich – gegeneinander führen. Höhepunkt derartiger Höhepunkte dürfte der Kampf der beiden Matadore Lancelot und Gawain sein.

Erinnern wir uns, daß Gawain die gleiche Erbschaft besitzt, die man Sir Ironside (im Kapitel über Sir Gareth) zuschreibt. Seine Körperkraft wächst im Tageslauf, bis sie ab zwölf Uhr mittags wieder langsam zu schwinden beginnt. Bei Turnieren tritt Gawain daher gerne schon früh um neun an.

Dieser Zweikampf nun gewinnt durch seinen frühen Beginn an Dramatik, obwohl Sir Lancelot von vornherein als Favorit gilt. Nur schwer übersteht er jedoch die ersten Stunden des Duells, in denen sich die Kraft seines Gegners Stufe um Stufe jeweils verdreifacht. Die im Viereck versammelten Heere, Freund und Feind, verfolgen wie erstarrt einen Kampf, der selbst aus dem

St. Michael's Mount bei Marazion

Mont St. Michel in Frankreich

Artus tötet den Riesen vom St. Michael's Mount. Englische Illustration aus
dem 15. Jahrhundert

Die Rückgabe Excaliburs. Illustration eines französischen Manuskripts aus
dem frühen 14. Jahrhundert (links oben)

Der Fischerkönig empfängt seine unheilbare Wunde. Illustration aus »Le
Roman du Saint-Graal«, Frankreich, 14. Jahrhundert (links unten)

Lancelot und Ginevra – der erste Kuß beim ersten Treffen, das als Mittelsmann Galleot arrangiert hat. Französische Illustration, um 1405

dauernden Getjoste der Artus-Sage herausragt und jedem Leser im Gedächtnis haften bleibt.

Nur durch Geschick und überlegene Strategie gelingt es Lancelot, die wütenden Angriffe Gawains abzuwehren. Erst am Mittag schlägt seine Stunde. Da verringert sich Gawains Körperkraft auf ihr gewöhnliches Maß, was eindrucksvoll genug sein mag. Doch mit bisher zurückgehaltener Verve und klug eingesetzter List, die seine Kampfesweise seit jeher kennzeichnet, gelingt es Lancelot, Gawain in Bedrängnis zu bringen, ja, zu Boden zu werfen.

»Dreh' dich um, Verräter, und töte mich!« läßt Malory den Geschlagenen ausrufen. »Denn wenn du mich am Leben läßt, werde ich wieder gegen dich kämpfen, sobald ich geheilt bin!«

Lancelots stolze Antwort: »So Gott will, werden wir also noch einmal gegeneinander kämpfen. Doch wisse, Sir Gawain, daß ich niemanden töte, der vor mir am Boden liegt.«

Man trägt den halbtoten Gawain ins Zelt des Königs Artus, dessen Leibärzte sich beeilen, die Wunden des Schwerverletzten mit heilkräftigen Kräutern zu behandeln.

Gawain, der Scharfmacher, ist fürs erste ausgeschaltet. Wahrscheinlich hätte Artus die Gelegenheit genutzt, um Frieden mit Lancelot zu schließen. Aber er wird, auch psychisch am Ende seiner Kräfte, selber krank. Malory muß schon eine Flucht in die Krankheit geläufig gewesen sein, denn als Ursache für des Königs Inaktivität und Bettlägerigkeit gibt er »Kummer über Sir Gawains schwere Wunden und den Krieg gegen Lancelot« an.

Es könnte während dieser Krankheit gewesen sein, daß Artus im Traum Merlin, sein alter druidischer Mentor, erschienen ist. Chronologisch läßt sich das wieder einmal nicht exakt festlegen. Denn bei Malory kommt diese Episode überhaupt nicht vor, und in der Quelle, der wir sie entnehmen, bekämpft Artus verwirrenderweise statt Lancelot einen anderen Feind, nämlich König Claudas.

Das Artus-Mosaik läßt sich nirgendwo lückenlos zusammensetzen wie ein Puzzlespiel. Der Traum selbst zieht sich jedoch durch den Gesamtkomplex und spielt überhaupt eine große Rolle in der keltischen Folklore, wenn nicht sogar Geschichte.

Merlin ist, ebenso vielgestaltig wie alterslos, schon als Bettler und als Fürst, als passiver Beobachter und aktiver Drahtzieher hinter den Kulissen, als kraftvoller Mann und als Tattergreis durch diese Legende gespenstert. Jetzt erscheint er dem kranken König im Traum als Kind. Das Rad der Zeit scheint zurückgedreht. Der Traum spielt lange, ehe Merlin an der Seite Uther Pendragons in der Vorgeschichte des Königs Artus aufgetaucht ist und dessen Zeugung gleichsam mitverursacht hat.

Eine historische Episode wiederholt sich: Der Knabe Merlin wird dem finsteren Vortigern vorgeführt, der sich König nennt, aber eigentlich keiner ist. Er hat die rechtmäßigen Königserben, darunter Artus' Vater Uther, in die Bretagne vertrieben und sich selbst auf den britischen Thron gesetzt. Vortigern – man spricht ihn »Wortigörn« aus, mit der Betonung auf der ersten Silbe – ist im Grunde kein Name, sondern eine Rangbezeichnung, ein keltisch-walisischer Titel. Auf Englisch wird er meist als »High King«, Hoch- oder Oberkönig, übersetzt.

Trotzdem ist Vortigern unter diesem Namen nicht nur in die Artus-Sage, sondern vor allem in die britische Geschichte eingegangen. Er läßt sich historisch nachweisen. Der Mönch Gildas, schottischer Herkunft, aber in Südwales beheimatet, einer der wichtigsten Zeitzeugen des 5. Jahrhunderts, nennt ihn einen »superbus tyrannus«, einen stolzen Tyrannen. Im Traum des Artus, der längst Vergangenes noch einmal wiederholt, befindet sich der stolze Tyrann allerdings in einer doppelten oder gar dreifachen Bredouille. Die Pikten und die Scoten, die ewigen Unruhestifter im Norden der Insel, sind wieder einmal über ihn hergefallen, außerdem aber auch jene Heere der Angeln und Sachsen, die er aus Deutschland und dem heutigen Dänemark zu seinem Schutz ins Land gerufen hat. Unter ihren Anführern Hengist und Horsa sind sie fast schon die wirklichen Herren Britanniens, haben eben in Kent sogar ein eigenes Königreich gegründet. Zu allem Überfluß liegen auch Meldungen vor, denen zufolge sich jenseits des Kanals die rechtmäßigen Königssöhne auf eine Invasion vorbereiten.

Der Ratschlag, den druidische Wahrsager Vortigern unter diesen Umständen gegeben haben, scheint darum nicht schlecht. Er soll in seiner Heimat Südwales einen hohen, festen, meterdikken Turm bauen und sich, mit genügend Lebensmitteln versehen, in diesen zurückziehen, um bessere Zeiten abzuwarten. Es bleibt ihm tatsächlich bei so vielen Feinden kaum anderes übrig.

Ein Bauplatz ist rasch gefunden, auf dem Erithberg, der sich geographisch nicht verifizieren läßt. Mit ihm hat es allerdings eine besondere Bewandtnis, die auf Zauber beruhen muß. Alles, was Vortigern über Tage errichten läßt, »verschlingt die Erde«, wie Geoffrey formuliert, das heißt: es fällt nachts wieder in sich zusammen. Der wiederum befragte Druide empfiehlt einen Gegenzauber. Man möge dazu einen vaterlosen Jungen suchen, diesen töten und Mörtel sowie Steine mit seinem Blut besprengen.

Vortigerns Leute finden einen noch sehr jungen Halbwaisen von offensichtlich guter Herkunft in Carmathen, heute die Grafschaftshauptstadt von Dyfed, Südwest-Wales, damals eine eben von den Römern verlassene Festung namens Doridunum, in der sich auch Einheimische keltisch-walisischer Herkunft angesiedelt haben.

Den Inhalt des Traums hat am eingehendsten Geoffrey of Monmouth beschrieben, freilich als aktuelles Geschehnis und ziemlich am Anfang seiner »Historia«. Der Junge nennt sich Merlin und zeigt, obwohl er weiß, was man mit ihm vorhat, absolut keine Angst. Im Gegenteil: Er tritt Vortigern unerschrocken gegenüber. Als handele es sich um ein Gutachten, gibt er ihm gleich zwei plausible Erklärungen für das Mißlingen des Bauwerks, eine technische und eine mythische, was man als typisch keltisch bezeichnen kann.

Die Kelten im allgemeinen, die Waliser im besonderen waren und sind hervorragende Bergleute und Ingenieure mit langer Tradition. Merlin erklärt nach kurzer Inaugenscheinnahme dem Tyrannen und seinen verblüfften Leuten, der Bauplatz befinde sich an einer sumpfigen Stelle, sogar einem unterirdischen See von ungeheuren Ausmaßen. Die Richtigkeit der Behauptung läßt Vortigern durch sofortiges Nachgraben überprüfen. Das Ergebnis ist augenfällig. Aus dem entstandenen Loch sprudelt es nur so heraus.

Das nächste Argument des jungen Mannes wendet sich an das zweite Gesicht, über das die Kelten ebenfalls zu verfügen pflegen.

Sie sehen hinter dem Augenschein Strukturen anderer Art, das Metaphysische hinter dem Physischen; das eine gilt ihnen nichts ohne das andere.

Der unterirdische See, erklärt Merlin, berge eine Prophezeiung. In seiner Tiefe schlafen unter hohlen Steinen zwei gewaltige Drachen, ein weißer und ein roter. Sie werden eines Tages erwachen und sich einen Kampf liefern, dessen Ausgang nicht nur über ihr eigenes Schicksal, sondern auch über dasjenige Britanniens und seiner Herrscher entscheiden werde. Im weißen Drachen, verkündet der unheimliche Knabe dem plötzlich angsterfüllten König, verkörpere sich die Seele seines stärksten Widersachers. Doch: »Im roten Drachen kannst du deinen eigenen Schatten sehen, Vortigern!«

Damit wendet sich der Junge zum Gehen und verläßt die angegrabene Stelle am Berg, aus der weiterhin Wassermassen wie aus einer gewaltigen Quelle sprudeln und das umliegende Land überschwemmen. Keiner wagt es, den hellsichtigen Knaben aufzuhalten, wohl aus Furcht vor dessen mutmaßlichen Zauberkräften. Er verschwindet zwischen den walisischen Hügelketten, die seine Gestalt in sich aufnehmen.

Artus sieht dies Geschehen vergangener Tage wie aus der Vogelschau. Als aber Vortigern seine Begleiter fortschickt und allein am Seeufer zurückbleibt, findet er sich im Traum plötzlich an dessen Stelle, einsam, unter drohend ansteigenden Fluten, vor denen er immer weiter zurückweichen muß.

Aus ihnen tauchen dann auch alsbald die beiden erwachten Drachen auf und fallen übereinander her. Der erbitterte Kampf wogt von einer Seite des Sees auf die andere und läßt das Wasser hoch aufschäumen, ein furchterregender Anblick. Am Ende beißt der weiße Drachen (»bleich wie Schnee« nennt ihn Geoffrey) dem roten Drachen (»purpurn wie Blut«) die Kehle durch. Mit einem lauten Klageschrei bricht er am Flußufer tot zusammen.

Artus wird schweißbedeckt aus diesem Traum erwacht sein. Der Hergang ist ihm bekannt, Merlin hat oft davon erzählt und die damit verbundene Prophezeiung – seine erste – wiederholt. Er weiß auch, was damals anschließend geschah und Merlins Voraussagen bestätigt hat. Der See war am nächsten Tag, samt

Drachenleiche, verschwunden. Der Bau des Turms ging nunmehr glatt vonstatten. Er hat Vortigern kein Glück gebracht, nicht einmal Schutz geboten. Aurelius Ambrosius und sein Bruder Uther Pendragon haben, aus Benwick angerückt, den Usurpator in seinem Turm verbrannt und sich – nacheinander – selbst als rechtmäßige Erben wieder auf den Thron gesetzt – Artus' unmittelbare Vorfahren.

Das Gleichnis muß Artus jetzt auf sich selbst beziehen. Der rote Drache, Erzsymbol des Keltentums und keltischer Herrschaft über England, wird in der Person des erfolgreichsten aller keltischen Könige erneut unterliegen. Eine Epoche geht zu Ende.

Widerstand gegen vorherbestimmtes Schicksal ist, wie schon Merlins Schicksal gezeigt hat, nach keltischer Vorstellung unmöglich. Daher wäre es unklug, dem Lauf der Welt nicht zu gehorchen. So setzt Artus Gawain wenig Widerstand entgegen, als dieser, kaum halbwegs gesundet, sich schon wieder wappnet, Lancelot vor dem Haupttor der belagerten Burg als Verräter beschimpft und ihn erneut zum Zweikampf fordert, dem dieser ihm auch nicht verweigert.

Auch zwischen diesen beiden kommt es, wie es kommen muß. Der erneute Kampf beginnt wiederum gegen 9 Uhr morgens und wieder sieht es bis 12 Uhr aus, als würde Lancelot unterliegen. Doch dann trifft er zu vorgerückter Stunde mit Wucht auf Gawains eben zugeheilte Wunde, die erneut aufbricht. Dem ohnmächtig vor ihm Hingestreckten den Kopf abzuschlagen, was einige seiner Leute durch Zurufe fordern, weigert sich Lancelot erneut. Sir Gawain wird halbtot vom Kampfplatz in sein Zelt getragen.

Obwohl sich die Ärzte sofort um ihn bemühen, kommt es zu keinem weiteren Duell. Noch ehe Gawain aus seiner Ohnmacht erwacht, läßt Artus in höchster Eile das Lager abreißen. Er muß abziehen – Nachrichten aus England verlangen dringend seine Anwesenheit in der Heimat und nicht zuletzt die seines Heeres.

Plötzlich scheint er wieder der alte, überlegene Feldherr. Umsichtig und folgerichtig erteilt er seine Befehle. So sehr ihn die Nachrichten bedrücken mögen, wirkt er doch erleichtert, endlich den Krieg gegen Sir Lancelot abbrechen zu können, der im Licht der neuen Ereignisse noch absurder und törichter erscheint als bisher.

Seine Schwäche hat Artus so gut wie abgestreift, jedenfalls merkt man sie ihm nicht mehr an. Mit dem Roten-Drachen-Schicksal konfrontiert, wirkt er plötzlich wieder selbstbewußt und stolz wie zu Beginn seiner Laufbahn.

Er ist jetzt ganz allein auf sich gestellt, umgeben nur noch von einem Bruchteil seiner Getreuen. In der Heimat sind Frau und Sohn von ihm abgefallen, in der Bretagne läßt er nach blutigen Verlusten ein zerstörtes, mit Haß gegen ihn erfülltes Land und seinen besten Bundesgenossen als Feind zurück. Auch ringt sein engster Vertrauter, Sir Gawain, mit dem Tode. Er stirbt, kaum daß die Flotte über den Kanal gesetzt ist, in der Burg von Dover an den ihm von Lancelot zugefügten Wunden.

Dem einstigen Freund und späteren Todfeind gilt seine letzte Handlung auf Erden. In einem an »Sir Lancelot, den edelsten aller Ritter« gerichteten Brief bittet er diesen – »ein edlerer Mann hätte mich nicht töten können« – um Verzeihung wegen der vielen zugefügten Beleidigungen und ersucht ihn dringend, »bei all der Liebe, die je zwischen uns war«, nach England zu eilen, um »dem edlen König, der dich zum Ritter geschlagen hat, dem hohen Herrn Artus« in größter Not beizustehen.

Die Kehrtwendung erfolgt zu spät. Lancelot wird Artus nicht mehr retten können. Liebe ist längst in Haß umgeschlagen. Da läßt sich nichts mehr revidieren.

Das Ende des roten Drachen ist nahe.

23.

Camlann

Vor Anachronismen sollte man keine Angst haben, wenn
man ein Buch über König Artus zur Hand nimmt. Zeitbomben gab es zu seiner Zeit noch nicht, aber Geoffrey Ashe, der
englische Mittelalterspezialist, spricht in einem seiner Werke über
Artus von gleich zwei Zeitbomben, die dieser gelegt und damit
recht eigentlich seinen Untergang veranlaßt habe.

Man kann dem nur zustimmen. Den ersten Sprengmechanis-
mus mit verzögerter Wirkung bildete, Ashe zufolge, die Suche
nach dem Gral. Sie hat, von Artus angeregt und mit Leidenschaft
unterstützt, die Tafelrunde in zwei Lager gespalten. Erfolg erringen konnte nur eine Minorität, so etwas wie ein religiös-frommes
– man könnte sogar sagen bigottes – Establishment. Ausgeschlossen blieben dagegen alle dem Irdischen zugeneigten Ritter, unter
ihnen Lancelot, trotz seiner fatalen Liebe zur Königin einer der
Nobelsten von allen.

Mit dem Gral hat Artus seinen Rittern – und sich selbst – nichts
Gutes auferlegt, zumindest nichts, was zukunftsträchtig gewesen
wäre. Im Gegenteil: Der heilige Gegenstand ist von den glückli-
chen Findern merkwürdiger- oder bezeichnenderweise nicht an
den Artus-Hof, sondern in den Nahen Osten gebracht worden,
nach Sarras, und von dort, wenn man so will, ins Paradies. Sir
Galahad ist anscheinend in Sarras gestorben beziehungsweise mit
dem Gralskelch in den Himmel gefahren. Von der Suche sind
überdies eine ganze Reihe der besten Mitglieder der Tafelrunde
nicht zurückgekommen. Sie sind gefallen, gefangengenommen,
abgelenkt worden oder aus Scham über ihr Mißlingen kleinlaut in
ihre Heimat verschwunden, für Artus und Logres jedenfalls

verloren. Gewonnen ist durch das Gralsabenteuer nichts, gar nichts. Es fällt sogar schwer, in ihm einen religiösen oder metaphysischen Sinn finden zu wollen.

Die zweite »Zeitbombe« sieht Ashe nicht in der ehebrecherischen Beziehung zwischen Ginevra und Lancelot, sondern in der Person Sir Mordreds. Ihn hätte Artus niemals als Sohn, Neffe oder was auch immer, nicht einmal als Ritter akzeptieren dürfen, seine eigene Sünde damit verdoppelnd. Dem König mußte klar sein, daß Mordred seit jeher plante, sich den Thron des Vaters hinterrücks, mit List und Gewalt, anzueignen. Seine heimtückischen Intrigen haben nicht nur ständig Unfrieden auf Camelot gestiftet, sondern letztlich auch den Krieg ausgelöst, in den die Auseinandersetzung Gawain und Lancelot ausgeartet ist, das Schicksal des Königs besiegelnd.

Nicht nur sein eigenes. Mit Artus verschwinden wird Camelot, sein Hof, mit Camelot die Tafelrunde, mit der Tafelrunde Rittertum und Macht, mit Macht und Vorbild Friede und Freiheit. Die Folgen sind unabsehbar. Die Bomben leisten gründliche Arbeit. Eine Zeitenwende, wie alle Menschen sie fürchten. Die Zukunft ist ungewiß, eine neue Ordnung zeichnet sich noch nicht ab.

Mag Artus an seinem Untergang mitschuldig sein, so ist er doch auch ein Opfer von Verhältnissen, für die er nichts kann. Gegen Götterdämmerungen sind selbst Götter machtlos. Noch machtloser sind Menschen gegen jene Menschheitsdämmerungen, die den historischen Umwälzungen vorangehen, ganz gleich, ob sich diese später als »gut« oder »schlecht« herausstellen werden, oft wohl sogar als beides zugleich.

Dem nahezu tödlichen Fehler, Mordred wie einen Sohn und eventuellen Nachfolger selbstverständlich bei sich aufzunehmen, hat Artus einen zweiten, diesmal tatsächlich tödlichen Fehler hinzugefügt. Er hat Mordred während seiner Abwesenheit das Land anvertraut, ihn als eine Art von Vizekönig eingesetzt, die rechtmäßige Königin, Ginevra, als Mitregentin an der Seite.

Eine Gelegenheit, die Mordred sogleich beim Schopf packt, wobei ihm eine offensichtlich weit verbreitete, zumindest im Reich latent vorhandene Unzufriedenheit mit König Artus entgegenkommt. »Denn damals«, berichtet Malory, »war unter dem

Volk die Rede im Umlauf, unter Artus gäbe es kein anderes Dasein als Krieg und Unfrieden, unter Mordred jedoch wäre alles eitel Freude und Sonnenschein«. Das nutzt Mordred, um die Antistimmung zu schüren. »Und es gab viele, die König Artus aus dem Nichts in die Höhe gebracht hatte und die jetzt kein gutes Wort für ihn einlegten«.

Sir Thomas Malory nutzt die Gelegenheit, seinen Landsleuten grundsätzlich den Marsch zu blasen: »Ihr Engländer alle, seht ihr, was das für ein Unglück war? Mit ihm, dem besten Ritter und edelsten König, den die Welt je gesehen hat, dem Herrn über die vornehmsten Ritter, der allen Schutz und Hort bot, mit ihm waren diese Engländer plötzlich nicht mehr zufrieden.

So war es damals Brauch und Sitte in unserem Lande, und manche Leute behaupten, wir hätten ein derartiges Verhalten noch immer nicht aufgegeben und vergessen. Ach, das ist unser großer Fehler, daß wir niemals mit einer Sache lange zufrieden sind.«

Was nicht nur für die Engländer gilt und wahrscheinlich auch nicht allein auf sie gemünzt sein dürfte. Jedenfalls ist Artus' Autorität noch so groß, daß Mordred zunächst zu einer Lüge greifen muß. Er behauptet, Artus sei gegen Lancelot im Kampf gefallen, was den meisten Untertanen plausibel scheint und wohl auch durchaus der Fall gewesen wäre, hätte Lancelot dem nicht grundsätzlich einen Riegel vorgeschoben. Die Popularität des Königs befindet sich auf einem Tiefpunkt.

Der Umschwung kommt, als man erfährt, daß Artus sich mitsamt seinem Heer auf der Rückfahrt nach Britannien befindet. Da haben sich bereits so viele Barone mit Mordred verbunden oder verbündet, daß es für sie, frühe Quislings, kein Zurück mehr gibt.

Schwer zu fassen, weil widersprüchlich, erscheint die Haltung Ginevras. Bei Malory verschanzt sie sich im Londoner Tower und weigert sich, Mordred zu ehelichen, was dieser nach dem angeblichen Tod König Artus' vorgeschlagen, nein, verlangt hat. Es gibt andere Quellen, da geht sie nur zu gern auf diesen Vorschlag oder dieses Verlangen ein und gebiert ihrem Stiefsohn sogar einen

Nachfolger. Zum Charakter, aber auch zur unglücklichen Lebensgeschichte der Königin würde beides passen.

Artus gelingt die Landung mit einer mächtigen Flotte in Britannien, obwohl Mordred mit seinem Heer angerückt ist, um eine solche zu verhindern und den rechtmäßigen König außer Landes zu halten. Er erzwingt sogar eine Feldschlacht bei Barham Down, wohl irgendwo in Kent, die auf beiden Seiten große, unersetzliche Verluste kostet, aber letztlich zuungunsten des Usurpators ausgeht. Mordred flieht mit seinen Anhängern nach Canterbury, wo er versucht, sein Heer zu sammeln.

Dazu wird er keine Gelegenheit mehr finden. Zwar halten die Herzöge der Gegend um London, Kent, Sussex, Essex, Suffolk und Norfolk, das sächsische Kernland, zu ihm, aber mit seinen stärkeren Kräften gelingt es Artus, ihn von dort zu vertreiben, nach Westen hin, wo man, eine nun schon langgewohnte Tradition, sich überlicherweise königstreu zu verhalten pflegt.

Der Endkampf wird jedenfalls im Südwesten Englands stattfinden, etwas abseits vom Hauptsiedlungsgebiet der Angelsachsen, näher an den keltischen Ursprüngen. Malory verlegt ihn auf einen Hügel bei Salisbury in der heutigen Grafschaft Wiltshire, »nicht weit von der Küste entfernt«. Geoffrey, fast dreihundert Jahre vor ihm, läßt ihn im äußersten Westen stattfinden, in Cornwall, am Fluß Camel bei Camelford, in der Nähe von Tintagel, wo Artus geboren ist.

Die größere Wahrscheinlichkeit liegt bei Cornwall. Dies nicht, weil sich dadurch der Lebenskreis des Königs Artus zu schließen scheint, sondern weil an der Slaughter Bridge bei Camelford, der »Gemetzelbrücke«, wie sie seit urdenklichen Zeiten heißt, tatsächlich eine Schlacht stattgefunden hat. Bei Ausgrabungen wurden schon um 1540 Skelette gefunden, denen Waffen beigegeben waren und die zum Teil noch Harnische trugen.

Die Historiker, geborene Spielverderber für jede Legende, behaupten zwar, diese Schlacht habe nichts mit König Artus zu tun, sondern sich rund 300 Jahre später zugetragen – im Jahre 823 zwischen den keltischen Cornen und dem Sachsenfürsten Edgar, der Sieger blieb. Aber Nennius verbürgt in seiner »Historia« zumindest zwei Schlachten für Artus: die bei Badon, von der bereits die Rede war, im Jahr 516, und die bei Camlann im Jahr 537. Das gleiche bestätigen die »Annals of Cambriae«, die Annalen von Wales aus dem späten 8. Jahrhundert. Und »Camlann«, wie die Schlacht allgemein bezeichnet wird, bedeutet auf Walisisch so viel wie »geistliche Ländereien am Cam«.

Bei Geoffrey heißt der Schlachtort »Canblam«, und an ihm marschieren gewaltige Heerscharen auf. Mordred, berichtet er, habe über 60 000 Mann, Artus über neun wohlausgerüstete Divisionen verfügt. Bei Malory befehligt Mordred sogar 100 000 Krieger, aber über die Stärke der dezimierten Truppe des Königs schweigt er sich aus. Beide Protagonisten scheinen wenig siegesbewußt. Die folgende Schlacht ergibt sich überhaupt nur durch einen unglücklichen Zufall, denn merkwürdigerweise hat vorher der tote Gawain aus seinem Grab heraus noch einmal im letzten Augenblick versucht, diesmal versöhnlich in die Ereignisse einzugreifen.

Er erscheint einerseits dem König Artus im Traum, andererseits »war es kein Schlaf und auch kein rechtes Wachen«, wie es Malory ausdrückt, wohl eher eine Vision oder Halluzination. Gawain steht plötzlich vor ihm, und zwar – was zu ihm paßt – inmitten einer Anzahl schöner Damen, die ihn umringen. Auf die erstaunte Frage des Königs, wer diese Damen seien, erklärt der tote Ritter, es handle sich um diejenigen edlen Frauen, denen er zu Lebzeiten Dienste habe leisten können. Sie seien beim Herrgott für ihn eingetreten, und dieser habe daraufhin gestattet, daß er seinem Onkel, König Artus, erscheine und ihn warne.

Seine Warnung bezieht sich auf die von Artus geplante weitere Schlacht gegen das Heer Mordreds. Er möge davon absehen, bittet ihn Gawain, und abwarten, bis Sir Lancelot zur Verstärkung aus Frankreich angerückt sei. Das könne binnen eines Monats der Fall sein – wenn es gelänge, den Feind bis dahin hinzuhalten, bedeute das Sieg für Artus und Tod für Mordred. Ein früherer Beginn der Kämpfe dagegen brächte den Tod für Artus und die meisten seiner besten Ritter.

Das klingt plausibel, und so beauftragt der König alsbald seinen Kellermeister Sir Lucas und dessen Bruder Sir Bedivere mit Verhandlungen. Sie sollen Mordred einen Teil der Ländereien und Reichtümer Logres' gleich anbieten, darunter Kent und Cornwall, die strategisch wichtigen Randgebiete im Osten und Westen. Der Rest des Reiches soll ihm dann nach Artus' Tod zufallen.

Sir Lucas und Sir Bedivere sind geübte Diplomaten. Es gelingt ihnen, Mordred von den Vorteilen einer derartigen friedlichen Lösung zu überzeugen. Den Vertragsabschluß will man im Angesicht beider Heere feierlich besiegeln.

Doch traut man sich natürlich gegenseitig nicht über den Weg. Artus weist seine Barone an, zum Angriff vorzugehen, sobald sie auf der Gegenseite ein gezücktes Schwert sehen. Das gleiche befiehlt Mordred den Seinen. So rückt man einander entgegen, mißtrauisch, voller Zweifel, die selbst ein Becher Wein, den Vater und Sohn miteinander leeren, nicht beseitigen kann.

Die Verhandlungen über die Friedensbedingungen verlaufen dennoch in gutem Einvernehmen, als ein Zwischenfall den trügerischen Waffenstillstand zunichte macht. Eine Natter kriecht im Heidekraut an einen Ritter Mordreds heran und beißt ihn in den Fuß. Der Ritter, der sich in der vordersten Reihe befindet, greift zum Schwert, um die Schlange zu töten. Als er jedoch nichtsahnend die Klinge weithin sichtbar entblößt, blasen die Fanfaren beider Seiten zum Angriff und die Heere rasen blindwütig aufeinander.

Sie geraten augenblicklich in erbitterten Kampf. Warum dieser so barbarisch geführt wird, läßt sich nur ahnen. »Niemals«, berichtet Malory, »hat es je in einem christlichen Land eine derart blutige Schlacht gegeben. Alles fiel grimmig übereinander her, focht und schlug um sich; es wurde so mancher tödliche Hieb geführt, und zornige Worte flogen hin- und herüber.«

Da entlädt sich Wut und Verzweiflung über die hoffnungslos verfahrene Lage. Die Überzeugung, »daß ja doch alles keinen Zweck hat«, dürfte auf der Welt so manche Heldentat und damit so manchen Tod verursacht haben. Im übrigen zeichnen sich Kämpfe unter Stammesverwandten oft durch besondere Grausamkeit aus.

Bei Camlann scheinen die sonst so ehrpusseligen Ritter auf beiden Seiten alle ethischen Regeln vergessen zu haben. Da es sich um ebenbürtige Gegner handelt, von denen keiner bereit ist, auch nur einen Fingerbreit zu weichen, bedeckt sich im Laufe des Tages das Schlachtfeld mit Leichen, führen die Bäche bald mehr Blut als Wasser.

Bei Anbruch der Nacht sind nach Malorys Schätzungen, die freilich immer reichlich übertrieben ausfallen, auf beiden Seiten 100 000 Mann getötet oder zu Tode verwundet worden. Jedenfalls muß Artus im dämmernden Abendlicht zu seinem Entsetzen feststellen, daß er kein Heer mehr besitzt, nicht einmal Leibwächter für seine persönliche Sicherheit. Außer ihm, der sich an der Spitze seiner Truppen wacker geschlagen hat, sind von seinen Rittern nur Sir Lucas, der Kellermeister, und dessen Bruder, Sir Bedivere, der nur noch einen Arm besitzt, am Leben geblieben. Und auch sie sind mehr oder weniger schwer verwundet. »Barmherziger Jesus«, läßt Malory den König ausrufen, »wo sind meine edlen Ritter geblieben?«

Nicht weit entfernt entdeckt er im letzten Tageslicht einen ähnlich Verzweifelten. Dort stützt sich, inmitten eines Haufens toter Krieger, Sir Mordred erschöpft auf sein Schwert. Statt den stöhnenden Sir Lucas zu versorgen, entreißt Artus dem Sterbenden die Lanze und will sich, jähzornig wie nie zuvor, auf den Verräter stürzen, den Hauptschuldigen am ganzen Unheil.

Vergebens suchen Lucas und Bedivere, ihren Herrn zurückzuhalten. Sie rufen ihm Gawains Traumwarnung ins Gedächtnis, beschwören ihn, Mordred seinem Schicksal zu überlassen – Rache üben könne er, der Sieger des Tages, immer noch. Sie predigen tauben Ohren.

Als Sieger des Tages fühlt König Artus sich gewiß nicht, obwohl er es de facto ist. Befinden sich in seiner Begleitung noch zwei – wenn auch lädierte – Ritter, so hat Mordred als einziger seiner gigantischen Armee überlebt. Doch machen zahlenmäßig errechnete Siege kein Desaster wett.

Helden gibt es in der Artus-Sage genug. Ein Heroenkult findet allerdings nur mit Maßen statt. Bei Camlann erspart Malory seinen Lesern keinesfalls die Kehrseite der Medaille. So hört man die Schmerzensschreie und das Stöhnen der unversorgt bleibenden Krieger, die in Blut, Schmutz und Eiter elendig verrecken.

Und er läßt auch nicht aus, was später geschieht. Im Mondlicht finden sich Plünderer und Räuber ein, »um den edlen Rittern Spangen und Perlen und kostbare Ringe abzunehmen«. Wer noch nicht ganz tot war«, fügt er hinzu, »den erschlugen sie um des Harnischs oder anderer Habseligkeiten willen.« Mag die Legende ein einziges Hoheslied auf Mannesmut und Tapferkeit darstellen: Dem Krieg wird nicht nach dem Munde geredet. Ihn sollte man vermeiden, lautet die Lehre, die man aus den meisten Geschichten der Artus-Sage ziehen kann, denn ihm fallen selbst die kampfesstärksten Recken zum Opfer.

Zugegeben: Der Artus, den Geoffrey of Monmouth beschreibt, ist keinesfalls von Aggressionen frei; er erobert vielmehr fast die gesamte damals bekannte Welt. Aber auch er scheitert. Geoffrey ist zynischer als Malory, manche werden sagen, realistischer, denn er setzt Angriffs- und Eigennutz bei allen Großen oder, wie man damals formuliert, Edlen, voraus, auch bei Artus.

Jähzornig haben wir ihn ja sogar bei Malory kennengelernt. Jähzornig geht er auch seinem Ende entgegen. Die Warnung seiner letzten Getreuen mißachtend, fällt er den todwunden Sohn und Erzfeind mit kalter Wut an. Sorgsam, fast pedantisch plaziert er seine Lanze, täuscht den Gegner über die Zielrichtung, die er ihr zu geben gedenkt, und stößt sie Mordred unter dem Schild tief in den Leib – einen Klafter tief, wie Malory, wiederum wohl etwas hochstapelnd, überliefert hat – ein Klafter wäre über anderthalb Meter tief.

Das umreißt freilich plastisch die unbändige Wut des Bären von Cornwall, der Artus wieder geworden scheint. Nach dem gewaltigen Lanzenstoß rafft Mordred sich noch einmal auf. Sein Schwert mit beiden Fäusten fassend, läßt er es seinem Vater mit letzter Kraft so voller Wucht auf den Kopf fallen, daß die Schneide Helm und Hirnschale durchschlägt. Auch Artus verliert, neben dem tot zu Boden gestürzten Sohn, die Besinnung.

Als er wieder erwacht, bietet sich ihm ein schrecklicher Anblick. »Mit Schaum vor dem Mund und herausgequollenen Eingeweiden« liegt Sir Lucas röchelnd neben ihm und stirbt einen qualvollen Tod. Im Dunkel der Nacht gelingt es Sir Bedivere trotz seiner Verwundung, den König heimlich und ohne daß ihn die

Plünderer belästigen, in eine nahe Kapelle zu bringen, die unmittelbar am Flußufer liegt. Das rettende Kloster, einige Meilen entfernt, erreichen sie nicht. In der kleinen Kapelle brechen beide zusammen – Schlaf übermannt sie oder Ohnmacht, eines so willkommen wie das andere. Draußen ertönt Geschrei aus dem Schlachtfeld; die Aasgeier verrichten ihr schändliches Handwerk.

Camlann ist kein heroisches Ende für einen Heroen. Aber wahrscheinlich sind alle heroischen Endschlachten so gewesen: gelebt in Samt und Seide, gestorben im Dreck. Die Gesamtheit der Artus-Sage spricht eine deutliche Sprache, die selbst beim Heldenlob kaum falsche Töne kennt.

Der König sinkt mit einem Stoßseufzer in die Bewußtlosigkeit. »Ach, Lancelot«, ruft er aus, »heute habe ich dich sehr vermißt. Wehe, daß ich gegen dich war, denn nun ist mein Tod gekommen, vor dem mich Sir Gawain im Traum gewarnt hat.«

Der Tod Artus fällt gnädiger aus als der, den die meisten seiner Ritter gestorben sind – aber auch das ist üblich in der Sage wie auch wohl meist in der Wirklichkeit.

König Artus. 13. Jahrhundert
Germanisches Nationalmuseum, Nürnberg

24

Nach Avalon

Bei Malory wird Excalibur nicht in den See geworfen, aus dem Artus sein Schwert einst empfangen hat, sondern ins Meer. Die Zauberwaffe kehrt nicht direkt ins Feenreich zurück, wie es die Legende eigentlich fordert.

Dabei gibt es in Cornwall eine Stelle, an der beides möglich wäre, nämlich ein Schwert in einen See oder ins Meer zu werfen. Zwei cornische Orte streiten sich darum, Schauplatz des bekanntesten und hundertfach abgebildeten Vorgangs der Artus-Sage gewesen zu sein. Dieser und ein zweiter, der sich weiter weg vom Meer befindet.

Trotzdem wird der düstere Dozmary Pool in Bodmin Moor meist an erster Stelle genannt, wohl aus Gründen des Fremdenverkehrs, denn Jamaica-Inn, die alte Schmuggelhöhle, liegt nahe. Verwunschener, einsamer jedoch der Loe Pool auf der Halbinsel Lizard, wenn auch touristisch weniger ergiebig. Auf ihn trifft zu, was diese Stätte auszeichnen müßte, die unmittelbare Nähe zum Meer. Ein etwas unheimlicher Ort, von denen es in Cornwall viele, wenn auch kaum derart unberührte gibt.

Der langgestreckte Loe Pool mit seinen steilen, von hohen Bäumen bewachsenen Ufern und den gefährlichen Strudeln, die Ebbe und Flut in ihm verursachen, liegt so nahe an der See, daß diese sein Dasein sozusagen mitbestimmt: Vegetation, Tierleben, sogar eine gewisse Fluktuation des Gewässers, die für Menschen das Schwimmen, Baden und Bootfahren auf ihm gefährlich macht. Wenn Ebbe herrscht, sind der See und die See durch einen breiten Streifen gelben Strandsands voneinander getrennt. Bei Flut beträgt der Abstand zwischen See- und Meerufer jedoch nur noch knappe zwei Meter. Sturm oder Hochflut lassen dann Salz- und Süßwasser zusammenschlagen. Hier stoßen zwei Welten aufeinander, Welt und Anderwelt, ganz wie in der Artus-Legende. Wenn überhaupt irgendwo, möchte man sich die Kapelle, in der König Artus und Bedivere Zuflucht suchten, am Loe Pool vorstellen. Von Camlann und seiner Gemetzelbrücke sind es an die fünfzehn Meilen, die von verwundeten Rittern zu Pferde wohl zurückgelegt werden könnten. Als der König sein nahes Ende ahnt, befiehlt er Bedivere, das Schwert Excalibur zu nehmen und es in den nahen See zu werfen. Bedivere trägt bei verschiedenen Chronisten verschiedene Namen, ist aber unter diesem am besten bekannt geworden als letzter Getreuer. Unterwegs betrachtet er die kostbare, mit Edelsteinen besetzte Waffe, die in der Hand eines Großen so große Taten vollbracht hat. Darf man eine derartige Reliquie ganz einfach wie altes Eisen in einen x-beliebigen See versenken?

Sein historisches Gewissen entscheidet dagegen. So versteckt Sir Bedivere Excalibur unter einem Baum im dichten Gebüsch und begibt sich zu Artus zurück. Was er gesehen habe, nachdem das Schwert die Wasseroberfläche berührte, will dieser wissen. »Nur Wellen und Wind«, lügt Bedivere, woraufhin ihn der König als Dieb und Verräter beschimpft und ihn erneut zum See schickt mit dem erneuten Befehl, das edle Stück ins Wasser zu werfen.

Wieder tut Bedivere das kostbare und erinnerungsträchtige Schwert leid, wieder verbirgt er es, wieder erzählt er dem König, er habe seinem Befehl gehorcht und antwortet auf die Frage, was geschehen sei, er habe nur »Wasserwogen und das Rollen der Wellen« vernommen. Und wieder nennt ihn der König einen elenden Verräter. Bedivere steht alsbald zum drittenmal an den tannenbestandenen Ufern des unheimlichen Sees. Es dunkelt schon; eine frische Brise, die ihm entgegenstreicht, scheint ihn aufzumuntern, Mut zu machen – der Einarmige holt weit aus und wirft Excalibur mit kräftigem Schwung bis fast in die Mitte des Sees. Ehe es auf die Wasseroberfläche auftrifft, reckt sich ein riesenhafter Arm aus den Fluten, fängt es auf, schwingt es dreimal dem Werfer wie im Abschiedsgruß entgegen und verschwindet mit dem Schwert für immer in der Tiefe des Sees, der Legende oder der keltischen Anderwelt. Eine Epoche ist zu Ende gegangen.

Die Szene gehört zu den eindrucksstärksten der gesamten Sagenwelt – ihre Bildhaftigkeit hat sie zum Symbol für die Artus-Legende, aber auch die Vergeblichkeit allen Strebens nach ewigem Frieden und irdischer Gerechtigkeit werden lassen.

Daß sie sich eher am Loe Pool als am Dozmary Pool abgespielt hat, mag auch aus dem nun folgenden Geschehen hervorgehen. Als Bedivere Artus berichtet, was geschehen ist, lehnt dieser sich befriedigt zurück und lobt seinen Ritter als treuen Diener. Dann läßt er sich von ihm aus der Kapelle helfen, weil er »schon zu viel Zeit verloren habe«, wie er klagt. Er will zum Meer, als würde er dort erwartet.

Was auch der Fall ist. Als die beiden Männer, der eine auf den anderen gestützt, am Loe Pool vorbei das Meeresufer erreichen, taucht in der Ferne im Mondschein eine Barke auf. Sie nähert sich rasch der Stelle, an die Bedivere den erschöpften Artus gebettet hat. Das Boot ist besetzt mit einer Anzahl von – wie fast immer in der Artus-Sage – edlen und schönen Frauen. Unter ihnen befinden sich drei Königinnen, die in lautes Klagen ausbrechen, als sie den zu Tode verwundeten König Artus erblicken.

Auf dem Rücken trägt Bedivere seinen Herrn durch das flache Wasser in die Barke, wo sich sogleich zwei der Frauen mit geheimen Tinkturen um ihn bemühen. Bedivere erkennt sie. Es sind Königin Morgana und Viviane, die Dame vom See. Sie wickeln den König in warme Decken und geben den Ruderern unter Schluchzen den Befehl zum Ablegen. Das Boot verschwindet rasch am Horizont. Sir Bedivere bleibt, der letzte Überlebende von Camlann, allein am Ufer zurück.

Die Barke ist unterwegs nach Avalon. Dort, auf der Insel der Heiligen Äpfel, im keltischen Paradies Ynys Avallach, will Morgana den König, nun ganz schwesterlich, nach Möglichkeit gesundpflegen. Oder ihn in die Unsterblichkeit eingehen lassen.

Avalon – Geoffrey of Monmouth verlegt die »Insula Avallonis« nach Burgund, Wace in die Bretagne, ein italienischer Autor des 13. Jahrhunderts nach Sizilien, eine dänische Quelle gar nach Indien. Der spanische Poet Guillem Torroella beschreibt in seinem Gedicht »La Faula« im 14. Jahrhundert eine Reise durchs Mittelmeer auf dem Rücken eines Walfischs. In einem Palast auf einer Insel begegnet man einem jungen Mann, der sich als Artus, sowie einem hübschen Fräulein, das sich als Morgana herausstellt. »Fata morgana« heißt seitdem das Trugbild einer Luftspiegelung.

Sir Bedivere begibt sich dagegen, hellsichtig genug, nach Glastonbury. Er schweift offensichtlich nicht gern in die Ferne. Und siehe da! Er findet Avalon auch dort. Wer will, kann es sogar noch heute in diesem Städtchen finden.

25

Nach Glastonbury

Ein merkwürdiger Ort, vom langjährigen religiösen Dienst ein wenig verschlissen, ein bißchen unleidlich und mürrisch, weil all der Mystik überdrüssig, die sich um ihn herumrankt. Seit anderthalb Jahrtausenden dient er nun schon den Pilgern und Wallfahrern jeglicher Couleur, ein geheimes, nein, ein offenes Zentrum für alle Gläubigen und Abergläubischen.

Zwischen Glauben und Aberglauben wird in Glastonbury seit jeher nicht viel Unterschied gemacht. Nach Glastonbury pilgert und darf pilgern, was immer Beine hat und wem der Sinn danach steht. Fünfzehn Jahrhunderte machen tolerant und liberal. Man akzeptiert jedes und jeden, weil am Ende Aberglauben nichts ist als Sehnsucht nach richtigem Glauben, und weil man als Pilgerstadt von beidem lebt. So zieht die Stadt Gläubige und Abergläubische an, Weissager, Mythologen, Folkloristen, anglikanische und römisch-katholische Gemeinden, Sektierer, Astrologen, Vegetarier, Artus-Freunde, Konservative und Alternative, ganz wie sie einst Joseph von Arimathia angezogen hat.

Joseph von Arimathia ist als erster Pilger allen anderen vorangegangen. Er soll jene umfangreichen Abteigebäude erbaut haben, die man noch heute, neugierig oder mit Herzklopfen, aufsucht, obwohl sie nur als Ruinen in den Außenmauern erhalten geblieben sind. Er hat hier seinen Stab in die Erde gestoßen, der Wurzeln schug und über ein Jahrtausend lang blühte, zweimal im Jahr, zu Pfingsten und zum Weihnachtsfest. Am Urenkel des wundertätigen Weißdornbuschs pilgert man noch heute vorbei.

Daß es auch Sir Bedivere nach Glastonbury zog, als er sich einsam und von Artus verlassen am Meergestade Cornwalls wiederfand, dürfte ebenfalls Joseph von Arimathia zu verdanken sein. Er und der Gral, den er neben seinem syrischen Wanderstock mit sich führte, haben den Ort mit der Person des Königs Artus verflochten, obwohl die beiden – Joseph und Artus – fast ein halbes Jahrtausend voneinander getrennt in verschiedenen Jahrhunderten gelebt haben.

Eine wiederum reichlich undurchsichtige und keineswegs eindeutige Geschichte. Der in Glastonbury gepflegten Tradition zufolge hat Joseph das Heiligtum dort – auf dem Berg Tor oder dem Chalice Hill – vergraben. König Artus' Aktion hätte also, nach Glastonbury-Voraussetzungen, keineswegs ziellos von Burg zu Burg durchs Wüste Land der Anderwelt führen müssen, sondern schnurstracks nach Somerset.

Aber da handelt es sich um zwei einander entgegengesetzte mythische oder mystische Überlieferungen. Die eine beläßt jene geheimnisvollen Kraftströme, die vom Gral ausgehen, in und um Glastonbury, weil Joseph von Arimathia sie dort gleichsam eingepflanzt hat wie seinen Wanderstab. Die andere beruht auf einer Art von Erbfolge: Nachkommen des Joseph betreuen den Gral, die Fischerkönige auf ihren verzauberten Burgen in der Anderwelt, womit ein Stück frommer christlicher Legende gleichsam zurückrutscht in heidnisches Keltentum.

Beiden Überlieferungen wird in Buch, Pamphlet und mythisch-archäologischer Forschung nach wie vor Glauben geschenkt. In Glastonbury entdeckt man immer wieder »Kraftlinien«, die vom Gral wie von einem spirituellen Atommeiler ausgehen sollen. Es gibt eine ganze Literatur über dieses angebliche Phänomen, will man doch rund um Glastonbury Symbolzeichen sämtlicher Sternbilder der nördlichen Erdkugel festgestellt haben, was alles an jene Kornzirkel erinnert, die eine Zeitlang Aufmerksamkeit erregten, weil man vermutete, sie stammten von außerirdischen Landefahrzeugen. Meist stellten sich jedoch Studenten nahegelegener Universitäten als deren Urheber heraus, die womöglich im Auftrag heimatlicher Fremdenverkehrsvereine tätig geworden waren.

In Glastonbury hat überhaupt vieles – um nicht zu sagen alles – mit dem Fremdenverkehr zu tun. Auch die andere Gralsversion wurde dort und wird dort heute noch kräftig gepflegt. Den Sitz der Fischerkönige, ob Naciens, Josephus, Amfortas oder Pelles, verlegt man gern in diese Gegend. Wo sollte er sich sonst befunden haben als in der Nähe jener Insel im Sumpf, die durchaus Avalon, das heidnische Paradies, gewesen sein kann, die Apfelinsel? Befinden sich doch noch heute jene Apfelgärten rund um Glastonbury, von denen die Sage berichtet. Der Cider (Apfelwein), den man aus ihren Früchten keltert, sei jedem, der – Pilger oder nicht – nach Somerset kommt, wärmstens empfohlen.

Bedivere stößt hier auf einen Eremiten, in dem er den ehemaligen Erzbischof von Canterbury erkennt, der einst Artus zum König gekrönt hat. Von Mordred in die sumpfige Einöde verbannt, lebt er in einer Kapelle, zu der ein alter Friedhof gehört. Der Ritter findet ihn inbrünstig betend über einem frischen Grab.

Auf die Frage, wer da begraben liege, gibt der ehemalige Erzbischof von Canterbury nur ausweichende Auskunft. Er weiß es nicht, jedenfalls nicht genau. Aber nach einiger Zeit gesteht er eine Vermutung. Gestern um Mitternacht seien bei ihm einige tief verschleierte Damen erschienen, die einen Leichnam mit sich führten. Dieser sei von ihm beim Schein von über hundert Kerzen und unter dem lauten Wehklagen der edlen Frauen bestattet worden. Ein flüchtiger Blick auf den Toten während der Einsegnung habe seinen Verdacht erregt, den niemand im Gefolge bestätigen konnte oder wollte – das Antlitz des Verstorbenen glich dem des guten König Artus'.

Als Sir Bedivere dies erfährt, sinkt er – erneut – in eine tiefe Ohnmacht. Was dem Eremiten nur eine Ahnung, ist ihm Gewißheit. Er wird den Rest seines Lebens in dieser Kapelle verbringen, ein Klausner, Gehilfe des Eremiten mit der glänzenden Vergangenheit, und das Grab seines Herrn pflegen.

Auch was sonst vom Hof auf Camelot übrigblieb, wechselt, wie es scheint, Harnisch und Rüstung mit dem härenen Büßergewand und geht ins Kloster.

Sir Lancelot, der, um Artus zu retten, viel zu spät an der Spitze eines Heeres von Frankreich nach Britannien übergesetzt ist, läßt am Grab Gawains eine Totenmesse lesen, schickt das Heer nach Hause und zieht selbst die Mönchskutte an. Mit seinen engsten

Vertrauten, darunter Sir Bors, Sir Ector de Maris und Sir Galahaut, tritt er in die Abtei des Bischofs ein, dem der Eremit, der den mutmaßlichen Artus bestattet hat, untersteht. Sir Bedivere berichtet die traurige Geschichte vom Ende des Königs und der Rückgabe Excaliburs an die Feen vom See, was Lancelot, den strahlendsten Ritter der Sage und zugleich ihren größten Sünder, veranlaßt, die peinvollste Buße auf sich zu nehmen. Malory berichtet, er habe zwölf Monate lang die Messe gesungen, indes »die anderen Ritter nur damit beschäftigt waren, fromme Bücher zu lesen und bei der Messe bestenfalls die Glocke zu läuten.« Er moniert weiterhin: »Sie achteten der Pein nicht, die Sir Lancelot, der edelste Ritter der Welt, auf sich genommen und wie er von all den Kasteiungen bis zum Skelett abgemagert war.«

Er scheint demgemäß geschwächt, als er sich, von einem quälenden Traum bewogen, zu Fuß nach Amesbury aufmacht. Der einstige Herr über ganz Frankreich besitzt nicht einmal mehr ein Roß, denn er und seine Ritter haben »ihre Pferde laufen lassen, wohin sie wollten, denn weltliche Güter bedeuteten ihnen allen nichts mehr.«

In Amesbury, einer kleinen Stadt im Avontal, nicht weit von Stonehenge, befindet sich Ginevra, ebenfalls hinter Klostermauern, und zwar schon seit der Schlacht von Camlann. »Dort«, um wiederum Sir Thomas Malory als Kronzeugen zu zitieren, »trat sie in ein Nonnenkloster ein (...) und nahm so große Buße auf sich wie nur jemals eine sündige Frau in diesem Lande. Nie konnte jemand sie mehr fröhlich machen. Sie fastete und betete und vergab eine Unmenge von Almosen, so daß alle Welt staunte, wie tugendhaft sie geworden war.« Sie macht in dieser neuen Rolle, ähnlich wie Lancelot, der es zum Bischof bringt, sogar Karriere. »Sie wurde Äbtissin und Oberin«, berichtet Malory und fügt hinzu: »... wie es sich gebührte.«

Für den Fußmarsch von Glastonbury nach Amesbury braucht Lancelots geschwächte Mannschaft zwei Tage, was nach mittelalterlichem Maßstab viel gewesen sein mag, denn man pflegte bis hinein ins 19. Jahrhundert auf dem Lande nicht nur in England horrende Strecken zurückzulegen. Für heutige Begriffe absolvieren Lancelot und die Seinen dagegen eine durchaus beachtliche körperliche Leistung. Die Städte liegen, in Luftlinie, an die 65 Kilometer voneinander entfernt, und man wird damals ohne Landstraßen mehr oder weniger querfeldein marschiert sein.

Lancelot hat Amesbury vor einiger Zeit schon einmal besucht, da noch zu Pferd. Ehe er sich ins bischöfliche Kloster zurückzog, ist er auf der Suche nach der Geliebten durchs Land gestreift. Im Kreuzgang eines Nonnenklosters steht er ihr plötzlich gegenüber. Die unvermittelte Konfrontation bewirkt bei ihm eine, bei Ginevra, wie Malory exakt berichtet, drei Ohnmachten. Das Wiedersehen nach so langer Zeit und derartigen Umwälzungen löst bei beiden einen Schock aus.

Es scheint so, als sei Lancelot zunächst noch unentschlossen. Sein künftiges Schicksal legt er Ginevra in die Hand. Hätte sie sich entschieden, ihn zu heiraten, ihm zu folgen, an seiner Seite als Königin – von Gallien, Frankreich, der Bretagne – zu fungieren: für beide wäre ein Neuanfang möglich und sogar wahrscheinlich gewesen.

Aber Ginevra weigert sich entschieden, ein solches neues Leben auch nur in Erwägung zu ziehen. Ihre Aussprache endet in einer Art von hysterischem Ausbruch. Sie will ihren Seelenfrieden finden, Buße tun für ihre Sünden und sich ganz der Suche nach dem Heil in der nächsten Welt verschreiben. Als sie ihrem einstigen Geliebten rät, in sein Land zurückzukehren und dort eine Frau zu heiraten, die es wert ist, Königin zu sein an seiner Seite, erklärt er kühl, ihre, Ginevras Entscheidung sei auch sein Schicksal. Er habe ihr und keiner anderen Treue geschworen, die er auch unter diesen Umständen zu halten bereit sei. Er werde, wie sie, bis an sein Lebensende Buße tun.

Beide reagieren gegen ihren inneren Willen, ihr Herz, ihren Verstand, bleiben aber konsequent. »Darum, hohe Frau, bitte ich euch, küßt mich noch einmal und dann nie wieder«, läßt Malory Sir Lancelot sagen. »Nein«, entgegnete die Königin, »das geschieht nimmermehr. Solchen Wünschen müßt ihr von nun an entsagen«, worauf sie sich trennten. Aber ein so hartherziger Mensch hat nie gelebt, der nicht im Angesicht ihres Jammers in Tränen ausgebrochen wäre. Sie klagten, als würden sie mit Spießen gestochen. Wiederholt wurden sie ohnmächtig vor Kummer, und die Damen mußten die Königin in ihr Gemach tragen. Als Sir Lancelot wieder zu sich kam, bestieg er sein Pferd und ritt einen ganzen Tag und eine ganze Nacht planlos durch einen Wald und weinte unaufhörlich.

Jetzt, als Mönch und bald Bischof, ein frommer Büßer, erscheint Lancelot dreimal im Traum eine Gestalt, die ihm befiehlt, sich um der Vergebung seiner Sünden willen erneut nach Amesbury zu begeben. Ginevra würde er dort nicht mehr lebend antreffen. Bis zum letzten Atemzug habe sie zwar den allmächtigen Gott angefleht, sie Sir Lancelot mit ihren weltlichen Augen nicht wiedersehen zu lassen. Aber diesem Gebet zum Trotz sei es ihr Wunsch gewesen, nach ihrem Tod von niemand anderem als Sir Lancelot eingesegnet und in Glastonbury neben ihrem Gemahl König Artus bestattet zu werden.

Was Lancelot dann auch getreulich verrichtet. Lange verweilt er an Ginevras Totenbett, »aber er weinte nicht sehr, sondern seufzte. Alle Zeremonien des Totengottesdienstes verrichtete er selbst, sang auch die Totengesänge zur Nacht und am darauf folgenden Morgen die Messe«. Schon seit fast einem Jahr versieht er das Amt eines Priesters. So ist er es, der große Held und der große Liebende der Sage, der große Sünder auch, der am Ende die Geliebte dem Mann zurückbringt, dem sie, und dem König, dem er die Treue gebrochen hat.

Von hundert Fackelträgern begleitet, zieht man, wiederum zu Fuß, langsamen Schritts von Amesbury nach Glastonbury. Den feierlichen Trauerzug umsäumen bald die Einwohner der Gegend, die zusammenströmen, um der Königin in ihrer Totensänfte die letzte Ehre zu erweisen.

Lancelots Einholung der Leiche Ginevras hat historische Vorbilder. Rund 150 Jahre, bevor Sir Thomas Malory seine endgültige Fassung der Artus-Sage zusammenstellt, hat König Edward I. von England seine mit 44 Jahren verstorbene Gemahlin, Eleanor von Kastilien, aus dem hohen Norden Englands in die Hauptstadt nach London in einem ähnlichen Staatsakt heimholen lassen.

Die Gestalt des ersten Edward auf dem englischen Königsthron weist allerdings eher Ähnlichkeiten auf mit König Artus als mit

Sir Lancelot vom See. Edward war wie Artus ein erfolgreicher Feldherr, der die Waliser besiegte (der erste englische König, der seinen Sohn zum »Prinzen von Wales« machte), und sogar die Schotten bezwang – als »Schottenhammer« ist er in die britische Geschichte eingegangen. Mehr noch durch seine Gesetzgebung, die aus der Zeit seiner Herrschaft von 1272 bis 1307 – wie Artus aus der seinen – ein »Goldenes Zeitalter« zu machen verstand. Jedenfalls im Gedächtnis seiner Untertanen.

Von Hadby in Nottinghamshire, wo Eleanor starb, nach London ist es weiter als von Amesbury nach Glastonbury. Der Trauerzug dauerte zwölf Tage, und jede Stelle, an der der Sarg über Nacht gestanden hatte, ließ Edward später mit einem Gedenkstein, dem Eleanorenkreuz, schmücken – noch heute findet sich »Charing Cross« an prominenter Stelle auf dem Stadtplan der englischen Hauptstadt. Wie die Briten Ginevra und Eleanor, haben später die Preußen ihre frühverstorbene, heißgeliebte Königin Luise eingeholt – es sind die Könige, die man – vielleicht – bewundert. Es sind die Königinnen, die man beweint.

Sir Lancelot kasteit sich, nachdem sein Leben allen Sinn verloren hat, zu Tode. Er ißt, trinkt und schläft kaum noch, er »verwelkt«, wie Thomas Malory es ausdrückt. Weder der Bischof und sein Klausner, der einmal Erzbischof von Canterbury war, noch seine Gefährten können ihn ablenken oder aufmuntern. Er stirbt eines Nachts, ohne daß diese es bis zum frühen Morgen bemerken. Beigesetzt wird er wunschgemäß auf seiner Burg Joyous Gard (Freudenwacht), die ja früher auch einmal Dolorous Gard (Schmerzensburg) hieß.

Wer Lancelots Grab aufsuchen möchte, hat zwar die Auswahl unter einigen mutmaßlichen Stätten, aber diese befinden sich alle hoch im Norden Englands. Der sogenannte Vulgata-Zyklus, der erste, der die Artus-Sage um 1220 statt in (altmodischen) Versen in (damals moderner) Prosa erzählt, verlegt Dolorous oder Joyous Gard an den Fluß Humber, Malory nach Alnwick und Bamburgh, beides in Northumberland an der Grenze nach Schottland gelegen.

So kann Glastonbury von Lancelot nicht profitieren, um so mehr vom einstigen und zukünftigen König selbst. Unter den 35 unabhängigen Klöstern, die es vor der normannischen Invasion in Britannien gab, war das von Glastonbury das weitaus vornehmste sowie reichste. Sein Reichtum beruhte auf Grundbesitz, Apfelgärten für den seit jeher beliebten, bereits erwähnten Cider, vor allem jedoch auf den Pilgern.

Was heutzutage Touristen, waren im Mittelalter die Pilgerströme. Sie brachten Reichtümer in die betroffenen heiligen Stätten, aber auch die Straßen, die zu ihnen führten. Und wer da meint, es ließen sich zwar Touristen manipulieren, nicht jedoch fromme Pilger, befindet sich, wie man an Glastonbury sieht, im Irrtum.

Nach Glastonbury wallfahrtete man ursprünglich des heiligen Dunstan wegen. Der heilige Dunstan, so etwas wie ein Hausgewächs, stammt aus Glastonbury, sicher aus einer einflußreichen Familie, denn er wurde, noch nicht einmal 20 Jahre alt, zum Abt des Klosters seiner Heimatstadt ernannt und brachte es später bis zum Erzbischof von Canterbury, dem höchsten geistlichen Würdenträger in Britannien. Als solcher gehörte er zu den mächtigsten Männern seiner Tage, berühmt auch als Kunsthandwerker und Musiker.

Der vielbegabte, fromme Würdenträger, dessen kirchliches Fest von der anglikanischen Kirche bis auf den heutigen Tag am 19. Mai begangen wird, gehört freilich nicht zu den zugkräftigsten Heiligenerscheinungen, wie Wallfahrtsklöster sie sich wünschen mußten. Er wird im Laufe der Zeit einen Gutteil seiner Anziehungskraft verloren haben.

Als nämlich 1191 ein Henry de Sully Abt in Glastonbury wurde, zeigte sich dies in aller Deutlichkeit. Vor 21 Jahren, am 29. Dezember 1170, war der damalige Erzbischof von Canterbury, Thomas Becket, in der dortigen Kathedrale ermordet worden. Die Bluttat am Altar durch vier Ritter des Königs erregte weltweit Entrüstung. Der populäre Kichenmann wurde schon drei Jahre später heiliggeprochen – was den heiligen Dunstan endgültig ins Abseits stellte. »Man« pilgerte fortan statt nach Glastonbury nach Canterbury. Was konnte ein noch so guter Kunstgewerbler gegen einen Märtyrer ausrichten?

Das war niemandem bewußter als Henry de Sully. Er sann auf

Abhilfe und scheint diese auch bald gefunden zu haben, denn zur allgemeinen Überraschung entdeckte er oder entdeckte die von ihm beauftragte Mannschaft in der Klosterkirche zu Glastonbury wirklich und wahrhaftig das verlorengeglaubte Grab des Königs Artus und dasjenige der Königin Ginevra dazu. Beim Kampf um zahlungskräftige Pilger erwies sich das als Stein der Weisen. Gegen jemanden wie Artus mußte selbst ein frisch installierter gemeuchelter Heiliger verblassen.

Abt Henry de Sully verstand auf jeden Fall schon um 1191 eine ganze Menge von Public Relations. Er erfand noch eine höchst wirkungsvolle Vorgeschichte. Ein ungenannter alter Barde, ließ er verlautbaren, habe einst König Henry II. geweissagt, er werde, falls er nachgraben ließe, in der Abtei von Glastonbury das Grab des sagenhaften Königs Artus finden. Bei Grabungen, die die Mönche angeblich auf König Henrys Geheiß ab 1191 auf ihrem eigenen Begräbnisplatz südlich der Kapelle unserer Lieben Frau ausführten, entdeckten sie dann wirklich in eineinhalb Metern Tiefe einen Feldstein, der auf seiner Unterseite ein bleiernes Kreuz trug. Auf dem Bleikreuz stand zu lesen: »Hier liegt, in der Insel Avalon, der berühmte König Artus begraben.«

Man grub zweieinhalb Meter tiefer und stieß auf einen Sarg, den ausgehöhlten Stamm einer mächtigen Eiche, mit den Überresten eines Mannes von großer Statur, dessen Schädel Spuren von zehn Schwerthieben aufwies. Im gleichen Sarg fanden sich die Knochen einer kleineren Person mit einer Locke goldblonden Haars, die bei der ersten Berührung zerfiel.

Nun war zwar König Henry II. drei Jahre zuvor im fernen Tours gestorben, konnte also nicht mehr vom Erfolg der von ihm befohlenen Suche unterrichtet werden, aber es schien immerhin bedeutsam, daß es sich bei diesem Monarchen um eben denjenigen handelte, dessen vier Ritter Thomas Becket in der mit Glastonbury konkurrierenden Kathedrale zu Canterbury erschlugen und der in den Verdacht der Mitwisserschaft geraten war.

Das Hie Canterbury, Hie Glastonbury ist letztlich doch zugunsten Canterburys ausgegangen. Aber auch Glastonbury kann sich über mangelnden Besuch nicht beklagen. Kommen im Juni am letzten Sonnabend dieses Monats die anglikanischen Pilger, am letzten Sonntag die römisch-katholischen Gläubigen in die Abteiruinen, ernste religiöse Wallfahrer, die Dunstans und Joseph von Arimathias wegen, in der Hauptsache aber um des Glaubens willen hierher, so bleiben sie doch den König-Artus-Wallfahrern gegenüber weitaus in der Minderzahl.

Jahraus, jahrein und gleichgültig zu welcher Jahreszeit stößt man in Glastonbury auf weltliche Pilgerzüge hauptsächlich amerikanischer Herkunft. Bewaffnet mit den abenteuerlichsten Videokameras und den winzigsten Fotoapparaten zieht ein wahrer Heerzug von Übersee, durchsetzt mit kleinen japanischen, deutschen, holländischen, französischen Reisegruppen über den gepflegten, teppichartigen Rasen, den Umrissen des einstigen Grabes entgegen.

Denn das Grab selbst ist – wie das des Thomas Becket zu Canterbury – in der Reformation zerstört worden, in Glastonbury traurigerweise sogar das gesamte Kloster mit allen Gebäuden dazu. Ein feierlicher oder auch nur entfernt anrührender Eindruck will sich deshalb in dieser seltsamen Pilgerstadt nicht einstellen. Die Stadt ist eher eine des Hotelgewerbes als der Legende, und das Grab sieht aus, als schäme es sich seiner ungewissen Vergangenheit und, mehr noch, anmaßenden Gegenwart.

Immerhin hat es all den vielen anderen angeblichen Gräbern des Artus zwischen Sizilien (im Ätna) und den Orkney-Inseln eines voraus: Es hat in Sir Thomas Malory den in Sachen Artus wohl autoritativsten Fürsprecher. Was er dazu zu sagen hat, muß mehr gelten als die Äußerungen anderer.

Aber, gesetzt den Fall, Abt Henry de Sully sei nicht nur ein frommer, sondern auch ein geschäftstüchtiger Mann gewesen, was beides einander ja nicht widersprechen muß. Könnte es dann nicht sein, daß auch Sir Thomas einer Public-Relations-Geschichte aufgesessen ist? Immerhin war er ja nicht dabei, als Artus – wo auch immer – begraben wurde. Und als er seinen »Mort Darthur« schrieb, lag die Entdeckung und Wiederentdeckung des Königsgrabes immerhin auch an die 250 Jahre zurück. Es gehörte zu Malorys Zeiten zu den touristischen Attraktionen und seine

Geschichte mit allen Hintergründen zum Allgemeinwissen. Schon Edward I. und seine Gemahlin Eleanor haben am 11. April 1278, wie überliefert, Glastonbury als Pilger besucht und die Überreste Artus' und Ginevras, die in Seide gewickelt in einem Marmorschrein vor dem Hochaltar der Abteikirche lagen, ehrfurchtsvoll staunend besichtigt.

Das war ebenfalls lange, ehe Malory seine Feder spitzte und – wie man annimmt – den Begräbniszug jener Pilgerin Eleanor zum Vorbild nahm für seinen imaginären, literarischen der Ginevra. Die Uhren der Legenden gehen anders als gewöhnliche Zeitmesser. Sie können, unter Umständen, sogar zurückgehen.

Artus, der einstige und künftige König (für die Waliser sogar Kaiser) lebt jedenfalls weiter, auf Avalon, im Ätna, in Büchern und der französischen Folklore in jener wilden Jagd, die wir auch aus germanischen Sagen kennen: Chasse Artu.

In Vollmondnächten an der Spitze seiner Geistermannschaft durch den Frühjahrs- oder Herbststurm galoppierend findet seine legendäre Gestalt ihre überzeugendste – und ganz gewiß ihm liebste – Reinkarnation.

26.

Das Nachleben

Hatte König Artus einen Nachfolger? Schwer vorstellbar, daß auf einen Artus I. ein Artus II. gefolgt sein sollte. Sein Werk hat keiner fortsetzen können. Zwar läßt Malory Sir Constantine, den Sohn König Cadors von Cornwall, eines Verwandten von Artus, zum König von England wählen, den, wie er schreibt, »sehr edlen Ritter.«

Aber man hat wenig von ihm gehört. Geoffrey zufolge sollen die vier Söhne Mordreds einen Aufruhr gegen Constantine angezettelt haben – sie seien besiegt und alle an einem Altar, an dem sie Zuflucht suchten, erschlagen worden. Die Sage hat sich Constantines nicht bemächtigt.

Denn in der herben Wirklichkeit hört Logres nach dem Tode Artus' auf zu bestehen. Das Reich zerfällt. Das gilt nicht nur für das ideale Königreich, wie es geplant war, sich aber nur in Umrissen abzeichnen konnte. Es gilt auch für die damalige Wirklichkeit.

Feinde fallen von allen Himmelsrichtungen ins Land, Angeln, Sachsen, Jüten, Pikten, Scoten – die »Dark Ages« beginnen und verdüstern die Insel. Man nennt sie heute zwar nur noch ungern »Dunkles Zeitalter«, weil dieses inzwischen vor allem von den Archäologen bewundernswert aufgehellt werden konnte. Trotzdem bleibt das meiste undurchsichtig. John Morris, der die moderne Artus-Forschung in drei wissenschaftlich seriösen Bänden zusammengefaßt hat, verweist auf einen anderen Nachfolger des Königs, auf Cerdic (um 480 – ca. 495). Er hat es in unseren Tagen postum zu überraschender, wenn auch auf Artus-Fans und -Fanatiker beschränkte internationale Berühmtheit gebracht.

Dies freilich nicht durch Morris, sondern Geoffrey Ashe, den sehr viel phantasievolleren Artus-Forscher. Er behauptet, Cerdic sei Artus' Sohn gewesen. In seinem Buch »The Quest for Arthur's Britain« (Die Suche nach dem Britannien des Artus) identifiziert er ihn als jenen Riothamus, der auf dem Kontinent – der Sage nach – ein erstes gemischt keltisch-germanisches Heer aufgestellt und damit in die Kämpfe um Artus' Erbe eingegriffen haben soll. Ein Mann, mit dem seine Zeit rechnen mußte.

Bei Gildas, dem einzig verläßlichen Historiker der Artus-Zeit, kommt Riothamus nicht vor, wohl aber bei Geoffrey, wo er als König in Gallien figuriert – er scheint auf beiden Seiten des Kanals Partei ergriffen zu haben. Man könnte sich durchaus vorstellen, daß er, Sohn Artus' oder nicht, dessen Nachfolge immerhin angestrebt hat.

Ashe, Mitbegründer und Sekretär einer Camelot-Forschungs-zentrale, geht allerdings noch weiter. In einem zweiten Buch, »Die Entdeckung von Avalon«, setzte er Cerdic beziehungsweise Riothamus nicht mehr mit Artus' Sohn gleich, sondern mit Artus selbst. Das brachte ihm eine Menge Übersetzungen in andere Sprachen, hohe Auflagen und lange Artikel in den Nachrichten-magazinen der Welt ein.

Es gibt jedoch andere Camelot-Jünger, die die Geschlechter-folge vollends durcheinanderbringen, indem sie nämlich die Hypothese vertreten, Riothamus sei weder der Sohn des Artus noch Artus selbst gewesen, sondern kein anderer als Uther Pendragon, Artus' Vater. Das Dunkel der »Dark Ages« scheint immer noch nicht licht genug, um ohne phantastische Mut-maßungen und kühne Spekulationen auszukommen.

Man könnte diese sogar als für einen Mythos unerläßlich ansehen. Daß es immer wieder neuen Meinungsstreit um waghal-sige Theorien gibt, bezeugt die Lebendigkeit der Artus-Sage. Ihre Popularität scheint immer noch größer als die anderer Mythen, denn selbst, wenn das Verwirrspiel um Riothamus sinn- und nutzlos gewesen sein mag, so hat es doch eine Menge Aufregung unter immer noch intensiv Interessierten verursacht. Eine These über die Erzsage der Deutschen, das Nibelungenlied, etwa, daß Hagen eigentlich Hermann der Cherusker gewesen sei, würden vermutlich die Welt und selbst die Freunde dieser frühen deutschen Dichtung viel weniger erregen.

Es gibt Leser, die die Artus-Legende, etwa in Malorys Fassung, als große Dichtung betrachten. Sollte sie das sein – und nichts spricht dagegen –, so entstammt sie doch keinesfalls einem intellektuellen Parnaß. Im Gegenteil. Volkston, Volkslied, Märchen, Kalendergeschichte, Flugblatt, Ballade, Moritat, Schmöker liegen ihr ebenso nahe, wenn nicht noch näher. Ist doch jedes Detail, jede Einzelgeschichte auf ein Höchstmaß an populärer Wirkung bedacht (und nicht auf »Kunst« oder »Literatur«).

Arm in Arm mit solch dichterischer Chuzpe geht die Lust am bewußten Spintisieren. Man muß sie ebenfalls in Kauf nehmen, obwohl man, was Artus betrifft, in phantastischem Unsinn geradezu ertrinken kann. Nicht nur über Glastonbury, sondern eigentlich über ganz Großbritannien verteilt finden sich die Spezialbuchhandlungen, Pseudo-Keltenläden und Kleinverlage, die sich auf Kunststoffiguren (Zauberer und Drachen), Bücher, Broschüren und Pamphlete über arthurische Themen konzentrieren und oft hohe Auflagen erreichen. Da wird lückenlos nachgewiesen, warum beispielsweise Merlin Vegetarier gewesen sein muß oder wie die Vollmondscheinmeditationen druidischer Priesterinnen auf Avalon vor sich gegangen sind. Eine ganze Reihe von Untersuchungen beschäftigt sich mit der Frage, ob der vergrabene Gral in Glastonbury nach wie vor radioaktive Strahlung von sich gibt oder nicht, was sich eigentlich per Geigerzähler unschwer feststellen lassen müßte.

Dabei sind die empirischen Wissenschaften bei den meisten Artus-Sektierern nicht einmal verpönt. Was Artus angeht, so arbeiten jedenfalls in englischsprachigen Ländern – besonders intensiv übrigens in den Vereinigten Staaten von Amerika – Empiriker und Phantasten, Professoren und Spinner, liebenswert Verrückte und schlichtweg Wahnsinnige enger zusammen als auf anderen Gebieten und als anderswo auf der Welt. Die aufgezählten Gegensätze betreffen nicht selten sogar ein und dieselbe Person.

Auch die wirklichen Nachfahren des Artus sind keine Könige, sondern Wesensverwandte anderer Art: Dichter, Autoren, Historiker, Leser, Poeten, Gelehrte, Spintisierer, Mystifizisten, Sektengründer – eine seltsame, aber keineswegs unsympathische Tafelrunde, die noch heute den Unsterblichen umgibt.

Recht besehen ist er ja auch eine offene Legende geblieben. Nicht einmal Sir Thomas Malory hat es geschafft, ihm so etwas wie endgültige Gestalt zu geben. Haben Phantasie und Wunschvorstellung mehrerer Jahrhunderte und diverser Völker ein Epos geschaffen, das Weiterdichtungen, Übersetzungen aus fremden Zungen, Hinzufügungen, Modernisierungen, Vertauschung von Inhalten und Formen nicht, wie sonst, als Sakrileg betrachtete, sondern geradezu süchtig nach Veränderungen blieb, so geht die kreative Weiter-, Nach- und Neuerzählerei noch heutzutage weiter.

Artus ist dafür dann – trotz altertümlicher Tracht und beinahe noch altertümlicheren Ansichten – bis heute erstaunlich jung und modern geblieben. Gepanzert und mit längst überholten Waffen klirrend, dabei von ähnlich ausgehöhlten Idealen wie Frieden, Menschenliebe, Frömmigkeit begleitet, geistert er durch die Jahrhunderte, noch in unseres hinein.

Bei der Aufzählung seiner Ideale haben wir eines vergessen: die Freiheit. Sie gesteht er, wie gesagt, auch den Autoren zu, die an ihm herumgebastelt haben und immer noch herumbasteln. Ohne ein Höchstmaß an individueller Freiheit kommt man an Artus gar nicht erst heran. Wer sich ihm nähern oder seine Geschichte nacherzählen will, muß von Anfang an wählen. Alles, was stattgefunden hat, wird anderswo mit gleicher Authentizität anders erzählt. Wer eine Version wählt, hat damit einen der unzähligen möglichen Wege gewählt; er muß ihn weiter beschreiten, selbst wenn er in die Irre führt und man sich aus dem Urwald mit dem Buschmesser wieder heraushauen muß – schon die Lektüre der widersprüchlichen Quellen ist ein Abenteuer. Die Artus-Legende ist ein Werk, das unvollendet bleibt und sich ewig in statu nascendi befindet: ein Stück legendärer Individualität, wie es kein zweites gibt.

Auf welche Ab- und Seitenwege man da geraten kann, zeigt das schon mehrfach erwähnte »Mabinogion«, eine Sammlung walisischer Folklore, bedauerlicherweise die einzige, die in Wales aus dem Mittelalter erhalten geblieben ist. Sie stammt aus dem 14. Jahrhundert und scheint von einer einzigen Feder geschrieben, aber aus vielen mythischen Quellen geschöpft. Zeitlich ist sie lange nach Geoffrey entstanden, aber noch vor Sir Thomas Malory.

Ihr Name beruht übrigens auf einem Mißverständnis des 19. Jahrhunderts. »Mab« nennt sich auf Walisisch der Knabe, »Mabinogi« soll »Geschichte für Knaben« bedeuten und »Mabinogion« die Mehrzahl davon darstellen. Letzteres beruht jedoch, wie Fachleute versichern, auf einer grammatikalisch falschen Wortbildung. Sie hat sich trotzdem durchgesetzt.

König Artus tritt in diesen »Geschichten für Knaben« nur gleichsam hinter den Kulissen auf. Um so blutvoller werden die gleich 250 Helden beschrieben, die seine Tafelrunde bilden. Obwohl sie vermutlich aus keinen anderen Quellen stammen als den von Chrétien de Troyes zwei Generationen zuvor benutzten, gleichen sie keineswegs den uns inzwischen geläufigen Rittern von Camelot.

Da treten uns eher Gestalten entgegen wie aus einem altkeltischen Rüpelspiel. Ein gewisser Gila Stag Shanh läßt zum Beispiel mit jedem Schritt nicht weniger als 100 Morgen Land hinter sich zurück, das sind rund 2 1/2 Quadratkilometer nach heutigem Maß. Ein Mensch namens Gwevey, Sohn des Gwastad, kann seine Unterlippe bis zum Nabel fallen lassen und die Oberlippe wie einen Hut auf seinen Kopf stülpen. Gwrhyr versteht alle Sprachen der Welt.

Ungewöhnliche Leute. Aber wohlbekannt und vielgeliebt wie in späteren Zeiten Filmkomiker, Charlie Chaplin oder Laurel und Hardy. Geoffrey, Wace, Chrétien, Wolfram und Gottfried erzählen und schreiben für die oberen Stände. Das meist noch analphabetische Volk erreichen sie nicht. Ihm werden die Artus-Geschichten von fahrenden Sängern in populärer Verbrämung vorgetragen. Neben dem intellektuell-zeithistorischen Artus (wer immer es gewesen sein mag) gibt es einen Artus für den kleinen Mann, ebenso weit verbreitet wie der höfische. Die meisten Balladensänger, die die Straßen und Märkte bevölkern, sind damals Bretonen oder bretonischer Herkunft. Ihre Sprachbegabung muß – ganz wie jene Gwrhyrs – bewundernswert gewesen sein.

Die Personen, die Artus umgeben, haben sich im Laufe der Zeit überhaupt erheblich gewandelt. Das zeigt sich, wenn man Malorys Helden aus dem 15. Jahrhundert mit denen vergleicht, die Geoffrey 300 Jahre vorher, im 12. Jahrhundert, dem König zugesellt. Malory schildert Rittergestalten. Bei Geoffrey handelt es sich merkwürdigerweise um Trojaner oder um Nachkommen von Trojanern.

Denn laut Geoffrey stammen – ein alter Volksglaube – die keltischen Briten von einem der letzten überlebenden Fürsten Trojas ab. Sein Name: Brutus. Nach der Zerstörung der Stadt durch die Römer ist Brutus mit seinen Anhängern über die See geflüchtet, ganz wie später Joseph von Arimathia. Der Urenkel des Aeneas landet mit seinem Schiff in Totnes, bis wohin der Fluß Dart vom Ärmelkanal aus schiffbar bleibt. An der Themse erbaut Brutus Troja Nova, das nach seiner Zerstörung vom König Lud als Kaerlund wiederaufgebaut wird. Es heißt später Kaerlundein, Lundres und endlich London. Die Grafschaft Cornwall wird nach seinem Gefährten Corineus benannt.

Ilion an der Themse? Bis hin zum Mittelalter hat man fest an diese These geglaubt: Sie zieht sich durch die gesamte keltische Folklore auf der Insel, also die Schottlands, Cornwalls und Wales'. Auch das Geschlecht, dem Artus angehört, hat sie auf Brutus zurückgeführt und damit das ferne Troja.

Hatte nicht Romulus, wie Brutus ein Nachkomme des Aeneas, das mächtige Rom gegründet? Ähnliche Wurzeln schrieben sich, zu recht oder zu unrecht, nun auch die keltischen Briten auf ihrer Insel zu. Nach über 300jähriger Zugehörigkeit zum römischen Weltreich mit mediterraner Überlieferung wohlvertraut, fühlte man sich den Trojanern stammverwandt. Am Ende hatten die Römer das unterlegene und zerstörte Troja sogar gerächt, indem sie ihrerseits Griechenland unterwarfen.

Geoffrey selbst hat uns diese Sagen- oder Wunschvergangenheit als historische Wahrheit geschildert. Er präsentiert wiederum eine Reihe seltsamer und darin echt keltischer Gestalten. Ebraucus, der Gründer vieler britischer und französischer Städte, erzählt er, hatte mit zwanzig Frauen zwanzig Söhne und dreißig Töchter, welch letztere er alle von England aus an Trojaner verheiratete, die im Mittelmeerraum geblieben waren. Der Magier Bladud, Gründer von Bath und Schöpfer der dortigen Heilbäder, konnte durch die Lüfte fliegen, was man mitunter auch Merlin nachsagte. Druiden waren mit ihren Zaubermänteln vogelhafte Wesen. Bladud verunglückte bei seinem Versuch, in London auf dem Apollotempel zu landen.

Die großen Geschichtenerzähler unter den Kelten auf den britischen Inseln sind die Waliser. Von ihnen, aus ihrer Lust zu fabulieren, sind ein Großteil der Personen und Geschichten jahrhundertelang an den Hof des Königs Artus gezogen, unter ihnen sogar Hauptdarsteller wie Gwalchmais, der zu Gawain oder Lleminang, der Lancelot wird. Auch die meisten der unheimlichen Fabeltiere, die die Anderwelt – aber nicht nur sie – bevölkern, sind walisischer Herkunft. Ihr verdankt König Artus viel von seinem für eine Sage notwendigen Märchenenviron. Daß freilich, wie man manchmal liest, der gesamte Artus-Komplex aus Wales stammt, muß seinerseits in den Bereich der Sage verwiesen werden. An Artus hat ein Kontinent mitgesponnen. Er wäre ohne Zutaten aus dem ganzen damaligen Abendland undenkbar.

Man hat ihn dann auch nach dem Mittelalter nie völlig vergessen, wohl aber in einem Seitenkabinett untergebracht, in dem er nach und nach Staub anzusetzen begann. Ein bestenfalls belächelter ungewisser Charakter aus ebenso vagen Zeitläuften. Im 16. und 17. Jahrhundert hat die Popularität des guten Königs und seiner Tafelrunde so abgenommen, daß die große Renaissance, die englische Vergangenheit unter Elizabeth I. erfährt, so gut wie völlig ohne Artus stattfindet.

Das mochte mit der Tatsache zu tun haben, daß Artus in den Zeiten des Kriegs der Rosen gleichsam als Propagandasymbol für britische Einheit verwendet worden war, nicht zuletzt durch Sir Thomas Malory. Diese schien jetzt unter der Tochter Heinrich VIII. und der Anna Boleyns verwirklicht. Als die junge Frau den Thron bestieg, den sie 44 Jahre innehaben sollte, war er – schlagendes Symbol – mit roten und weißen Rosen übersät.

Das elizabethanische Zeitalter begann. Die Nation blieb zwar getrennt durch die Barrieren der Glaubensbekenntnisse, und auch Gefahren von außen drohten genug, von den katholischen Nationen, Spanien und Frankreich, fast wie in den alten Zeiten, als Normannen, Jüten, Angeln und Sachsen ins Land fielen. Aber die Glaubensfragen wurden, der Hinrichtung Maria Stuarts zum Trotz, einigermaßen liberal behandelt, und beim Kampf gegen den äußeren Feind halfen tüchtige Admirale wie Drake und noch tüchtigere Stürme wie derjenige, der die spanische Armada, die mächtigste Flotte der damaligen Welt, zerstörte, ehe sie ihren Landeplatz am Ärmelkanal erreichte.

Die Historiker stehen im Augenblick Elizabeth der Großen, »Gloriana,« wie sie sich gern nennen hörte, eher skeptisch gegenüber, aber selbst sie müssen ihr zugestehen, daß England ihr ein nationales Zusammengehörigkeitsgefühl und Selbstbewußtsein verdankt, das es vorher nicht gegeben hat. Rote und weiße Rose, die Häuser Lancaster und York, schienen endgültig vereint.

Das äußerte sich in den letzten 15 Jahren ihrer Regierung in einer überraschenden Blüte von Historienbeschreibung und Literatur, wovon die Namen der drei Zeitgenossen Marlowe, Spenser und Shakespeare zeugen. Mit ihrer Hilfe kann sich Artus auch gleichsam durch die Hintertür wieder ins Bewußtsein der Zeit schleichen. Mag er in den Mode- und Erfolgsstücken am Hofe Elizabeths keine Rolle spielen: Die wenigen Ausnahmen, die es gibt, haben die Zeiten besser bestanden als die Regel. Zu ihnen gehört Shakespeares »König Lear« und »Cymbeline«, die beide auf Geoffrey of Monmouth beruhen, Edmund Spensers allegorisches Epos »The Faerie Queene« (Die Feenkönigin) und, etwas später, sozusagen als elizabethanischer Nachzügler, John Drydens »Dramatik Opera« von 1691, »King Arthur«, mit der Musik von Henry Purcell.

Eine vielschreibende Zeit, in der unendlich viel gedichtet, komponiert, musiziert und aufgeführt wird. Die wenigen Artus-Beispiele müssen quantitativ dagegen verblassen. Qualitativ können sie durchaus gegen alles andere bestehen.

Spensers Versepos »The Faerie Queene« ist heute sicherlich schwer zu lesen, weil mit Allegorien überfrachtet und in den vielen aktuellen Anspielungen unverständlich geworden. Aber die Verse fließen kunstvoll dahin, jene hübsch gedrechselten »Spenser-Stanzas«, eine neue Strophenform, die später auch Keats, Shelley und Lord Byron gern angewendet haben. Manche Episoden sind so charmant in den Details erzählt, daß man sie immer noch mit großem Vergnügen liest.

Der jugendliche Artus befindet sich auf der Suche nach niemand anderem als Gloriana, der Feenkönigin (die also eine Allegorie der Königin Elizabeth darstellt). Sie ist ihm im Traum erschienen und ihr zu Ehren verkörpert er – eine Allegorie übrigens auf Elizabeths Günstling, den Earl of Leicester – in zwölf Abenteuern die 12 Kardinaltugenden eines Ritters. Sechs dieser Tugenden hatte Spenser vollendet und eine siebente skizziert, als er das Werk abbrechen mußte. Elizabeth schlug eine Heirat mit Leicester aus, und der heiratete eine andere. Immerhin billigte die Königin dem Dichter eine Staatspension zu, nicht jedoch die von ihm ersehnte feste Anstellung als Hofpoet.

Ähnliches Pech hatte Dryden. In dessen Oper bekämpft der christliche König Artus den heidnischen Anführer der Sachsen, Oswald, und wirbt – wie sein Kontrahent – um die Hand der schönen, aber blinden Emmeline, einer Tochter des Herzogs von Cornwall. Auch Dryden und Purcell ging es um eine schmeichelhafte Allegorie, diesmal auf William III. und seine Gemahlin Mary, die gemeinsam auf dem englischen Königsthron saßen. Weshalb die Oper unter ihrer Nachfolgerin, der frommen und prüden Queen Anne, umgearbeitet werden mußte.

Bei solchem Lobpreis gekrönter Häupter mag der Griff zum verstaubten Material hilfreich, vielleicht sogar ein kleines bißchen kritisch gemeint gewesen sein. Im nachfolgenden 18. Jahrhundert sank die Popularität des Königs noch tiefer. In England wurde er nicht einmal mehr wie noch kurz zuvor als komische Figur in Schelmenromanen verwendet. Jetzt betrachtete man ihn – ähnlich wie zur gleichen Zeit König Gunther und Siegfried aus dem Nibelungenlied in Deutschland – als Überbleibsel barbarischer Zeiten, deren man sich schämen mußte.

Umso nachhaltiger geriet die Wiederentdeckung des Sagenschatzes durch die romantische Bewegung im 19. Jahrhundert. Es gehört zum Reiz der Artus-Figur, daß sie neben Zügen ihres

eigenen Jahrhunderts auch solche der Zeit ihrer jeweiligen Renaissance trägt.

Hat sie sich schon von einem Heerführer des 6. Jahrhunderts
zumindest halbwegs in einen Rittersmann des 12. Jahrhunderts
verwandelt, so wird sie jetzt zum dritten Mal überlagert. Aus dem
keltischen Heimatverteidiger und dem Ritter comme il faut wird
ein geheimnisvoller Sagenheld, ein politischer Magier, der mit
mächtigem Pathos durch die nordische Kulissenlandschaft stapft.
Eine Bühnenfigur. Sogar der wallende Vollbart wirkt angeklebt.

In seinem Bild und Gehabe beruht der Artus, den wir besitzen
und notgedrungen akzeptieren müssen, aus dem 19. Jahrhundert.
Was seine Vor- und Nachteile hat, wie alles auf der Welt. Nicht
die gewandt-naiven Illustratoren der Chrétien, Malory, Wace
haben unsere Vorstellung von Artus und den Seinen geprägt,
sondern die vergangenheitssüchtigen Präraffaeliten wie Rossetti,
Millais, Holman Hunt, Watts, Waterhouse. Gegen ihre lilienduf-
tende Süßlichkeit mag grundsätzlich kaum etwas einzuwenden
sein – Salonmalerei par excellence. Es gibt schlechtere Bilder, und
ein Stück des Königs Artus strebt, wie wir gesehen haben, ja seit
jeher ins Populäre, Allgemeinverständliche, ein bißchen Kit-
schige.

Das Bild der Artus-Legende wird dadurch, wenn auch nicht
total verfälscht, so doch einseitig eingefärbt. Es gerät zu ideali-
stisch-gefühlig, was bis hinein in die populären Comicstrips
reicht, zum Beispiel dem deutlich von Artus und seiner Camelot-
Runde inspirierten »Prinz Eisenherz.« Der präraffelitische
Zuckerguß hat sich tief eingefressen. Er überlagert sogar die
frechen Vignetten, die Aubrey Beardsley, der Meisterzeichner
der Art Nouveau, des Jugendstils, dem Werk Malorys beigegeben
hat. Sie sind allerdings auch sehr viel zahmer als sonst bei ihm
üblich.

Kaum je erscheint bei den Präraffeliten oder bei Beardsley
Artus selbst. Seine Figur bleibt noch dem 19. Jahrhundert im
Grunde suspekt. Sie wird von den Personen an seiner Seite
beiseite gedrückt. Schulden wir den Zeichnern und Dichtern des
19. Jahrhunderts großen Dank für die Erhaltung nicht nur dieses
Sagenschatzes, so bleibt doch bedauerlich, daß ihre einseitig-

theatralische Sicht an ihm haften geblieben ist wie ein zweites Gewand.

Das gilt selbst für die beiden Höhepunkte des Artus-Kults im 19. Jahrhundert, die wiederum ihn selbst, den Hauptdarsteller, mit Vorliebe in die unbeleuchtete Bühnenecke stellen. In den zwei oder drei Wagner-Opern, die auf der Artus-Legende beruhen – »Parsifal«, »Tristan und Isolde«, am Rande auch »Lohengrin« –, kommt er gleich gar nicht vor. Und ähnlich ergeht es ihm im Werk des Alfred Lord Tennyson, dessen handfeste Poetengestalt jedenfalls in englischsprachigen Bereichen alle Artus-Barden neben sich geradezu spielend erdrückt. Wenn auch, wie er selbst zugeben mußte, mit vielleicht einer Ausnahme.

Wagner hat dabei fortgesetzt, was die frühen deutschen Dichter begonnen haben: Schon Wolfram und Gottfried zeigen sich eher fasziniert von Parzival, vom Gral und seiner geheimnisvollen Wirkung, vom tragischen Zwiespalt des Tristan. Wenn man so will, so haben sie sich nur zu gern von jenem merkwürdigen Artus ablenken lassen, der, halb Dämon und halb Tattergreis, eine zu komplizierte Psychologie besaß und besitzt, um sie in den Mittelpunkt eindeutig faßlicher Epik stellen zu können.

Der Dichter und Opernkomponist hielt sich folgerichtig nicht an Sir Thomas Malory, obwohl er dessen Werk gekannt zu haben scheint, sondern an seine beiden Landsleute aus dem Mittelalter. Musikalische Motive treten an die Stelle von Vers und Wort oder doch gleichberechtigt neben sie: »Parsifal« wie auch »Tristan und Isolde« werden Gesamtkunstwerke, Weihespiele, Mythos, Allegorie. Kunst, in Deutschland ohnedies nur akzeptiert, wenn sie sich auf »hohem Niveau« abspielt, nimmt beinahe religiösen Charakter an, was dem schon von Anfang an schemenhaften Gral entgegenkommt. Übersehen wir nicht, daß sie – wie die Maler – den Kern der Geschichte verfälscht. Artus verschwindet im Nebel schöner Farbigkeit und erhabener Klangwirkung.

Selbst der Dichter, den zumindest die Engländer geradezu für eine Inkarnation alles Arthurischen halten, ist da nicht ohne Fehl. Auch bei ihm bleibt Artus – alles andere als eine Hauptperson – versteckt, unentdeckt, merkwürdig konturenlos.

Tennyson gehörte – ganz wie die Präraffaeliten und Richard

Wagner – dem 19. Jahrhundert an. So ist dann die Artus-Sage auf uns gekommen wie auf die Engländer ihre alten, in viktorianischer Zeit »restaurierten« Dorfkirchen: von außen glänzend erhalten, im Innern nahezu zerstört.

27.

Tennyson und Hawker

Im September des Jahres 1860 malt der Landschafter John William Inchbold hoch oben auf dem Fels von Tintagel. Das Wetter ist rauh. Weißschäumende Wellen donnern an das Steinufer und lassen die Klippe erbeben.

Inchbold, in seine Arbeit vertieft, fährt erschreckt auf, als unvermutet eine breite, fast überlebensgroße Erscheinung, dick und schwarz, vor ihm auftaucht. Sie muß, dem Sturm zum Trotz, die Steilwand emporgeklettert sein und kommt jetzt keuchend auf ihn zu.

Dann stößt der Maler jedoch aus, was der Oxforder Poesie-Professor F.T. Plagrave, der dieser Erscheinung auf dem Fuße folgt, in seinen Memoiren noch zwanzig Jahre später als »a cry of delighted wonder« für die Nachwelt festhält: einen Aufschrei freudiger Überraschung.

Das breitschultrige Ungeheuer mit der wirren Löwenmähne und dem flatternden Paletot, der ihm »das Aussehen eines Mephistopheles« gibt, entpuppt sich als der berühmteste Dichter seiner Zeit, ein vielumschwärmter Star, der es nur noch inkognito wagen kann, sich außerhalb seines wohlabgezäunten Landsitzes Farringford auf der Isle of Wight aufzuhalten: Alfred Lord Tennyson. Seit dem Tode Wordsworths ist er Poeta Laureatus Ihrer Majestät, der Königin Victoria von England und Kaiserin von Indien. Seinen Ruhm, der erste Mann der Feder seiner Zeit und der englischen Sprache zu sein, macht ihm – noch zehn Jahre lang – nur Charles Dickens streitig und dann niemand mehr. Kaum je hat ein Dicher, vielleicht mit Ausnahme Lord Byrons, eine solche Starrolle gespielt wie er.

Sein Gefährte Palgrave, der im nächsten Jahr seine bis heute in Großbritannien ständig ergänzte und revidierte Anthologie englischsprachiger Lyrik, »The Golden Treasure« (Der Goldschatz), herausgeben wird, ist dem Dichterfürsten von dessen Gattin Emily beigegeben worden, aus gutem Grund und mit dem ausdrücklichen Wunsch, den ungeschlachten Bären nie und unter keinen Umständen aus den Augen zu lassen.

Das wird Tennyson, der mit vier Freunden, zwei Malern und zwei Literaten, einen Fußmarsch um die rauhe, aber schöne Küste Cornwalls angeteten hat, bald lästig, denn er möchte unterwegs in Ruhe die Stanzen seiner künftigen Gedichte feilen, indem er sie, wie üblich, pausenlos vor sich hin deklamiert. So unternimmt er bald Fluchtversuche, die Palgrave mit ängstlichen Rufen – »Tennyson! Tennyson!« – zu verhindern sucht, was ihm manche Rüge der Gefährten wegen Lüftung des Inkognitos einbringt.

Emily Tennysons Besorgnisse sind nur allzu verständlich. Ihr Mann sieht zwar, hochgewachsen und breitschultrig, eher aus wie ein Segelschiffskapitän, aber in Wirklichkeit ist er zerstreut, hilflos und bockig wie ein Kind. Von seinem Vater, einem exzentrischen Landpfarrer in Lincolnshire, hat er nicht nur Statur (und Exzentrik) geerbt, sondern auch das von ihm häufig apostrophierte »schwarze Blut« der Familie – einer seiner Brüder ist drogensüchtig, zwei weitere sind geisteskrank und leben in Heimen. Tennyson beschäftigt sich sein ganzes Leben hindurch mit sich und seiner Gesundheit, ein egozentrischer Hypochonder, der, extrem kurzsichtig und überdies nicht selten betrunken, durch die Welt stolpert, ohne genau auf die nächsten Schritte zu achten.

Gleich am ersten Tag in Cornwall ist er schon in das Flüßchen Camel gefallen, am zweiten Tag hat er sich den Fuß verletzt. Einen Teil der Wanderung muß der bärtige Riese in einem von Palgrave besorgten Karren zurücklegen, der von einem Hund gezogen wird.

Aber kaum geht es ihm wieder besser, eilt er, der stürmisches Wetter und weite Fußmärsche über alles liebt, der Freundesgruppe weit voraus, versucht Palgrave zu entkommen und erklimmt dann auch wohl auf waghalsige Weise den Burgberg von

Tintagel, wo der erschreckte Inchbold ihn überschwenglich begrüßt. Dem Geniekult des 19. Jahrhunderts entspricht niemand so wie er.

Ein Jahr zuvor sind die ersten vier seiner »Idylls of the King«, der »Königs-Idyllen« erschienen, mit denen er der Artus-Sage eine neue, moderne, der Zeit entsprechende Form zu geben versucht. Schon der Beginn ein ungeahnter Erfolg, nicht nur bei der Kritik, sondern, wichtiger noch, beim Lesepublikum. Bereits eine Woche, nachdem der Gedichtband ausgeliefert worden ist, sind die 10 000 Exemplare der ersten Auflage vergriffen. Artus gewinnt durch Tennyson schlagartig seine Popularität zurück.

Die Fußreise durch Cornwall – von Bude über Boscastle und Tintagel nach Camelford und von dort nach Marazion zum St. Michael's Mount, Land's End mit einem Blick auf das versunkene Lyonesse und bis auf die Scilly-Inseln – verfolgt einen praktischen Zweck. Tennyson verspricht sich von ihr Inspiration für weitere Idyllen über König Artus, seine Frau weitere, auch finanzielle Erfolge wie der des ersten Bandes.

Beider Wünsche gehen reichlich in Erfüllung. Über vierzig Jahre, von 1842 bis 1885, hat Tennyson, wie man es damals ausdrückt, »mit dem Stoff gerungen« – oder dieser mit ihm. Zuletzt sind es dreizehn lange Gedichte, eher epische Balladen als Idyllen, die sich aneinanderreihen und insgesamt so etwas wie eine Neufassung der Artus-Legende im zeitgenössischen Geschmack darstellen. Der Erfolg bleibt dem Dichter treu. Tennysons Fassung erlebt noch heute im Taschenbuch ständig neue Auflagen.

Gelohnt hat sich nicht nur der anstrengende Marsch um die cornische Küste – 10 Tage lang je zehn Meilen (15 Kilometer) am Tag –, sondern auch die langwierige und zeitraubende Vor- sowie Nacharbeit des Dichters. Mögen ihm Verse – wie man es sich bei einem Genie vorstellt – gleichsam zufließen, so hat er sie doch geschliffen und blank poliert.

So tapsig und ungeschickt, wie Tennyson sich gern in der Öffentlichkeit gibt, ist er gar nicht. Und auch nicht so oberflächlich, wie man es später oft dargestellt hat. Seinen Malory hat er, zum Beispiel, gewissenhaft studiert und sich auch mit weiteren mittelalterlichen Texten befaßt, sogar nicht einmal nur englischen. Das Pathos, das manche später so heftig bemängeln, klingt nicht hohl. Es beruht auf solider Kenntnis vor allem der Psyche des Menschen und ihrer Gefährdung, aber auch der mittelalterlichen Verhältnisse. Tennysons Verse können – manchmal, nicht immer – klingen wie eine Glocke.

Sein erstes Gedicht, das sich mit der Artus-Sage beschäftigt, hat er schon 1832 geschrieben, »The Lady of Shalott.« Es beruht auf einer altitalienischen Novelle, »Donna di Scalotta«, die von der unglücklichen Liebe einer jungen Dame zu Lancelot erzählt. Bei Tennyson wird daraus so etwas wie eine vorviktorianische Künstlerallegorie, nicht unähnlich dem Goetheschen Tasso, der vierzig Jahre vorher entstanden ist. Die Gefahr aller Kunst, läßt Tennyson durchblicken, liegt darin, daß sie den Menschen weit aus der Wirklichkeit herauslocken und auf tödliche Irrwege führen kann.

Eine etwas überspannte Vorstellung, die aber von spätromantischen Gemütern geradezu süchtig aufgenommen wird. Auch Artus wird dem unterworfen. Seine Renaissance im 19. Jahrhundert erfolgt in einer Art von künstlicher Abendbeleuchtung; seine Legende erreicht das großbürgerliche Wohnzimmer wie ein Strauß überreifer Rosen oder – auf dem Kontinent – einer von Makart.

In die »Königs-Idyllen« hat Tennyson die »Lady of Shalott« dann doch nicht aufgenommen. Da war ihm die Gestalt des Lancelot wohl zu sehr zum Selbstporträt geraten. Auch nimmt die Handlung fast denselben Verlauf wie bei Lancelot und der bedauernswerten Elaine. Das erste Gedicht des erwähnten ersten Gedichtbandes zur Artus-Sage steht im Gesamtkomplex der Idyllen jedenfalls an vierter Stelle – »Geraint and Enid.«

Auch in diesem Gedicht wandelt Tennyson ein arthurisches Thema moralisierend im Sinne des 19. Jahrhunderts ab. Schon in den Einleitungszeilen wird lauthals die unglückliche Menschheit beklagt, die sich, wie ausdrücklich betont, »bis zur gegenwärtigen Stunde« das Leben verdirbt, weil sie Wahres für falsch und Falsches für wahr hält »im ungewissen Zwielicht dieser Welt«:

O purblind race of miserable men,
How many among us at this very hour
Do forge a life-long trouble for ourselves,
By taking true for false, or false for true;
Here, thro' the feeble twilight of this world
Groping, how many, until we pass and reach
That other, where we see as we are seen.

Der Dichter bezieht, ganz wie einst Malory, den Leser unmittelbar in die Geschichte ein, die dadurch zum bewußten Gleichnis wird. Die Untreue Ginevras Artus gegenüber hat die Atmosphäre am Hof von Camelot vergiftet. Aufgrund eines Mißverständnisses meint auch Sir Geraint, daß ihn seine Frau Enid betrogen hat. Ihre Strafe ist ähnlich der, die Elaine auferlegt wird: absolute Mißachtung und Kränkung ihrer Person, was zu einer Beinahe-Tragödie führt, bis es Enid am Ende gelingt, den mißtrauischen Gemahl von ihrer Unschuld zu überzeugen.

Anders aber als bei Malory oder im »Mabinogion«, dem Tennyson »Geraint and Enid« entnommen hat, wird die Moral von ihm nicht nur gleich an den Anfang gestellt und dadurch vorweggenommen, sondern auch noch in Form eines Fingerzeigs dem Leser knüppeldick als Lehre aufgetischt. Das ist dem Publikumserfolg dieser Gedichte offenbar nicht abträglich.

Poesie, hat Tennyson gesagt, sei ihm als die einzig vorhandene Brücke zwischen der Wahrheit und der Schönheit erschienen. Eine derartige Brücke zu schlagen gelingt ihm zweifellos. Er sagt seinem Leser gleichsam die Wahrheit im Gewand altehrbarer Sagenüberlieferung. Unter Wahrheit versteht er dabei ein keineswegs flaches Einfühlen in die psychologischen Abgründe der menschlichen Psyche, unter Schönheit ein Versmaß, das noch die etwas pedantische Geruhsamkeit der guten, alten Zeit eines Spenser und Milton besitzt, aber auch schon die gefährdete Lockerheit der Romantik, Keats vor allem.

Tennysons Bedeutung für die englische Literatur liegt ebenfalls in einer Brückenfunktion. Er steht zwischen zwei Zeitaltern. Man kann in seiner Dichtung vom einen auf das andere steigen wie über die Holzbrücke vom Festland auf den uneinnehmbaren Felsblock von Tintagel. Tennyson nimmt noch mehr voraus. Man glaubt mitunter, in seinen »Königs-Idyllen« schon die patriotische »Britannia rule the waves«-Stimme des Rudyard Kipling zu vernehmen, merkwürdig gemischt mit der Innerlichkeit eines d'Annunzio, Rilke oder, um im englischen Sprachraum zu bleiben, der Brownings.

Es haben sich allerdings auch in eben diesem Sprachraum Verächter gefunden, unter ihnen bedeutende Geister seiner Zeit, Matthew Arnold zum Beispiel, William Morris oder Charles Swinburne. Sie alle stellten dem Artus des Tennyson einen anderen, eigenen, individuelleren, auch aparteren Sagenkönig entgegen. Aber merkwürdig: So viel man auch gegen Tennyson einwenden, seine Schwächen bloßstellen und sein Pathos abkanzeln kann – auf dem Gebiet Camelots, Tintagels und der Artus-Sage ist er so wenig zu schlagen wie auf dem gleichen Gebiet im Fiktiven, seinen weniger guten Eigenschaften zum Trotz, der bärenstarke Lancelot.

Tennyson und kein anderer hat das Bild des modernen Artus geprägt. Ihm muß man dann aber auch die Hauptschuld daran zur Last legen, daß der König selbst in der modernisierten, nach ihm benannten Sage zur eher schattenhaften Nebenfigur geschrumpft ist. Er hat seine Aura verloren. Bei Tennyson ist er wenig mehr als ein Symbol, fast wirkt er schon wie ein Klischee. Zwar belegt ihn der Dichter alle naslang mit Attributen wie »the blameless King«, was wörtlich unserem »untadelig« entspricht, also nicht eben ein überwältigendes Lob für einen Volkshelden darstellt. Schon die Attribute, die Tennyson wählt, belegen den Konturverlust, den Artus – und neben ihm auch Merlin – erlitten hat.

Die edlen Ritter, aber auch die weniger edlen, die Raufbolde, Playboys, Schürzenjäger, Schlagetots und tumben Toren der Tafelrunde auf Camelot, besitzen offenbar mehr Lebendigkeit und Durchschlagskraft als ein Gehörnter (auch wenn er die Welt gerettet haben sollte) und ein Zauberer (der ihm dabei geholfen hat). Bis heute überlagern ihre Abenteuer – und die Suche nach dem Gral – das allgemeine Artus-Bild.

Dieses ist fast ausschließlich den Esoterikern überlassen geblieben, zu Wohl und Wehe, denn dadurch ist neben der Sage eine

Artus vor Camelot. Französisches Manuskript, spätes 15. Jahrhundert

Alfred, Lord Tennyson (links). Pfarrer, Dichter, Exzentriker: Robert Stephen Hawker (rechts)

Die Kirche von Morwenstow in Nord-Cornwall (links). Pfarrer Hawker baute sich diese Hütte aus angeschwemmten Holz, um hier ungestört dichten zu können (rechts)

Die Ruinen von Glastonbury

Artus-Grab in Glastonbury (1992)

zweite Legende gewachsen, anziehend für die einen, abstoßend für die anderen, wobei sich die Grenzen zwischen Forschung, Dichtung und reiner Science-Fiction längst abgeschliffen haben.

Nicht die Moralvorstellungen des Mittelalters, sondern die des beginnenden 19. Jahrhunderts verlangen einen menschlich geschlagenen Artus, der die Stätte seines Wirkens ohne Heiligenschein verläßt. Im drittletzten Idyll, »Guinevere«, versetzt König Artus seiner Gemahlin Ginevra, die sich ihm zu Füßen geworfen hat, unmißverständlich:

> Thou hast not made my life so sweet to me.
> That I the King should greatly care to live;
> For thou hast spoilt the purpose of my life.
> *Du hast mir das Leben nicht so versüßt,*
> *daß ich, der König, großen Wert auf dieses Leben legte;*
> *du hast den Sinn meines Lebens zugrunde gerichtet.*

Daß das eine – die Erhaltung von Frieden, Freiheit, Gerechtigkeit – mit dem anderen – der Moral in der persönlichen Lebensführung – in Übereinklang stehen muß auf dieser besten aller Welten, ist entweder ein Trugschluß oder, wie es Sir Thomas Malory andeutet, eine Halbwahrheit. Man muß kein Feminist sein, aber die Tatsache, daß alle Schuld hier ganz allein der Frau zugeschoben wird, stellt dem Gerechtigkeitssinn eines Königs wie Artus kein übermäßig gutes Zeugnis aus. Unwillkürlich hört man Palgrave dem entflohenen Dichter im Auftrag seiner Frau das klagende »Tennyson! Tennyson!« nachrufen.

Daß ein Zeitgenosse ihn übertroffen habe, hat Tennyson, wie schon angedeutet, selbst zugegeben. Nach der Lektüre des Gedichts »The Quest of the Sangraal« von Robert Stephen Hawker, Pfarrer zu Morwenstow in Cornwall, soll er ausgerufen haben: »Hawker hat mich auf meinem eigenen Feld geschlagen!«

Er konnte dies getrost tun, denn Hawker, als Sonderling stadt- und landbekannt, war keine Konkurrenz für ihn, den Dichterfürsten. Es zeugt immerhin von Aufrichtigkeit und Geschmack, wenn er zu seinem spontan ausgesprochenen Lob ausdrücklich stand. Wiederum sei hinzugefügt, daß ihm auch da kein Stein aus der Krone brach, denn Hawkers Gedicht blieb unvollendet. Es ist in poetischer Schönheit und Kraft allen 13 epischen Gedichten Tennysons gleichwertig, wenn nicht überlegen.

Überlegen auf jeden Fall in einem: dem Keltischen, Cornischen, Mythischen. Zwar war auch Hawker kein waschechter Corne, »born and bred«, wie man dortzulande sagt, »geboren und erzogen«, sondern er stammte aus Devonshire, genauer gesagt aus Plymouth, von wo es nur ein Katzensprung nach Cornwall ist – es beginnt bei Plymouth auf der anderen Seite des Flusses Tamar, über den der Ingenieur Isambard Kingdom Brunel eine berühmte Brücke gebaut hat. Hawker war im übrigen cornischer als jeder Born-and-bred-Corne, weil er vierzig Jahre, von 1834 bis 1875, in Morwenstow, im höchsten Norden Cornwalls und wiederum an der Grenze von Devon, zugebracht hat.

Dort hatte er Zeit und Muße, sich als Dichter zu betätigen. Er hat nicht weniger als 159 Bücher veröffentlicht, darunter eines über Werwölfe, die um Morwenstow ihr Wesen trieben, eines über die Frage, ob die Zwerggeister Cornwalls Cornisch sprechen oder Oxford-Englisch, und besonders viele Balladen. Hawker gehört zu den besten Balladenautoren englischer Sprache, sein »Trelawney«-Lied wurde zur offiziellen und inoffiziellen, nämlich populären und tatsächlich bei jederlei Gelegenheit gesungenen Nationalhymne Cornwalls.

Morwenstow. Man muß den Namen langsam, mit Betonung auf der ersten Silbe sprechen und ihn mit einem langgezogenen »o«, dem ein deutliches »u« folgt, enden lassen. Aus ihm tönt Einsamkeit, Strurmmöwenklang und Spökenkiekerei. Wer den abgelegenen Ort in der gottverlassenen nordcornischen Gegend aufsucht, tut es um Pfarrer Hawkers willen. Die rauhe, sturmdurchtoste und schiefbäumige Gegend um Morwenstow gilt als eine der gruseligsten Landschaften Englands, wenn nicht ganz Großbritanniens.

Kein Wunder, daß Hawker, ein strenger Patriarch von Geblüt, seine wilden und strandräuberischen Pfarrkinder erst auf Vordermann bringen mußte. Berühmt wurde sein Ausspruch: »Die Natur des Menschen ist schlecht. Die der Engländer ist noch schlechter, aber am schlechtesten ist die von Morwenstow.«

Immerhin duldeten sie ihn und seine Eigenarten unter sich. Statt eines Hundes hielt Pfarrer Hawker ein schwarzes Schwein namens Gyp, das ihn ständig begleitete, auch in die Kirche, wo es sich unter der Kanzel zusammenringelte, wenn er seine Predigt hielt. Er war ein starker Opiumraucher und hatte ungewöhnliche Eßgewohnheiten. Einmal lebte er, um sich und seine Willenskraft auf die Probe zu stellen, ein volles Jahr von Clotted Cream, einer Delikatesse im Westen Südenglands, ein Mittelding zwischen Butter und Schlagsahne. Er focht gegen Gespenster, an die er fest glaubte, wozu in Morwenstow noch heute nicht viel gehört. Und er sorgte dafür, daß die Leichen der angeschwemmten ertrunkenen Seeleute und Matrosen geborgen und bestattet wurden, übrigens auf seine Kosten. Üblicherweise wurden sie damals ohne Federlesen in den Dünen verscharrt.

Wer auf den Vicarage Cliffs, den Pfarrhausklippen von Morwenstow, steht, den schaudert es noch heute. Bei Ebbe heben sich messerscharfe Granitkanten vierzig, fünfzig Meter unterhalb des steil abfallenden Ufers aus dem Wasser. Sie zerschneiden, auch bei Flut, alles, was hier angeschwemmt wird, tot oder lebendig, in kleine Stücke. Als ein Schiff namens »Caledonia« vor Morwenstow zerschellte, verloren 22 Seeleute ihr Leben, nur ein einziger konnte gerettet werden. Das Massengrab, in dem Hawker die Mannschaft bestattete, findet sich noch heute auf dem Friedhof, als Grabstein darauf die schneeweiß getünchte Gallionsfigur der »Caledonia«.

Anekdoten von Robert Stephen Hawker gibt es so viele, daß man mehrere Bücher mit ihnen füllen könnte (und auch bereits gefüllt hat). Aus angeschwemmtem Holz zimmerte er sich auf der höchsten Klippe mit eigenen Händen eine erstaunlich feste Hütte. Sie hat allen Stürmen standgehalten und steht dort heute noch. In ihr hat Hawker nachts, bei flackerndem Petroleumlicht und Windgeheul, seine Werke verfaßt, die Bücher, Broschüren, Aufsätze, Balladen und frommen Gedichte, sowohl das Stammlied Cornwalls vom »Trelawney« als auch »The Quest of the Sangraal«.

»Quest« ist ein altertümliches Wort für eine abenteuerliche Suche, »San« bedeutet das gleiche wie unser »Sankt«, und »Graal«

heißt keltisch der Krug oder Kelch. »Die Suche nach dem Heiligen Gral«, im Februar 1863 nach dem Tod seiner ersten Frau von Hawker in seiner Schwemmholzhütte während mehrerer Sturmnächte niedergeschrieben, komprimiert die Grals- und Artus-Geschichte in visionären Bildern von großer Eindrücklichkeit. Das Gedicht scheint von vornherein als Fragment angelegt – man kann es sich ebensowenig ergänzt und vollendet vorstellen wie die Venus von Milo mit Armen.

Die artifizielle Schönheit und Kunstfertigkeit der Verse Tennysons werden weder erreicht noch angestrebt. Hawkers Verse fließen zugleich liedhafter und dramatischer. Die Handlung konzentriert sich auf ein Unwetter, das über Dundagel (Tintagel) tobt. Das Meer beruhigt sich, als Merlin, der mit Artus auf die tosende See hinabsieht, das nahe Ende von Logres mit dem unvermeidlichen Ende englischer Weltherrschaft vergleicht. England wird noch einmal aufgerufen, sich wie Logres unter Artus auf das zu besinnen, was das Land groß gemacht hat: »Ah! native England! wake thine ancient cry!« (etwa: Auf! Englisches Vaterland! Besinne dich auf deinen ureigenen Ruf!) Das ist naiver und balladesker als Tennyson – und sehr viel keltischer, ursprünglicher, archaischer.

Gleichzeitig mit dem Gewinn des Grals durch Sir Galahad und dem endgültigen Verlust des Heiligtums konfrontiert, faßt Merlin seine Zukunftsprophezeiung in Worte – die See beruhigt sich und »schluchzt im Schlaf wie ein betrunkener Riese«.

> He ceased; and all around was dreamy night:
> There stood Dundagel, throned: and the great sea
> Lay, a strong vassal at his master's gate,
> And, like a drunken giant, sobb'd in sleep.

Dieses Balladenende – das schönste mir bekannte – hatte ich zwangsläufig im Sinn, als ich nach Morwenstow pilgerte. Leider erwischte ich den falschen Tag – alles lag unter strahlender Sonne da, gelber Ginster flammte rechts und links auf den Hochmooren, und neben Hawkers Hütte über dem azurblauen Meer stiegen unzählige Lerchen in den ebenfalls knallblauen Himmel.

Nach Morwenstow sollte man an einem nassen, unheimlichen, nebelumwaberten Tag fahren, an dem die Konturen verschwinden und der Phantasie freien Lauf lassen. Jüngst hat es ein Bekannter geschafft, Morwenstow zu erleben, wie man es erleben sollte, bei Nebel, Nässe und Halbdunkel.

Unter derartigen Umständen kann man sogar glauben, was ihm dort, auf dem Weg von der Hawker-Hütte zurück zu Kirche und Pfarrhaus, passiert sein soll. Er hörte Schritte hinter sich im Nebel und trat ein wenig zur Seite, um den offensichtlich schneller Gehenden an sich vorbeizulassen. Die Schritte, erzählt er, seien auch vorbeigegangen, nur habe kein Mensch zu ihnen gehört.

Den nächsten Bauern, den er traf, sprach er an: »Sagen Sie mal – gibt es hier Gespenster oder etwas Ähnliches?«

Der Mann habe, alles meinem Gewährsmann zufolge, eine Weile nachdenklich an seiner Pfeife gesogen, bedächtig den Rauch ausgestoßen und dann geantwortet: »Nein. Gespenster haben wir hier eigentlich nicht. Nur Pfarrer Hawker, der geht fast täglich den Weg hier entlang.«

Hawkers Visionen, liest man mitunter, seien von seiner Opiumsucht beeinflußt. Immerhin sind manche Prophezeiungen, die er Merlin ausstoßen läßt, eingetroffen. Was Hawker voraussah, waren »Kriege, in denen Ritterlichkeit keinen Platz mehr« haben könne. Männer »mit Flammenflügeln aus Metall« würden statt dessen »fernen Tod aus tiefen Höhlen« auf ihre Feinde schleudern.

Das 19. Jahrhundert, das Artus und seine ritterlichen Gestalten wiederentdeckte, ist dann ja auch in der Vorbereitung eines derartigen Krieges zu Ende gegangen.

28.

Die Rückkehr des Wüsten Landes

Kampf und Krieg sind das eine große Thema der Artus-
legende. Ihr anderes: die Liebe. Deprimierenderweise bleibt
von beidem nicht mehr zurück als ein wüstes, ein verwüstetes
Land. Wer will, kann dies durchaus als Quintessenz der gesamten
Sage verstehen.

Schlagen wir noch einmal, zum besseren Verständnis der zeitli-
chen Umstände, Dantes Göttliche Komödie auf. In ihr wird die
Artus-Sage ähnlich verwendet wie man heute zuweilen Comicstrips oder bestimmte Filme für Zeitphänomene verantwortlich
macht, die in ihnen dargestellt werden, nämlich als Sündenbock.
Ende des 13., Anfang des 14. Jahrhunderts stellten Artus und
seine Ritter eine nicht unumstrittene populäre Lektüre dar, der
eine gewisse – angebliche – Unmoral in Liebesdingen zusätzlichen
Reiz verleiht.

Dante tritt zu diesem Zeitpunkt gemeinsam mit seinem längst
verstorbenen Kollegen Vergil eine imaginäre Reise an. Sie gehört
zu den großen dichterischen Abenteuern der Weltliteratur und
führt die beiden mitsamt ihren Lesern in die Unterwelt, ins Reich
der Toten.

Zu ihnen zählen auch Gestalten aus dem Zwischenbereich von
Sage und Wirklichkeit, Legende und Geschichte. Im zweiten
Kreis der Hölle, in der »ersten Sündenstufe«, in der »die Wollüsti-
gen bestraft werden«, begegnen sie unter vielen »tausend an-
dren...«, die Liebe straucheln ließ und nachtwärts fallen«, auch
Tristan, übrigens ohne Isolde, dafür begleitet von Paris. Eine
Fußnote meiner Dante-Ausgabe belehrt uns, daß unklar ist, um
welchen Paris es sich handelt, den trojanischen Königssohn oder

den fahrenden Ritter gleichen Namens aus Gottfried von Straßburgs »Tristan und Isolde«.

Am stärksten beeindruckt den Dichter in diesen düsteren Gefilden jedoch die Geschichte, die ihm die junge Francesca da Polenta aus Ravenna von sich erzählt. Ihre amouröse Tragik könnte der Tafelrunde von Camelot entstammen. Sie rührt, wie es scheint, sogar die Geister der Unterwelt, denn der Sturm, der, Symbol für die Leidenschaften der Sinnenlust, die Dunkelheit pausenlos durchtobt, läßt spürbar nach, damit kein Wort der armen Dulderin verlorengeht.

Francesca ist auf Erden von einem Lanzlotto Malatesta (schon der Name – »Lancelot Böskopf« – ein Programm) aus Rimini umworben worden. Er, ein ungewöhnlich häßlicher Mensch, hat sich bei der Werbung allerdings durch seinen bildhübschen jüngeren Bruder Paolo vertreten lassen, wohl in der Hoffnung, daß nach vollendetem Fait accompli einer vollzogenen Trauung Gewöhnung auf die Dauer selbst das Häßlichste verschönt oder doch wenigstens erträglich macht.

Das stellt sich jedoch als Irrtum heraus.

Der leichtsinnige Flirt, dem sich der junge Mann und die von ihm getäuschte Braut hingegeben haben, wirkt wie das Elixir, das einst der Isolde von Irland nach Cornwall mitgegeben wurde. Die beiden bleiben ineinander verliebt. Im Gegenteil: Ihre Liebe verstärkt sich nach der Heirat noch.

Eines Tages überrascht Lanzlotto Frau und Schwager, wenn auch, jedenfalls Francesca zufolge, bei nicht mehr als einem Kuß. Er zieht sein Schwert und ersticht mit ihm nicht nur Paolo, sondern auch Francesca, die sich dazwischenwirft.

Den verhängnisvollen Kuß gaben sich die beiden bei der Lektüre eines Artus-Romans, vermutlich dem italienischen »Lancelot vom See«, einer Prosaübersetzung aus dem Französischen.

> Wir lasen eines Tags der Kurzweil wegen
> Welch Liebesnetz den Lancelot gebunden;
> Allein wir zwei und ohne Arg zu hegen.
> Oft hatten unsere Augen sich gefunden
> Beim Lesen schon, und oft erblaßten wir;

279

Doch nur *ein* Punkt wars, der uns überwunden:
Als wir gelesen, wie vom Munde ihr
Ersehntes Lächeln küßt solch hoher Streiter,
Da küßte bebend mich auch dieser hier,
Der nun fortan mein ewiger Begleiter.
Galeotto war das *Buch* und ders gedichtet!
An diesem Tage lasen wir nicht weiter...

Deutsch von Richard Zoozmann

Ein Galeotto ist in der italienischen Version Vermittler und Briefbote zwischen Lancelot und Ginevra. Er fordert die zunächst schüchterne und unentschlossene Königin geradezu auf, Ritter Lancelot einen ersten Kuß zu geben. Zu Dantes Zeiten nannte man daher ganz allgemein in Italien einen Unterhändler oder Zwischenträger in Liebesdingen einen Galeotto.

Galeotto bei Paolo und Francesca hat also in diesem Fall die Literatur um Artus gespielt. Oder auch: jene Liebe, die in dieser Literatur dargestellt und geschildert wird und durch die Logres letztlich zugrunde gegangen ist. Auch durch Kampf und Krieg, gewiß, hauptsächlich jedoch durch die vertrackte Liebe, die sich noch nie darum gekümmert hat, ob sie »rechtmäßig« sei oder nicht.

Alles andere als eine reine Himmelsmacht, selbst in ihrer sublimsten Form, der ritterlichen Minne, nicht ohne Tücken, führt sie zu Neid, Betrug, Eifersucht und – wie man sieht – Mord. Zudem offensichtlich ansteckend, durch Bücher übertragbar von Mensch zu Mensch und, darüber hinaus, von Zeitalter zu Zeitalter, wirkt sie wie Fluch. Sie führt in die Hölle. Ein wüsteres Land ist kaum vorstellbar als dasjenige, in dem Paolo und Francesca nun die Ewigkeit verbringen.

Oder bedient sich Italiens größter Dichter, doch auch ein Bücherschreiber, hier eines, sagen wir: hinterhältig-augenzwinkernden Tricks? Sünder beschuldigen fast ohne Ausnahme stets den einen oder anderen Verführer als Hauptverantwortlichen ihrer Sünden, wenn nicht gar den Zustand der Gesellschaft, in die sie hineingeboren worden sind, letzteres meist mit größerer Berechtigung als das erste. Möchte Francesca, im Grund eine arme, dazu böse getäuschte und ermordete Unschuld, die Ausrede benutzen, den naiv-unwillkürlichen Versuch einer (nutzlosen, wenngleich mitleiderregenden) Weißwaschung? Ihre Verzweiflung kann man gut verstehen (Dante fällt dann auch vor Entsetzen über ihr Schicksal in tiefe Ohnmacht), weniger ihre Beschuldigung des Artus-Autors, falls es sich um eine solche handeln sollte. Aufgefaßt worden ist sie im ausgehenden Mittelalter zweifellos als herbe Kritik an dieser Art von pikant-verführerischer Literatur.

Kampf und Krieg besitzen im Sagenkreis ihre eigenen Tugenden. Ohne sie kein »Goldenes Zeitalter«, wie Artus es seinen Zeitgenossen fast ein ganzes Menschenalter hindurch beschert.

Freilich: Beides, Kampf sowie Krieg, werden von festen Regeln eingegrenzt, humaner noch als die Genfer Konventionen. Wie letztere von Freund und Feind auf den Schlachtfeldern beider Weltkriege, sind auch diese von Artusrittern und ihren Knappen oft genug gebrochen worden. Aber sie sind so etwas wie ein unverrückbarer Bestandteil ritterlicher Ethik, so daß zum Beispiel Hitler, der doch sonst alle nordischen Sagenkreise auszuschlachten versucht hat, mit dem seltsam macht-unhungrigen König Artus und seinen sozusagen gezähmten, zivilisierten Rittern nichts anfangen konnte. Im nationalsozialistischen »Schrifttum«, wie man damals die Literatur nannte, kommt Artus – im Gegensatz zu Siegfried, Hagen, Roland oder Barbarossa – nicht vor. Wofür, dabei gesagt, weder er etwas kann noch die Vorgenannten, die man ungefragt im Geiste in den braunen Reihen mitmarschieren ließ.

In Beschlag genommen wurde die Artus-Sage Anfang des 20. Jahrhunderts durch die Engländer, die Nachfahren der vom König so heftig bekämpften Angeln und Sachsen. Daß der Marsch, den man in Deutschland, Sowjetrußland und Italien ins Totalitäre antrat, ein Marsch in das Chaos werden müsse, schien zumindest einsichtigen – und das heißt immer auch ein wenig prophetischen – Geistern in angelsächsischen Bereichen schon damals selbstverständlich. Auch ohne Artus mußte Hitlers und Stalins Marsch ins Wüste Land führen.

T. S. Eliot hat dem 20. Jahrhundert im Jahre 1922 mit seinem

Gedicht »The Waste Land« eine arthurische Chiffre auf den Weg gegeben. Der eigenbrödlerische Literat aus den USA mit der britischen Wahlheimat, Bankmensch, Kirchenvorstand, Verlagsdirektor, ehemaliger Bohemien im avantgardistischen Bloomsbury-Zirkel um Virginia und Leonard Woolf, Snob, Geschäftsmann und Dichter, orientierte sich dabei weniger an Geoffrey, Chrétien oder Malory als an einem zwei Jahre zuvor erschienenen Buch der Wissenschaftlerin und Übersetzerin Jessie L. Weston über Herkunft und Gestalt der Gralssage, »From Ritual to Romance« (Vom Ritual zur Romanze).

Die fünf Abteilungen des epochalen Gedichts versteht man freilich nur richtig, wenn man sie als das nimmt, was sie sind, nämlich Collagen, literarische Gegenstücke zur bildenden Kunst, den »papier collées« der Kubisten oder den Fotomontagen der deutschen Dadaisten wie Hausmann, Höch, Grosz, Schwitters, die Bilder und Texte zerschnitten, um sie zu neuen, absurden, oft aber eben deswegen außerordentlich hellsichtigen Zusammenhängen wieder zusammenzukleben.

Nach den Klebebildern das Klebegedicht. Zitate stehen unvermittelt nebeneinander. Sie scheinen aus der Erinnerung oder dem Unterbewußten emporgestiegen und rufen eine Fülle von Assoziationen wach.

Die Vorzüge der Methode liegen auf der Hand. Der Dichter ist nicht mehr auf mühsam gebastelte Übergänge angewiesen. Die Fund- oder Bruchstücke, die er anbietet, ranken sich zusammen wie im Traum. Es werden mühelos Grenzen übersprungen, die sonst – bildlich wie auch in der Sprache – unüberwindlich bleiben. Wie sich Erinnerungen am besten durch Bruchstücke hervorrufen lassen, so wird die Phantasie des Lesers am intensivsten durch Ausschnitthaftes angeregt, nicht voll Zitiertes, trotzdem deutlich Erkennbares.

Wie einem unvermutet im Supermarkt oder durch einen Leierkasten eine Lieblingsmelodie von vorgestern vorgedudelt und in Sekundenschnelle eine ganze, womöglich längst vergangene Welt beschworen wird, streut Eliot zum Beispiel plötzlich vier Zeilen aus Wagners »Tristan« ins erste Gedicht, »Das Begräbnis der Toten«, ein, dazu auf deutsch in einem englischen Gedicht:

»Frisch weht der Wind / Der Heimat zu, / Mein irisch Kind, / Wo weilest du?«

Der Dichter schiebt überhaupt eine ganze Menge ein an Gelesenem, Gehörtem, Zufälligem und Wohlberechnetem, wobei unversehens aus dem Erinnerungsgerümpel feste Konturen wachsen. Die Räume, die entstehen, bleiben wechselhaft, sind aber doch alle bewußt konstruiert, ganz wie ein Eisenplastiker sich sein vorfabriziertes Material auf dem Schrottplatz zusammensucht und aus den vielen Einzelteilen, die früher einem ganz anderen Ganzen gedient haben, ein neues Ganzes macht, eine Skulptur.

So verwendet Eliot Zitate von beispielsweise Dante, Shakespeare, Ovid, der Bibel, Verlaine, Spenser oder Oliver Goldsmith, stellt den »Bekenntnissen« des heiligen Augustin einiges aus Buddhas »Feuerpredigt« gegenüber, zitiert jedoch auch aus, unter anderem, Frachtbriefen, Sprachlexika und gelehrten kulturhistorischen Werken, ein Mischmasch, ein kunterbunter Flickenteppich, darin sehr ähnlich der Artus-Sage selbst.

Sie, die Artus-Sage, steuert dem Ganzen den Inhalt bei. Man muß, um ihn zu begreifen, keinesfalls jedes Zitat als ein solches erkennen, muß nicht einmal die langwierigen Anmerkungen des Dichters zu seinem Text lesen. Das Gedicht hat seinen eigenen Sog. Dargestellt wird nichts anderes als jenes Wüste Land, das Artus und sein Reich gefahrverheißend umgeben hat und das uns heute immer noch umgibt oder, strenggenommen, 1922 noch umgeben hat.

Es besteht jetzt allerdings, im zwanzigsten Jahrhundert, nicht mehr aus Wüste und Öde. Das Gleichnis der Artus-Sage scheint umgeschlagen: Nicht die wilde Seite der Natur erregt Schrecken, sondern das Gegenteil, die angebliche Zivilisation, die in Gesichts- und Herzlosigkeit umgeschlagen ist, eine nur noch auf Nutzbarkeit und Geld bedachte Überzivilisation. Alle Tradition – die kulturelle, religiöse, ideelle – scheint vertan, zersetzt, verworfen, indes sich die großen Städte wie ein Krebsgeschwür ins Ackerland gefressen haben.

Besonders deutlich wird das im fünften Teil des Gedichts, »What the Thunder said«, »Was der Donner sprach«. Es verei-

nigt, wie Eliot in seinen Anmerkungen freimütig erklärt, nicht
weniger als drei Motive, die er wie in einem Zwirnsfaden zusam-
mengedreht hat: die Annäherung eines Artus-Helden an die
Gefahrvolle Kapelle, den Gang zweier Jünger nach Emmaus und
– es sei wiederholt: man schreibt das Jahr 1922 – »den gegenwärtigen Zerfall Osteuropas«.

Eine zerstückelte Landschaft aus zerstückelten Zitaten, Erinnerungen, Metaphern. Eliot, seltener Fall eines Traditionalisten,
der zugleich Experimentator ist, umreißt eine zerstörte Umwelt.
»Auf wasserlosen Straßen« wandert man über endlose Felsen.
Dürre überall. Selbst der Donner bleibt »unfruchtbar«, denn er
bringt keinen Regen. Und da ist plötzlich die Frage des Cleophas
an seinen Gefährten, mit dem er von Jerusalem nach Emmaus
zieht: »Wer ist der Dritte, der Dir da zur Seite geht?«

Die wasserlose Landschaft ist jene, die der Ritter durchquert,
wenn er das Abenteuer der Gefahrvollen Kapelle sucht. Der
Erlöser, der plötzlich, von den Toten auferstanden, neben einem
geht, stammt aus dem Lukas-Evangelium (24, 13-35). Zwei
Mythenstränge des Abendlands sind ineinander verwoben. Dann
treten wie aus heiterem Himmel die Vision einer Stadt, nein, die
Visionen unzähliger kaputter Städte hinzu, Spiegelbilder des
Wüsten Landes:

> Risse Neubildungen Splitter in der lila Luft
> Berstende Türme
> Jerusalem Athen Alexandria
> Wien London
> Unwirklich
> (Übersetzung von Ernst Robert Curtius).

Als dritten Strang seines Gedichtes hat Eliot »den gegenwärtigen
Zerfall Osteuropas« angegeben. Dabei verweist er auf Hermann
Hesse, den er (»Blick ins Chaos«) folgendermaßen zitiert: »Schon
ist halb Europa, schon ist zumindest der halbe Osten Europas auf
dem Wege zum Chaos, fährt betrunken im heiligen Wahn am
Abgrund entlang und singt dazu, singt betrunken und hymnisch
wie Dmitri Karamasoff sang. Über diese Lieder lacht der Bürger
beleidigt, und der Seher hört sie mit Tränen.«

Zweifellos ist das auf die Oktoberrevolution und ihre Folgen gemünzt, auf Lenin, hinter dessen Rücken sich eben Stalins Umrisse abzuzeichnen beginnen. Nach dem Scheitern sowohl der kommunistischen Ideale als auch der sowjetischen Wirklichkeit zum Zeitpunkt eines erneuten Zerfalls Osteuropas gelesen oder wiedergelesen, scheinen diese Fundstücke aus Sage, Bibel und historischer Aktualität seltsam zeitlos.

Im übrigen befindet sich das Wüste Land, wenn nicht unbedingt wie Eliot, der Traditionalist, glaubt, in unseren Städten, so doch, gefahrvoller noch, überall, in Stadt und Land, in den Wäldern, auf den höchsten Gipfeln und dort, wo die sieben Weltmeere am tiefsten sein mögen. T. S. Eliots modern collagierte Zivilisationskritik wendet sich gegen die Moderne. Sie hat das, was wir Zivilisation nennen, zwar vervollkommnet, ebenso aber die Massenvernichtungsmittel. Was T. S. Eliot 1922 noch nicht so bewußt sein konnte und was wir zwangsläufig seinem wüsten Land heute hinzufügen müssen, ist jene globale Verschmutzung des irdischen Lebensraums, die dem keltischen Alptraum vom Wüsten Land am ehesten entspricht – eher als Städte wie Jerusalem, Athen, Alexandria, Wien oder London, auch wenn man – ein bißchen altbacken – stets in ihnen so etwas wie einen Moloch gesehen haben mag. Eliots Prophezeiung ist, recht besehen, noch schrecklicher und grausamer eingetroffen, als ihm bewußt gewesen sein kann.

Das Wüste Land kommt immer zurück. Da ist, Artus recht verstanden, uneingeschränkter Pessimismus am Platz. Überhaupt: Sucht man anachronistisch nach einem Philosophen, der zum König paßt, so würde man eher auf Schopenhauer verfallen als auf Nietzsche und seinen heroischen Übermenschen. Die Artus-Sage, die die große und ewige Hoffnung der Menschen auf Frieden und irdische Gerechtigkeit festhält, endet resignativ. Es siegt immer wieder das Wüste Land.

Trotzdem: Artus überlebt, das darf man nicht vergessen. Seine mythische Figur im Ätna oder auf der keltischen Apfelinsel Avalon mag nur ein Gleichnis sein für das Gedächtnis der Menschheit: Die Gestalt eines gründlich humanen Herrschers, Anführers, Königs, Staatsmanns, Gesetzgebers, Soldaten, Ritters

– wie auch immer – gehört zu den eindrucksvollsten Wunsch- und Vorbildern, die sich die Völker eines Kontinents geschaffen haben, durch unzählige Dichter und Erzähler in vielen Zungen. Es wird schwer fallen, in der Literatur des Abendlandes eine europäischere Gestalt aufzutun.

So steht der pessimistischen Quintessenz der Sage schon durch ihre Herkunft – eine Gemeinschaftsarbeit über alle Grenzen hinweg – so etwas wie ein optimistischer Silberstreif am Horizont entgegen. Artus verkörpert das Prinzip Hoffnung, nämlich den Willen zum Guten. Als Symbolfigur dafür – nicht für den Sieg als solchen oder das Gute schlechthin! – hat er über die Jahrhunderte ja schon einige Beharrlichkeit bewiesen. Der gescheiterte König mag standfester sein als befürchtet. Er ist jedenfalls unvergessen – und die Biographie seiner Legende noch längst nicht zu Ende.

Solange es Dichter gibt und Phantasten, wird an ihr weitergesponnen werden.

Gestalten um Artus –
vor allem die Mitglieder seiner Tafelrunde

Im Wildwuchs der Artus-Legende wird man von Zeit zu Zeit zwangsläufig in die Irre gehen wie im Wüsten Land oder im Wald von Broceliande. Denn das Mosaik – eigentlich eher ein Flickenteppich – paßt nicht zusammen; jedenfalls ergibt sich kein eindeutiges Gesamtbild. Die Bausteine, von unzähligen Steinmetzen in diversen Jahrhunderten angefertigt, passen nicht nahtlos aneinander; da bleibt viel Platz für Phantasie. Mag die Sage dabei an Vieldeutig- und Vielfältigkeit gewinnen, verliert doch der Leser leicht die Übersicht, weil es schwer ist, sich all die vielen Namen zu merken, die an ihm vorbeirauschen. Hier – als eine Art von rotem Faden – die alphabetische Aufstellung der wichtigsten Haupt- und Randpersonen der Legende. Auch zu zusätzlicher Lektüre geeignet. Aber nicht im Register berücksichtigt.

Ritter der Tafelrunde tragen vor ihrem Namen ein X, Ritter, die sich auf der berühmten Tafel von Winchester finden, zwei XX. Diese ist zwar auch nicht authentisch (sie stammt aus dem 13. Jahrhundert), aber man darf die auf ihr verzeichneten Namen doch für die prominentesten und populärsten, gleichsam die Urritter des Königs Artus, halten. Da die Schreibweise der Namen von Dichter zu Dichter und von Land zu Land sich ändert, wird als erste immer die aufgeführt, die in diesem Buch gewählt worden ist, sie bestimmt die alphabetische Reihenfolge.

Accolon
Ritter aus Gaul (Gallien), in den sich Morgana verliebt. Sie benutzt ihn zu einem Zauberstreich gegen ihren Bruder Artus, dem sie das Schwert Excalibur durch eine Imitation ersetzt hat.

Unerkannt wendet Accolon im Zweikampf Excalibur gegen Artus an, den die Dame vom See im letzten Augenblick rettet. Accolon erleidet beim Kampf tödliche Wunden.

X Adragain
Mitglied der Tafelrunde. Überlebt die Schlacht bei Camlann, beendet sein Leben als Eremit.

X Agrawein
auch: Agravain
Sohn König Lots und Morgauses, Neffe des Artus, vierter der Orkney-Brüder, aber weniger zuverlässig als seine Geschwister Gawain, Gaheris und Gareth. Verheiratet mit Laurel, der Nichte von Lyoness und Lyonet. Spitzname: »mit den harten Händen« (aux dures mains). Beteiligt an den Umtrieben gegen Lancelot. Von diesem beim Kampf vor Ginevras Schlafgemach oder, am Scheiterhaufen getötet. Haup[t]held in der altfranzösischen Prosa.

X Alisander
Sohn Baldwins, eines Bruders von König Marke, den dieser ermorden ließ. Morgana setzt ihn gefangen, aber die kundige Alice befreit und heiratet ihn. Artus nimmt ihn am Hof von Camelot auf.

X Alon
Großneffe Artus; Mitglied der Tafelrunde

X X Alynore
auch: Aleinor, Alain
Beiname: »der Zurückhaltende.« Sohn König Pellinores, also Bruder Parzivals, Lamoraks, Aglovales und Driants, Halbbruder von Tor.

Ambrosius Aurelianus
Nachfolger Vortigerns und älterer Bruder Uther Pendragons, also Onkel des Artus. Wächst, nachdem Vortigern seinen Bruder Constans ermordet hat, in der Bretagne auf. Nennius macht ihn zum Sohn eines römischen Konsuls. Gildas bezeichnet ihn als »superbus tyrannus« (herausragenden Herrscher). Historisch nachweisbar.

Amfortas
auch: Anfortas
Bei Wolfram von Eschenbach Fischerkönig, also Gralshüter,

Sohn des Gralskönigs Frimutel. Leidet an einer Wunde, die ihm beim Tjosten in einem Turnier oder bei einem Kampf mit Balin beigebracht worden ist. Daher wohl auch sein Name (nach dem Lateinischen »infirmitas« = Gebrechlichkeit). Die Wunde, die sich an den Genitalien befindet, ist äußerst schmerzhaft und heilt über Jahre nicht, bis Parzival ihn durch seine Frage erlöst.

Anna – siehe Morgause

X X Artus
auch: Arthur, Arturus
Sohn Uther Pendragons und Ygernas. Uther stammt aus altkeltischem Königsgeschlecht, Ygerna, einigen Quellen zufolge, aus dem untergegangenen Erdteil Atlantis. In jüngeren Jahren ein überragender Feldherr und brillanter Krieger, spielt Artus später an seinem Hof eine eher passive Rolle. Sein ungewollter Inzest mit Morgause und die Untreue seiner Gemahlin verdüstern sein Wesen und führen nach dem Ausscheiden seines Beraters Merlin zum Untergang seines Reiches.

Bagdemagus
auch: Bademagus
König von Gorre, einem Land an der schottischen Grenze mit der Hauptstadt Gailhom, betretbar nur durch eine Schwert- oder die Unterwasserbrücke.
Ein Artus-Ritter, der Gailhom betrat, war nur von Lancelot zu retten, obwohl der König, ein Vetter des Artus, diesem und seinem Reich freundlich gesinnt ist. Sein Sohn Melegaunce entführt freilich Ginevra, die er jedoch auf Geheiß seines Vaters nicht berührt.

Balan
Jüngerer Bruder von Balin. Kämpft unerkannt mit diesem, wobei beide tödliche Wunden erleiden.

X Balin
Ritter aus Northumberland, Nordengland. Zieht sich Artus' Unwillen zu, als er die Dame vom See tötet. Besiegt jedoch mit seinem Bruder Balan den bedrohlichen Riesenkönig Rience und wird daraufhin zum Ritter der Tafelrunde ernannt. Beiname: »le Savage« (der Ungezähmte), auch: »der Ritter mit den zwei Schwertern«.

Ban

König von Gomeret (Bretagne?) oder Benwick (Normandie? – bei Malory ist Bayonne Hauptstadt Benwicks). Kommt anfangs Artus zu Hilfe, der ihn seinerseits gegen seinen Erzfeind, König Claudas, unterstützt. Stirbt an gebrochenem Herzen, als sein Schloß in Flammen aufgeht. Bruder von König Bors von Gallien, Vater Lancelots. Unehelicher Sohn: Ector de Maris.

X X Bedivere

auch: Bedevere, Bedwyr, Bewyn, Bedoor, Boudoyer
Küfer, Hofmajor oder auch Butler König Artus'. Organisiert gemeinsam mit dem jähzornigen Sir Kay den Hof und seine Feste. Hilft Artus in seiner Jugend beim Kampf gegen den Riesen von St. Michaels' Mount oder Mont Saint Michel. Großvater gleichen Namens gilt als Gründer von Bayeux. Bleibt bis zuletzt an der Seite des Königs, dessen Schwert Excalibur er an die Feen der Anderwelt zurückgibt. Stirbt als Eremit. Beiname: »der Ergebene«.

X Belleus

Held einer merkwürdigen Episode. Steigt irrtümlich in Lancelots Bett, was dieser mißversteht und ihn mit dem Schwert verwundet. Die beiden freunden sich trotzdem an, und Lancelot führt seinen Freund erfolgreich auf Camelot ein.

Bercilak von Hautdesert

Wird von Morgana, um Gawain zu schaden, in den »Grünen Ritter« verwandelt. Ursprünglich keltisches Wintersymbol.

Blaise

auch: Blayse
Rätselhafter Herr und Meister über Merlin, der wahrscheinlich über Merlins Taten eine Chronik für die Nachwelt führt. John Steinbeck in einem Brief an seine literarische Agentin Elizabeth Otis: »Wer zum Teufel war dieser Meister Blayse... hat Merlin ihn erfunden?« Zuerst im französischen »Didot«-Prosa-Perceval erwähnt, wird er in anderen Texten als Mönch, Eremit, mitunter auch als »Lehrer Merlins« bezeichnet. Ihm scheint Merlin von Zeit zu Zeit Bericht erstattet zu haben.

Blancheflor

auch Blanchefleur
In Chrétiens »Parzival« Geliebte des Ritters, bei Gottfried von

Straßburg Schwester König Markes, die, von Ritter Rivalin von Parmenie entführt, mit diesem Tristan zeugt und vor Kummer stirbt, als sie vom Tod ihres Mannes erfährt.

X X Blubrys
auch: Bliobeheris, Blihobeeris, Blihoberis
Vetter Lancelots. Verteidigt die Gefahrvolle Brücke und wird von Gawain besiegt. Am Hof von Camelot bald darauf als hervorragender Geschichten- und Anekdotenerzähler beliebt. Begleitet Lancelot später ins Exil und nach dem Tod des Artus ins Kloster.

X Bohort
Beiname: »der Tugendhafte«. Viel mehr ist von ihm nicht bekannt.

X Borre
Unehelicher Sohn des Königs Artus, wahrscheinlich mit Lyoness oder auch Wonors, einer Tochter des Grafen Sanam. Von manchen Autoren mit dem Ritter Loholt identifiziert.

X X Bors
auch: Gwri, Bohar, Bohor, Bort; Nachname: l'Essillie
Sohn Bohorts, des Königs von Gallien. Bruder Lionels, Vetter Lancelots. Von Naciens zum Asketen erzogen. Besonnener Kopf, einer der starken Männer der Tafelrunde und Draufgänger, wenn auch nicht eben der Allerklügste. Der Dritte im Bund der Gralsfinder, ist er der einzige, der getreulich nach Camelot zurückkehrt. Lehnt es zunächst ab, Ginevra zu verteidigen, ändert aber seine Meinung und hilft Lancelot bei ihrer Befreiung wie auch später gegen Artus und Gawain. Nimmt nach Lancelots Tod am Kreuzzug teil und stirbt in Palästina.

Brangäne
auch: Brangaine, Brangien
Begleiterin der Isolde auf der Brautfahrt von Irland nach Cornwall. Durch ihre Mitschuld trinken Tristan und Isolde den für Marke und Isolde bestimmten Liebestrank. Springt in der Hochzeitsnacht für Isolde ein. Später versucht diese, die Mitwisserin zu ermorden, was ihr jedoch nicht gelingt. Geliebte Kaherdins, des Sohns König Hoels von der Bretagne.

X X Brunor
Treuer älterer Ritter der ersten Stunde. Großer Turnierheld, dem schon Uther Pendragon das Königreich Estrangore (Strathmore

in Schottland) zugesprochen hat. Wird im hohen Alter von Ferrant und Briadon ermordet, die wiederum von seinem Sohn, Brunor le Noir, getötet werden.

X X Brunor der Schwarze
auch: Bruart le Noir
Sohn König Brunors von Estrangore, anderen Quellen zufolge König Carados' von Vannes. Von Sir Kay wegen seines merkwürdig geformten Wappens mit dem Spitznamen »Brunor vom Tier mit den beiden Schwänzen« belegt.

Cabal
Jagdhund des Artus, vor allem auf der Wildschweinjagd.

Cadoc
Eremit und Heiliger. Verbirgt jedoch in seiner walisischen Klause von Artus gesuchte Mörder seiner Ritter. Verspricht dem König, für die Freisprechung der von ihm Verborgenen ein Lösegeld von 100 Stück Rindvieh zu bezahlen. Artus verlangt, daß dieses vorne rot und hinten weiß gefärbt sein müsse, eine Züchtung, die Sankt Cadoc sogar gelingt. Bei der Übergabe an Artus' Abgesandte verwandeln sich die Tiere allerdings in Büschel von Farnkraut.

X Cadoc
einer der ursprünglichen Ritter der Tafelrunde.

Cador
König (oder Herzog) von Cornwall. Mit Artus im Kampf gegen die Sachsen verbündet. Cador heißt allerdings auch ein König von Northumberland, dessen Tochter Sir Kay heiratet.

X Caradoc
auch: Caradon
König von Vannes und Nantes. Heiratet Artus' Nichte, die ungetreue Ysaive. Nimmt Joseph von Arimathia auf.

Caradoc Briefbras
Sohn der Ysaive, die Caradoc mit dem Zauberer Eliavres betrogen hat. Sein Beiname »Briefbras« (Kurzarm) scheint eine falsche Übersetzung des walisischen »vreichvrae« (starkarmig).

Carados
Einer der Rebellenkönige zu Anfang der Herrschaft Artus'.

Carados vom Schmerzensreichen Turm
Sohn einer Zauberin der Anderwelt. Nimmt Gawain gefangen

und hält ihn im Verlies. Lancelot befreit ihn, indem er Carados mit dem einzigen Schwert, das diesen verletzen kann, den Kopf abschlägt.

X Carl von Carlisle
Zum Riesen verzauberter Ritter, den Gawain erlöst, als er ihn auf eigenes Verlangen enthauptet. Gawain heiratet Carls Tochter und wird von Artus mit der Lordschaft Carlisle versehen.

Catigern
Einer der Söhne Vortigerns.

Cheldric
Bei Geoffrey Sachsenfürst, der aus Deutschland Verstärkung heranführt. Flieht nach der Schlacht bei Badon und wird von König (oder Herzog) Cador von Cornwall getötet.

Clarissant
Tochter von Lot und Morgause, also Nichte Artus'. Heiratet gegen den Willen ihres Bruders Gawain ihren Liebhaber Guiromelant. Artus, der die Ehe stiftet, verleiht dem Paar nach der Brautnacht die Rechte an der Stadt Nottingham. Ihre Tochter Guigenor heiratet, Chrétien zufolge, den Magier-Ritter Aaladin.

Claudas
König im Wüsten Land der Bretagne, Erzfeind von König Bors, dessen Reich er in Besitz nimmt. Setzt Königin Ginevra gefangen, was zum Krieg gegen Artus führt, den Claudas trotz Waffenhilfe der Römer verliert. Historisches Vorbild dürfte Clovis I. gewesen sein, König der Franken von 481 bsi 511.

X Cligés
Einer der Haupthelden Chrétiens, dem er eine eigene Romanze widmet. Sohn Alexanders, der seinerseits Sohn des Kaisers von Konstantinopel ist, und dessen Frau Soredamor, einer Tochter König Lots aus erster Ehe, also eine Halbschwester Gawains und der übrigen Orkney-Brüder. Als Cligés' Verlobte Finice dessen Onkel heiratet, der Kaiser von Konstantinopel wird, verläßt Cligés sein Land und begibt sich an den Hof König Artus'. Kehrt nach dem Tod des Onkels jedoch zurück nach Konstantinopel und heiratet die verwitwete Fenice.

X Colgrevance
auch: Colgreance

Ritter aus dem verschlossenen Land Gorre an der schottischen Grenze (siehe Bagdemagus). Wurde entweder von Lionel bei den Kämpfen zwischen Artus und Lancelot getötet oder von Lancelot erschlagen, nachdem er Lancelot und Ginevra überrascht hatte.

Colgrin
Sachsenfürst und beim Tod Uther Pendragons deren Anführer. Von Artus in den Schlachten von Lincoln und Caledon Wood besiegt, flieht er zurück nach Deutschland. Fällt bei seiner Rückkehr nach Britannien in der Schlacht am Badon.

Colombe
Verlobte von Lanceor, dem Sohn des Königs von Irland. Als dieser von Balin erschlagen wird, tötet sie sich selbst.

Constans
Bei Geoffrey Sohn König Constantines von Britannien, einem Bruder Uthers und Aurelius Ambrosius', also Onkel Artus'. Nach Constantines Tod holt ihn Vortigern aus dem Kloster, in das er sich zurückgezogen hat, und setzt ihn, so etwas wie einen Marionettenkönig, auf den Thron. Wird später im Auftrag Vortigerns von Picten ermordet. Bei französischen Autoren häufig als »Mönch Constans« bezeichnet.

Constantine
auch: Constantin, Konstantin
Artus' Großvater. Seine drei Söhne: Constans, Aurelius Ambrosius, Uther Pendragon. Von Picten erdolcht. Historisches Vorbild vielleicht der römische Kaiser Konstantin III. (407–441), der als einfacher Soldat von den römischen Truppen als Gegenkaiser gegen Honorius aufgestellt wurde.
Den gleichen Namen trägt auch der Sohn König Cadors von Cornwall, ein Vetter des Artus und im 6. Jahrhundert König von Dumnonia (Devon und Cornwall). Dieser Konstantin soll ein Nachfolger Artus' auf dem britischen Königsthron gewesen und von den Söhnen Vortigerns bekämpft worden sein, die er alle besiegte.

Cunobelinus – siehe Cymbeline

Cymbeline
auch: Cunobelinus
Als solcher im 1. Jahrhundert König von Südbritannien. Von

Shakespeare Cymbeline genannt und Titelfigur seines historischen Dramas (um 1610). Nach walisischer Tradition ein Vorfahre des Artus.

X Cyon
Einer der 24 ursprünglichen Ritter der Tafelrunde. Walisischer Herkunft.

X X Dagonet
auch: Daguenet, Danguenes, Dangueneit
Nach Malory Hofnarr des Königs, von Artus selbst zum Ritter geschlagen. Wegen seiner ironisch-frechen Zwischenbemerkungen eine der populärsten Figuren in mittelalterlichen Balladen, Liedern und Spielen. Freund Tristans, den er mehrere Male vor den Nachstellungen Markes rettet. Von Herzen feige. Den einen Quellen nach verrückt geboren, in der »Vulgata« erst nach dem Tod seiner Frau geistig umnachtet.

Dame vom See
Geheimnisvolle Sagengestalt aus dem Feenreich. Gibt Artus das Zauberschwert Excalibur, raubt Lancelot, den sie unter Wasser aufzieht, und umgarnt Merlin. Ob es sich bei Viviane, Eviène, Niviene, Vinienne, Nimue und anderen um jeweils die gleiche Fee oder verschiedene Erscheinungen handelt, ist unklar.

Daniel
In der italienischen »Tavola Ritonda« jener Ritter, der Lancelot und Ginevra im kompromittierenden Beieinander überrascht. Kommt auch bei deutschen Autoren vor, so im Gedicht »Daniel von dem grünen Tal von dem Stricker« aus dem 13. Jahrhundert.

X X Degove
auch: Descor d'Escor, Le chevalier d'Ester
Kämpft unter Galaholt, dem Herrscher über die Far Isles (Hebriden), zunächst gegen Artus. Schließt sich dann eng an Lancelot an, der ihn nach Camelot holt, wo er bald zum engen Zirkel des Königs gehört.

Denw
In walisischen Geschichten eine Tochter Annas, der Schwester des Artus, und König Lots. Heiratet Iwein.

X Dinadan
Einer der wenigen an der Tafelrunde, der nicht um des Kämp-

fens willen kämpft. Wird von Mordred und Agrawein getötet.

X Dinas
Seneschall König Markes von Cornwall, aber Mitglied der Tafelrunde König Artus'. Sympathisiert mit Tristan, den er zeitweilig begleitet. Geht mit Lancelot ins Exil nach Frankreich, wo er Herzog von Anjou wird. Italienischer Überlieferung (»Tavola Ritonda«) zufolge Nachfolger Markes auf dem cornischen Königsthron.

Dindrane
auch: Dindraise, im Italienischen: Agrestizia
Schwester Parzivals, die selbst auf Gralssuche geht. Opfert ihr Blut für einen leprösen Kastellan einer Burg, die sie mit den drei Gralsrittern aufsucht. An der Seite Galahads in Sarras beigesetzt.

Diones
Vater der Fee Nimue. Patensohn der Jagdgöttin Diana.

Dionise
Verzauberte Burgherrin, die Gawain erlöst, aber sich weigert, ihn zu heiraten.

X Dodinel
genannt »der Wilde«, weil er gern in der Wildnis jagt. Bei Malory Sohn Belinants und Eglantes. Ursprünglich wohl identisch mit Parzival.

Dorin
Son des Claudas, im Kampf mit Lionel und Bors getötet.

X Dornar
Sohn König Pellinores von Northumberland.

X Driant
Sohn König Pellinores, der im Kampf gegen Gawain getötet wird.

X Ector
Ziehvater des Artus.

X X Ector de Maris
auch: Hector de Maris, der Weiße Ritter
Unehelicher Sohn König Bans, der als dessen Nachfolger König von Benwick wird, Halbbruder Lancelots, Onkel Gawains. Von Merlin in Artus Obhut gegeben, der ihn aufzieht wie einen eigenen Sohn.

Elaine

Der deutschen »Helene« entsprechend, häufigster weiblicher Vorname der Artus-Legende. Elaine heißt eine Tochter König Pellinores, die sich nach dem Tod ihres Bräutigams Sir Miles of the Laundes selbst tötet. Auch Lancelots Mutter, Gemahlin König Bans, heißt so. Ebenfalls eine Nichte des Artus, Tochter König Lots, die in Liebe zu Parzival fällt. Herausragend aus diesen Elaines sind die beiden folgenden Gestalten.

Elaine von Astolat

auch: Elayne

Tochter Bernard von Astolats, durch den Lancelot heimlich zum Turnier gewappnet wird. Als Lancelot sie verschmäht, hungert sie sich aus Liebesgram zu Tode. Ihre Leiche wird in einem Boot auf einem Fluß – bei Malory der Themse – nach Camelot gebracht, was Lancelots Ruf dort beeinträchtigt. Bei Tennyson »Lady of Shalott«, die die Welt im Spiegel betrachten muß und stirbt, als sie ihren direkten Blick auf Camelot richtet.

Elaine von Corbenic

Als Tochter König Pelles, des Gralshüters, eine direkte Nachfahrin Joseph von Arimathias. Mutter Galahads, den sie mit Lancelot zeugt. Dieser läßt sich nur durch Zauberkraft von ihr verführen: er erblickt in ihr Ginevra. Schwer faßbare Erscheinung, naiv oder scheinheilig, die auch in anderen Zusammenhängen als Namenlose – vor allem in französischen Romanzen – auftritt.

Eliabel

auch: Eliabella

In italienischen Romanzen Mutter Tristans. Wohl identisch mit Malorys Elizabeth.

Eliavres

Ritter mit magischen Kräften. Betrügt König Caradoc mit dessen Frau Ysaive, der Nichte König Artus'. Caradoc träumt derweilen von einer Hexe, einer Sau und einer Mähre, denen er beiwohnen muß. Nach Aufdeckung des Betrugs zwingt er Ysaive, mit einer Hexe zu schlafen (da wird er Vater von Guinalot), einer Sau (da entsteht Tochter Lorigal) und einer Mähre (da wird er, laut »Mabinogion«, Vater von Tortain).

Elizabeth
Tochter König Markes von Cornwall, Frau des Meliodas. Gebiert Malory zufolge ihren Sohn Tristan im Wald, wo sie stirbt. Siehe auch Eliabel.

Elyan
Sohn von Sir Bors mit der Tochter des Königs Brandegoris. Wird Kaiser von Konstantinopel.

Enid
Frau Erecs. Heldin in Chrétiens »Erec et Enide« und dem walisischen »Gereint and Enid.«

X Erec
auch: Erex (norwegisch)
Gatte Enids. Begegnet Enid, als er einen Beleidiger Königin Ginevras verfolgt. Gibt nach Eheschließung die ritterlichen Abenteuer auf und versucht es – mit wenig Erfolg – auf die bequeme Art. Beiname: »der Hochgemute«.

Esclados
Bei Chrétien der Ritter, der im Wald Broceliande (heute: Wald von Paimpont) den Wunderbrunnen verteidigt. Iwein erschlägt ihn und heiratet seine Witwe Laudine.

X Evadeam
Geoffrey berichtet, er sei in einen Zwerg verzaubert gewesen. Gawain, dem geweissagt wurde, er werde die Gestalt dessen annehmen, den er als nächstes treffen wird, stößt auf ihn. Gawein wird zum Zwergen, indes Evadeam seine rechte Statur wieder bekommt. Aber auch Gawain schießt wieder in die Höhe und nimmt den einstigen Zwerg mit nach Camelot.

Evaine
Frau des älteren Bors, Mutter Lionels und des (jüngeren) Bors, Schwester Elaines, der Frau König Bans. Geht nach dem Tod ihres Mannes ins Kloster.

Faustus
Sohn Vortigerns.

X Fargus
auch: Ferguut
Cornischer Ritter der Tafelrunde, Freund und Anhänger Tristans. Vielleicht der Schwarze Ritter.

Fischerkönige
Gralshüter, mitunter auch Rich Fisher (Reiche Fischer) genannt.
In der Vulgata: Pelles, bei Robert de Boron: Bron, bei Wolfram:
Amfortas, oft auch mit Joseph von Arimathia selbst identifiziert.
Bei Chrétien ist Parzival ein Vetter des Fischerkönigs.

X Gaheris
wohl auch: Eries
Einer der Orkney-Söhne König Lots und Morgauses. Überrascht
seine Mutter, eine Schwester des Artus, bei ihrem Liebhaber
Lamorak und tötet sie in einem Wutanfall. Stirbt durch die Hand
des von ihm hochgeschätzten Lancelot beim Kampf um Ginevra
am Scheiterhaufen. Beiname: »der Ungestüme.« Mit Lynette
verheiratet. Zur Tafelrunde gehört neben ihm verwirrenderweise
ein zweiter Gaheris, sowie mitunter »Eries«, ein Name, von dem
Fachleute annehmen, daß er durch den Schreibfehler eines
Mönchs entstanden ist.

Gahmuret
Bei Wolfram Vater Parzivals. Dient im Orient dem Baruc von
Bagdad und rettet die schwarze Königin Belacane von Zazamanc
vor einer ganzen schottischen Armee. Bekommt mit ihr einen
Mischlingssohn, Feirefiz. Heiratet später, wieder in Europa,
Herzeleyde, Königin von Wales, mit der er den Sohn Parzival
zeugt. Kehrt in den Orient zurück, wo er im Kampf fällt.

X X Galahad
auch: Galaat, Galehat
Sohn Lancelots, der ursprünglich selbst so hieß, mit Elaine von
Corbenis (nach anderen Quellen mit Elaine von Astolat). Beiname: »der Makellose«. Übertrifft den Vater in Rittertum und vor
allem Tugendhaftigkeit. Bleibt ihm trotzdem eng verbunden.
Stirbt, nachdem er mit Bors und Parzival den Gral errungen hat,
in Sarras, den Namen seines Vaters auf den Lippen. Edelster der
Artus-Recken, für den der »Perilous Seat«, der Gefahrvolle Sitz,
an der Tafelrunde von vornherein vorgesehen war.

X Galahaut
auch: Galahot, Galehot, the Haut Prince
Einer der Könige, die Artus zu Beginn seiner Regentschaft
bekämpfen, dann jedoch – in diesem Fall durch Lancelot –

besiegt, begnadigt und bekehrt zu Bundesgenossen werden. Hungert sich zu Tode, als ihm (fälschlich) Lancelots Tod gemeldet wird. Von diesem auf seiner Burg »Joyous Gard« bestattet. Beiname: »der Freigebige.«

Garel

Held des deutschen Artus-Romans »Garel von dem blühenden Tal« (um 1230) von »dem Pleier«. Erobert das Land Kenedic, dessen König Ecunaver Artus den Krieg erklärt hat, und heiratet Königin Laudane von Anfere.

X X Gareth

auch: Cahariet, Gaharie, Gaharies, Beaumains

Jüngster Sohn König Lots und der Artus-Schwester Morgause. Beiname: »der Sanfte«. Kommt anonym an den Hof, wo er als Küchenjunge dient, von Kay wegen seiner auffallend großen Hände »Beaumains« (Schönhand) genannt. Nach seinen Abenteuern mit Linet (Lyonet) und dem Kampf gegen die verschiedenfarbigen Ritter von Lancelot zum Ritter geschlagen. Laut Malory »im Rittertum alle seine Brüder wert«. Flirtet mit Lyonet, heiratet jedoch deren Schwester Lyoness. Treuer Gefolgsmann Lancelots. Wird tragischerweise von diesem irrtümlich bei der Befreiung Ginevras vom Scheiterhaufen erschlagen.

Garlon

Finsterer Ritter, kann sich unsichtbar machen, Bruder König Pellams. Wird von Balin getötet.

X X Gawain

auch: Gauvain, Gauwain, Gayain, Walewain, Gwalchmai, Waswain

Ältester Sohn König Lots und Morgauses. Bis zur Ankunft Lancelots bedeutendster und berühmtester Ritter der Tafelrunde. Heiratet nach seinem Abenteuer mit dem Grünen Ritter Ragnall, die Schwester Gromers. Dennoch so etwas wie ein mittelalterlicher Don Juan.

Nach dem Tod seiner Brüder erbitterter Feind Lancelots. Stirbt an Wunden, die er von ihm, einst seinem engen Freund, empfangen hat. Sein Geist erscheint Artus vor der Schlacht bei Camlann. Beiname: »der Mannhafte«.

Gereint – siehe Enide

X Ginevra

auch: Guinevere, Gwenhwyvar, Guenhumare, Gueniévere
Tochter des Königs Lodegrance, Gemahlin des Artus, Geliebte
des Lancelots, trotzdem, laut Malory, »eine treue Liebende«.
Verursacht letztlich den Niedergang des Artus-Reiches Logres.
Endet im Nonnenkloster von Amesbury. Wohl ursprünglich
keltische Frühlingsgöttin, die sich nach zwei Seiten zur Wehr
setzen muß, gegen den Winter (Artus?) und den Sommer (Lancelot?). Bei Geoffrey römischer Herkunft. Als Quasi-Schiedsrich-
terin in Ehrenfragen einziges weibliches Mitglied der Tafelrunde.

Gorlois

Herzog von Cornwall, erster Mann Ygernas. Fällt im Krieg, den
Uther Pendragon gegen ihn führt. Manchmal – so in der »Vulgata« – auch Hoel genannt.

Gorvenal

Lehrer Tristans, Gallier. Heiratet Brangäne, Isoldes Kammer-
jungfer. Als Tristan Lyonesse verläßt, wird er König.

Gromer

Durch Zauberei in einen Türken verwandelt. Zieht mit Gawain
auf Abenteuer. Erschlagen den König der Isle of Man und setzen
statt dessen Gomer ein (Gedicht: »Der Türke und Gawain«,
mittelenglisch um 1500).

Gromer Somer Jour

Bruder Ragnalls, der Artus die Frage stellt, was Frauen am
meisten wünschen. Mit Hilfe Gawains löst er das Rätsel (Frauen
möchten ihren Mann beherrschen), woraufhin Gromer Somer
Jour gesteht, von Morgana angestiftet worden zu sein.

X Griflet

auch: Girflet, Jaufré, Gilfaethwy
Sohn von Do, dem Förster Artus'. Von Pellinore schwer verwundet, als er für Artus im Zweikampf einspringt. Bei manchen
Autoren wirft er – anstelle von Bedivere – Excalibur in den See
zurück.

Haakon Haakonarson

Historische Figur, König von Norwegen, der von 1217 bis 1263
regiert hat. Ließ englische und französische Literatur übersetzen,
vorwiegend der Artus-Legende (darunter alles von Chrétien). Die

Übersetzungen fanden als Sagas in ganz Skandinavien weite Verbreitung.

Hoel – siehe Gorlois

X Ironside
Beiname des Roten Ritters vom Roten Land, den Gareth besiegt. Wird von Artus als neuer Freund u. Bundesgenosse aufgenommen. Vater von Raynbrown, der es ebenfalls zum Artus-Ritter bringt.

Isolde
auch: Iseut, Yseut, Isodd
nach »Elaine« zweithäufigster weiblicher Vorname der Legende. Unter den vielen Isolden, die in ihr auftauchen, sind die beiden folgenden die herausragenden Erscheinungen:

Isolde von Cornwall
Tochter des Königs von Irland, Frau König Markes von Cornwall, schwierig im Umgang. Unterhält das neben Ginevra-Lancelot zweite ehebrecherische Verhältnis der Sage. Dies freilich schuldlos, da ihr und Tristan ein Liebestrank gereicht worden ist. Tristan heiratet in der Bretagne eine andere Isolde (»Weißhand«), aber sie eilt aus Cornwall herbei, als sie von einer Verwundung hört. Kommt jedoch zu spät, um diese zu heilen, auch wegen eines Hinterhaltes der anderen Isolde. Name wohl aus dem Altenglischen »Adsiltia« (die Wohlzuschauende) entwickelt, jedenfalls nicht irischer Herkunft.

Isolde (Weißhand)
frz.: Iseut aux blanches mains
Tochter des Königs der Bretagne, die Tristan heiratet. Die Ehe wird jedoch nicht vollzogen. Rächt sich an ihrem Mann und ihrer Vorgängerin, indem sie vor seinem Tod die Farbe der Segel des Schiffes, auf dem Isolde von Cornwall eintrifft, absichtlich verwechselt. Verübt kurze Zeit später Selbstmord. In der isländischen Version der Sage ist sie Spanierin.

Ither
Neffe des Artus, Sohn von Uthers Schwester. Wolfram von Eschenbach zufolge wird er von Artus aufgezogen und König von Kukumarlant. Beansprucht den Thron seines Onkels, dem er gleichzeitig einen goldenen Becher stiehlt. Wird von Parzival getötet.

X Iwein
auch: Ywain, Owein, Ovein
Sohn Morganas, der Stiefschwester Artus' und ihres Mannes,
König Uriens von Gore, einem Königreich in Nordwestengland.
Im »Mabinogion« heiratet er die »Dame vom Brunnen« (Lady of
the Fountain). Verhindert, daß Morgana seinen Vater tötet, rettet
einen Löwen, der ihm seitdem gehorcht und folgt wie ein treuer
Hund. Sein Beiname daher: »der Ritter mit dem Löwen«, auch:
»der Kühne«. Iwein ist der Typ des Nur-Ritters, der ruhelos von
Abenteuer zu Abenteuer streift. Der Figur liegt aller Wahrschein-
lichkeit nach ein historisches Vorbild zugrunde, der Sohn König
Uriens, der diesem um 593 auf den Thron folgte und – allerdings
später als zu Artus' Lebzeiten – einen Sieg über die Angeln und
Sachsen errang.

Joseph von Arimathia
Reicher jüdischer Geschäftsmann mit Verbindung zum Zinnhan-
del von Cornwall. Besuchte der Legende nach mehrere Male
persönlich Großbritannien von Judäa aus, einmal auch mit seinem
Neffen, dem jungen Jesus. Kommt in allen vier Evangelien vor,
weil er nach der Kreuzigung den Leib Jesu in seinem eigenen
Felsengrab bestattet. Erhält vom wiederauferstandenen Herrn
den Gral und wandert mit seinen Getreuen, einer ersten christlichen Gemeinde, nach England aus, wo er sich samt seiner großen
Familie (allein 12 Neffen) in Glastonbury niederläßt. Der erste
»Fischerkönig« – siehe dort.

Josephus
auch einfach: Joseph
Ältester Sohn des Joseph von Arimathia. Als dieser mit seiner
frühchristlichen Gemeinde von Palästina nach Britannien aufbricht, begleiten ihn die Ärmsten der Armen auf Josephus'
ausgebreitetem Hemd. Zweiter Gralshüter oder Fischerkönig,
der in Schottland begraben wird. Als Nachfolger bestellt er seinen
Bruder Alan.

X X Kay
auch: Cai, Cei, Keu, Kes, Cayous, wohl auch Calogrenant
Milchbruder des Artus, Sohn Ectors, Seneschall am Hof zu
Camelot. Jähzornig, tapfer, ein treu zu Artus stehender guter

Ritter, aber schroff und oft beleidigend. Verheiratet mit Andrivete, Tochter König Cadors von Northumberland. Wird schon in der altkeltischen Legende »Culwch and Olwen« als mythologische Gestalt erwähnt, die, auf einem Lachs reitend, neun Tage und Nächte unter Wasser atmen kann. Bei Geoffrey später zum Herzog von Anjou ernannt.

Unter der Tafelrunde als ewig Mißgelaunter unbeliebt. Fällt im Krieg gegen Mordred.

Klingsor

Bei Wolfram ein Zauberer, bei Richard Wagner ein Bösewicht, vorher, in der »Vulgata«, nimmt er die Mutter Artus' und weitere Königinnen gefangen, die Gawain rettet.

König der hundert Ritter

Einer der Rebellenkönige gegen den jungen Artus, mitunter Berrant Le Apres genannt (von Malory) oder »Maleginis«, einer Übernahme aus dem Italienischen. Stammt nach italienischen Quellen (»Due Tristani«) aus Piacenza.

Kundry

auch: Cundrie

Bei Wolfram heißen gleich zwei Frauen so:

1. eine Gralsdame, die Parzival verkündet, daß Amfortas und seine Familie befreit sind, und

2. eine Tochter König Lots und der Artus-Schwester, die Wolfram Sangive (statt Morgause) nennt.

X Lac

König von Estregales, Herrscher der Schwarzen Inseln. Vater Erecs.

Lady of the Lake – siehe Dame vom See

Lailoken

Wilder Mann der keltischen Sage. Spitzname für Merlin.

X X Lamorak

auch: Lamorack, Clamorrat, Lamorat, Lamorant

Sohn König Pellinores. Einer der Kraftprotze der Tafelrunde. Verliebt sich in Morgause. Die beiden werden von deren Sohn Gaheris überrascht, der seine Mutter tötet. Lamorak – Beiname: »der Galante« – stirbt von der Hand Gawains, als er versucht, seinen von diesem getöteten Bruder Driant zu rächen.

X X Lancelot
auch: Launcelot, Lanseloit, Lanzalot, Lenselot, Lancilotto, Lanseloet, Lanzelot
Sohn König Bans von Benwick (Bretagne) und seiner Frau Elaine. Auch Lancelot du Lac (vom See) genannt, da er, von Viviane oder der Dame vom See geraubt, in der Anderwelt auf dem Grund eines Sees aufgewachsen ist. Verdrängt als glänzendste ritterliche Erscheinung der Artus-Sage den bis dahin dominanten Gawain als Ersten der Tafelrunde, aber auch in der Gunst Königin Ginevras. Zeitweilig geistesgestört, nimmt er vergeblich an der Suche nach dem Gral teil. Spitzname: »Ritter vom Karren«, weil er, um der Geliebten zu helfen, ihr einmal auf einem Schinderkarren, dem einzigen greifbaren Gefährt, gefolgt ist. Verkörpert alle Größen und Schwächen des mittelalterlichen Rittertums. Selbst sein tugendhafter Sohn Galahad, der den Gral gewinnt, übertrifft ihn darin nicht. Vom Hof verbannt, lebt er nach dem Tod des König Artus', den er zu spät zu retten versucht, im Kloster oder als Eremit. Stirbt bei Malory am Grab Ginevras sechs Wochen nach ihrem Tod.

Lanceor
Sohn des Königs von Irland. Verfolgt auf Befehl König Artus' Balin, der die Dame vom See ermordet hat, wird aber von diesem ebenfalls erschlagen. Seine Geliebte, Colombe, die ihn begleitet, tötet sich selbst. König Marke von Cornwall entdeckt die beiden Leichen am Wege und läßt sie nebeneinander bestatten.

X Lanval
Artus-Ritter, dem, französischen Quellen zufolge, Königin Ginevra übel mitspielt. Er weist Avancen ab, die sie ihm macht, daraufhin beschuldigt sie ihn, umgekehrt, erotischer Belästigungen. Lanval kann, obwohl in festen Händen, seine Unschuld nicht beweisen, da er seiner geheimnisvollen Geliebten geschworen hat, sie nie nach ihrem Namen zu fragen. Aber die Dame erscheint im letzten Augenblick vor dem königlichen Gericht, das ihn daraufhin freispricht (eine Zutat übrigens des 16. Jahrunderts).

X Lavaine
Bruder der Elaine von Astolat. Befreundet sich mit Lancelot, wird mit Urre in die Tafelrunde aufgenommen.

X X Libeaus Desconus
Sohn Gawains, Enkel König Lots, Großneffe Artus'. Erfährt
seine Herkunft erst nach einer Zeit der Bewährung, daher oft mit
Gareth verwechselt. Held einer französischen Versromanze, »Le
Bel Inconnu« (13. Jahrhundert) und des deutschen »Wigalois« des
Wirnt von Grafenberg (um 1210), der als »Wigolais vom Rade«
1493 in Augsburg im Druck erschien.

Lile
Lady, und wahrscheinlich Fee auf Avalon. Bringt ein Schwert an
den Artus-Hof, das nur Balin aus der Scheide zu ziehen vermag.
Als sie das Schwert zurückfordert, weigert er sich, woraufhin sie
ihm prophezeit, er werde mit der Waffe seinen besten Freund
töten. Was auch geschieht, als er, ohne seinen Gegner zu kennen,
im Zweikampf seinen Bruder Balan erschlägt.

X X Lionel
auch: Lyonell, Lioannus, Lyon, Lyonnaius
Bruder von Bors, Vetter Lancelots, genannt nach einem Mutter-
mal in Löwenform. Tapfer und oft zu ungestüm. Beiname: »der
Hilfsbereite«. Stets auf seiten Lancelots, von diesem zum König
von Gaunes in Gallien gemacht. Fällt in der Schlacht von Camlann und wird in Winchester beigesetzt.

X Lodegrance
auch: Leodegrance
König von Cameliard (entweder in Schottland oder Südwesteng-
land gelegen), Vater Ginevras. Er schenkt seinem Schwiegersohn
Artus zur Hochzeit die Rundtafel, die Merlin einst in Voraussicht
der Zukunft geschaffen hat.

Lohengrin
Bei Wolfram Sohn Parzivals. Kommt im Nachen, den ein als
Schwan verkleideter Engel zieht, nach Brabant, wo er – anonym –
Elsa heiratet, vielleicht die Tochter des Fischerkönigs. Verläßt sie,
als sie ihn entgegen ihren Versprechungen nach seinem Namen
fragt, nach dem Lothringen benannt sein soll.

Lot
König von Orkney (Wales, Teile Schottlands und der Inseln im
hohen Norden der britischen Inseln), Gatte Morgauses, dadurch
Schwager des Artus. Trotzdem gehört er ursprünglich zu den

Rebellenkönigen gegen Artus. Später stellt der Orkney-Clan fast eine Art von Kernmannschaft der Artus-Runde. Durch seine Tochter Soredamor aus erster Ehe ist er auch Großvater von Cligés. Wird im Kampf von König Pellinore getötet und von seinen Söhnen Gawain, Agrawein, Gaheris und Gareth gerächt. Ursprünglich keltischer Lichtgott, daher sein Beiname »der Strahlende«.

Lyoness
auch: Lionors
Tochter des Grafen Sanam. Wird von Gareth aus der Belagerung durch den Roten Ritter befreit. Heiratet ihren Retter, was sie nicht davon abhält, sich mit König Artus einzulassen, mit dem sie einen unehelichen Sohn zeugt, Loholt (bei Malory: Borre).

Lyonet
auch: Linet, Le Demoiselle Sauvage
Bittet am Hof des Königs Artus um Hilfe gegen den Roten Ritter vom Roten Land, der die Burg ihrer Schwester Lyoness belagert. Da sie sich weigert, Namen und Lage der Burg zu verraten, wird ihr nur der Küchenjunge Beaumains – in Wirklichkeit der spätere Sir Gareth – zur Verfügung gestellt, der aber auf der ganzen Linie erfolgreich wird.

X X Lucas
auch: Lucain, Lucant, Le Bouteiller
Herzog von Gloucester, als Steward, Weinschenk, Hofbeamter auf Camelot tätig, Bruder Bediveres. Bleibt bis zuletzt, obwohl schwert verwundet, beim König. Soll, nach Malory, während oder an der Umarmung durch Artus gestorben sein.

Marke
auch: Mark, March
König von Cornwall, Onkel Tristans. Geizig, mißgünstig, ein Tyrann, bei Malory: »der schlechte König Mark«. Wird betrogen, verfolgt die Betrüger (Tristan und Isolde) zwar hinterhältig, aber nur mit halbem Herzen, um sie desto mehr quälen zu können. Heißt auf Walisisch »March«, was Pferd bedeutet. Daher wohl bei manchen Autoren mit Pferdeohren versehen, die er unter einer Kappe verbirgt.

Meneagant

auch: Melwas

Sohn des Königs Bagdemagus. Entführt Ginevra, wobei ihn sein Vater daran hindert, sie zu vergewaltigen. Lancelot befreit die Geliebte.

Melchan

Sohn Mordreds. Nach Usurpation des Throns von Lancelot getötet.

X Meraugis

Sohn König Markes, der seine Nichte Labiane vergewaltigt hat. Marke ermordet Labiane und setzt das Kind in der Wildnis aus, wo es von Waldleuten gefunden, erzogen und später an den Hof von Camelot gebracht wird.

Merlin

auch: Myrddin, Merdinus, Emrys

Magier, Zauberer, Prophet, womöglich Sohn des Teufels oder, in walisischen Legenden, einer Jungfrau. Von Vortigerns Leuten als Opfer vorgesehen, die er jedoch überlistet. Berater des Ambrosius Aurelianus, Uther Pendragons und Artus. Verfällt Nimue (Dame vom See?), die ihn mit einem Zauberbann belegt, was einer Tötung gleichkommt.

X X Mordred

auch: Modred, Medrawt, Medraut, Mordrec d'Orcanie

Sohn Artus', inzestiös mit seiner Schwester oder Halbschwester Morgause (nach anderen Quellen: Anna) gezeugt. Soll von Artus auf Herodes-Weise getötet werden, überlebt aber und wird seinem Vater von der Mutter an den Hof nach Camelot gebracht. Der Verräter der Artus-Sage: sät Unfrieden gegen seinen Vater und usurpiert bei dessen Abwesenheit den Thron, unklar, ob mit der Hilfe Ginevras oder gegen ihren Willen. Wird in der Schlacht bei Camlann von seinem Vater erschlagen, dem er ebenfalls tödliche Wunden beibringt.

Morgana

auch: Morgan le Fay, Morgain, Morgan

Tochter Gorlois' und Ygernas, Halbschwester Artus', den sie mit Haßliebe verfolgt, ihn jedoch am Ende heim nach Avalon holt. Im Kloster erzogen, wo sie die Zauberkunst erlernte. Heiratet König

Urien von Gorre und wird Mutter Iweins, behält aber engen Kontakt zur Anderwelt, deren Vertreterin sie in Britannien zu sein scheint. Erste der neun Schwestern des keltischen Heiligtums (und Totenreichs) Avalon. Zunächst eher Fee, der die Zeit nichts anhaben kann, neigt sie später mehr den Sterblichen zu und muß, eine eigene Art von Tragik, ihre Altersrunzeln dick überschminken. Hexe, Göttin und Menschenwesen sind in ihr sonderbar miteinander verwoben.

Morganetta
Torquato Tasso (1544 – 1595) zufolge Tochter Morganas.

Morgause
auch: Anna, Creades, Morchades
Tochter Ygernas und Gorlois', Schwester Morganas, Halbschwester Artus'. Aus politischen Gründen, nicht aus Liebe mit König Lot von Orkney, Lothian und Norwegen verheiratet. Hat mit ihm vier Söhne, die alle an den Hof zu Camelot kommen (Gawain, Gaheris, Agrawain, Gareth), einen mit Artus (Mordred). Später Geliebte Lamoraks und von ihrem Sohn Gaheris deswegen getötet.

Nero
Bruder Riences, der den Bart Artus' in dessen Mantel verarbeiten lassen will, aber von diesem besiegt wird.

Owein – siehe Iwein

X X Palomides
auch: Palomedes, Pallomides, Plomyd, Chevalier de la Beste Glarissant
Sarazenischer Ritter, der sich in Isolde von Cornwall verliebt. Kämpft um Isolde gegen Tristan, der ihn besiegt. Bekehrt sich zum Christentum und wird Herzog der Provence.

X X Parzival
auch: Parsifal, Perceval, Peredur, Pierchelal, Perchevael, Parcevaus
Sohn König Pellinores, nach dessen Tod von der Mutter weitab von allem Rittertum aufgezogen. Gerät als »tumber tor« an den Artus-Hof, wo er sich sofort an die Verfolgung eines Ritters macht, der Ginevra beleidigt hat. Von Gurnemanz ausgebildet, einem Ritter älterer Tradition. Erringt den Gral, zunächst allein,

später an der Seite Galahads. Beliebtester Artus-Held auf dem Kontinent. Seltsam indifferent den Menschen gegenüber, so beim Tod der Mutter und gegenüber den Leiden des Fischerkönigs. Nur im Irrtum und durch seine stete Lernbereitschaft wird der »perfekte Narr« mitunter zum Weisen. Sein Beiname: »der Verträumte«.

Paschent
Sohn Vortigerns. In Deutschland gegen Ambrosius und Uther tätig.

Pellam
auch: Pelles, Pellehan
König von Listinoise, ein Land, das zum Teil des Wüsten Landes wurde, als König Pellam von Balin mit der Lanze des Longinus der »Schmerzhafte Streich« versetzt wurde, an dem er lange leidet. Mitglied der Gralsfamilie, aber auch dem keltischen Heidentum verpflichtet, ähnlich wie sein Bruder Garlon, der sich unsichtbar machen kann und von Balin erschlagen wird. Erreicht durch Zauber, daß seine Tochter Elaine mit Lancelot schläft und Galahad zeugt, um die Gralssuche voranzutreiben.

X X Pellinore
auch: Pellinor, Pellens
König, dem unterschiedliche Reiche zugeschrieben werden, u. a. Listinois im Wüsten Land und Northumberland. Vater Parzivals und Lamoraks. Steht zunächst Artus dauernd im Weg und gehört zu seinen Feinden, später enger Bundesgenosse. Hochtrabend und ehrgeizig. Da er im Kampf auf seiten Artus' König Lot von Orkney getötet hat, besteht zwischen ihm und dem – inzwischen ebenfalls Artus verbundenem – Haus Orkney eine Art Urfehde. Stirbt von der Hand Gawains.

Percard
Der »Schwarze Ritter«, wird von Gareth getötet.

X Persant von Indien
Fahrender Ritter, offenbar sehr selbstbewußt, denn er tritt des öfteren als »größter Ritter des Abendlandes« neben Artus auf. Wird von Lancelot im Turnier besiegt.

Petrus
Gefährte Joseph von Arimathias und Vorfahre König Lots. Hat

einst Orcan, den Herrscher über die Orkneys, zum Christentum bekehrt und dessen Tochter Camille geheiratet.

X Polidamas
Ritter der Tafelrunde, Neffe Yders.

Quintilian
Neffe des römischen Feldherrn oder Kaisers Lucius. Geoffrey läßt ihn, während Gawain eine Botschaft König Artus' überbringt, eine boshafte Bemerkung über die Briten machen. Gawain schlägt ihm jähzornig den Kopf ab und muß fliehen.

Ragnall
auch: Ragnell
Schwester Gromers, von Morgana in eine häßliche Hexe verzaubert. Rettet Artus bei der Suche nach der Lösung des ihm von ihrem Bruder gestellten Rätsels. Gawain, der die Suche für Artus betreibt, heiratet sie entsprechend ihrer Verabredung. Als er die Braut küßt, verwandelt sie sich in ein bildschönes Mädchen. Die Wahl, ob er sie hübsch am Tage und nachts häßlich haben will oder umgekehrt, überläßt er der Betroffenen selbst, was ihren Zauberbann endgültig löst.

Rience
auch: Rhitta, Ricca, Ritho
Riese oder König der Riesen. Besitzt einen Mantel aus den Barthaaren von elf Königen, die er als Straßenräuber überfallen hat. Will als zwölften Bart den von König Artus, dem noch keiner wächst. Wird im Kampf von Artus getötet. Nach anderen Quellen König von Nordwales, der in Logres einfällt, aber, von Balin und Balan gefangengenommen, Frieden mit Artus schließt.

Riothamus
Britischer König, der besiegt nach Burgund verschleppt wurde und dort verschollen ist. Wird bisweilen von waghalsigen Theoretikern mit Artus, aber auch dessen Vater Uther Pendragon identifiziert.

Ritter auf dem Karren
auch: Ritter vom Karren – siehe Lancelot.

Ritter mit dem Löwen – siehe Iwein

Ritter mit den zwei Schwertern – siehe Balin

Ritter mit der weißen Rüstung – siehe Lancelot

Roter Ritter
Da gibt es etliche. Unter anderem.
1. der Ritter, der am Hofe König Artus' einen Becher stiehlt und von Parzival getötet wird.
2. Sir Perimones, der von Gareth besiegt wird.
3. Roter Ritter aus dem Roten Land, auch Sir Ironside genannt (siehe dort).
4. Parzival in der Rüstung des von ihm getöteten Becherdiebes.

X Rouse, Sir de la
genannt: »der Braune Ritter ohne Gnade«. Hält 30 Ritterwitwen gefangen, die Gareth befreit. Nach Camelot verbracht, wird der geläuterte Unhold Mitglied der Tafelrunde.

Rowena
Bei Geoffrey Tochter des Sachsenherzogs Hengist, die Vortigern heiratet.

X X Safere
auch: Safer, Sepher, Sefar, Caphar de Mescougnau
Sarazenischer Ritter, Bruder des Palomedes. Hilft diesem im Kampf gegen König Carados, nimmt an der Gralssuche teil und wird, zum Christentum übergetreten, Herzog von Languedoc.

X Sagremor
Sohn des Königs von Ungarn. Er jagt einen der weißen Hirsche, die eine große Rolle bei den Jagdabenteuern der Artus-Ritter spielen. Wer einen erlegt, darf das hübscheste Mädchen am Hof küssen. Beiname: »der Furchtlose«. Beide Brüder sind Bischof.

Sandav
Im »Mabinogion« Überlebender der Schlacht von Camlann. Weil er so hübsch ist, hält ihn jeder Krieger für einen Engel und wagt nicht, ihn anzugreifen, geschweige denn zu töten.

Tom à Lincoln
Angeblich illegitimer Sohn Artus' mit einer Dame namens Angelika. Von einem Schäfer aufgezogen, dient er Artus als Heerführer und besiegt als solcher, wie einem frühenglischen Prosatext zu entnehmen, die Portugiesen. Beiname: »Ritter der Roten Rose«. Hat einen Sohn aus erster Ehe mit der Fee Caelia, den »Feenritter«, aus der zweiten mit Frau Anglitora, den »Schwarzen Ritter«

Percard. Tom à Lincoln wird von Anglitora getötet und vom Schwarzen Ritter gerächt.

Tom Thumb
Däumling, von Merlin an den Artus-Hof gebracht. Besitzt einen Ring, der ihn unsichtbar macht sowie Siebenmeilenstiefel; ist auch als Wahrsager tätig. In die deutsche Literatur von Ludwig Tieck eingebracht: »Leben und Taten des kleinen Thomas, genannt Däumchen.«

X Torre
auch: Tor
Sohn Pellinores, von Aries, einem Kuhhirten, aufgezogen, von Artus zum Grafen erhoben. Wird bei der Befreiung Ginevras von Lancelots Leuten getötet.

X X Tristan
auch: Twistra, Tristam, Drystan, Drustan, Tristran, Tristant
Neffe König Markes, Liebhaber Königin Isoldes von Cornwall. Heiratet später in der Bretagne eine andere Isolde (»Weißhand«), bei der er kein Glück findet. Beiname: »der Traurige«. Begabter Spielmann; nennt sich als solcher, vor allem in Irland: Tantris. In seine Gestalt sind irische, piktische und cornisch-bretonische Sagenstoffe verwoben. Bei Malory wird er von Marke ermordet.

X Ulfius
auch: Urfin, Ursin
Ritter schon am Hofe Uther Pendragons, Gefährte und enger Freund Sir Ectors. Als Artus König wird, ernennt er ihn zeitweilig zum Hofmeister auf Camelot. Dient dem König häufig als Sonderbotschafter, vor allem zu König Bors und Ban.

X Urien
auch: Uriens
Einer der frühen Rebellen gegen Artus, später einer seiner verläßlichsten Verbündeten. Vater von Iwein (Owein), verheiratet mit Artus' Halbschwester Morgana. Bei Geoffrey König von Mureif, bei Malory von Gore, beide an der Grenze zu Schottland gelegen. Wahrscheinlich eine historische Gestalt, nämlich König von Rheged im Nordwesten Englands (um 570).

X Urre vom Berg
Ungarischer fahrender Ritter, der in Spanien auf einem Turnier

sieben schwere Wunden erleidet, die nicht heilen. Seine Mutter und seine Schwester Felelolie bereisen mit ihm Europa. Wird endlich von Lancelot geheilt und siegt mit seinem Freund Lavaine (der Felelolie heiratet) beim anschließenden Turnier.

Uther Pendragon
Artus' Vater, zweiter Gatte Ygernas, Bruder des Ambrosius, seinem Vorgänger auf dem britischen Königsthron.

Viviane – siehe Dame vom See

Vortigern
auch: Uurtigernus (lateinisch)
Holt zur Hilfe gegen seine Feinde Angeln und Sachsen nach Britannien. Ihm prophezeit der junge Merlin das künftige Schicksal des keltischen Landesteils (Kampf der beiden Drachen). Wird vom Brüderpaar Ambrosius und Uther Pendragon, das mit einem Heer aus Frankreich zurückkehrt, besiegt und getötet. Als britischer König historisch im 5. Jahrhundert nachweisbar. Erste Erwähnung bei Bede, herrschte laut Nennius vierzig Jahre.

Vortimer
Ältester Sohn Vortigerns, der mit dem Vater bricht und dessen sächsische Bundesgenossen bekämpft. Verdrängt Vortigern zeitweilig vom Thron, der aber auf ihn zurückkehrt, nachdem Vortimer von seiner sächsischen Stiefmutter vergiftet worden ist.

Wigalois (Wigoleis) – siehe Liebeaus Desconus

X Yder
Sohn König Nucs von Alemaigne (Albany in Schottland). Versucht, durch Waffentaten die Liebe Ginevras zu erringen. Rettet Artus, obwohl dieser ihn aus Eifersucht zu töten versucht hat. Held einer französischen Romanze des 13. Jahrhunderts mit einem außergewöhnlich unsympathischen König Artus.

Ygerna
auch: Igraine, Igrain, Ygerne, Ingerne
Mutter Artus'. In erster Ehe mit Gorlois von Cornwall verheiratet, dann mit Uther Pendragon, Artus' Vater.

Ysaive
Artus' Nichte, ungetreue Gemahlin König Caradocs von Vannes und Nantes. Geliebte Eliavres', des Ritters mit den Zauberkräften.

Yvonet
Edelfräulein Ginevras, Liebling des jungen Parzival, der Kay sein
Leben lang einer Ungerechtigkeit wegen zürnt, die er ihr angetan
hat.

Zeittafel

Genannt sind hier ausschließlich historische Daten. Auch diese sind nicht immer verläßlich, da vielfach traditionell überliefert oder in verschiedenen Versionen vorhanden. Immerhin: Wer bei der Geschichte der Artus-Legende die chronologische Orientierung verliert, kann diese Tafel als einen roten Faden benutzen.

47 n. Chr.	Endgültige Eroberung des Südens und Ostens Englands durch die Römer;
61	Gründung Londons;
122	Kaiser Hadrian baut eine Mauer gegen den Einfall feindlicher Pikten und Scoten aus dem Norden;
140–43	Antonius besiegt die Schotten. Die Errichtung einer zweiten Mauer wird bald wieder aufgegeben;
350	Britannien ist über 300 Jahre römisch. In 10 Generationen hat es nur einen Konflikt gegeben, der mit Waffen ausgetragen wurde;
360	Beginn des Einfalls fremder Völker auf den britischen Inseln (Wikinger, Dänen, Jüten, Angeln, Sachsen);
410	Rom gibt den nördlichen Teil seines Reiches auf. Die letzten Legionen verlassen das Land. Einfälle der Barbaren mit Mord und Plünderung;
418	letzter Versuch römischer Legionen, Britannien zu befreien;

um 425	übernimmt Vortigern die Macht;
440	Aufstand der heidnischen Fürsten gegen das aus Irland missionarisch eingeführte Christentum;
um 440	holt Vortigern – historisch belegt – 450 Sachsen unter den Herzögen Hengist und Horsa als Hilfskorps ins Land;
450	Vortigern gestattet es Angeln und Sachsen, in Britannien zu siedeln als Schutz gegen Pikten, Scoten und Iren, die von Schottland und Wales aus angreifen;
um 450	Gildas publiziert seine historische Streitschrift »De Excidio Britanniae« (Über den Untergang Britanniens);
455	Rebellion Hengists gegen Vortigern (überliefertes, historisch nicht exakt belegbares Datum);
457	Rebellion der Sachsen: Tausende von Briten fliehen in die Bretagne, nach »Armorica«;
um 455	Schlacht am Mons Badonicus, wohl in der Nähe von Bath. In der Legende der erste entscheidende Sieg des Königs Artus;
461	Tod Vortigerns. Nachfolger wird Ambrosius Aurelianus, römischer Herkunft. Fällt bei einer Gegenoffensive der Sachsen. Ein junger Mann (Nachfahre?) übernimmt angeblich das Kommando und vernichtet – was auch eine Verwechslung mit der Schlacht am Badon Hill sein kann – den Feind. Um ihm rankt sich die Artus-Sage;
um 475–um 537	Artus, König der Legende, in Wirklichkeit wohl erfolgreicher Heerführer (Dux Bellorum);
um 537	(anderen Einschätzungen zufolge schon 515) Schlacht bei Camlann in Cornwall (Camelford? Slaughter Bridge?), in der Artus im Kampf gegen Mordred fällt;

572	Tod des Gildas, in dessen Werk Artus nicht vorkommt;
673–735	Bede, Zuname:»The Venerable« (der Ehrwürdige), Verfasser der»Ecclesiastischen Geschichte des englischen Volkes«, in der – 731 vollendet – Artus ebenfalls nicht vorkommt;
um 820	Nennius, ein Mönch, schreibt in Bangor, Nordwales, eine»Historia Brittonum« (Geschichte der Briten). In ihr findet sich die erste Biographie des Artus und Schilderung seiner 12 Schlachten. In walisischer Überlieferung handelt es sich nur um 2 Schlachten. Nach anderen Quellen ist die»Historia« 796 vollendet worden;
1019	erste Erwähnung des Artus als König in der bretonischen»Legende des St. Goeznovius«;
um 1136	Geoffrey of Monmouth (1100–1154) schließt seine»Historia Regum Britanniae« (Geschichte der Könige Britanniens) ab;
um 1150	Geoffrey, Bischof von Llandaff in Wales, schreibt eine»Vita Merlini« (Leben Merlins);
um 1155	Robert Wace von der Insel Jersey vollendet seinen»Roman de Brut«, den er Eleanore von Aquitanien widmet. Hauptquelle ist Geoffrey. Bei Wace erste Erwähnung der Tafelrunde;
um 1170	»Erec« von Chrétien de Troyes vollendet. Auch Chrétien (geboren vor 1150, gestorben wohl vor 1190), der bedeutendste französische mittelalterliche Romanzendichter, fußt auf Geoffrey. Es folgen um 1176»Cligés«, 1171 die Lanzelot-Geschichte»Le Chevalier de la charette« (Der Ritter im Karren) und »Yvain – Le Chevalier au lion« (Iwain – der Ritter vom Löwen) sowie 1182»Perceval« oder»Le Conte del Graal« (Die Geschichte vom Gral), letztere unvollendet;

nach 1194	Ulrich von Zatzikhoven, ein Schweizer, schreibt seinen »Lanzelet« in Mittelhochdeutsch;
1180–1210	Hauptschaffenszeit Hartmann von Aues. Sein »Iwein« wird meist auf 1205 angesetzt. Tod zwischen 1210 und 1220;
um 1200	ist Gottfried von Straßburg tätig, der »Meister des unordentlichen Erzählens«. Sein »Tristan« dürfte zwischen 1200 und 1215 entstanden sein, sein »Parzival« um 1210 abgeschlossen. Erster Einbezug Tristans und Isoldes;
um 1200	»Parzival« von Wolfram von Eschenbach (geboren um 1170, gestorben um 1220), dem bedeutendsten Dichter des deutschen Mittelalters;
um 1200	Robert de Boron, burgundischer Dichter, 1212 gestorben, schreibt »Joseph von Arimathie« und als Fortsetzung »Merlin«;
um 1215	Gralsgeschichte »Diu Cróne« von Heinrich von dem Türlin aus Kärnten;
um 1220	»Lancelot do Lac«, früheste französische Prosaversion der Lancelot-Geschichte, anonym, als »Lancillotto del Lago« 1533 in italienischer Übersetzung;
um 1225	erster deutscher Artus-(Schelmen)-Roman von »dem Stricker« (Fallensteller): »Daniel von dem blühenden Tal«;
1226	»Tristrams Saga ok Isöndar« – isländische Version der Tristan-und-Isolde-Geschichte, auf Geheiß König Haakon Haakonsons (um 1217 – 63) ins Norwegische übersetzt;
um 1226	erste Nachahmung des Runden Tischs auf Zypern, später überall nachgeahmt;
um 1230	»Lancelot und Ginevra« – der »Prosa-Lancelot«;
um 1235	»Vulgate Cycle«, auch »Lancelot-Gral-

Zyklus« genannt, Walter Map (um 1140 – um 1210), tätig am Hof Henrys II. von Frankreich, Robert de Boron und anderen zugeschrieben. Sammelband diverser französischer Prosaautoren;

um 1250   Mabinogi (Mabinogion), walisische mittelalterliche Erzählungssammlung. Enthalten auch im »White Book of Rhydderch« (1325) und im »Red Book of Hergest« (um 1400);

um 1265   drei Artus-Romanzen des österreichischen Autors »der Pleier«: »Garel von dem blühenden Tal«, »Tandareis und Flordibel« sowie »Meleranz«;

1290   Tod der Königin Eleanor (geb. 1246), Errichtung der 12 Eleanorenkreuze, vgl. die Heimholung Ginevras. Vorbild auch für feierliche Überführung der Königin Luise von Preußen im Jahre 1810;

um 1313   »Roman du Graal« aus altspanischen Texten von Juan Vives übersetzt und zusammengestellt;

um 1320   Erwähnung der Artus-Romanzen in Canto 5 des »Inferno« der »Göttlichen Komödie« von Dante Alighieri (1265–1321);

um 1340   Geoffrey Chaucer in London geboren, Autor der »Canterbury Tales«, Höhepunkt der mittelalterlichen Literatur Englands, Beginn der modernen Sprache. Gestorben in London 1400;

nach 1345   »Sir Gawain and the Green Knight« (Sir Gawain und der Grüne Ritter), anonymes Gedicht, eine der Perlen arthurischer Dichtung;

um 1350   »Roman van Lancelot«, mittelholländische Version: »Lantsloot vaneter Haghedochte«;

1355–62   Giovanni Boccaccio erzählt Artus-Legende in »De Casibus Virorum Illustrium« (Quelle: Geoffrey of Monmouth);

um 1400	»Geraint and Enid«, erste der drei »Walisischen Romanzen« nach französischem Vorbild. Die beiden anderen: »Owein« und »Peredur«;
1470	»Morte Darthur« von Sir Thomas Malory (um 1416–14. März 1471). Bedeutendste Zusammenfassung der Artus-Legende;
1455–1485	Krieg der Rosen
1480–1489	William Caxtons Druck des »Morte Darthur», der bis 1635 fünf Auflagen erlebt. Erstes englischsprachiges Buch von Caxton 1474 in Köln gedruckt: »Recuyell of the Histories of Troy« (Erinnerung an die Geschichte Trojas). Gründung der ersten Druckwerkstatt in England in Westminster (London) 1477;
1493–1584	14 Auflagen des anonymen französischen »Petit Artus de Bretagne«;
1519	erste drei Bücher von »The Faerie Queene« (Die Feenkönigin), Hauptwerk Edmund Spensers (1552 – 1599);
1604/08	»King Lear« von William Shakespeare (1564–1616);
1691	Uraufführung des »King Arthur« von John Dryden mit der Musik von Henry Purcell;
1753	Johann Jacob Bodmer (1698–1793), Schweizer Gelehrter und Dichter, übersetzt Wolframs »Parzival«. Es folgt »Gamuret« 1755;
1777	Christoph Martin Wieland (1733–1813): »Merlin der Zauberer«;
1804	»Geschichte des Zauberers Merlins«, in der Übersetzung seiner Frau Dorothea Schlegel herausgegeben von Friedrich Schlegel (1772–1829);
1811	August Wilhelm Schlegel (1767–1845) beginnt eine Versübersetzung von Gottfrieds »Tristan« (Fragment);

1829	Ludwig Uhland (1787–1862): Gedicht »Merlin der Wilde«;
1831/32	Friedrich de la Motte-Fouqué (1777–1843): episches Gedicht »Parcival«;
1832	Karl Immermann (1796–1840): »Merlin, Ein Mythos«, lange unterschätztes Theaterstück, gefolgt 1841 von »Tristan und Isolde – ein Gedicht in Romanzen«;
1859	Alfred, Lord Tennyson (1809–1892) publiziert die ersten vier Idyllen seiner »The Idylls of the King«. Beginn der Artus-Renaissance;
1859	Richard Wagner (1813–1883): »Tristan und Isolde«;
1877/82	Richard Wagner: »Parsifal«;
1864	erscheint »The Quest of the Sangraal« von Robert Stephen Hawker auf Morwenstow (1803–1875);
1886	Uraufführung der Oper »Merlin« von Karl Goldmark (1830–1915). 1901 Zweitaufführung einer veränderten Fassung in Frankfurt am Main;
1889	Mark Twain (1835–1910) veröffentlicht die Persiflage »A Connecticut Yankee in King Arthur's Court« (Ein Yankee aus Connecticut an König Artus' Hof);
1902	von Eduard Stucken (1856–1936) erscheint das erste von insgesamt acht Stücken über Artus (»Gawan«). Gesamttitel: »Der Gral. Ein dramatisches Epos«;
1909	»Tantris der Narr«, Tristan-Drama von Ernst Hardt (1876–1947), bis 1933 Generalintendant in Weimar, nach dem Zweiten Weltkrieg erster Intendant des WDR Köln;
1914	»Parsifal« von Gerhard Hauptmann (1862–1946), wie vorangegangener »Lohengrin« (1913) für Sohn Benvenuto geschrieben. Sein Fragment gebliebener Roman »Der neue

Christopherus« (1917–1944) sollte ursprünglich »Merlin« heißen. Hinterließ auch ein
ebenfalls Fragment gebliebenes Drama »Galahad«;

1922   T. S. Eliot (1888–1965) veröffentlicht »The
Waste Land«, Einzug der keltischen Überlieferung in die Moderne;

1923   Thomas Hardy (1840–1928), der Dichter und
Romanautor, schreibt das Spiel »The Famous
Tragedy of the Queen of Cornwall at Tintagel
in Lyonesse« (Die berühmte Tragödie der
Königin von Cornwall auf Tintagel in Lyo-
nesse), »ein Stück für Vermummte in einem
Akt«. Bis heute beliebtes Stück für englisches
Laientheater. Isolde tötet Marke und stürzt
sich von den Klippen;

1934   Entdeckung des Malory-Manuskripts in
Winchester;

1947   nach dem Krieg gibt Eugène Vinaver
(1899–1977) das Manuskript von Winchester
heraus, was die Malory- und Artus-Forschung entscheidend verändert;

1953/54 der österreichische Dichter H. C. Artmann
(geb. 1921) publiziert »Ginevra verrät sich im
schlaf und der könig antwortet ihr mit einem
gedicht«;

1961   erscheint Ruth Schirmers Nachdichtung
»Lancelot und Ginevra, ein Liebesroman am
Artushof«, gefolgt 1969 von dem »Roman
von Tristan und Isolde«. Hauptquelle: die
altfranzösische Vulgata;

1970–84 erscheinen die vier erfolgreichen Romanfas-
sungen der Artus-Sage durch die englische
Schriftstellerin Mary Stewart;

1975   Günter de Bruyns »Tristan und Isolde« erscheint in der ehemaligen DDR;

1981   Mysterienspiel »Merlin oder das Wüste

323

1982

Land«, von Tankred Dorst in Zusammenarbeit mit Ursula Ehler geschrieben, hat Premiere in Düsseldorf;

erscheint Marion Zimmer Bradleys »The Mists of Avalon« (Die Nebel von Avalon), auch in deutscher Übersetzung der erfolgreichste populäre Artus-Roman am Ende des 20. Jahrhunderts. Zur gleichen Zeit beendet die amerikanische Autorin Gillian Bradshaw ihre Artus-Trilogie. Ein Ende der Neu- und Nachdichtungen um König Artus ist nicht abzusehen.

Bibliographie
(Auswahl)

Die Legende (deutsch)

Helmut Birkhan: Keltische Erzählungen vom Kaiser Artus, zwei Bände, Kettwig 1989
Gottfried von Straßburg: Tristan. Hg. Peter Wapnewski, Übersetzung Rüdiger Krohn, Stuttgart 1985
Karl Langosch (Hg.): König Artus und seine Tafelrunde. Europäische Dichtung des Mittelalters, Stuttgart 1980
Sir Thomas Malory: Der Tod Arthurs. Übersetzung von Hedwig Lachmann, Leipzig ca. 1910
Sir Thomas Malory: König Artus. Übersetzung von Helmut Findeisen auf Grundlage der Lachmannschen Ü. Frankfurt am Main, drei Bände 1977
John Steinbeck: König Artus. Roman nach Malory. Deutsch von Christian Spiel. München 1992

Die Legende (englisch)

Phyllis Briggs: King Arthur and the Knights of the Round Table (zusammenfassende Erzählung). London 1957
James Cable (Hg. und Übers.): The Death of King Arthur (La Mort le Roi Artu), London 1971
Jeffrey Gantz (Hg. und Übers.): The Mabinogion. London 1976
An.: Sir Gawain and the Green Knight. Edited J. R. R. Tolkien, Oxford 1925
An.: Sir Gawain and the Green Knight. Edited by J. A. Burrow, London 1972
Sir Thomas Malory: King Arthur and his Knights. Edited by R. T. Davies, London 1967
John Matthews (Hg.): The Arthurian Reader. London 1988

Die Kelten

Paul und Sylvia Botheroid: Schottland/Wales/Cornwall – Auf den Spurten von König Artus. München 1988

Rosemary Clinch & Michael Williams: King Arthur in Somerset. Bodmin 1987
Frank Delaney: The Celts. London 1986
L. J. Dickinson: The Story of King Arthur in Cornwall. Trebrea, Tintagel 1934
Brenda Duxbury & Michael Williams: King Arthur's Country in Cornwall. Bodmin 1979
Frank E. Halliday: History of Cornwall. London 1943
Gerhard Herm: Die Kelten. Düsseldorf 1975
Lloyd Laing: Celtic Britain. Badon 1979
Ruth & Vincent Megaw: Early Celtic Art. Aylesbury 1986
Gertrude v. Schwarzenfeld: Cornwall. München 1982
John Lloyd Warden Page: The North Coast of Cornwall. Truro 1897
Michael Williams: Hawkers Morwenstow. Bodmin 1949
Colin Wilson: King Arthur Country in Cornwall. Bodmin 1949

Nachdichtungen
Gilliam Bradshaw: Die Krone von Camelot, Der Falke des Lichts, Das Königreich des Sommers. Deutsch von Ilka Paradis. Düsseldorf 1986
T.S.Eliot: The Waste Land/Das Wüste Land. Deutsch von Eva Hesse. In: Gesammelte Gedichte. Frankfurt am Main 1988
Robert Stephen Hawker: Cornish Ballads and other Poems. London 1928
Günter de Bruyn: Tristan und Isolde. Berlin (Ost, eh. DDR) 1975
Ruth Schirmer: Lancelot und Ginevra. Nacherzählung. Zürich 1961
Ruth Schirmer: Roman von Tristan und Isolde. Zürich 1969
Mary Stewart: Flammender Kristall, Der Erbe. Deutsch von Günter Panske. Wien 1974
Alfred, Lord Tennyson: Idylls of the King. Harmondsworth 1983
Mark Twain: A Connecticut Yankee in King Arthur's Court. New York 1988
Marion Zimmer Bradley: Die Nebel von Avalon. Frankfurt 1990

Literaturgeschichte
Piers Brendon: Hawker of Morwenstow. London 1975
Karl Otto Brogsitter: Artusepik. Stuttgart 1965
Joachim Bumke: Wolfram von Eschenbach. Stuttgart 1964
Michael Curschmann, Ingeborg Glier (Hf.): Deutsche Dichtung des Mittelalters. Band II Hochmittelalter. Frankfurt am Main 1987
H. W. Drescher (Hg.): Lexikon der englischen Literatur. Stuttgart 1979
Dorothy Eagle: The Concise Oxford Dictionary of English Literature. Oxford 1985
Norris J. Lacy (Hg.): The Arthurian Encyclopedia. Woodridge 1986

Michael Stapleton: The Cambridge Guide of English Literature. London 1983
Charles Tennyson: Alfred Tennyson. London 1950
J. R. Watson: Everyman's Book of Victorian Verse. London 1982

Historisches

Janet & Colin Bord: Ancient Mysteries of Britain. London 1986
J. P. Kenyon (Hg.): Dictionary of British History. London 1981
Kenneth O. Morgan (Hg.): The Oxford Illustrated History of Britain. Oxford 1984
John Morris: The Age of Arthur. A History of the British Isles from 550 to 650. Vol. 1, 2, 3. London 1977
Ida Procter: Visitors to Cornwall. Redruth 1982
Malcolm Todd: Roman Britain 55BC – AD400. London 1981
E. W. F. Tomlin: The Church of Morwenstow. Morwenstow 1990
Michael Winterbottom: Gildas – The Ruin of Britain and other works (Übersetzung ins Englische und lateinischer Urtext). London 1978

Theorie, Esoterik

Geoffrey Ashe: King Arthur. The Dream of a Golden Age. London 1990
Geoffrey Ashe: King Arthur's Avalon. The Story of Glastonbury. Glasgow 1973. Deutsch: Die Entdeckung von Avalon. Düsseldorf 1989
Graham Ashton: The Realm of King Arthur. Newport 1974
Richard Barber: King Arthur. Hero & Legend. Woodbridge 1986
Ronan Goghlan: The Encyclopedia of Arthurian Legends. Forword by John Matthews. Shaftesbury 1991
E. M. R. Ditmas: Traditions and Legends of Glastonbury. Guernsey 1984
R. W. Dunning: Arthur. The King in the West. Trowbridge 1990
Frances Howard-Gordon: Glastonbury – Maker of Myths. Glastonbury 1982
H. J. Hutchins: The King Arthur Illustrated Guide. Redruth 1989
Caitlin Matthews: Arthur and the Sovereignty of Britain. King and Goddess in the Mabinogion. London 1989
John Matthews: The Arthurian Tradition. Shaftesbury 1990
John Matthews: The Grail Tradition. Shaftesbury 1990
John Matthews: The Grail. Quest for the Eternal. London 1981
Nicolai Tolstoi: The Quest for Merlin. London 1895

Register

dessen Sohn (um 480–um 495) 255f.

Chaplin, Charlie (Sir Charles), Filmkomiker (1889–1977) 259

Chaucer, Geoffrey, engl. Dichter (um 1340–1400) 62ff., 115

Chrétien de Troyes, altfrz. Dichter (um 1150–um 1190) 19f., 24, 88, 106, 108, 110, 115, 121, 126, 129, 143, 149ff., 153ff., 161, 259, 264

Clamadeus, König 149

Claudas, König in Nordfrankreich 44, 96, 114, 223, 225

Claudius, röm. Kaiser (reg. 268–276) 165

Colgrevance von Gorre, Sir 176, 206

Colgrin, Anführer der Sachsen 34

Colombe, Verlobte von Lanceor 71

Constantine, Sir, Sohn König Cadors von Cornwall 255

Corineus, Gefährte König Luds 260

Cornwall (als Zinnlieferant) 164f.

Cunobelinus, König (Shakespeares Cymbeline) 165

Dagonet, Hofnarr 155

Damas, Sir 98, 100, 115

Dante, Alighieri (1265–1321) 85, 140, 278f., 281, 283

David, König von Israel (um 1000–960 v. Chr.) 10

Devonshire, engl. Grafschaft 274

Dickens, Charles, engl. Erzähler (1812–1870) 267

Dimilioc 29, 31

Dinasdaron in Wales 149

Diodorus Siculus, gr. Geschichtsschreiber (1. Jhdt. v. Chr.) 164

Dozmary Pool im Bodmin Moor 52, 240, 242

Dubricius, Erzbischof, walisischer Heiliger (gest. um 550) 34

Dunstan, Heiliger, Abt. von Glastonbury, später Erzbischof von Canterbury (um 925–988) 251, 253

Dunster, Somerset 36f.

Dryden, John, engl. Poet (1631–1700) 262f.

Ebraucus, Gründer brit. und frz. Städte 260

Ector, Sir 36ff., 43, 48f., 134, 146

Ector de Maris, der Weiße Ritter, Sohn König Bans 192, 214, 247

Edgar, Sachsenfürst 234

Edward, Prince of Wales = Black Prince (1330–1376) 18

Edward I., König von England (1239–1307) 249f., 254

Edward IV., König von England (1442–1483) 55, 65

Elaine, Tochter König Pellinores 87, 158, 270f.

Elaine, Tochter des Königs Pelles 114

Eleanore von Kastilien, Frau Edwards I. (1246–1290) 249, 254

Eliot, T. S., engl.-am. Dichter (1888–1965) 18, 281ff.

Elizabeth, Königin von Lyonesse, Mutter Tristans 135f.

Elizabeth I., Königin von England und Irland (1533–1603) 261f.

Engygeron, Seneschall von Sir Clamadeus 149

Enid, Frau Sir Geraints (Erec) 271

Erec, Sir 20, 106

Evalak, König von Sarras 163

Excalibur (Schwert) 53, 71, 77, 96f., 99ff., 210, 221, 241ff., 247

Felelolie, Schwester von Sir Urre, heiratet Sir Lavaine 199f.